犹太古史（上册）

约瑟夫
著作全集

The Jewish Antiquities

[古罗马] 约瑟夫（Flavius Josephus）—— 著　　冯万以文等 —— 译

上海三联书店

约瑟夫生平

约瑟夫出身于犹太人祭司家庭，是一位军官，也是一位学者。

约瑟夫本名"约瑟·便·马提亚"（Joseph Ben Matthias），按其名，是马提亚之子。他于公元 37 年出生在耶路撒冷，在耶稣受难后不久，其时正是罗马人占领犹太地。他精研犹太律法，二十多岁就被差派至罗马，商讨被尼禄皇帝（Emperor Nero）所关押的几个祭司的释放问题。在他完成任务返回家乡后，发现自己的民族已经开始了对罗马政府的反抗。

后来，他被征召成为加利利地区反抗罗马的指挥官。公元 67 年，他防守的约他帕他城（Jotapata）在被围困四十七天之后，被罗马将军韦斯巴芗（Vespasian）攻陷。当时，他与一群人藏在山洞中，准备自杀，后来却奇迹般生还。

在被韦斯巴芗捉拿时，约瑟夫表现得如同一名先知，他预言说，这场战争是源于一个"启示"，内中提及一位世界性的领袖将要兴起，就是韦斯巴芗，他将成为日后的罗马皇帝。韦斯巴芗很喜欢这个"预言"，约瑟夫因此得以免于一死。日后，当这预言成真，韦斯巴芗登基称帝时，他慷慨地奖赏约瑟夫，并赐给他韦斯巴芗的家族名字"弗拉维斯"（Flavius）。

这样,约瑟夫就有了他正式的拉丁文名字"弗拉维斯·约瑟夫"(Flavius Josephus)。

在此后的战争期间,约瑟夫始终辅佐韦斯巴芗之子,就是罗马将军提图斯(Titus)。约瑟夫了解犹太民族,并且擅长与激烈反抗罗马的团体沟通,因此,他被自己的民族称为叛徒。他也因此无法说服耶路撒冷城的防守者出城投降,约瑟夫最终成为耶路撒冷城和圣殿被毁的一名见证人。

在弗拉维斯王朝的保护之下,韦斯巴芗邀请约瑟夫写一部他所见证的战争史。他在公元78年完成了这部战争史,称为《犹太战记》(*The Jewish War*)。这部战争史达到了警告通国的功效,让犹太人不敢再愚昧地反抗。他先以亚兰文撰写,之后再由他人翻译为希腊文。

约瑟夫随后坚持学习希腊文,定意用希腊文写一本介绍犹太民族历史的宏伟著作,呈现给非犹太民族的读者。他的中心思想是"犹太文化、历史,以及希伯来圣经的长远和长久,远超过其他任何存在的历史文化"。他将此书称为《犹太古史》(*The Jewish Antiquities*),包含了从旧约圣经之起始,直到公元1世纪的整个犹太历史。其中有一半内容是重述希伯来人的圣经,并大量引用其他历史学家对这些历史的评注;另一半内容是记叙史实,且加入了自己的评注。这本著作于公元93—94年完成,约瑟夫当时大约五十六岁。

虽然许多人对约瑟夫的评价是爱恨两极,但他确实是一位历史的见证人。他的作品被公认为具有权威性,直到今天,他的作品仍是了解世界历史关键点的一把钥匙。

约瑟夫著作

约瑟夫(Flavius Josephus)的著作是除了新约圣经和旧约次经之外，唯一来自公元 1 世纪的详尽历史资料，是了解公元前 3 世纪至公元 1 世纪巴勒斯坦社会、宗教、文化和历史背景的必读参考作品。其篇幅是新约圣经和旧约次经合并的数倍。存留至今的四部作品都是约瑟夫定居罗马时期所写的，包括《犹太战记》《犹太古史》《约瑟夫自传》和《驳阿皮安》。《犹太古史》属于历史重写，从远古时代追溯至作者的时代；《犹太战记》则集中见证和记载公元 1 世纪犹太人起义的经过。按约瑟夫著作所提供的资料，他还至少写了五部篇幅较小的作品，但存留下来的只有《约瑟夫自传》和《驳阿皮安》，是以不同体裁撰写的自辩，大多数学者认为属于约瑟夫晚年的作品。

约瑟夫首先写的肯定是《犹太战记》。第一部手稿用亚兰文写成，已经遗失，主要是为上叙利亚(Upper Syria)的居民写的(《犹太战记》1.3)。后来，约瑟夫被软禁在韦斯巴芗以前住过的宫殿，并领取抚恤金。很可能是由于他的王室赞助人"鼓励"他用文字来为自己辩护，另一方面也是为了警告罗马帝国东部地区的人们，告诉他们继续造反是徒劳无效的，于是约瑟夫撰写了第二部手稿，这部手稿内容可能更加丰富。在写作助手的帮助下,约瑟夫完成了这部作品的希腊文版本。在韦斯巴芗统治末期,大约公元75—79年之间,《犹太战记》问世。

约瑟夫的第二部作品《犹太古史》于公元93—94年问世,写作时间与第一部作品相隔大约十六年。毫无疑问,约瑟夫是利用这段时间来收集材料,为第二部巨作做准备。但也可能有另外一个原因,导致约瑟夫在文学写作上出现如此漫长的停顿期。图密善(Domitian)特别反对文学,因此当时历史学家的处境岌岌可危。在图密善统治的整个期间,塔西陀(Tacitus)、普林尼(Pliny)和尤维纳利斯(Juvenal)等作家都选择保持沉默。失去王室赞助的约瑟夫,又找到另一位赞助人,叫以巴弗提(Epaphroditus)。以巴弗提很可能是一位语法学家和研究荷马(Homer)的作家,拥有一个大型的图书馆。约瑟夫后来所有的作品都题献给这位以巴弗提。

在《犹太古史》的结尾(20.267及后面的内容),约瑟夫告诉读者他还有两项写作计划:(1)对犹太战争的简要概述和犹太民族战后的历史;(2)"三卷以我们犹太人的观点来看神、他的本质以及我们律法的书,探讨为何按照律法,我们可以做某些事,也被禁止做另外一些事"。显然,这两部作品都没有出版。但是第二部作品[在其他地方约瑟夫也将其称作《风俗和理由》(*On Customs and Causes*)]应当已经在约瑟夫的脑海中成形,并且完成了部分手稿,这可以从约瑟夫提到有三卷书的话,以及《犹太古史》零星提到的有关内容中推断出来①。

---

① 优西比乌(《教会史》3.10)和另一些古代学者还把《马加比四书》归为约瑟夫的作品。

约瑟夫的两部短篇作品，至少从它们现有的形式来看，应当是约瑟夫最后的两部作品。

这两部作品是在约瑟夫晚年时发表的，当时处于公元 2 世纪初图拉真皇帝（Emperor Trajan）统治时期，约瑟夫年近六十八岁。《约瑟夫自传》（以下简称《自传》）的记述一直延续到公元 2 世纪，因为文中提到在亚基帕二世死后，出现了另一位写犹太战争史的历史学家，是约瑟夫的竞争对手。我们知道，亚基帕二世是在公元 100 年去世的。《驳阿皮安》（拉丁文：*Contra Apionem*）的写作时期肯定晚于公元 94 年，也就是晚于《犹太古史》的写作时间，因为约瑟夫在《驳阿皮安》中提到了《犹太古史》（1.1.54，2.287）。这部作品同样提到一位写犹太战争史的历史学家，也是与约瑟夫立场相左的。虽然文中没有提到他的名字，但显然约瑟夫强烈抨击的这位历史学家，就是《自传》中所提到的尤斯图斯（Justus）。因此，《驳阿皮安》应当是在公元 2 世纪初发表的。

这两部作品形成奇特的对比：我们看到约瑟夫最差的一面，也看到他最好的一面。这两个方面都颇具争议，《自传》是为自己辩护，《驳阿皮安》则是为自己的民族辩护。但是在写作风格、内容编排以及处理手法上，这两部作品迥然不同，很难想象它们是同一位作者在同一时期的作品。

写传记或自传可说是现今名人的时尚，但在古典时期则不甚普及。人物传记早于希罗时期（公元前 250—公元 100 年）甚或更早就有。这些古希腊传记记述了许多著名历史人物的生活言行，例如苏格拉底（约公元前 5 世纪）和爱比克泰德（约公元 60—138 年）等。自传则属罕有，以至很多人以为教父奥古斯丁的《忏悔录》是自传文学的始祖，亦是一般人记忆中最经典的自传。其实，在罗马时期也有自传的例子，例如古罗马历史学家塔西佗(公元 56—120 年)著作中提及,鲁弗斯(Publius Rutilius Rufus,约公元前 158—前 77 年)和司考鲁斯(Marcus Aemilius Scaurus,约公元前 162—前 89 年)曾经写过自传,但他们的著作不为人所欣赏,可能在塔西佗时期就已经散失了。如此看来,《约瑟夫自传》或许是留存至今的古代自传文献中最早的一部。很明显,约瑟夫写《自传》的目的是为作出自辩:当时有同行作家公然诋毁约瑟夫,认为他在犹太人起义的开头有参与煽动民众之嫌,这可影响到他在罗马的生活和安全;此外,《自传》也是说明,他写《犹太古史》并非只是像一个无情的历史学家作考古式的记载,他是以一个热爱自己民族的犹太人身份去撰写这部长达六万行、二十卷的《古史》。

约瑟夫的这本《自传》(拉丁文:Vita),可能是《犹太古史》的附录,未见于《犹太古史》初版,大概是以后再版时补上的。这是从《犹太古史》二十卷结尾的段落中自然得出的结论。在结尾的开始,约瑟夫写道(259节):“现在,我要为这本古史做个总结”;然后,经过一些扼要的重述和自我表彰,约瑟夫接着写道(266 节):“或许我应当趁着还有在世的人可以反驳或证实我的话时,简短地回顾我的家族历史和个人生平,我想这样做应该不至于招人反感吧。”随后约瑟夫第二次结束整部作品,他先写道(267 节):“我将以此作为这本古史的结尾”,然后注明写作的确切时间:“图密善统治的第十三年,也就是我生命的第五十六年”,即公元 93—94年。然而,正如前面已经提到,《自传》这部作品的出现应当晚于公元100 年。显然,这部作品有两个不同的结束语,约瑟夫保留了原来的结尾,但是在这个结尾前面,添加了第二版手稿的结论,为他的新作品《自传》做铺垫。

约瑟夫之所以要把他的自传作为《犹太古史》的附录,是因为还有一个犹太人,就是提比哩亚的尤斯图斯,也出版了一部关于犹太战争的历史书,并且和约瑟夫的立场相左。尤斯图斯指控约瑟夫煽动他(尤斯图斯)所出生的城邑(提比哩亚)起来背叛罗马(336 节及后面的内容)。尤斯图斯诋毁性的批判是对约瑟夫的刻意中伤,不仅影响约瑟夫作品的销售,也威胁到约瑟夫在罗马的安全地位。约瑟夫需要立刻做出回应,反驳尤斯图斯的批评,于是就出现了这部《自传》。应当说,这是一部名不符实的作品,因为它不是一部完整的自传。《自传》的内容主要集中在约瑟夫担任加利利的指挥官,直到约他帕他被围困那半年的时间,约瑟夫重点为自己在那半年的行为做出辩护。在这个基础上,约瑟夫又概括描述了自己青年时代在巴勒斯坦的生活,以及晚年在罗马的生活,作为《自传》的序言和结尾。在这部作品中,约瑟夫不惜用大量笔墨描述自己的荣耀,几乎达到极点。

　　最近有一个新提出的理论,可以解释《自传》在内容和风格上的缺陷。荷尔·拉奎尔(Herr Laqueur)坚持认为,《自传》的核心部分不是约瑟夫晚期的作品,而是约瑟夫最早的作品之一。约瑟夫写这部分内容的时候不是五十六岁,而是三十岁。根据拉奎尔的意见,这是约瑟夫在约他帕他被围困前撰写的一份官方报告,汇报自己在加利利的行事为人,然后递交给耶路撒冷的当权者。这是约瑟夫为自己所做的辩护,因为吉斯卡拉的约阿内斯(Joannes of Gischala)和其他人一直指控他的专制统治方式,对他进行谴责。这个理论的成立,部分是因为《自传》的大部分内容集中在加利利的这段时期,部分是因为通过比较《自传》和《犹太战记》,拉奎尔发现在同样事件的记录上,存在若干相同的语句。拉奎尔试图证明,《自传》是约瑟夫早期的记录,在内容上更值得信赖。这份质朴无华的报告在当时没有派上用场,但是当一切都过去之后,它被用来对付尤斯图斯的攻击。约瑟夫把它略作修改,编成一部自传。拉奎尔的理论很吸引人。但是,如果说约瑟夫一直保留了他在加利利任职期间所记录的资料,这应该是不可能的事情。如果拉奎尔的理论是正确的,那么我们在《自传》的记录中,应当可以发现约瑟夫在未受到他的罗马文友影响前写作风格的痕迹。应当说,整篇《自传》都是约瑟夫晚期的作品,如果是这样的话,这篇作品在写作风格上的缺陷,主要是因为它是约瑟夫在匆忙中完成的,没有邀请之前的写作助手予以协助(参《驳阿皮安》1.50)。事实上,拉奎尔的理论切断了《自传》和《犹太古史》之间的关系,因为《自传》在很大程度上延续了《犹太古史》最后一卷书的写作风格,应当说,两者是同一时期的作品,或几乎是同一时期的作品。这样看来,拉奎尔的理论只有一种站得住脚的可能性,即约瑟夫青年时代的"报告"是用亚兰文写的。

《驳阿皮安》是约瑟夫所有著作中最引人入胜的一部作品,这也可以作为对《自传》写作缺陷的一种弥补。《驳阿皮安》体现了作者精心的构思,卓越的写作技巧,对希腊哲学和希腊诗歌的精通,以及他对自己民族真诚而热烈的情感。《驳阿皮安》并非为约瑟夫自己,而是为他的民族传统辩护。在这部作品中,约瑟夫为犹太教辩护,回应当时对犹太民族的一些流行偏见,同时亦回应外界对《犹太古史》的批评,论证了犹太民族古老的历史。作品的标题为后人所加,《驳阿皮安》是今天一般使用的书名,并非十分适合,因为阿皮安只是当时反对以色列人的其中一个代表,事实上,是否真有其人也很难断定。这部作品从前的标题是"论犹太人古老的历史"或"驳希腊人"。其真正用意可能不是为"驳斥"某人,而是向"外邦"(即非犹太)社会介绍和推崇犹太智慧和哲学。罗马社会的知识分子对传统犹太人思想的态度显然各有不同,有人崇尚,但公然诋毁和鄙视的也不少。前文提及的塔西佗(《历史》5.1－13)就曾公开批评犹太文化和习俗(例如割礼以及犹太宗教的一些排外行动);犹太人起义失败后,罗马社会对犹太宗教和传统的看法就更加负面了。在这八万多字的论述中,我们可以见证约瑟夫如何忠于自己的民族、信念和传统,也在展现出他对希腊文化和哲学的认知并不下于当时的哲学家。

从《驳阿皮安》中,我们可以饶有兴趣地洞察公元 1 世纪的反闪族倾向和思想。约瑟夫批判了希腊人眼中的古代历史,并解释了为什么这些历史都没有提到犹太人。然后,约瑟夫收集了一系列证据(来自埃及、腓尼基、巴比伦和希腊的资料),证明犹太民族古老的历史,并且成功地证明了反对闪族的言论纯粹是恶意和荒谬的谎言。在此篇的最后,约瑟夫热烈地为律法颁布者摩西和他所颁布的律法进行辩护,摩西对神的观念崇高伟大,与希腊文化中流行的不道德思想形成鲜明对比。《驳阿皮安》引用了大量遗失作品中的内容,从而使这部著作具有特殊的价值。

《犹太古史》依据 William Whiston 的英文译本 *The Jewish Antiquities* 翻译,同时参考了希腊文版本。《自传》和《驳阿皮安》依据 H. St. J. Thackeray 的英文译本 *Josephus with an English Translation* (William Heinemann,1926)翻译,并参照希腊文版本进行了审校。《自传》翻译过程中亦参考了 Steve Mason 的英文译本 *Life of Josephus* (Translation and commentary by Steve Mason,Brill,2001)。所参照的希腊文版本是:Niese,B.(1888—).*Flavii Iosephi opera recognovit*

Benedictvs Niese ... Berolini：apvd Weidmannos，见于 Thackeray 的希英对照版。众所周知，Niese 所依据的抄本并非最好的，但就目前情况而言，也只能用这个古老版本了。

黄锡木

《犹太古史》主编和翻译说明

总编辑/郝万以嘉

专有名词编辑/希伯来文与希腊文校对：金京来

初稿统校/编辑：冯万以文

终稿统校/编辑：王冠

翻译分工：

任小缤（第一卷）

王若琴（第二卷）

汪滢（第三～四卷）

田戴晓文（第五卷）

郝万以嘉（第六卷）

田英（第七卷）

冯万以文（第八～二十卷）

犹太古史

（上册）

上册目录

序　言

1. (1)我认为那些从事历史写作的人,他们之所以承担这个重任,往往是出于多种因素,而不仅仅是为了某种理由,且这些因素又都因人而异。(2)对有些人来说,置身于这个领域可以展现他们著述的技巧,从而为自己博得叙述精确的美名;另有些人写历史是为了取悦那些与自己有关的人,他们不计代价是为了得到超越自己能力所及的成果。(3)但是,还有一些从事历史写作的人是出于对史实的关切,为了造福后代而责无旁贷地将历史记录下来;此外,也有一些人将某些隐藏的史实公诸于世,是由于这些事件本身的重要性,可以让所有相关的人得到益处。(4)在上述原因里,我必须承认后面两项是我个人写作的理由,因为我对我们犹太人和罗马人之间的那次战役有兴趣,并且我也熟知战役中的具体行动,以及此役的结局;当我看到有些人在他们的著作中扭曲史实的时候,我就不得不将关于它的实情公诸于世。

2. (5)现在我承担起这个职责,并且相信这部著作值得所有希腊人学习,因为它包含了我们的古史以及来自希伯来圣书中对我们治理法则的解释。(6)在我之前写那部战记时,我的确想要解释我们犹太人的起源——他们一直以来的命运——他们经由那位立法者,学习敬虔和各样美德的实践——他们从前经历的战事,直到他们不情愿地被卷入这场与罗马人的战役。(7)然而因为这项工作范围太广,我将它分成一系列的专研著作,各有各的起头和结尾。在这个过程中,我也和其他写作这类巨著的人一样感到倦怠,并且进展速度极为缓慢,因为用一种我们不熟悉的外国语言来翻译我们的历史是一件又大又难的事。(8)然而有些渴望了解我们历史的人不断鼓励我继续努力,其中最重要的是以巴弗提,他是个喜爱学习各样知识的人,特别爱好历史知识,这是因为他自身关心重大事件和许多际遇的转折,并表现出一丝不苟、追求卓越的精神,而且他在凡事上都有不可动摇的决心和美德。(9)我认同他的论点,他对于有能力成就对世人有益且被认可的事,总是感到雀跃,并且自己也参与其中。我也不容许自己受任何闲散的影响,这会让我羞愧,因为我本应为自己能够苦心于如此卓越的钻研而感到欣喜。因此我更加发愤,甘心乐意地进行我的工作。除了上述动力之外,还有其他令我深思的理由,那就是我们的先祖非常乐意和其他人分享我们民族的历史,而且有些希腊人费尽心力地想要了解我们民族的史事。

3. (10)我也因此发现托勒密(Ptolemies)王朝第二位君王是一位特别努力学习并喜欢收集书籍的人,他也极其渴望取得我们律法的希腊文译本,就是里面包含我们治理法则的律法。(11)我们尊贵的、不亚于其他同得尊位之大祭司的以利亚撒,他并不嫉妒这位君王也得到我们律法的益处,否则他一定会拒绝王的要求,因为以利亚撒知道我们民族的传统,我们不吝于将自认为有益的东西与其他人分享。(12)于是我效法我们大祭司的慷慨,并且相信如今或许有更多像那位君王一样热衷学习的人,只是他那时并没有得到我们全部的经卷,只得到了那些前往亚历山大城进行翻译的人给他的律法书。(13)而我们的圣书中还有许多关于其他事件的书卷,其中包括了五千年的历史,里面有许多奇妙、出人意外的事,许多发生过的战争,许多将领的伟大事迹,以及我们国家治理上的变动。(14)总而言之,学习这段历史的人首先可以认识到,所有事件都得以完美成就,甚至到了一个令人难以置信的地步,这是神所定意喜悦的赏赐,但这是给那些遵行他旨意并且不破坏他美善律法的人。对于那些不严谨持守律法、将过去可行的变成不可行的背道者而言,就算他们做的事情有好的开始,也会变成无法逆转的灾祸。(15)我劝所有细读这些书的人都把心思放在神的身上,并审视我们立法者的意念,判断他是否按照合宜的方式来认识自己的本性,是否按照与他权力相配的方式行事,又是否妥善保护好他的著作,以便与其他人所编造的粗俗的寓言故事保持明确的界线。(16)他的时代距今已经相当久远,他或许有可能制造一些谎言,毕竟他活在两千年前。但在这么久远的年代中,那些诗人连自己众神的一些年代都没有澄清,更不用说去澄清他们人物的事迹或是他们自己的律法。(17)因此当我进行这项工作时,我要更准确地按照时间顺序描述我们记录里的内容。我已经承诺在这项工作上自始至终都这样做,不添加或删减我们记录里的任何事件。

4. (18)因为我们所有的典章几乎都是倚靠我们立法者摩西的智慧,我必须要先将他的事情叙述一遍,不过我会尽量地简要。不然那些读我书的人会产生疑问,为什么我承诺要单单叙述的律法和历史,却会包括许多哲学的内容。(19)因此读者要知道,摩西认为一个人必须在自己的生活上非常严谨，才能将律法告诉其他人，而这人最重要的就是要思想神的本性。当他深刻认识了神的作为之后，就能从这里开始仿效，尽人之所能去努力，并尽量遵行。（20）立法者若没有对神的深刻体认，就不可能拥有健全的心智，而他所写下的法则也无法提升读者的德行。我的意思是说，除非读者首先受教，认识神是万有之父、万有之主，他鉴察万有，他也将快乐的生活赏赐给那些跟随他的人，却使那些不行义路的人跌入无法避免的痛苦里。（21）当摩西渴望教导他的同胞这个功课时，他并不是仿照其他立法者的方式建立他自己的律法。其他人或许是根据条约或人与人之间的权利来定立法律，但摩西提升他们的心思，一直上升到神和他所创造的世界，让他们信服我们人类是神在地上最杰出的创作；摩西一旦将他们带到对信仰的顺服，就很容易教导他们顺服其他的事。（22）至于其他的立法者，他们遵循一些寓言故事，借着他们的讲论，将最可憎的人类恶习转嫁给众神，也因此为邪恶之人的罪行提供了看上去最为合理的借口。（23）然而我们的立法者一旦表明神充满了完美德行，就认定人也应当尽力参与这样的美德。对于那些不以为然或是不如此相信的人，他就将最严厉的刑罚加在他们身上。（24）我劝我的读者从这个角度来读这部著作，这样他们就可以看出其中没有任何事情和神的威严相违，或是与神对人的爱不一致。因为这里所有的事都和宇宙的本质有关，我们的立法者以智慧和奥秘提说某些事，也以正面的寓意提说其他的事，不过对于那些需要直接说明和清楚表达的事，他还是会解释明白的。（25）对于那些凡事都需要知道原因的人而言，他们或许会在这里发现一个非常令人好奇的哲学理论，在此我真的必须将它略过。倘若神给我时间说明，我会在完成这部著作之后着手将它写下来。(26)现在,我应当开始专注于我眼前的历史资料:首先我要提到摩西对创造世界的说明,圣书是以下面的方式记述的。

第一卷

从创世到以撒去世（涵盖三千八百三十三年）

第一章

世界的构成与自然元素的安排

1. (27)起初,神创造了天和地。当地还没有成形,只被厚厚的黑暗笼罩时,灵在它表面上运行。神命令要有光。(28)当光造成时,他考虑这整个宇宙,就把光和暗分开。他称其中一个为夜,另一个为昼,并将光明伊始和安歇时分,命名为早晨和晚上。(29)这事实上是"第一日",摩西却说这是"一天"。关于这点,我现在就可以说明,但我已答应在后面论述中才将万物的原理列出,因此我宁愿延到那时再详加讨论。(30)之后,在第二日,他将天空安置在全地之上,与其他万物分开,让天空独立于一切之外;又安置水晶般的穹苍环绕着它,使一切与地合成为整体;并且为地供应湿气和雨水,使它得到露珠的滋润。(31)在第三日,他命令干地显露出来,用海环绕着它;并在这同一日创造了植物和种子,使它们从地里冒出。在第四日,他以日、月及众星装饰天空,并派定它们的运转和轨道,使四季循环分明。(32)在第五日,他造出有生命的活物,有游泳的和飞翔的,前者放在海中,后者置于空中;他将它们分类,并使它们交织成族群,各按类别繁衍增多。在第六日,神创造了四足的兽,有公有母；这一日，他也造了人。(33)根据摩西所说，在整整六日内，世界和其上的万物都造齐了。第七日是安息的日子，是我们从劳碌中解脱出来的日子——这也是我们在这日庆祝工作得息的原因，我们称之为安息日，这个词希伯来文的意思就是"休止"。

2. (34)此外，第七天过后，摩西开始哲学性地描述人是如何造成的。他这样说：神用地上的尘土造人，在他里面加入一灵及一魂。这人被称为亚当，希伯来文的意思是"红的那人"，因为他是以地上红色的尘土混合造成，就是那种最原始、纯正的土。(35)神向亚当展示他所造的活物，各按其类、有雌有雄；他就给它们取了到如今仍沿用的名字。当时，神看到亚当没有女性伴侣，只能独居，因女性尚未被造。而亚当眼见其他动物有公有母，也深感稀奇。于是，神使他沉睡，取了他的一根肋骨，造了一个女人。(36)当她被带到亚当面前，亚当立即认出她，并宣称她是从他身上所造出的。希伯来文称女人为"以沙"，而这女人的名字为夏娃，就是"众生之母"的意思。

3. (37)摩西更进一步说，神在东方立了一个园子，内有各样树木繁茂生长；其中有一棵生命树，并另有一棵知识树，借它可以辨别善与恶。(38)神带亚当和他的妻子进入园中，并吩咐他们照顾所有的植物。当时有一条流经全地的河，滋润这园子，这河又分为四道支流。一道名为比逊河，乃有"众多"之意，此河流入印度境内，后再入海，被希腊人称为恒河。(39)幼发拉底河和底格里斯河都流入红海。幼发拉底河或称伯拉河，意思就是"分散"或"一朵花"；而底格里斯河或称底格剌忒河(Diglath)，则是"狭窄且快速"之意。还有流经埃及的基训河，意为"从东方而出"，希腊人称之为尼罗河。

4.（40）神吩咐亚当和他妻子可以吃其他所有的植物，却要远避知识树；并且预先警告他们，如果他们摸了那树，就会引致灭亡。（41）当时所有的活物都用一种语言，而蛇也与亚当和他妻子住在一起。亚当夫妇顺服神的吩咐，生活幸福快乐，蛇因而生出猜疑和嫉妒。（42）那蛇心想：他们若违背神的命令，就会陷入许多灾难。所以出于邪恶的动机，蛇游说那女人尝那知识树，并告诉他们树里藏有能分辨善恶的知识，他们若得了那知识，就能过快乐、毫不逊色于神的生活。（43）如此，蛇说服了那女人，诱使她藐视神的命令。当她尝过那树，并因树的果子喜悦，就说服亚当也同样去做。（44）他们立刻看见彼此赤身露体，羞耻感油然而生，于是试图遮掩自己。这树增加了他们的知识，他们便用无花果树的叶子系在身前，遮盖自己，免于羞耻。他们认为比先前更加快乐，因为已寻得所向往的。（45）但当神来到园中，往常会前来和神亲密谈话的亚当，因察觉自己的恶行，就逃离那里。这行为使神讶异，就问是什么原因：为何以往喜悦对谈，如今却飞奔躲避。（46）亚当意识到自己违背了神的命令，正无言以对时，神说："我曾下定决心，要使你们一生幸福，没有任何苦恼、忧虑、心烦。一切令你们愉悦和满足之事，皆出自我的眷顾，不需你们自己吃苦劳力。因为劳力吃苦，会加速带来老化，死亡就不是遥远的事了。（47）但现在你滥用我的好意，违抗我的命令。你的沉默并非体现你的美德，而是出于你的恶意。"（48）然而，亚当为自己的罪找了借口，恳求神不要向他发怒。他将所做的一切归咎于妻子，说因被女人蒙蔽，才如此违命。与此同时，夏娃也归咎于那蛇。（49）但神仍然罚他，因他懦弱听从妻子的话。神说："从今以后，地必不按时结出果子；但因他们的劳力，也可得一些果子，却不再有其他收成。"神又使夏娃不能免除生育的艰难并产下儿女时的强烈痛楚，因她用与蛇同样的方法引诱亚当，使他陷入这悲惨的地步。（50）也因蛇对亚当的恶意，神剥夺了它的语言能力；另外，又安放剧毒在它舌下，使它成为人类的仇敌。神提供他们最容易向它复仇的方法：对准蛇的头敲击，因其中藏着它对人类的恶谋。他又除去蛇脚的功能，使它只能摇摆并在地上拖曳前行。（51）神向亚当夏娃定下这些惩罚后，便把他们赶离园子，去到另一个地方。

第二章
亚当以及他的十代后裔，直到大洪水

1.（52）亚当和夏娃有两个儿子：长子名叫该隐，是"得"的意思；次子名叫亚伯，是"虚空"之意。他们也有女儿们。（53）两兄弟热衷于不同行业：弟弟亚伯喜好公义，相信自己所行的一切都有神的同在，是一位品德高尚的牧羊人。但该隐不仅在各方面都相当邪恶，而且十分贪心。他是最先犁田耕地的人。该隐在这种情况下杀了他的弟弟：（54）当他们定意向神献祭时，该隐带着地里的出产和其他农作物，而亚伯却带了奶和头生的牲畜。但神更喜爱亚伯的祭物：因按其类自然生出，比一个贪婪之人想方设法迫使土地效力所得，更能使神得尊荣。（55）该隐非常生气，因为神在他面前悦纳亚伯，所以他杀了他的兄弟，又把尸体藏了，以免被发现。但神却知道发生之事。于是神来找该隐，问他的兄弟发生了什么事，因为以往常看到他们两人一起谈话，现在却有许多天没有看到亚伯。（56）该隐心虚，不知该如何回答神。他起先说自己也不知道弟弟失踪，但神严厉地要他说出事情的真相。于是他说，他既不是他兄弟的护卫，也不监管他兄弟所做的事。(57)于是，神判决该隐谋杀了他的亲兄弟，并且说："你竟对自己所杀之人一无所知，令我讶异。"(58)因该隐所献之祭，神并没有将[死的]刑罚加于他，而该隐也求神不要向他大发怒气。但神仍咒诅该隐并他子孙七代，又将他和他妻子逐出那地。(59)该隐对此深感惧怕，认为所受的刑罚将招致野兽吞噬。但神告诉他无需如此悲观猜疑，他可以遍行全地而无需惧怕野兽的伤害。神在他身上立了一个明显的记号后，就吩咐他离开。

2. (60)该隐行经多国，就和他妻子在挪得之地建了一座城，取名"挪得"。该隐在那里安顿下来，并生儿育女。然而，该隐并没有因接受刑罚而改过自新，反而变本加厉地行恶。他尽力使自己肉体满足，不惜伤害周遭的人。(61)借着暴力和抢夺，他的财富产业不断加增；他又鼓动友人靠抢夺得享满足和掠物，于是他成了恶人的首领。他也倡导变革，使人类的生活比以往更加便利；他还是使用度量衡的始祖。当人类还对这些一无所知，过着纯真豁达的日子时，该隐却将世界带入狡猾和诡诈。(62)该隐首先在地上标明地界，他建了一座城并以城墙加以坚固，使家族一起住在其中，并用长子之名称那城为以诺。(63)雅列是以诺的儿子，雅列的儿子是玛勒列，玛勒列的儿子是玛土撒拉，玛土撒拉的儿子是拉麦。拉麦有两个妻子，洗拉和亚大，他们共有七十七个孩子。(64)亚大生子雅八，他立帐篷，喜爱牧人的生活。但同母所生的犹八则勤习音乐，并发明了弦琴和竖琴。他另一妻子所生之子土八，以勇武超过众人闻名，且熟于战事，并以此为乐；他也是发明铸铜之法的人。(65)拉麦也生有一女，名叫拿玛。拉麦通晓属神的奥秘，也知道自己会因该隐谋杀兄弟之事而被刑罚，就把这些事都告诉了他的妻子们。(66)亚当尚在人世时，该隐的后裔已然十分邪恶，一代更甚一代。他们战无不胜，并竭力掠夺。即便有人在杀人时手软，却会为得利而行不义与伤人，四处为害。

3.(67)亚伯被杀后，该隐因谋杀而远走他乡，那由尘土所造的第一个人亚当(本文在此必须要论及他)就因无后而烦心，并热切盼望能得子嗣。他已经两百三十岁，又再活了七百年才过世。(68)亚当其实还有许多其他的孩子，若一一提他们的名字，实在令人感觉沉闷生厌。当中唯有塞特极为出众，因此我只着重记录从塞特而出的后裔。塞特长大到能分辨善恶的年岁时，已然是一个良善之人，因他自己美好的品格，他所生的后代也效仿他，(69)都拥有这些良好的特质。他们快乐且和睦地住在一处，没有任何灾难临到他们，直到去世。他们也是天体运作次序那种特殊智慧的发明者。(70)亚当曾预言这世界一次会被烈焰摧毁，另一次会被猛烈的大水淹没。为了不使他们的发明在为人所知前失传，他们便立了两根柱子：一根为砖柱，另一根为石柱，并将他们的发现雕于其上。(71)万一砖柱被大水冲毁，石柱仍将给世人存留这些记载，并告知世人他们曾另立一根砖柱。这柱子直到今日仍存于西利达地。

第三章

关于大洪水；以及挪亚与亲人
在方舟内蒙拯救，后来住在示拿平原

1.(72)塞特的后代一直尊崇神为宇宙万物的主宰，连续七代都尽力持守美德，可是随着时间流逝，他们逐渐偏离，背弃了先祖所行。他们不再将尊荣归给神，也不再向人施行公义。以前他们行善的热心，如今却双倍用以广行恶事，与神为敌。(73)神的许多天使与女人来往，并且生下行事不义、藐视良善、完全倚靠自己力量的后代。根据传统，这些人所行的与希腊人口中的巨人极其相似。(74)挪亚不喜悦他们的行为，为他们所行之事深感不安，于是劝他们改正自己的行为。但他眼看他们并不听从，反倒成为邪情恶欲的奴隶，恐怕他们会将他与妻子、孩子并他们的配偶一同杀害，于是离开了那地。

2. (75)神喜爱挪亚的正直，但却因其他人的邪恶发出谴责，且决意要毁灭全人类，重新创造纯洁无瑕、远离罪恶的族类。他减少他们的寿数，使他们不像从前那样长寿，而今只能活到一百二十岁。他使旱地变成海，(76)使所有人都被消灭，唯挪亚一家得以存活。神将下述避难方法指示挪亚：(77)造一个四层高的方舟，长三百肘，宽五十肘，高三十肘。挪亚要与他的妻子、儿子以及儿媳们进入方舟，不仅带入他们所需用的，还有其他各类的活物，有公有母，各有七对，为要保存其类。(78)方舟有坚实之壁，顶盖用交叉的梁柱支撑，使方舟不致被猛烈大水淹没或冲毁，如此挪亚和他的家人就得以存活。(79)挪亚是亚当第十代后裔，是拉麦的儿子；拉麦的父亲是玛土撒拉；玛土撒拉是以诺的儿子；以诺是雅列的儿子；雅列是玛勒列的儿子；玛勒列和他的姊妹们是该南的孩子；该南是以挪士的儿子；以挪士是塞特的儿子；塞特是亚当的儿子。

3. (80)这大灾难发生于挪亚六百岁那年的第二月，马其顿人称之为迪乌斯月，但希伯来人称之为玛西班月，原来埃及也是这样安排他们的年历。(81)摩西却定尼散月（即克散提库斯月）为他们节期的第一个月，因这是他带百姓出埃及的月份。所以以这月为开始的一年中，都将以仪式庆典的方式将荣耀归与神。不过，他仍然保留了原来的历法，以便买卖与处理其他日常事务。摩西记载洪水开始于上述月份的第二十七日［十七日］，(82)是从第一个人亚当算起的第两千六百五十六［一千六百五十六］年。当时活着的人曾把那些杰出之人出生和死亡的时间，很准确地记在我们的圣书中。

4. (83)事实上，亚当活到九百三十岁，并于二百三十岁时生塞特。塞特二百零五岁时生以挪士。以挪士一百九十岁生该南，并在九百一十二岁时将管理权移交给他。(84)该南活到九百一十岁，并于一百七十岁生玛勒列。玛勒列活到八百九十五岁，并于一百六十五岁生雅列。(85)雅列活到九百六十二岁，并于一百六十二岁生以诺为继承人。以诺活到三百六十五岁时，就离世到神那里去了，所以没有关于他去世的记载。(86)以诺一百六十五岁生子玛土撒拉。玛土撒拉一百八十七岁生子拉麦，并在九百六十九岁时将管理权移交拉麦。(87)当拉麦管理了七百七十七年之后，指定他的儿子挪亚管理族人。挪亚是拉麦一百八十二岁时生的，他管理族人共九百五十年。(88)这些收集在一起的年代，在写下前都已经过概括；人们无需调查这些人的去世之期，因他们的生命延展甚长，与儿孙同活，只要专注于他们的生辰便是。

5. (89)神一发出信号，雨便倾倒整整四十日，直到洪水超出地面十五肘深。因为无处可逃，活物能存活下来的数量不多。(90)雨终于停了，水逐渐退去。一百五十天后（也就是第七月的第十七日），水一度停止消退。方舟停在了亚美尼亚某座山的山顶上，挪亚得知后就打开了方舟，看到一小片土地。他怀着蒙拯救的快乐盼望而安静等候。(91)几天之后水退去更多，挪亚放出一只乌鸦，想要知道是否另有露出水面的干地，让他能安全出到方舟之外。但乌鸦发现各处仍然积水，就回到挪亚那里。七日之后，挪亚再放出一只鸽子出去观察地面，(92)鸽子回来时沾满了泥巴，却衔着一根橄榄枝，于是挪亚知道地上的洪水已退去。之后，挪亚继续留在方舟内七日，才将方舟内的活物放出，他和家人也出了方舟。挪亚献祭给神，与家人一起享宴。所以亚美尼亚人称此处为"降下之地"，因方舟被保存在此地。直到今日，方舟的遗迹仍然陈列在当地居民眼前。

6. (93)所有外邦历史学家也都曾提到此次洪水和这座方舟，其中有位迦勒底人贝罗索斯（Berosus），在描述洪水状况时这样记载："有人说，直到如今仍有部分方舟残留在亚美尼亚，在库如底亚人的山上。有些人甚至找到一些小片沥青，他们带走这些残片，大多用以制作免灾的护身符。"(94)曾经写过腓尼基古史（The Phoenician Antiquities）的埃及作家西罗尼姆（Hieronymus）、摩拿西亚（Mnaseas）及其他许多人也提到过相同的事。大马士革的尼古拉（Nicolaus of Damascus）在他所写历史书的第九十六卷中提到这些事的特殊关系，他这样说：(95)"亚美尼亚的米尼阿斯有座大山，叫作巴瑞斯。据说在上面有许多逃避洪水的人得到保全，那被方舟载运的人是在山顶上登陆的；那些遗留下来的木料，也曾存留过很长一段时间。这可能就是犹太人的立法者摩西所描写的。"

7. (96)因为神已决定毁灭人类，挪亚害怕神每年都会使大水淹没全地。于是他献上了燔祭，祈求神使大自然在洪水之后能按本来的规律运行，不让这样严厉的审判再度发生，令所有物种面临全然毁灭的危机。因着神已经惩罚过恶人，挪亚就祈求神本着他的美善，宽恕存留下来的人，就是那些神判定应从大灾难中蒙拯救的人。(97)不然，存留之人一定会比先受审判的人还要悲惨，落入更糟的境况，除非他们能完全忍受到底。也就是说，如果为他们另有一次洪水降下，他们不但要经历第一次洪水的恐怖折磨，还会被第二次洪水完全毁灭。(98)挪亚又求神接纳他的献祭，应允全地不会再遭受这样的天谴，让所有人都能继续愉快地耕种、建造城邑并快乐地生活在其中，不会被剥夺在洪水以前所享有的一切丰盛，而且能享有与之前相等长度的寿命和年岁，就像从前先祖曾活到的年纪。

8. (99)当挪亚祈求完毕，神因爱他的正直，就完全应允挪亚的祈求，并且表示并不是他把毁灭带给被玷污的世界，而是人类自己的败坏招致刑罚。如果神决心毁灭全人类，先前就不会把人带来这世上，(100)因为全然不赐予生命，比起赐予生命后再毁灭，是更有智慧的表现。他说："因他们对我的圣洁和美德造成的伤害，迫使我惩治他们。(101)但由于你这次的祷告，现在我要停止刑罚，止息烈怒。不论何时，我若以惊人的方式降下暴风雨，不要因此惧怕，因为不会再有大水淹灭地面。(102)但是，我也要求你们，无论如何要保持你们的纯正，远离流人血与杀人的罪行。我定会惩治犯这罪的人。我把所有的活物赐你们随意使用，使你们及你们的脾胃得满足。唯有它们的血除外，因为生命在血里面。无论是地上走的、水中游的，还是高空飞翔的，我都已立你们为它们的主。(103)我将用我的弓给你们立一个我息怒的记号〔这是指向彩虹，因他们认为彩虹就是神的弓〕。"神赐下如此的应许，就离开了。

9. (104)洪水过后，挪亚又活了三百五十年，享尽快乐的岁月而去世，一共活了九百五十岁。（105）人们无须将我们的年岁与古人的年岁相比，单凭我们所活的年日短少，就说我们指着古人所言是假的；或者单凭我们所活的年日短少，就强辩古人并没有如此长寿。（106）因为这些古人是神所喜爱的，且是神亲自创造出来的［他们距离创造不久］；他们的食物对长寿也有帮助，使他们能活长久的年日。另外，神因他们的美德赐给他们更长的寿命，让他们能善用这些年日在天文学和几何学上有许多发现。除非他们活到六百岁，他们就不可能有足够的时间预测［星体的周期］，因为"大年"（The Great Year）就是在这段时间完成的。（107）一切古史记的作者都可以证明我所记载的，不论是希腊人或是蛮族人，甚至埃及史记（The Egyptian History）作者曼尼托（Manetho），迦勒底史碑文（the Chaldean Monuments）的搜集者贝罗索斯，以及摩库斯（Mochus）和赫卡泰乌斯（Hestiaeus）；此外那位埃及的希罗尼摩，以及那些编写腓尼基历史（The Phoenician History）的人，也都同意我上面所说的：（108）像赫西俄德（Hesiod）、赫卡泰乌斯（Hecataeus）、希利尼库斯（Hellanicus）、阿库希劳斯（Acusilaus）。另外以弗罗斯（Ephorus）和尼古拉也都提到古人曾有上千的年岁。不过有关这一主题，每个人还是当按自己的意见来看。

第四章
论到巴别塔以及变乱口音的事

1.（109）挪亚有三个儿子：闪、雅弗和含，是在大洪水之前一百年出生的。这些第一批从山上来到平原的人，在平原上修建他们的住所。他们努力说服那些因洪水惧怕身处低处的人，要他们学习自己的榜样，从高山搬到平原。(110)他们起初住的平原被称为示拿，神又吩咐他们向外殖民，因为要让人遍满全地，使他们不但不致彼此为害，且能使更多的土地被开发，使人们能以适当的方式充分享受富饶的出产。但人们却不受教，不顺服神，这正是他们落入许多灾难而后醒悟的原因，借此经历而明白他们犯了什么罪。(111)在遍地充满很多年轻人时，神再次告诫他们必须向各地殖民，但他们却认为所享受的富足并非出于神的恩惠，坚称所处的繁荣局面是全凭他们的力量而得，并开始不顺服神。(112)除了不顺服神的旨意外，他们还怀疑神命令他们向外殖民、彼此分离，乃是让他们更容易被压制。

2. (113)那个鼓动他们公然冒犯、藐视神的人叫宁录，他是挪亚之子含的孙子，是个勇武有力之人。他说服众人不要归荣耀给神，好像他们之所以快乐是因神的缘故，而要相信他们得以快乐，是因自己的勇气。(114)另外，他将统治逐渐变为暴政——因为他没有别的方法可以令人不敬畏神，只好让他们持续依赖他自己的强权。宁录曾提及若神再有用水来淹没世界的念头，他就会找神报仇。他会造一座极高的塔，高得使水无法淹没。他要因神毁灭了他们的先祖而报复神。

3. (115)众人都准备好跟随宁录的决定，并认为若是顺从神就是怯懦胆小。于是他们建塔，在这过程中不辞辛劳，也没有任何疏忽大意。因为很多人参加建塔的工程，塔被建得很高，而且进度快得超过人的预期。(116)由于塔身相当厚实、建得坚固，使它看起来没有实际上那么高大。塔是用烧成的砖，以沥青灰泥糊起来的，所以不会渗水。神看到他们如此疯狂行事，就决定不把他们全部毁灭，既然他们并没有从之前毁灭罪人的教训中变得更聪明。(117)神借着变乱他们的口音,使他们说诸般方言,在他们中间引起骚乱,这样他们就无法明白彼此的意思。他们建塔的地方如今被称为巴比伦,因为他们原来通晓的语言混乱了,而"巴别"在希伯来文中的意思就是"混乱"。(118)西比尔(Sibyl)也曾提过这塔和语言的混乱,她说:"当所有人都使用同一种语言时,其中一些人建了一座高塔,以为可以借此上到天堂。然而众神降下飓风吹倒这塔,并给了人不同的语言,这就是该城被称作巴比伦的原因。"(119)至于巴比伦境内的示拿平原,赫卡泰乌斯是这样说的:"被拯救的祭司们拿着朱庇特·恩亚留斯的圣器来到巴比伦的示拿。"

第五章
挪亚的子孙向外殖民,并住满全地

1. (120)这之后,他们因语言不通,便开始分散,向各地殖民。神带领他们在各处殖民,并将该地据为己有。因此整片大陆都充满了人,不论是内陆或是滨海地区。也有一些人乘船过海,取了海岛为居所。(121)有一些族群如今仍然保有先祖留下来的家族传统,有一些却已失去了。另外还有一些族群只做了某些改变,好让自己看起来比其他居民更有智慧,希腊人就是此举的始祖。他们之后的世代变得强盛,便宣称他们自己是古时的光荣——他们用好听的[希腊文]为列族命名,以便他们之间能够更好地相互理解。又为列族制定了令人满意的政府规条来治理他们,如同他们是源于希腊人的同一族群。

第六章
第一批居民如何从一个族群成为一个国家

1. (122)为了纪念挪亚，挪亚子孙中首先开始治理国家的那些人，他们的名字就被作为国家之名。挪亚的儿子雅弗育有七子，他们起先住在陶鲁斯和亚玛努的山区，逐渐迁至亚细亚，一直到塔奈斯河，再逐渐迁至欧洲，直到卡迪兹。他们在停驻的地方落脚，见那地无人居住，便以自己的名字称呼那地。(123)从歌篾产生了歌篾人，希腊人则称之为加拉太人[高尔人]；从玛各产生了玛各人，希腊人则称之为西古提人。(124)雅弗的儿子还有雅完和玛代，从玛代而出的是玛丁人，希腊人则称之为玛代人，所有希腊人或伊奥尼亚人都是从雅完而出。从土巴产生了土巴人，现在被称为伊伯利人。(125)米设人则是由米设而出，这些人现在被称为卡帕多西亚人。他们的上古名称仍有痕迹可寻，因如今他们当中仍有一个名为马撒卡的城邑，可以让人知道当时整个国家就是以此为名的。提拉称那些被统治的人为提拉人，后来希腊人改称他们为色雷斯人。(126)许多国家都是以雅弗的子孙为他们的居民；歌篾的三个儿子中，从亚实基拿产生了亚实基拿人，如今他们被希腊人称为利基尼亚人。从利法产生了利法人，如今他们被称为帕弗拉哥尼亚人。从陀迦玛产生了陀迦玛人，希腊人却决定称呼他们为弗吕家人。(127)雅弗之子雅完的三个儿子也是如此，从以利沙产生了以利沙人，就是那些属他的百姓，现在被称为爱欧利人。从他施产生了他施人，从前称之为基利家人，他们最宏伟、最有标志性的城邑就是首都他施。赛塔（theta）的发音被他乌（tau）音所取代。（128）基提人占领了基提岛，这岛现在被称为塞浦路斯，因此它周边所有的岛屿和大部分的沿海地区都被希伯来人称为基提，塞浦路斯岛上有一座城至今仍沿用此名。说希腊话的人称它为西提乌，因为他们使用的方言，就不称它为基提了。雅弗的后裔占领许多国家。（129）我现在提到的这些事情，可能希腊人不大了解，以后我会再解释遗漏的部分。为了使读者满意，这一类名字是以希腊方式来发音，但我国自己使用的语言并不是这样读。这些名字都是从单一名字变化而来，并且有相同的字根。譬如我们这里发音为挪伊斯（Noeas），那里发音为挪亚（Noah），不论如何变化都会保有同样的字根。

2. （130）含的后裔占领了叙利亚、亚玛努和黎巴嫩山区沿岸直到大海的所有土地，并据为己有。其中有些人名已完全消失；另有一些名字已改变成其他的发音，极难探究；但有少数完整地保留了他们的名字。（131）说到含的四个儿子，时间不曾改变古实的名字：他曾统治的埃塞俄比亚人，他们自己和所有亚细亚人，直到今日，都称他们为古实人。（132）麦西人也保留了他们的名字；如今我们住在这里［犹大地］的人都称埃及为麦西，称埃及人为麦西人。弗是吕彼亚的开创者，居民被称为弗人，是因他的缘故；（133）穆尔斯地有一条河也用这名。所以我们看到多数希腊历史学家提到这条河及其相邻国家，都以"弗"为名，但它现在的名字却被麦西的一个儿子利比永修改。我稍后亦会提及它被称为非洲的原因。（134）含的第四个儿子迦南，他所占之地按其名称为迦南，今日则称为犹大。这些人［四人］的后裔是：西巴，产生了西巴人；哈腓拉，产生了称为该土利人的哈腓拉人；撒弗他，产生了撒弗他人，如今希腊人称他们为阿斯塔伯兰人；(135)撒弗提迦，产生了撒弗提迦人；拉玛，产生了拉玛人，他有两个儿子，其中名为犹大达的，像西巴建立西巴人一样，以自己之名在埃塞俄比亚西部建立犹大达人之国。古实的儿子宁录，如前文所述，在巴比伦建立暴政。(136)麦西的八个儿子占领了从迦萨到埃及的全地，却只保留了非利士这一个名称，因希腊人称那地区的一部分为巴勒斯坦。(137)麦西其他的儿子有：路低、亚拿米、利哈比（独自居住在吕彼亚，并以自己的名字命名居住的地方）、拿弗土希、帕斯鲁细、迦斯路希和迦斐托，这几个儿子除了名字，我们对他们一无所知。我们稍后会提到的埃塞俄比亚战争，使这些城邑被摧毁。(138)以下是迦南的儿子：西顿，他也给自己建立的一个城邑取名西顿，希腊人称之为西顿；亚马太居住在亚马太，今日仍被当地居民称为亚马太，而马其顿人因为他的一个后裔而称之为伊比芬尼亚；亚瓦底人拥有亚瓦底岛；亚基人拥有位于黎巴嫩的亚柯。(139)至于其他七子：希未、赫、耶布斯、亚摩利、革迦撒、西尼、洗玛利，他们的城邑被希伯来人摧毁，圣书中除了他们的名字之外没有任何其他记录。以下是灾难临到他们的原因：

3. (140)洪水后，大地恢复旧观，于是挪亚着手耕种。他栽种了一个葡萄园，葡萄成熟后，挪亚便于当季采收葡萄。酿成葡萄酒后，他献上祭物并且宴饮。(141)他因醉酒而陷入沉睡，还以一种极不体面的方式赤身躺卧。他的小儿子看见了就耻笑他，又招了自己的兄长们来看，兄长们却将父亲的裸身遮掩。(142)当挪亚知道所发生的事后，他为其他的儿子祈求兴盛繁荣；因含是他至近的血亲，他没有加以咒诅，但却咒诅他的后代。其他人逃脱了这咒诅，迦南的后代却被神施以刑罚。这件事本书稍后仍会讨论。

4. (143)挪亚的第三个儿子闪育有五子,都居住在幼发拉底河至印度洋之间的地方。从以拦出了以拦人,是波斯人的始祖。亚述住在尼尼微城,称他的臣民为亚述人,他们在列国中最有福气,超乎众人。(144)从亚法撒出了亚法撒人,这些人现今被称为迦勒底人。从亚兰出了亚兰人,希腊人称他们为叙利亚人。从路德出了路德人,如今都被称为吕底亚人。(145)亚兰四个儿子中,乌斯曾建立位于巴勒斯坦和叙利亚平原之间的特拉可尼和大马士革;户勒建立了亚美尼亚;从基帖出了巴特利亚人;从玛施出了玛施人,现在被称为卡拉克斯·斯帕希尼。(146)沙拉是亚法撒的儿子,他的儿子是希伯,人们因他而称犹太人为希伯来人。从希伯而出的有约坍和法勒。后者被称为法勒,是因为他生于列族分散到各地的时候,对希伯来人而言,法勒就是"分散"之意。(147)希伯的儿子约坍育有数子如下:亚摩答、沙列、哈萨玛非、耶拉、哈多兰、乌萨、德拉、俄巴路、亚比玛利、示巴、阿斐、哈腓拉和约巴。这些人所住之地,是印度科芬河(Cophen)流域以及相邻的亚细亚地区。这就是关于闪后裔的资料。

5. (148)我现在要讨论关于希伯来人的事。希伯的儿子法勒,生子名叫拉吴,他的儿子是西鹿,从他生了拿鹤,他的儿子是他拉,他拉是亚伯兰的父亲。所以亚伯兰是挪亚之后的第十代,在洪水之后两百九十二年出生。(149)他拉七十岁时得亚伯兰为后;拿鹤一百二十岁时得了哈兰;拿鹤是西鹿一百三十二岁那年生的;拉吴在一百三十岁那年得了西鹿;法勒在同样年纪时得了拉吴;(150)希伯在他一百三十四岁那年得了法勒为后,他自己则生于沙拉一百三十岁时;亚法撒得沙拉为子是在一百三十五岁时。亚法撒是闪的儿子，是在洪水后十二年出生的。（151）亚伯拉罕有两个兄弟，名为拿鹤和哈兰。之后，哈兰死在迦勒底一座叫吾珥的城，他的墓碑今日仍存留着。他留有一子罗得，和两个女儿撒莱、密迦。这些人与侄女联姻：拿鹤与密迦结亲，亚伯兰则娶了撒莱。（152）因着丧失哈兰的悲痛，他拉厌恶迦勒底，于是所有人都迁到美索不达米亚的哈兰地。他拉二百零五岁时在那里去世并被埋葬。这段时期，人的寿命已经逐渐缩短，寿数大不如前，直到摩西之时。摩西之后人的寿命可达一百二十岁，神以摩西活的年岁决定人的寿命。（153）拿鹤和密迦有八个儿子：乌斯、布斯、基母利、基薛、哈琐、必达、益拉和彼土利，这些都是拿鹤的真儿子。至于提八、迦含、他辖和玛迦，则是他的妾流玛所生；但彼土利还有一个女儿名叫利百加，以及一个儿子拉班。

第七章
我们的先祖亚伯兰离开迦勒底人之地，
住在当时的迦南地，就是现在的犹大地

1.（154）亚伯兰自己没有儿子，便收养了他兄弟哈兰的儿子，他妻子撒莱的兄弟罗得。亚伯兰七十五岁时离开了迦勒底地，在神的吩咐下进入迦南，居住在那地，并把那地遗留给他的子孙。无论是对事物的了解，或是劝服别人，他都极为睿智，且从不发表错误的见解。（155）因此，别人因他的美德尊重他，超过其他众人。他决心更新和修正当时世人对神的看法，他是第一位敢于发表如此见解的人。他说："只有一位神，就

是宇宙的创造者；至于其他神明，就算它们对人的快乐有什么贡献，也不是因它们自己有什么能力，只不过是按着真神的命定而已。"(156)因为观察到陆地、海洋、日月星辰和所有运行的天体中所产生的那些可以眼见却不规律的现象，他生发出这样的见解，他说："若是这些天体自己有能力，它们就绝对能规律地运作；但既然它们不能维持如此的规律，就说明它们之所以为我们的好处而运作，并不是出于本身的能力，而是听命于发令的那一位，我们当将荣耀和感谢单单献给他。"(157)这个主张触怒了迦勒底人和美索不达米亚的其他人，他们便起来反对他。他认为应该是离开那地的时候了，所以在神的命令和帮助下，他便迁居至迦南。当一切安定后，他筑了一座坛献祭给神。

2. (158)贝罗索斯提到我们先祖亚伯兰时，并没有提及他的名字，他是这样说的："洪水之后的第十代，迦勒底人当中有一人，伟大、正直且通达属天知识。"(159)而赫卡泰乌斯就不只是轻描淡写地提到亚伯兰，因他撰写并流传了一本关于亚伯兰的著作。大马士革的尼古拉所写的历史书第四卷里这样记载："亚伯兰以异国人的身份掌管大马士革，他带领军队从称为迦勒底的巴比伦之地而来。(160)过了很久之后，他又动身带着属他的人离去，进入当时称为迦南之地，那地如今称为犹大地。就这样，他的后裔逐渐成为大族。我们在另一处记载了有关他后裔的历史。直至今日亚伯兰的名号在大马士革一带仍然享誉，有一个村庄就是因他的名字而得名，叫作'亚伯兰的居所'。"

第八章

迦南地遭遇饥荒时，亚伯兰从那里往埃及去，
在那里住了些日子后，又回到原地

1. （161）后来，有饥荒侵袭迦南地，亚伯兰知道埃及人的富足境况，便打算下到埃及去：一方面可以享受埃及人的丰富，一方面也可以聆听当地祭司的教导，这样就可以更了解他们对诸神的看法。若是他们有比自己更好的见解，就跟随他们；若是自己的意见更能证明真理，就让他们改信那更善之道。（162）他带着撒莱同行，却怕埃及人迷恋妇女，也怕埃及王会因他妻子的倾城美貌而杀他。他想出一法：假装成她的兄弟，也教她用同样的方法来掩饰，并说这是为他们好。（163）他们一到埃及，正如亚伯兰所料，到处盛传他妻子貌美的盛名。埃及王法老不满足于耳闻，一定要亲自见到她，并且准备将她占为己有。（164）神以病痛拦阻了法老不当的倾向，又以动乱骚扰他的政权。法老询问祭司们要如何从这些灾难中脱身，他们告诉他这些悲惨的情况是源于神的忿怒，因为他意图凌辱外来者的妻子。（165）法老出于恐惧，询问撒莱到底是什么人，那位将她带在身边的人又是谁。当他得知真相后，就请亚伯兰原谅他，因他以为这女子是亚伯兰的妹子而非妻子；他并非因为欲望所驱意图羞辱撒莱，而是爱她，并希望借着娶她为妻与亚伯兰结盟。法老送给亚伯兰一笔钱作为大礼，又让他在埃及最有学问的人当中参与对谈，经由这些谈话，亚伯兰的名声与美德比以前更令人注目。

2.（166）埃及人因各人随从不同风俗，就彼此藐视，且因此向对方发怒。亚伯兰和他们讨论，驳斥他们熟知的理论和每一样常规，并表示为此辩论是虚空、没有价值的。（167）那些人因为这些讲论而尊亚伯兰为大有智慧的人，无论亚伯兰发表任何讲论，他们都认为他是个智者。他的讲论不只是让他们了解而已，更是要说服他们与他认同。他和他们讨论数学，也向他们传递有关天文学的知识，（168）因为在亚伯兰到埃及之前，他们对此一无所知。这个学科从迦勒底传入埃及，又从埃及传入希腊。

3.（169）亚伯兰一回到迦南地，就把他和罗得的土地分开，因为他们的牧人争夺喂养羊群的草场。他让罗得选择他要的土地，（170）他自己则得剩下的另一块地，就是位于山脚下的低地。他自己住在希伯仑，这城比埃及的泰尼斯城更古老七年。罗得拥有平原之地和约旦河，离所多玛不远。所多玛当时是个美好的城，但现在已被神的忿怒摧毁。有关这事的原因，我在之后恰当的时候再提。

第九章
亚述战争造成所多玛被毁

1.（171）这时亚述人掌管亚细亚，而所多玛却以财力和壮丁著称。有五位王管理这一地区的事务，他们是比拉、比沙、示纳、善以别和比拉王，每位王都拥有自己的军队。（172）亚述人来与他们争战，他们将军队一分为四，每队都有自己的统帅。两军交战之后，亚述人得胜，要求所多玛人纳贡。（173）所多玛人臣服于亚述十二年之久，一直向亚述进贡。第十三年，所多玛起来反叛，于是亚述人的军队在暗拉非、亚略、基大老玛和提达的率领下临到他们。（174）这几位王曾使叙利亚全地荒废，又曾胜了巨人的后裔。他们来与所多玛为敌，扎营在称为"泥坑"的谷，因当时那地有许多坑洞，但所多玛被毁后，那谷已成为"沥青湖"，并以此为名。（175）我们今后还会再提到这湖。所多玛人与亚述人交战，争战极其艰苦，许多人被杀，其他的人则被掳。罗得因帮助所多玛，也在被掳之人当中。

第十章

亚伯兰与亚述人交战并得胜，
拯救了被囚的所多玛人，并夺回亚述人的掳物

1. （176）亚伯兰一听到他们的灾难，立刻为亲人罗得担心，并怜悯那些所多玛人，因为他们是他的朋友和邻居。（177）他认为应该对他们施以援手，于是他毫不耽延、迅速动身，于第五个夜晚在靠近但这个地方攻击亚述人；但，是约旦河的一条支流。一些已经睡下的亚述人还未来得及警觉就被杀死；另外还有没上床的人，也因酒醉而无法战斗、逃之夭夭。（178）亚伯兰追赶他们直到第二天，一直追到何把，那地属于大马士革。这件事表明胜利并不靠人数众多，而是靠战士们的敏捷和勇气，才能胜过众多的敌人。亚伯兰借着三百一十八个仆人和三个朋友之力，面对强大的敌军，却赢得了胜利，使那些逃走的人只能羞愧地返回家园。

2. (179)于是亚伯兰将那些被亚述人掳走的所多玛人和他的亲人罗得平安带回。所多玛王在一处称为"王谷"的地方迎接亚伯兰，(180)撒冷王麦基洗德也在那里迎接他，那名字就是"公义王"的意思，因这人的公义是无可争议的，正因为如此，他被立为神的祭司。后来人们称撒冷为耶路撒冷。(181)麦基洗德热情接待亚伯兰的军队，丰富供应他们一切所需。当他们享受盛宴时，麦基洗德开始称赞亚伯兰，并因神使亚伯兰征服仇敌而献上感谢。亚伯兰把所得掳物的十分之一献给麦基洗德，麦基洗德也接受了这份礼物。(182)所多玛王希望亚伯兰拿走那些战利品，但恳求亚伯兰能把那些从亚述救回来的人归还给他，因为他们是属他的。亚伯兰不肯照做，也不愿贪图任何不属于他的战利品，亚伯兰只取了仆人们已吃用的部分，并坚持将一部分战利品归给那些在战场上帮助他的友人。那些朋友第一个是以实各，然后是亚乃和幔利。

3. (183)神赞赏亚伯兰的美德，且告诉他："无论如何，你都不会失去你此次荣耀行为所配得的奖赏。"他回答道："我并没有后裔来享受它，你给的奖赏对我有什么好处呢？"因为到如今他都没有任何后代。于是神应许他将会得一个儿子，也会有许多后裔，他们的数目要像天上的星那样多。(184)亚伯兰听了之后，就按照神的吩咐献祭。献祭的方式乃是这样：他取了一只三岁的母牛、一只三岁的母羊、一只同样是三岁的公绵羊、一只斑鸠和一只鸽子；他按照吩咐将前三样祭牲剖开，但没有剖开飞禽。(185)在他筑坛之前（祭坛所在之处是飞鸟捕食的地方，因为它们爱吃血），神的声音临到他，宣称他们的邻邦将会加害他的后代子孙达四百年之久，他们会在埃及遭受各样的苦难。之后他们会胜过仇敌，并在争战中征服迦南人，占领他们的土地和城邑。

4. (186)亚伯兰定居在称为奥古格的橡树附近,那地方属于迦南,离希伯仑城不远。亚伯兰因妻子不孕,就恳求神赐给他一个儿子。(187)神吩咐他要有坚定的勇气,并告诉他,从领他出了美索不达米亚起,神已赐给他好处,而今还要加添给他拥有子嗣的福分。于是撒莱因着神的命令,就将自己的使女,一位埃及妇人领到亚伯兰的床边,想要借她得子。(188)当这使女身怀有孕,竟得意洋洋,公然侮辱撒莱,好像从她所生的儿子将会成为继承人;亚伯兰却将她交给撒莱处治。使女因为不能承受撒莱的严苛而试图逃跑,并恳求神对她施怜悯。(189)神的使者在旷野的路上遇见她,命令她回到主人和主母身旁,并告诉她,若是顺服这智慧的劝告,从今以后就能过更好的生活。她之所以会落到这样悲惨的地步,是因为她不知感恩,又自大、傲慢地对待她的主母。(190)神的使者还告诉她,她若不顺服神,执意要走自己的路,就会被消灭;但她若迷途知返,就会成为君王之母。于是她听了告诫,回转到主人和主母那里,也得到他们的宽恕。不久之后她生下以实玛利,这名字可以被译为"神听见",因为神听了他母亲的祷告。

5. (191)亚伯兰八十六岁时生了前面所提的儿子。九十九岁时神向他显现,应许他要从撒莱得一个儿子,他的名字要叫以撒。神指示他大国和君王将从此子而出,他们将借着战争征服迦南全地,获得从西顿到埃及的土地。(192)神指示他不可使他的后代与别族混杂,因此他们必须于出生后第八天受割礼(割阳皮),我将会在他处解释有关割礼的原因。(193)亚伯兰也询问有关以实玛利的事,问及他是否应继续活下去。神指示他,以实玛利将会活到非常年老,也会成为许多大国之父。于是亚伯兰为这些祝福献上感谢,他和所有的家人以及儿子以实玛利立刻行了割礼,那时他儿子十三岁,他自己九十九岁。

第十一章
因所多玛人的罪行,神的忿怒临到他们,将所多玛毁灭

1. (194)这时所多玛人因富足奢华渐渐骄傲起来,他们不以公义待人,也不敬畏神,他们忘记了从前从神那里得的好处。他们憎恨外来客旅,又以逆性淫乱败坏自己。(195)因此神向他们发怒,决定因他们的傲慢惩罚他们,并要毁灭他们的城邑,荒废他们的土地,使那地不再能栽种,也不再有收成。

2. (196)神决意如此对付所多玛人时,亚伯拉罕正坐在幔利的橡树旁,在他自己的帐幕门口。他看到三位天使,以为是三个陌生人,就站起来向他们致意,并希望他们接受招待,留下与他同住。(197)他们同意了,于是亚伯拉罕立刻吩咐人做饼备餐;他又杀了一只小牛烤了,送到他们面前,那时他们正坐在橡树底下。他们就吃了,同时也询问他妻子撒拉在何处,他回答说她在里面。他们又说以后还会再来,那时她将会成为一位母亲。(198)这妇人却因此发笑,说她怀孕是不可能的事,因为她已经九十岁,她的丈夫也已经一百岁了。于是他们不再隐瞒,表明他们是神的使者,其中之一是被差遣告知他们关于孩子的事,另外两个则要去毁灭所多玛。

3. (199)亚伯拉罕听了之后,便为所多玛人感到悲伤,站起来为他们恳求神,祈求他不要把公义的和邪恶的一同毁灭。(200)神回答说,所

多玛人中间已经没有虔诚人了，如果他们中间仍有十个义人，他就不会因为他们的罪而惩罚其中任何人，于是亚伯拉罕就放心了。天使去到所多玛城，罗得恳请他们留宿在他家，因为罗得是个慷慨好客的人，这个优点是从亚伯拉罕身上学到的。所多玛人看到寄宿在罗得家的年轻男子有着姣好惊人的面容，就决定以强暴和武力享受这些美貌的男子。(201)罗得劝诫他们要冷静，不要向陌生人显出下流的行为，乃要显出尊重，若他们实在不能克制自己，他愿意提供自己的女儿来代替这些外来客人，以满足他们的欲望——而罗得的两个建议都没有令所多玛人感到羞耻。

4. (202)神因所多玛人放肆的行为而发怒，所以他使这些人瞎眼，并要以完全毁灭来惩罚他们。神事先告诉罗得所多玛城将被毁灭，于是罗得带着妻子和两个仍是处女的女儿离去，那两位与她们订过婚的男子，却认为罗得的话不可信而没有与他们同行。(203)神以闪电击打这城，烧毁这城和城中的居民，又以火将地荒废，就像我以前写在《犹太战记》中的那样。当罗得的妻子离开那城时，她一再回头去看，不顾神的禁止，太过好奇它将会成为什么样子，因此，她变成了一根盐柱。我曾见过这盐柱，因它一直存到今日。(204)罗得与他的女儿逃到一个小地方，他们在四周生了火并住在那里。那地方如今被称为琐珥，希伯来人用这词形容很小的东西。他们在那里没有同伴，也没有食物的供应，过着非常悲惨的生活。

5. (205)罗得的两个女儿认为所有人都已被消灭，于是她们偷偷地亲近父亲，没有让父亲察觉。她们这样做，是想让人类不致完全消灭。之后她们生了儿子，大女儿生的名叫摩押，是"从父而得"之意。小女儿生的名叫亚扪，意思是"从亲人而得"。(206)前者是摩押人的始祖，到如今他们仍是一个大国；后者是亚扪人的始祖，这两族都居住在叙利亚平原。这就是罗得从所多玛人当中离开的经过。

第十二章
关于亚比米勒；又论及亚伯拉罕的儿子
以实玛利；以及他所生的阿拉伯人

1. (207)亚伯拉罕带着撒拉迁到了巴勒斯坦的基拉耳，因为害怕，所以又用从前称撒拉为妹子的方法来掩饰。亚伯拉罕害怕那国的国王亚比米勒，因他爱上撒拉，想要把她据为己有。(208)神降下一种危险的疾病来拦阻他的私欲，他的医生们对此病束手无策。他睡觉时做了一个梦，在梦中被警告不可污辱那外来客的妻子。醒来后，他告诉他的朋友们：神把灾病加在他身上，是为了要惩罚他对外来客的伤害，也为了要保护外来客妻子的贞洁，因为她并不是以妹子的身份与那外来客同行，乃是他的合法妻子。若是他保住亚伯拉罕妻子的贞洁，神应允将来的日子必定会恩待他。(209)他说完后，就在朋友劝告下将亚伯拉罕找来，告诉他不要为他的妻子操心，不要害怕她失了贞洁；他能再得回妻子，是因为神眷顾、保守他的缘故，她不曾受过任何的污辱虐待；并且为亚伯拉罕妻子良心的缘故，亚比米勒在神面前表明，如果早知她是他的妻子，他根本就不会有侵犯她的意图；但因他自己说她是他的妹子，亚比米勒说："你自己诱使人相信她是你的妹子，我在这罪过上是无辜的。"(210)亚比米勒又恳求亚伯拉罕以和平对待自己，好使神恩待他。如果亚伯拉罕想要留下来与他同住，他会充分供应亚伯拉罕想要的一切；如果亚伯拉罕计划要离开，那么离去时必会得到最尊荣的引领，也会得到他来时想得到的任何东西。（211）亚伯拉罕说，他对他妻子血缘的说法不是谎言，因她本是他兄弟的女儿，并且他认为若不这样隐瞒，自己在外地的旅程就不安全，他并不是故意要造成这次的灾病，完全是出于对自身安全的考虑，他也已经准备要留在当地。（212）于是亚比米勒给他土地、金钱，他们就立约，同住却不以狡诈彼此相待，又选定在一处叫别是巴的井旁起誓，别是巴翻出来就是"盟誓的井"之意；直到今日，当地的人仍然这样称呼那地。

2.（213）正如神先前所说，亚伯拉罕不久之后便从撒拉得了一个儿子，为他取名为以撒，是"喜笑"的意思。他们如此称呼他，是因为当神说撒拉将要生一个儿子时，她因不相信而笑了出来，因她已九十岁，早已过了生育的年龄，亚伯拉罕也已一百岁了。（214）他们生这儿子的时候，都是将要进入人生另一个十年的时候。他们在第八天为他行了割礼，从那日起，犹太人便按此习俗在相同的日子为他们的儿子行割礼。但阿拉伯人是在十三岁之后行割礼，因为亚伯拉罕之妾所生的以实玛利是他们的先祖，而以实玛利行割礼就是在那年纪。我现在就要对以实玛利做出详细精确的记述。

3.（215）撒拉起初喜爱她自己的使女夏甲所生的以实玛利，爱他如同爱自己的儿子，因为当以实玛利长大后，本要成为家族的继承人。但是当撒拉自己生下以撒后，她却不再愿意以实玛利与以撒一起成长，恐怕亚伯拉罕死后，因以实玛利比以撒年长许多，会对以撒造成伤害。

（216）于是她说服亚伯拉罕把以实玛利连同他母亲送到遥远的地方。起先亚伯拉罕并不同意撒拉的想法，因他认为在没有任何供给的情况下，就把一个女人和一个年轻的孩子送走，是非常残酷的事。（217）但神喜悦撒拉的决定，所以亚伯拉罕最终还是同意将他们送走。亚伯拉罕把以实玛利交给他母亲，因为以实玛利自己还不能独自离去。亚伯拉罕吩咐夏甲带着一瓶水、一块饼，以及行路时所需的一切离去。（218）当所有这些都用尽后，夏甲就处于艰难的境况中；继而当水喝完时，她将奄奄一息的孩子放在一棵无花果树下，自己再往前走，好让孩子不死于自己眼前。（219）神的一个使者来到夏甲身旁，告诉她附近有一处泉水，嘱咐她好好将孩子养大，应许她将会因以实玛利的存活而感到相当骄傲。夏甲在这应许之下重拾勇气，之后她碰到了一些牧羊人，在他们的照料下，夏甲脱离了困境。

4.（220）孩子长大后娶了一个埃及人为妻，埃及原是他母亲出生的地方。以实玛利从这妻子生了十二个儿子：尼拜约、基达、亚德别、米比衫、度玛、米施玛、玛撒、哈大、提玛、伊突、拿非施、基底玛。（221）他们居住在自幼发拉底河直到红海的全地，那地被称为拿巴提。他们是阿拉伯国家，并以这些人的名字为他们的支派命名，一是因为他们自己的美德，二是因他们祖宗亚伯拉罕的尊贵。

第十三章
亚伯拉罕的嫡子以撒

1.（222）亚伯拉罕非常喜爱以撒，因为以撒是他的独子，也是神在他年迈时赐给他的恩典。又因为这孩子在各方面表现的美德，忠于父母交代的工作，以及在爱慕神的事上所表现的热心，使得父母更加钟爱他。(223)亚伯拉罕把他所有的快乐都寄托于未来的盼望，他盼望将来过世后，这儿子仍享平安，因这本是神的旨意。神想要试验亚伯拉罕对自己的敬虔，就向他显现，并对他数算神以往所赐的恩典：(224)就是神如何使他胜过敌人，就连他视为喜乐核心的儿子以撒，也是神所赐的；现在神要求亚伯拉罕把这儿子当作圣洁的祭物献给他。神吩咐亚伯拉罕带着儿子到摩利亚山上，筑一座坛，把以撒作为祭物烧在上面；若他将讨神喜悦视为比保存自己的儿子更重要，这就是他对神敬虔的最好证明。

2. (225)亚伯拉罕认为任何事都不能违背神，无论任何境况他都要侍奉神，因为被造的万物都在他的眷顾和慈爱下享受生命。于是亚伯拉罕向他的妻子撒拉和所有仆人隐瞒了神的吩咐以及自己将要杀死儿子的意图，以免他们会拦阻他对神的顺服。他带着以撒和两个仆人，把献祭必需的用品放在驴子背上，就出发到山上去了。(226)仆人与他们同行了两天，第三天他们一见到那山，亚伯拉罕就将两个同行的仆人留在平原，只和他的儿子一起往山上走，那山就是后来大卫王建圣殿的山。(227)他们带着献祭所需的一切东西，只是没有献祭的祭牲。这时以撒已经二十五岁，他一面筑坛，一面问他的父亲准备用什么来献祭，因为那里没有献祭用的祭牲。亚伯拉罕回答说："神自己必预备祭物，因为神能使一无所有的人丰盛，也能让倚仗财势者失去一切，因此神若愿意临在，又悦纳这献祭，他必会亲自预备祭物。"

3. (228)祭坛建好后，亚伯拉罕放好柴，等到一切就绪了就对他儿子说："儿啊！我曾不断祈求能够有你做我的儿子。当你生下来以后，我也竭尽心力供应你一切所需。无一事比看到你长大成人,并在我离世后继承家业更让我快乐。(229)不过神使我成为你的父亲,现在也是他的旨意让我放手,把你当作祭物甘心献给神。我把你交托给神,因他认为现在当以见证来荣耀他自己,他是我的支持者与守护者,所以赐给我这恩典。(230)我儿啊!你即将要死,但不是一般的离世,而是作为祭物,经由你父亲献给万人之父的神。我想神并不想你经由疾病、战争或其他方式,像普通人一样离世,(231)他会借着祷告和圣礼接纳你的灵魂,把你放在他身旁,使你在我年老时,成为我的支持和帮助。这是我带你上来的主要原因:通过将你献上,使神代替你成为我的安慰者。"

4. (232)以撒因为有这样的父亲,所以也有宽厚仁慈的性情,他很同意父亲的看法,他说:"一个人若是违背神和父亲的决定,不愿放弃自己,去满足神和父亲的心意,这人起初就不配被生出来;如果他的父亲已下定决心,他却不愿顺服,这就是不义。"于是他立刻走上祭坛准备献祭。(233)若非神的阻止,这事就当真要发生了。神大声呼叫亚伯拉罕的名字,禁止他杀害他的儿子,并说并非想要人的血才吩咐亚伯拉罕杀子,也不是要从父亲手中夺走儿子,而是要试验他的心,看他是否能顺服这样的命令。(234)神对亚伯拉罕的欣然从命感到满意,又因他随时随地都有敬虔的态度而讶异,于是乐意赐给他这样的祝福。神不会对他有任何要求,反而要赐给他其他子孙,而且他的儿子要享大寿数,他活着的日子必得满足,并有一群敬虔的后代从他而出,成为大国。(235)他又预示他,他的家族将增大,会成为许多国家;那些族长的名字将会永远流传;他们会得到迦南全地为产业,为所有人所羡慕。神说完这些,就赐他们一只公绵羊为祭牲,是先前没有的。(236)亚伯拉罕和以撒没想到还能彼此相依，且得到如此大的祝福。他们献祭完毕，就回到撒拉那里，同享幸福的日子。无论他们需要什么，神都帮助他们。

第十四章
亚伯拉罕的妻子撒拉；以及她一生年日的结束

1. (237)不久之后，撒拉去世了，享年一百二十七岁。他们把她葬在希伯仑。迦南人公开允准他们一块埋葬的用地，是亚伯拉罕用四百舍克勒向希伯仑的居民以弗仑买的，以后就作为亚伯拉罕和他后人的墓地。

第十五章
特拉这族是由亚伯拉罕与基土拉所出

1. (238)这事以后亚伯拉罕娶了基土拉，基土拉给他生了六个勇敢又聪明的儿子：心兰、约珊、米但、米甸、伊施巴和书亚。书亚的儿子是示巴和底但；底但的儿子是利都是、亚书利和利乌米；米甸的儿子是以法、以弗、哈诺、亚比大和以勒大。(239)亚伯拉罕想要让这些儿孙向外殖民，他们就得了特拉这人占据之地，以及"蒙福的阿拉伯地"，一直到红海。据说以弗曾和吕彼亚作战，并占领了吕彼亚。后来他的孙子们居住在那里，就以他的名字称呼那地为非洲。(240)亚历山大·坡利息斯特（Alexander Polyhistor）也曾证明我此处的看法。他说："先知克利奥底马斯(Cleodemus)，又叫马勒古(Malchus)，曾写过一部犹太历史，他的记载和犹太立法者摩西的历史是一致的，两者都提到亚伯拉罕从基土拉生了许多儿子。(241)不但如此，他还列举其中三人：亚菲拉、述利和雅夫兰。亚述这地的名字就是从述利而来，非洲则是从另外两位[亚菲拉和雅夫兰]得名。当赫拉克利与吕彼亚和安提欧争战时，这两人曾帮助赫拉克利；后来赫拉克利与阿夫兰的女儿结婚，赫拉克利从她得了一个儿子狄奥多鲁，而索分则是狄奥多鲁的儿子，野蛮残忍的索分人就是因他得名。"

第十六章
以撒娶利百加为妻

1. (242)以撒的父亲亚伯拉罕，决心要让儿子娶他兄弟拿鹤的孙女利百加为妻，那时以撒将近四十岁。亚伯拉罕选了一位最年长的仆人，要他起誓效忠，并派他去为此事与那女子订亲。(243)起誓是按以下方式：他们将自己的手放在彼此的大腿下，然后呼求神见证这事成就。他又送了一些礼物给那地的人，就是十分稀有、甚至那地从来没有见过的礼物。这位仆人花了一段时间才抵达那地，(244)因为穿越美索不达米亚需要花很长时间，旅程既长又乏味，冬天泥泞不堪，夏季干旱缺水；除此之外，路上还会出现强盗，客旅无法避开这些强盗，只能多加谨慎。仆人终于抵达哈兰，当他到达城外时，碰到一群少女前去打水。(245)于是他祈求神，甚愿在当中寻得利百加，就是亚伯拉罕差派他来为儿子求娶的对象,如此亚伯拉罕所想的婚姻才能成就。他又求神借一个证据让他得见利百加,这证据就是当别人拒绝给他水喝时,这位女子会给他水喝。

2. (246)他带着这样的意念来到井旁,盼望有女子拿水给他喝,她们却借故说水全是要给家里用的,不能分给他。只有一位站出来责备她们对陌生人不礼貌的态度,她说:"你们怎么这样和人说话？竟然连一点水也不肯给人?"于是她亲切地拿水给这仆人喝。(247)虽然他开始期待这件大事成就,但仍想更多了解这女子。于是他夸奖这女子的慷慨和美德:虽然打水会使她辛苦,她却毫不犹豫地把水供应别人。他问及谁是她的父母,愿他们因有这样一位女儿而得福,又说:"愿你有美满的婚姻,并与合意的丈夫建立家庭,养育敬虔的后代,使你的父母因此得以满足。"(248)她温和地回答他的问题,并告诉他有关她的家人,她说:"他们叫我利百加。我父亲是彼土利,已经亡故。拉班是我的哥哥,也是监护我贞洁之人,他和我母亲一起照顾家事。"(249)这仆人听到这里,就因所听到和所发生的一切事高兴,因他知道神已清楚指引他的道路。为了感谢利百加赠水之恩,他拿出手镯和其他给处女佩戴的首饰赠予这少女,又说这是她该得的,因她比其他众女子更乐于助人。(250)利百加心想天色已晚,这人不能再往前行,就邀请他留下与他们暂住。仆人拿出随身携带的珍贵首饰,因她的表现让他无比信任。他相信,从她身上所展现的美德,可猜想出她的母亲与哥哥不会因此不悦;另外他会自付费用,免去他们的负担。(251)她回答并肯定了他对自己家人的猜想,却对他付钱的想法颇有微词,他的家人并不吝啬,愿意免费招待他。利百加说她要先回去告诉哥哥拉班,如果可以的话,她再出来带他回家。

3. (252)利百加一到家就将这位陌生人介绍给家人,于是拉班的仆人将他的骆驼带进来照料，拉班亲自招待他享用晚宴。晚饭过后，他向拉班及少女的母亲说："亚伯拉罕是他拉的儿子，是你们同族的人。拿鹤是这些孩子们的祖父，是亚伯拉罕同父同母的兄弟。（253）他差我来你们这里，盼望能把这女子带回去做他儿子的妻。此子是合法的儿子，且是唯一的继承人。他纵然可以挑选那地最蒙福之女子，却不愿他的儿子迎娶其中任何一位，唯愿此地的亲戚与他的儿子成婚。（254）希望你们不要轻看他的心愿。从行程中所发生的事可以看出，这正是神所喜悦之事；因此我才能得见你的女儿，得住在你家。因为在我将近这城时，看到许多少女到井旁，我也曾祈求神让我能从中遇到这位少女，而这事也成就了。（255）为此，请因神的安排接受这婚事，向亚伯拉罕大显敬意，他因纪念此事才差我来，求你们同意。"他们都了解这是神的旨意，也非常赞成这提议，就按照计划嫁出女儿。于是以撒娶了利百加并继承了产业，而基土拉的孩子们已在远方定居。

第十七章
亚伯拉罕之死

1.（256）不久之后，亚伯拉罕死了。他的品德无人能比，神也因他的敬虔而尊荣他。他一生的年日是一百七十五岁，他儿子以撒和以实玛利把他葬在希伯仑，与他的妻子撒拉同埋。

第十八章
以撒之子以扫和雅各。他们的出生及受教

1. （257）亚伯拉罕死后，以撒的妻子怀了孕。当她身孕重时，以撒焦急地询问神。神回应他利百加所怀的是双子，必有两国从此二子得名，但小的必强过大的。（258）不久之后，她照神所说生下双子：大的从头到脚粗糙多毛，而小的一生出来就紧抓着哥哥的脚。父亲以撒喜爱长子，称他为以扫，正合粗糙之意，因为希伯来人以此词为"粗糙多毛"之意。次子雅各是他母亲最疼爱的。

2. （259）那地起了饥荒，以撒决定下埃及去；因为那里地土肥沃。但他最终去了基拉耳，因为神吩咐他如此行。亚比米勒王接待他，因为亚伯拉罕是他的好友，且曾与他同住。开始的时候亚米比勒待他极好，但是因着嫉妒，这种态度并没有持续下去，（260）亚比米勒看见神与以撒同在，又看顾他的一切，于是把以撒赶走了。以撒看到因嫉妒而变脸的亚比米勒，就退到离基拉耳不远的一个山谷。在他挖井的时候，有牧羊人为要拦阻这工程而来攻击他，于是他们彼此相争。以撒并不想争斗，所以牧羊人看起来似乎占了上风。（261）于是他退去，再掘了一口井，另外一群亚比米勒的牧羊人又以暴力来对待他，他再次退去。就这样，以撒以理性和谨慎为自己换取了平安。（262）王终于让他自由地去挖井，没有再干扰他。他为这井取名为利河伯，就是"宽阔"的意思。先前所挖的那些井，其中有一口叫作埃色，是"相争"的意思；另外那口井叫作西提

拿,是"为敌"的意思。

3. (263)现在,以撒的家业扩张,他的财富繁盛,势力逐渐增大。亚比米勒认为以撒想要与他为敌,当初他们居住在同地时,彼此并不信任,就连以撒退让,亚比米勒也认为隐藏着敌意,他害怕与以撒的友谊不再能保全自己,一心认为以撒意图报复。于是亚比米勒带着他的一位将领非各一同去见以撒,重申彼此的友谊。(264)由于以撒禀性善良,纪念亚比米勒先前对他和他父亲的情谊,不去计较亚比米勒后来对他的不好,亚比米勒如愿以偿,回家去了。

4. (265)以撒最爱的儿子以扫四十岁时,娶了以伦之女亚大和伊斯比翁之女阿何利巴玛为妻。以伦和伊斯比翁是迦南人中尊贵的领袖,以扫也因此得到权柄。以扫认为经由这样的联姻可以得到权力,就完全没有征求父亲的意见。(266)若由以撒全权决定,他并不会任由以扫娶当地女子为妻,因为他不愿与当地人结盟,但为不使儿子困扰,他决定保持缄默,没有命令儿子休妻。

5. (267)以撒因年老眼目昏花。他叫以扫来到面前并告诉他,自己不仅有眼疾,年纪也大了,不能[以献祭]侍奉神。(268)所以他嘱咐以扫去打猎,用所得的猎物做成晚餐,吃完之后他就可以为以扫向神祈求,求神在以扫一生的年日成为他的帮助及支持者;他又说并不确定自己的死期,但盼望借着他的祷告,神能赐怜悯给以扫。

6. (269)于是以扫出去打猎。但是利百加认为雅各才配得以撒的祷告和神的喜悦。利百加在没有征求以撒同意的情况下,吩咐雅各取了山羊羔来预备晚餐。雅各听了他母亲的话,按照母亲所吩咐的行了。(270)晚餐准备完毕,雅各将山羊皮包在自己的手臂上,使得手臂粗糙多毛，因他想让父亲认为他是以扫。他和以扫本是双胞胎，除了这一点外，其他都极其相像。雅各如此行是害怕父亲为他祈福以先，自己的恶行被发现，父亲因忿怒反将咒诅加于自己。于是雅各就这样带着晚餐去见父亲。（271）以撒因他儿子特殊的声音而认出他，便叫雅各近前来。他伸出包着山羊皮的手，以撒一摸着就说："你的声音像是雅各，不过因你体毛厚重，应是以扫没错。"（272）以撒疑虑尽消，吃完晚餐便专心祈求神，说："万世之主、造物之神啊！你曾应许我父美物不可胜数，赐给我一切所有；并应许成为我后裔的帮助，将更大的福分赏赐给他们。（273）因此，求你不要细察我的软弱，但因我热切的祈求，再次坚定你的承诺。求你以慈爱待我这个儿子，保守他远离恶事，赐他幸福的人生，一切你能力所及的福气，都求你赏赐给他，使他的仇敌惊慌，使他的朋友敬他爱他。"

7.（274）以撒如此向神祷告，以为是为以扫所求。以扫打猎归来，正逢祷告结束。以撒发现自己犯错，就沉默不语。但以扫恳求父亲也将赐给兄弟的祝福赐给他。（275）以撒拒绝如此行，因他所有的祷告都已倾倒在雅各身上。以扫为此悲伤，父亲也因以扫的痛哭而感到难过，他说："他在打猎、体力、臂力，以及这类事上都超越常人，他和他的后裔也会因此而得永远的荣耀；但他仍必服侍他的兄弟。"

8.（276）雅各的母亲害怕以扫会因此事对弟弟加以报复，于是把雅各送离家乡。为此，她说服丈夫从美索不达米亚她自己的亲族中为雅各娶一位妻子。（277）以扫娶了以实玛利的女儿巴实抹为妻，此举并没有征得父亲的同意。因以撒不喜欢迦南人，且不赞同以扫先前的婚配，于是以扫为了取悦父亲，就娶了巴实抹为妻，以扫也确实很疼爱她。

第十九章

雅各因惧怕哥哥就逃到美索不达米亚

1. (278)雅各被母亲送至美索不达米亚，好在那里与她哥哥拉班的女儿成亲［以撒因迎合妻子而准许这段婚姻］。在这旅程中，雅各经过迦南地，因他恨恶那地的人，不愿与他们任何人同住，(279)就住在旷野，把头枕在自己堆聚的石头上。他在睡梦中看到一个异象：天堂，有一些比人类更卓越之人从梯子上下来，神自己明显地站在梯子上，并呼叫他的名字，对他说：

2. (280)"雅各啊！你父为人虔敬，你祖父因德行出众而声望卓著，你却在此环境下沮丧而失去盼望，实属不该。(281)因为在我的帮助下，你必享受一切的美善与丰富。亚伯拉罕被族人驱逐离开美索不达米亚时，我带他来到这里；我也使你父亲成为蒙福之人，我又岂能赐给你福气少于他们？(282)所以你当壮胆，在途中听从我的带领，你所切切盼望的婚约就一定成就。你也必会有品格良善的后代，其数无法计算，而他们将把产业传与为数更多的子孙。我将全地赐给他们为业，他们的后裔也要充满全地和海，就是太阳所能照到的地方。(283)你不要惧怕任何危险，也不要害怕必须遭遇的许多劳苦，因为我定意要眷顾你，我不但如今会引领你，在未来的岁月中，我也是一样地待你。"

3. (284)这些是神对雅各的应许，雅各就因所听到、所看见的而欢喜。他就浇油在石堆上，因为如此伟大的应许及赐福就是在那里临到他的。他在此起了誓：他若能存活并平平安安地返回此地，就要在这石堆上献祭，把所得的十分之一献给神。他也将此地分别为圣，命名为伯特利，希腊文翻出来的意思就是"神的家"。

4.（285）然后雅各继续前往美索不达米亚，最后到了哈兰。他在城外遇到一些牧羊人，有些青年和少女坐在井旁，他站在一旁，想要喝水。于是他开始和他们谈话，问他们是否认得拉班，他是否还健在。（286）所有的人都认识他，因他并非渺小而不为人知，也因拉班的女儿和他们一起牧养她父亲的羊群，通过她才能更清楚准确地知道她的家事。她此时还没有来，令他们深感奇怪。他们说到这里的时候，那少女来了，还有其他的牧人跟她一起来。（287）他们把雅各介绍给她，跟她说这个陌生人在打听她父亲的事。她很高兴地欢迎他来，并对雅各行晚辈之礼。她问及雅各和他前来的原因，不但如此，还问及他有否需要，因她希望尽其所能给予帮助。

5.（288）雅各心里激动异常，并非因为他们的血缘关系，也不是因为所得的关切，而是因他见这少女美貌所发的爱慕之心，极少同龄女子能与她相比。于是他说道："你若是拉班的女儿，那么你我出生之前，就有了亲戚关系。（289）因为亚伯拉罕、哈兰和拿鹤都是他拉的儿子，后者［拿鹤］就是你祖父彼土利的父亲，我父亲以撒是亚伯拉罕和撒拉的儿子，撒拉是哈兰的女儿。此外，我们之间还有一层更近的血缘关系。（290）我的母亲利百加是你父亲拉班同父同母的妹妹，所以我们是有相同祖父母的表兄妹。我要向你致意，盼望我们之间的亲情更浓厚。"（291）这少女听到雅各提及利百加，出于对父亲的爱，便流泪啜泣，如同一般年轻人的反应。她上前拥抱雅各，因她曾从父亲那里听过利百加的事，她知道父母喜悦听到这个名字。（292）于是她也向他致意，说道："你为我的父亲和全家带来了最大的喜乐，因父亲总是提及你的母亲，并经常思念。在父亲眼里，你的到来是最重要的事。"她请雅各去见她父亲，自己在前面带路，因为她不愿意耽延片刻，以致父亲失去与雅各同在的快乐。

6. （293）她说完这一切，就带雅各去见拉班。雅各见到舅舅在友人之中，便深感平安，而他的突然来到也为他们带来了许多欢乐。（294）不久，拉班向雅各表示，他因雅各前来，得了无法言喻的欢喜，但他也需要知道雅各此行的真正原因，为什么他要离开需要照顾的年迈父母；他应承提供雅各所需的一切帮助。（295）于是雅各把此行一切之事都告诉了拉班，他说：以撒有双生的两个儿子，以扫和他自己。因为母亲使用巧计，使以扫应得的祝福落到了他自己头上。以扫因此想要杀他，好夺去神要赐给他的国度和父亲给他的祈福；（296）他此行正是因为这些，也是按照母亲的吩咐而行。"因为我们彼此是兄弟，母亲很看重与你家族的关系，胜过其他家族。所以我才盼望你和神能成为我此行的帮助，并且相信我如今已然平安了。"

7. （297）拉班应允要善待雅各，不但是因为他的先祖，更是因为他母亲的缘故。纵然利百加身不在此，他仍应承对雅各好并照顾他。拉班应许让雅各成为牧人的领袖，并给他相当的权柄。将来他起意回到父母身旁时，拉班会让他带许多礼物回去，因为他们的关系是这样亲近，本当尊荣地对待雅各。（298）雅各听后非常高兴，他表示自己心甘情愿受各样的苦，只希望娶拉结为妻作为补偿。他不但因尊敬拉班而来，更是因爱这女子而来，对这女子的爱促使他提出求婚。（299）拉班喜悦这提议，情愿将女儿嫁与雅各，不必另寻他人，只要他愿意与他们同住一些时日，就可以如此行，因他不愿意让女儿住到迦南人当中。他也后悔当初与那地的人结盟，让他的妹子嫁到那里。(300)雅各答应了这条件，同意留在当地七年。他决定服侍岳父七年，以此证明他良善的品格，并让人清楚地认识自己。雅各接受了这些条件；当七年满了之后，他便预备了婚宴。(301)夜晚到了，拉班在雅各没有察觉的情况下，把另一个女儿送到雅各的床上，她的年纪比拉结大，也没有美丽的容貌。雅各因醉酒且在黑暗中，就与她同房。天亮后，雅各发现岳父向他所做的不公之事，就责备拉班。(302)拉班随即为此事道歉，并说自己乃是身不由己，他把利亚嫁给雅各并没有任何恶意，而是另一件必要之事；虽然事已至此，却不会阻碍雅各和拉结的婚约，只是他必须再服侍七年，之后他一定会把雅各所爱的给他。因为对那少女的爱，雅各答应了这条件，没有其他选择。七年之后，他娶了拉结为妻。

8. (303)利亚和拉结都有使女，都是她们父亲给的。悉帕是利亚的使女，辟拉是拉结的使女。她们并非奴隶，都听命于女主人。如今利亚因丈夫深爱自己的妹妹而陷于痛苦中，心想如果能为丈夫生养儿女，丈夫就会更看重她，所以她持续不断地向神恳求。(304)利亚生了一个儿子，她的丈夫真的因此比以往恩待她。她就为儿子起名为流便，因为"耶和华怜悯她，赐给她一个儿子"，这也正是名字的含义。之后她又另外得了三个儿子：西缅，象征"神听了她的祷告"；然后是利未，意思是"他们的友谊是确定的"；利未之后是犹大，意思是"感恩"。(305)但拉结却因自己不像利亚一样能生育而害怕，担心雅各减少对自己的爱，于是就让自己的使女辟拉与丈夫同房，雅各就从辟拉得了但，如用希腊文解释这个名字，意思是"神的宣判"。之后有了拿弗他利，意为"不会失败的策略"，因为拉结想要用此策略与她姐姐的众多子嗣抗衡。（306）同样地，利亚也用这方法来还击她的妹妹，把她的使女放在雅各怀中。于是雅各从悉帕得了一个儿子，名叫迦得，翻出来的意思是"万幸"。之后又生了亚设，意思是"一个蒙福的人"，因为他为利亚加增尊荣。（307）利亚的长子流便带了一些风茄的果子给他母亲，拉结看到了，很渴望姐姐能给她一些果子吃。利亚不答应，认为拉结应该知足，因她已经夺了自己从丈夫那里应得的怜爱。为了缓和姐姐的忿怒，拉结同意把丈夫让给她，他可以在当晚与她同寝。（308）利亚接受这提议，因拉结的好意，雅各与利亚同寝。利亚又生了以萨迦，意思是"因租借而出生的那位"；以及西布伦，意思是"证明对她怜爱而出生的那位"；另外还生了一个女儿底拿。过了一些时日，拉结也生了一个儿子，取名为约瑟，就是"必有另一位加添给他"的意思。

9.（309）雅各为他岳父拉班牧羊有二十年之久，之后他想要离开岳父，带妻子们返回家乡。可是他岳父不让他离开，他就决定秘密行事。（310）他试探性地问妻子们对此行有什么意见，她们听了就喜悦，且十分赞成。拉结带了当地人按习俗所敬拜的神像，就和姐姐一起逃走。与她们一起的还有她们和婢女的孩子们，以及一切属于她们的产业。（311）雅各也赶着牲畜的一半离开当地，事前并没有让拉班知道。雅各虽然已经告诉拉结，不应敬拜这些神像，但是拉结带着神像的原因乃是这样：如果他们被父亲追上，或许可以向这些偶像求助而得原谅。

10.（312）一天之后，拉班才知道雅各和他的女儿们已经离开了，盛怒之下，他带着一群人去追捕他们，第七日就追上了他们，当时他们正在山丘上休息。(313)拉班没有轻举妄动，因为夜间神在他的梦中警告他，要用和平的态度接纳他的女儿和女婿，不可轻率莽撞，或以暴力相待，却要和雅各立定盟约。神告诉他，如果他轻视他们人数微少，执意要用武力敌对攻击他们，神便要去帮助他们。(314)拉班事先被神警告，便在第二天叫了雅各来，并与他谈判，告诉他自己所做的梦。拉班自信地前来，并控诉说，雅各在贫困时曾受到他的接待：凡雅各需要的东西，只要他有，他都充充足足地供应雅各。拉班又说："因为我已借着女儿的婚姻与你联合，你应待我胜似先前，(315)但你不在乎你母亲和我的关系，也不在乎我们之间新立的盟约；你不在乎所娶的妻子们，更不在乎那些称我祖父的孙儿。你待我就像待敌人一样，不但赶走我的牲口，还说服我的女儿离开她们的父亲，(316)又将我祖传的神像带走，不但我们祖先敬拜，我也同样敬拜这些神像。长话短说，你是我的亲人、我妹妹的儿子、我女儿的丈夫，我周到地款待你，与你同桌吃饭，你却这样对待我。"(317)拉班说完之后，雅各为自己辩护，他说，神把对本族本乡之爱深植在他里面，他并不是唯一有这样感情的人，这是神造所有人的天性，经过这么长时间，他要回家是很合理的事。(318)"至于你指责我把这些牲口掳走，如果有人在我们中间做仲裁人，他就会认为是你的错。因为我不但保守你的牲口没有减少，还使它们的数量加增，我本当从你那里得感谢，但你为何因我取了一小部分就不公地发怒呢？至于你的女儿们，你要知道，她们随我返回家乡并非因我的诡计，而是因为妻子对于丈夫的情爱；甚至可能不是为了我，而是为了她们的孩子。"(319)雅各的辩护就是如此，用以证明自己的行为并没有不公之处。他又加上自己对拉班的指控，说："我是你妹妹的儿子，你也将你女儿嫁我为妻，为此你耽误了我二十年时光,用粗重的工作折磨我二十年。我为要娶你的女儿们而忍受苦楚,但成婚之后,你的要求却更加严苛,比仇敌所要求的更甚。"(320)因拉班见无论雅各想要什么,神都帮助他,便恶待雅各:一时应承雅各将牛群中的白色小牛归于他,一时说将牛群中的黑色小牛归于他。(321)只要当归于雅各的牲畜变得很多时,拉班便不遵守他的承诺,改口说要将牲口来年再给他,因为拉班嫉妒当归于雅各的牲口极其众多。拉班如之前一般再次承诺雅各,因为他以为雅各的产业不会再增加,谁知事实不然,他就故伎重演。

11.(322)关于那些偶像,雅各提议拉班自行搜查,拉班也接受了。拉结也听到这事,便把神像藏在自己骆驼的鞍子里,自己又坐在上面,并说自己身上不便,不能起身。(323)于是拉班停止进一步搜查,因他认为在这样的情况下,他的女儿不会去接近神像。于是他与雅各订了盟约,并且起誓坚定这盟约,说他绝不会为已经发生过的事再起恶意,雅各也做了同样的约定,并答应要爱拉班的女儿。(324)他们在某座山上订下这些以誓言坚立的盟约,并在那里立了一根柱子,做成祭坛的样式,从此那山丘被称为迦累得,直到如今。立约之后,他们一起吃了筵席,拉班就回家去了。

第二十章

雅各与以扫会面

1.(325)雅各继续启程前往迦南,有天使向他显现,告诉他对将要发生的事应抱有美好的盼望,雅各就称那地为"神的军营"。雅各很想知道哥哥对自己的态度,就打发使者前去,好让他知道一切详情,因为他们之间的敌意令雅各感到害怕。(326)他嘱咐那些被差的人告诉以扫说:"在以扫向雅各发怒时,雅各心想他们住在一起并不合宜,所以离开了家乡。如今他认为自己离开许久,他们之间的争执应该已经抚平,所以才回来。他还带着他的妻子、孩子们,并所有的家业,愿将自己和他所最亲爱的都交在以扫手中。能把神所赐给他的所有福分都与他的哥哥分享,就是他最大的快乐。"(327)于是使者把这些话告诉了以扫;以扫听了非常高兴,就带了四百个人前去和他的兄弟会面。雅各听到哥哥带了这么多人前来就非常害怕,不过他把一切得救的盼望都交托神;他也思考,若是敌人发动攻击,他要如何才能在当时的情况下打败敌人,保护自己和同行的人。(328)于是他把全部的人分成两队,有些放在最前面,其他的都紧随其后。这样如果他哥哥击败前队,跟随在后的人就可趁势逃跑。(329)他把这群人都排列妥当之后,就打发当中一些人带着礼物送给哥哥,礼物包括牛群和许多不同种类的四足牲畜,因它们十分罕有,所以收礼的人一定乐于接受。(330)这批礼物以固定的距离隔开,后面一队的礼物比前面一队的更多,这样可以使它们在数量上看起来更多,如果以扫仍在生气,这些礼物有助于平息他的怒火。他也指示那些被差的人,要以温和的语气对以扫说话。

2.(331)雅各为这些安排忙了一天,到了晚上,他与其他人一起前行。他们越过一条称为雅博的河流,雅各却因与天使摔跤而被落在后面。天使发起了这场争斗,但后来雅各胜了天使。(332)天使用某种声音和雅各说话,鼓励雅各要为所发生的一切欢喜;不要轻看他的得胜,因为他胜的是神的使者，这胜利是祝福将会降临的证据；他的后裔永不减少，他的权势无人能敌。（333）他又吩咐雅各改名为以色列，希伯来文的意思是"与神天使摔跤的人"。这些是在雅各的祷告中应许他的，因为雅各察觉出对方是神的使者，就期望使者能指示他今后会发生的事。天使说完前面的话就消失了。（334）雅各因此而喜乐，为这地方命名为毗努伊勒，就是"神的面"之意。后来雅各因摔跤而感到大腿的筋疼痛，就不再吃大腿的筋。因为他的缘故，我们如今也不吃此物。

3. （335）雅各知道哥哥近了，就吩咐妻子各与她们的使女走在前面，这样如果以扫意图攻击，她们就可以看出男人预备争战的行动。于是雅各前行走向哥哥以扫，向他俯伏致敬，而以扫对雅各并没有什么阴谋，（336）反而向他回礼，并且询问随行的妇人孩子是谁。当他弄清了想知道的事之后，希望雅各和他一起去看望父亲。但雅各假装他的牲口疲累，因此以扫就回了他居住的西珥。以扫因自己粗糙多毛，就以此为名称呼这地。

第二十一章
底拿的贞洁被侵犯

1. （337）雅各到了一个地方，那地如今被称为疏割，从那里他又到了示剑，是迦南人的一座城。那时示剑人正在守节，雅各唯一的女儿底拿到了城里，想要看看当地妇女的装扮。哈抹王的儿子示剑看到她，就以强暴玷污了她，且因此爱上了她，就要求他父亲让他娶这少女为妻。

（338）为此，哈抹王屈尊来见雅各，盼望他能允许儿子示剑按律法迎娶底拿。雅各认为将女儿嫁给陌生人虽不合宜，但又不知如何拒绝如此尊贵之人的要求，就请求哈抹让他与别人商量。（339）王盼望雅各能答应这桩婚事，便离去了。雅各将女儿被玷污之事告诉儿子们，又将哈抹的话告诉他们，希望他们给出建议，他该如何去行。雅各的大多数儿子都没有意见，因为不知该说什么。但与底拿同母而生的哥哥西缅和利未，彼此商议了做法：（340）那时正是节期，示剑人都在放松、宴乐，他们就趁看守的人睡着时进入他们的城里，杀了所有的男人，包括王和王的儿子，却留下妇人的性命，他们也把底拿带了回去。他们做这一切都没有经过父亲的同意。

2.（341）雅各因这大事而震惊，且严厉地责备了他们；神站在雅各旁边，告诉他当壮胆，洁净他的帐篷，并献上初次进入美索不达米亚看到异象时，发誓要献给神的祭。（342）于是雅各洁净了所有跟随他的人，拿出拉班的神像［当初他并不知道拉结偷了它们］，把它们埋在示剑的橡树下。然后他从那里离去，在伯特利献祭。伯特利就是他初次进入美索不达米亚，在梦中见到异象的地方。

3.（343）他从那里离开，来到以法他，在那里埋葬了死于难产的拉结，她是雅各唯一未能荣耀地安葬在希伯仑的亲人。雅各为她哀痛了很长一段时间，并称她所生的那孩子为便雅悯，因他母亲生他时受了许多痛苦。（344）雅各一共生了十二个儿子，一个女儿：其中八个是合法的孩子，六个由利亚而出，两个由拉结而出；另外四个由使女所生，每个使女生了两个。他们的名字都记载了下来。

第二十二章
以撒去世,葬在希伯仑

1. (345)雅各从那里去到希伯仑,住在迦南人当中,那城也是以撒曾经住的地方,他们同住了一段时间。当时利百加已不在世,以撒在儿子回来不久之后也过世了。他的儿子们把他葬在希伯仑,与他的妻子同在一处,那地方有一个纪念先祖的柱子。(346)以撒是一个蒙神所爱的人,因他父亲亚伯拉罕的缘故,神允诺要极为丰厚地恩待他。以撒极为长寿,他正直地活了一百八十五岁,就去世了。

第二卷

从以撒去世到出埃及(涵盖二百二十年)

第一章

以撒的儿子以扫和雅各分地为业；
以扫得了以土买，雅各住在迦南

1. （1）以撒死后，他的两个儿子没有留在原地，而是各自分地为业。以扫将希伯仑留给弟弟，就离开那里住在西珥，并管理以土买全地。他以自己的名字"以东"命名那地，他有此称号是基于如下原因：（2）有一天他因打猎疲劳而归，甚感饥饿[当时他仍年少]，正遇见弟弟预备扁豆汤作为晚餐，这汤呈红色，使他更加想喝，他便恳求弟弟给他一些吃。（3）但雅各试图以他的饥饿取利，想要他放弃长子的名分。以扫因被饥饿折磨，就起誓放弃长子的名分。之后因着红汤的缘故，人们便取笑他，并称他为以东，因为希伯来人称"红"为"以东"，希腊人却给它一个更合宜的发音，称为"以土买"。

2. （4）以扫有五个儿子：阿何利巴玛为他生了耶乌施、雅兰和可拉；亚大为他生了以利法；巴实抹为他生了流珥；（5）这都是以扫的儿子。以利法有五个嫡子：提幔、阿抹、洗玻、迦坦和基纳斯；亚玛力并非嫡子，乃是妾亭纳给他生的庶子。（6）他们住在以土买的迦巴勒，此地从亚玛力人得名。以土买是一个大国，全境大多地名得以保留，但其中一些地区以当地特定居民的名称命名。

第二章

雅各的幼子约瑟梦见他将来必要蒙福，他的哥哥们就嫉妒他

1. (7)雅各的福分极大，世人少有。他比当地任何人都富有，人们也羡慕他有好品德的儿子，因为他们完美无瑕、勤于工作、吃苦耐劳，且灵巧聪明。(8)神供应雅各，赐福与他，即使在恶劣的环境中，神也保护他并赐给他莫大的祝福。他和他的后代是造成我们列祖出埃及的原因，事情的经过是这样的：(9)雅各从拉结生了约瑟，并爱他胜过其他的儿子，因为他身体健美，心性善良，胜过其他弟兄。(10)雅各对约瑟的偏爱，以及约瑟所做与父亲和兄弟有关的异梦（里面预言自己必将蒙福），激起了哥哥们的嫉妒和憎恨。人们会因亲近之人的成功而起嫉妒，实属正常。约瑟睡觉时得的异象乃是这样：

2. (11)收割的时候，约瑟和哥哥们被父亲差去收集果子。他在梦中看到异象，与我们做梦大大不同。他便起来告诉哥哥们，希望他们能解释这梦。他说，昨晚他见他的禾稼站立，但他们的禾稼竟跑来向它下拜，如同仆人跪拜主人。(12)他们明白这梦是指约瑟将要强大且得许多财富，但因怕他的势力会与他们相敌，他们便装作不明白这梦，不给他任何解释。他们祈祷这梦不会实现，也因此更加恨他。

3.（13）因他们的嫉妒，神赐给约瑟第二个异象，比之前的更加奇妙。他见到的异象好像是这样：太阳带着月亮和众星降在地上，且向他下拜。（14）约瑟没想到哥哥们会忌恨他，便当着哥哥们的面，把异梦告诉父亲，并希望他解释梦的含义。（15）雅各因这梦而喜悦，心中思想这梦，并睿智地思考内中含义。他为此高兴，因此梦预示着大事即将来临，他的儿子将会蒙福，因着神的祝福，自己到时也会因此得荣耀。雅各认为父母和哥哥们要向约瑟下拜；（16）因为月亮代表母亲，生养众多；太阳代表父亲，带给他们各样的能力；十一颗星代表十一位哥哥，因他们从日月得到能力。

4.（17）雅各睿智地做出了解释，但却使约瑟的哥哥们大大忧愁。虽然他们为同父所生，本当与他一同分享美物，并为此而高兴，但从此以后，他们因梦中预示约瑟将得美物而不当他为兄弟，看他为外人。（18）于是他们定意杀死约瑟，并认为如此做是合宜的。收割一结束，他们就到示剑去，因为那地最适宜牧放、喂养牲畜。他们并没有告知父亲他们离开后去了那里。（19）雅各因为不知道儿子们的去处而忧愁，也因没有使者告知儿子们的实情而担心，于是他打发约瑟去探听哥哥们的情况，并把他们的消息带回来给他。

第三章

约瑟的哥哥们因憎恨他而把他卖至埃及；

约瑟在那里大有名望，并使哥哥们在他的权势之下

1.（20）约瑟的哥哥们看见约瑟来了，心中高兴。他们并非因见亲

人而欢喜，也不是因父亲差人前来而欢喜，而是认为神把一个敌人送到他们手中。他们已定意杀他，不想错失眼前的机会。（21）但当长子流便得知他们同谋的意图即将付诸行动时，就极力阻止他们，说他们要做的是极大的恶行。（22）又说这是神眼中看为恶的事，也是人眼中看为恶的事。杀个陌生人已是极恶，谋杀亲兄弟则更甚，父亲会为儿子被杀而伤心，母亲会为儿子死于非命而悲泣。（23）因此他劝弟兄们凭良心思想，弟弟之死将会招致何等结果；他也恳求他们敬畏神，因他早在暗中察看他们要害弟弟的诡计。如果他们能悔改，神还会向他们施慈爱。（24）但如果他们定意这样做，各种刑罚会从神临到他们，因他们谋杀了弟兄。无论旷野还是都市，神不忽略一切人之所行，因为有人的地方，神就会在那里。（25）他继续说：如果他们试图做这恶事，一旦杀了他兄弟，他们的心将与他们为敌，无论他们的心是良善，或怀有恶心，这都是无可避免的。（26）除此之外，他又说：纵然约瑟曾伤害他们，杀害兄弟仍是不义之事。虽然弟弟在一些事上曾冒犯他们，但若能不计较如此亲近之人这样的行为，却是一件美事；况且，他并没有对他们存恶心而犯罪。约瑟年少体弱，本应得到他们的呵护，配受他们合力之关心，但他们却要杀害这无辜之人。（27）如果是因约瑟将来的昌盛而嫉妒，便杀害他，就更不应当，因约瑟与他们为亲人，当他得荣耀时，他们自然可以分享。（28）他们可以将神赐给约瑟的福分，视同自己的福分。他们当知道，神的怒气也会因他们杀害约瑟而加剧，因神认为约瑟配得那福分，并一心将福分赐予他；而杀死约瑟，就会令神无法赐福。

2.（29）流便说这许多的话，乃是为了劝说他们转离杀害兄弟之事。但他发现自己所言并没有打动他们。他们急于行事，但流便仍劝说他们放弃杀害约瑟。(30)正如先前所言，当他们想要报复约瑟时，他已规劝他们不要如此行。既然他们已决意杀害兄弟，他说，如果他们愿意听从并接受他现在的建议，从轻发落他们的弟弟，他们就不会有那么大的罪恶感。(31)他哀求他们不要亲手杀害自己的弟弟，只是将他丢入附近的坑中，让他自生自灭，这样他们就可以多得好处，他们也不会因他的血而污秽双手。他们都同意了。流便就用绳子将他捆绑，轻轻将他放入无水的坑中。之后，他们就去寻找牧羊之地。

3. (32)但是雅各的一个儿子犹大，看到一些阿拉伯人，这些以实玛利的后代从基列前往埃及，运送叙利亚的货品和香料。流便走了之后，犹大就建议兄弟们将约瑟从坑中拉出，卖给阿拉伯人，(33)这样他就可以死在远方陌生的人群中，他们就可以因此脱离自己的暴行。如此决定后，他们就将约瑟从坑中拉出，将他以二十块的价格卖给商人们。那年，约瑟才十七岁。(34)流便夜晚回到坑旁，不管其他弟兄而想要救出约瑟。他呼叫约瑟，却无人回答，恐怕兄弟们在他走后将约瑟杀害，便去与兄弟们争论。当兄弟们告诉他所做的一切后，流便就出去哀哭。

4. (35)约瑟的哥哥们行了这样的事，便开始考虑如何避免父亲的怀疑。他们拿了约瑟前来找他们时所穿的外衣，将它撕成碎片，又沾了山羊的血，拿去给他们的父亲看，让他相信约瑟被野兽撕碎了。(36)他们来到那老人面前，他还不知道约瑟发生了什么事。他们说没有看到约瑟，又说不知他是否遭遇不幸，只是发现他染血的外衣被撕成碎片，如果那真是他穿去的外衣，他可能已遭野兽攻击而死。(37)雅各原本认为约瑟只是走失，听到这些后瘫坐在地。他认为血衣足以证明约瑟死了，因他记得差约瑟去寻找哥哥们时，他正是穿着这件外衣。于是他为儿子的死失声痛哭，(38)哭得如同只有这一个孩子一样，无法再得安慰。其实他在见到约瑟的哥哥们之前，已经感觉约瑟被野兽所害。于是他披上麻衣，大大哀伤，儿子劝他也没有用，他的哀恸也没有因时间长久而减轻。

第四章
约瑟的忠贞

1. (39)埃及王法老的膳长波提乏从商人手中买赎了约瑟。波提乏善待约瑟，教导他各种学问，使他成为自由人，并让他享用比其他奴隶更好的食物，还把他的家交给约瑟管理。(40)约瑟虽然享受许多优待，却没有因为境遇转佳而失去原有的美德。他在控制人性不易掌控的情欲上展现出智慧，他的节制并不是表面功夫，而是表里如一。

2. (41)波提乏的妻子见约瑟外貌俊美且办事灵巧，便爱上了他。她以为只要向约瑟表露爱意，他便会因女主人的恩宠而深感荣幸，欣然同意与她同寝。(42)她只注意约瑟奴隶的身份，而忽略了他的道德品格在任何情况下都不会改变。她让约瑟知道她的淫念，邀请约瑟与她同寝。但约瑟予以拒绝，因他认为与主母苟合非但与他的宗教信仰不符，更会羞辱及伤害买赎他、恩待他的主人。(43)约瑟以为只要主母知道她的欲望没有希望得逞，便会死心，于是力劝主母抑制情欲，并且明确告诉她，他宁愿接受任何后果也不会顺从她的要求。他说自己虽然身为奴隶，不应该违逆主母的意思，但是他违逆的只是这项同寝的命令，相信可以得到宽恕。(44)主母未料到约瑟会拒绝她的要求，约瑟的拒绝并未使她死心，反而使她更狂烈地爱他。由于淫欲难抑，主母决定另设计谋，再度引诱约瑟。

3. (45)到了一个节期，因妇女们均须按传统出门参加庆典活动，她得以趁四下无人且有充裕的时间再度引诱约瑟，于是她向丈夫伪称生病，从而制造了这个好机会。这次她用更好听的话劝诱约瑟，(46)她说上次约瑟的拒绝实乃合宜，并不使她反感，因她知道约瑟想要保持主母的尊贵，而自己的热情也丝毫不减。所以她不惜再次放下尊贵，恳求约瑟与她同寝，这次他应该仔细思量，补救他过去因愚昧所犯的过错。(47)假如他过去的拒绝是因为他预期有另一次机会，这次她装病不参加节期庆典以便与他说话，显出她这次的请求较上次更恳切。假如他过去拒绝是因不相信她的诚意，她现在再度提出要求，应足以使他安心相信她绝无欺骗他之意。(48)她向约瑟保证，如果他响应她的爱情，顺服她的邀约，他不但可以维持已享有的优遇，还可享受更多的好处。但是她也警告约瑟，如果他宁愿守贞而不顺服主母，将使她由爱转恨并寻求报复。(49)届时他不但无法得到任何好处，且会遭到她的诬陷。她会向丈夫控告约瑟企图玷污她，她丈夫也一定会相信她的话，纵然约瑟的辩白是事实，她丈夫波提乏也不会相信。

4. (50)主母说这番话时，眼中还泛着泪光，但约瑟并未因怜悯而动摇守贞的意志，也未因害怕而屈服于主母的要求。主母的请求和威胁，他一概拒绝。他宁愿接受最严厉的刑罚，也不愿为保全既得利益而作恶，因他惧怕行恶，宁死也要按着良心行事。(51)他提醒主母，她是已婚妇人，只应与丈夫同寝，而不应贪恋其他的男欢女爱，逞一时肉欲只会带来懊悔和苦恼，绝对得不偿失。此外，她还会处于被发现的恐惧中，隐瞒真相不一定有好处；除非他们不知所行是恶，否则不会有任何安宁。(52)但是她和丈夫的相处却是只有快乐而无危险，因为她在神和人面前有无愧的良心，她可放心大胆地享受和丈夫的欢娱。他比较了两种情况，一是主母保守贞洁，另一是他们因通奸而羞愧。他说前者可使主母受尊崇，发号施令时也较有权威；他又说，一个建基于好行为、好声誉的人生，远较做恶事、寄望不会东窗事发的人生美好得多，更值得追求。

5. (53)约瑟说这番话力劝主母，设法使她狂热的情感控制在理智范围内。然而主母越发无法克制，对这件事的要求更加迫切。主母见约瑟已不可能被她说动，便伸手到他身上，企图强迫他就范。(54)约瑟虽然立刻挣脱，但外衣因而掉落。他顾不得衣服，急急忙忙逃出了主母的房间。主母极害怕约瑟会把她淫荡的事向她丈夫告发，又因约瑟违抗她而十分恼火，于是决定先下手为强，向波提乏诬告约瑟，这样就可报复约瑟自视清高又小看她的一箭之仇。主母觉得此乃明智之举：身为女人便可以此防备约瑟对她的指控。(55)于是她装出愁苦、困扰、气愤的样子，虽然她的愁苦是因欲求不遂而失望，但她却装成是因遭人企图玷污所致。她丈夫回家后，见她神情有异而询问原因，她便开始控诉约瑟。她说："夫君啊，若你不惩治这个企图玷污你床榻的恶奴，愿你一天也无法多活。(56)他忘了刚进我们家门时的身份，举止已不再谦卑；也忘了他从你的施予里获得了多少好处。他实在是一个不知感恩的人，否则他在各方面都应使我们喜悦。这个人对你的妻子图谋不轨，所以趁着节期你不在家时行其诡计。现在可以看出，他以前展现谦卑，是因为畏惧你，可事实上他并没有那样好的人品。(57)他现在如此行是因为你提拔他，给予他超过他所值、所求的荣耀；以至于他认为，他既受你赏识及托付，得以管理你的财产及家务，又比你最资深的仆人更受恩宠，就可以染指你的妻子。"(58)她说完这话，就拿出约瑟的外衣给波提乏看，使他以为那件衣服是约瑟企图强暴她时留下来的。波提乏无法不相信他妻子流着泪所说的话，也无法不相信他自己所看见的。他被爱妻子的心弄糊涂了，所以未试图查证事实，(59)便理所当然地相信他的妻子是个端庄的女人。于是他斥责约瑟为邪恶的人，把他下到关押罪犯的监狱里。波提乏对他的妻子更加赞赏，声称她是一位端庄、贞洁的女人。

第五章
约瑟在监狱中的遭遇

1. (60)约瑟把一切事交托神，自己毫不分辩，也没有把实情说明，只是默默地忍受坐监之苦。他相信神知道他受苦的一切真相，神也比一切害他的人更有能力。因此，神眷顾他的明证迅速地临到。(61)因为狱卒注意到他尽心完成所吩咐的工作，并看他有尊贵的容貌，就解开他的锁链，减轻他的痛苦，使他可以承受得住；并给他比其他囚犯更好的食物。(62)劳苦工作后，坐监的人往往坐下来，彼此分享诉说他们受苦和入狱的因由。(63)其中有王曾经喜悦的酒政，因王的忿怒被下在监里。这人和约瑟一起被囚，渐渐和他熟悉。他观察约瑟，见约瑟比其他人聪明，于是把他的梦告诉约瑟，希望约瑟为他解梦。他埋怨除了王让他受这坐监之苦以外，神使这梦更增添他的苦楚。

2. (64)他说，他在梦中看见三串葡萄挂在三根葡萄枝上，肥硕而且成熟可以摘取。他就把葡萄汁挤在王手中的酒杯里,然后滤过这酒汁,再将酒递给王喝,王也和颜悦色地接过杯来。(65)他告诉约瑟这是他梦中所见的,若约瑟对这梦有任何解释,他希望约瑟能告诉他。约瑟叫他宽心,不用忧愁,因他在三日之内必被释放,王必要再使用他,并恢复他的职位。(66)约瑟告诉他说:"神赐葡萄予人本为良善之故。这酒挤出来给王,是表示你对王的忠贞和你们彼此的信任,结束两人之间的不和,也解除两人心中的愁苦,使两人都快活起来。(67)你说你用手从这三串葡萄挤酒出来,王也接纳这酒,所以你该知道,这梦是于你有益。就如你在梦中时,于三根葡萄枝上摘取葡萄,三日之内,你将从现在的痛苦中得释放。(68)然而,当这预言确实实现以后,求你纪念我曾预言你将经历何等的丰富。当你离开监狱,去我预言你将去之地,并恢复职位以后,求你不要忘记我这在监里的人。(69)我坐监并非因为犯罪,乃是为保全自己的贞节和尊严,才被定罪而受这苦。虽然我自己甘愿,但我受苦,是因我不愿他人受害。"酒政因他的解释而欢喜,自然答应他的要求,等候这预言中的景况快快实现。

3. (70)另一位王的仆人,就是王的膳长,也与酒政一同囚在监里。他也做了一个梦,希望约瑟为他解梦,并希望这梦为他带来好运;于是他要约瑟告诉他前天晚上所见异象的含义。(71)他说:"我头上顶着三个篮子,其中两个篮子装满了面包,另一个篮子则装满了甜食和其他食物,都是为王准备的。但是天空的飞鸟飞来把这食物都吃了,我无法把它们赶走。"(72)他希望这梦所预言的就如那酒政所得的一样,但是约瑟仔细思想分析这梦,并告诉他说,他情愿自己是为他解好梦的人,但这梦并非如此。约瑟对他说,他将只有三天可活,就像这三个篮子所代表的。

(73)在第三日他将被钉死,并有飞鸟来吃他的尸体,他也无法帮助他自己。这两个梦都如约瑟所预言的发生了:三日之后,王在庆祝生日之时钉死了膳长,却释放了酒政,并恢复了他的职位。

4. (74)约瑟坐监两年以后,神把他从监禁中释放出来,他没有得到酒政任何的帮助,因为酒政根本不记得先前对他说的话,而神却用巧妙的方式救出了约瑟。(75)一天晚上,法老王在睡梦中看见两个异象,他当时也明白异象的意思,但醒来时却忘了,只记得梦的内容。于是法老为他所见的异象而苦恼,因为其中有悲惨的景象。第二天,他召来埃及一切最有智慧的人,希望他们能为他解梦。(76)但是他们也对这异象感到踌躇,王就更加苦恼。就在这时候,酒政看到法老这样苦恼,就想起约瑟和他解梦的能力。(77)于是他向法老提起约瑟和他自己在狱中看到的异象,所有发生的事情都证明约瑟解梦的正确;那膳长在同一天被钉死,也与约瑟解释的相吻合。(78)酒政告诉法老,约瑟本是波提乏的奴隶,也是被波提乏下到监里的。他曾在波提乏家中做主厨,是希伯来人中最优秀的人才,他的父亲也是显赫有名望的人。"所以,如果法老把他召来,不轻看他不幸的景况,就必得知梦的意思。"(79)所以法老王下令把约瑟带到他的面前,接到命令的人就去如此行。他们善待约瑟,因为这是王所喜悦的。

5. (80)王拉着他的手说:"年轻人啊! 我仆人向我见证说,你是在我可询问之人中最优秀、最有能力的,愿你将赐给我仆人的恩惠同样赐给我,告诉我梦中异象所预言的事。即便灾难降临,也不要因惧怕而隐瞒任何事,更不要为谄媚我、讨我欢心而说谎。(81)在梦中,我似乎是在河边行走,看见又肥又壮的牛,有七只之多,它们从河边走到芦苇丛边;

另外又有同样数目的牛，在芦苇丛边与它们相遇，那些牛极干瘦、极难看，它们竟把先前七只肥牛吃了。吃了以后，却一点没有改变，仍然瘦得如经历饥荒之苦。(82)看到这异象后，我从梦中醒来，心里慌乱异常，思想这梦如何解释。渐渐我又睡着，看见另一个异象，比先前的异象更怪异可怕，使我更加惊慌：(83)我看见七个穗子长在同一棵麦子上，因为谷粒长得肥重，把穗子都压弯了，它们也都熟透可以收割了。在这棵麦子附近，我看见另外七个穗子，又枯干又细弱，看来是因为缺乏雨水的关系。它们弯下来吃了那七个成熟的穗子，使我大大吃惊。"

6. (84)约瑟听了以后回答说："王啊！这梦虽有两个异象，却象征着同一件事情。你看到七只用来耕种和劳力的肥牛被七只瘦牛吃了，(85)七个成熟的穗子也被细弱的穗子吃了，这是预言将有一场大饥荒。这饥荒将持续七年，在这之前埃及将有同样年数的丰年，但丰年的收成将会被后来的荒年用尽，这些荒年的缺乏将很难补回。(86)就如异象显现的，这些难看的瘦牛虽然吃了那些肥牛，却不饱足。神预警这将要来的灾难，不是要让人们忧愁，而是要提醒人们谨慎应对，使这灾难更容易忍受。如果王仔细分配丰年收成的粮食，埃及人将不会受到将来荒年的痛苦。"

7. (87)法老王希奇约瑟的智慧和判断力，便问他该如何分配丰年的粮食，以致在荒年可以不那么痛苦。(88)约瑟建议说，节省丰收时的粮食，不准埃及人浪费；要为将来的缺乏，储存那些因超过需求而可能被浪费的粮食。他又忠告王要把百姓的收成收回，只发给他们基本所需的粮食。(89)约瑟令法老王非常惊讶，不仅是因为他能解梦，更因为他给的建议，于是就把配置粮食的权柄授给他，并赐他权柄去做他认为对埃及人和王有益的事，因为王相信他既然是第一个想出这个方法的人，想必是监管这工作的最佳人选。（90）于是，约瑟接受王赐给他的权柄，可以使用王的印，身穿紫袍，并且坐王的车。他走遍埃及全地，收取百姓的粮食，并分配给他们足够的种子和食用的粮食，却没有告诉任何人他为何如此行。

第六章
约瑟成名于埃及，他的兄长们都臣服于他

1.（91）约瑟现年三十岁，被王礼遇，他因大有智慧，被王称为撒发那忒巴内亚，意思是"解密者"。他娶了海里欧坡力祭司波提非拉的女儿亚西纳为妻。亚西纳是一位高贵贤淑的处女，（92）为约瑟生了两个儿子。那时饥荒尚未临到。约瑟为长子取名"玛拿西"，意谓"忘记"，因为他现在的快乐使他忘记过去的不幸；为次子取名"以法莲"，意即"回复"，因为他现在已回复原来的自由之身。（93）在埃及人开心地度过七个丰年后，饥荒于第八年降临，正如约瑟解梦时所预言的。由于埃及人事前毫无警觉，因此都遭受了严重的打击，纷纷来到法老门前求助。（94）法老让约瑟处理，他便将粮食卖给他们，成了全埃及人众口公认的拯救者。约瑟不仅卖粮食给本国人，外国人也可自由购买，因为他认为全人类皆是兄弟，生活幸福的人要帮助其余的人。

2.（95）这次大饥荒波及全地，迦南地也严重遭灾。当雅各获悉外国人也可向埃及买粮，便打发他所有的儿子前往，只留下便雅悯。便雅

悯是拉结所生，与约瑟同母。(96)雅各的儿子们便去埃及，向约瑟恳求，希望能够买粮，因买粮之事必须经由约瑟的许可。他们非常尊崇约瑟，把原来仅仅归给王的尊崇，也同样归给能使他们得帮助的那人。(97)约瑟认得他的哥哥们，但他的哥哥们却完全未料到是他，因约瑟离开他们时还是个少年，现在年纪大了许多，容貌也改变了，所以他们不认得他。再者，约瑟所展现的极大尊荣也使他们想不到是他。如今，约瑟要试验他们，要知道他们遭遇极严重之事时的反应如何。(98)于是他拒绝卖粮给他们，并说他们是窥探埃及的奸细。他说他们其实来自几个国家，聚在一起假装兄弟，因为一个平凡人家不可能有能力养育这么多孩子。而且他们个个相貌堂堂、气宇不凡，要把这么多孩子教育成这样，即使国王也做不到。(99)他这么做，目的是要探听他父亲雅各的消息：他想要知道他离开后父亲发生了什么事，也想要知道他弟弟便雅悯情形如何，他担心他们对便雅悯也像对他一样，已设恶计将他杀害了。

3. (100)他的哥哥们认为大祸临头，十分恐慌，但是他们并未反驳约瑟，只以坚定不移的态度面对这些指控，并由大哥流便代表他们辩驳：(101)"我们来此并非心怀鬼胎，亦无危害贵国之企图；我们只想保全性命，寄望您的仁慈能救我们脱离国家所遭遇的灾难。我们听说您不仅卖粮给本国人，也给外国人，因为您决定供应粮食给所有需要的人，以保全他们的性命。(102)我们确是同血脉的兄弟，从我们独特且没有太大差别的长相便可看出。我们的父亲名叫雅各，是希伯来人，他有四位妻子，生了我们兄弟十二人。我们十二人全在的时候，我们的家庭是幸福美满的。(103)但我们其中一位兄弟约瑟死了之后，幸福不再，因为我们的父亲抑制不住他的悲伤，长期为约瑟恸哭，我们也因为兄弟丧命的不幸及老父的凄惨情况而陷入愁苦之中。（104）现在我们前来购粮，便将照顾父亲和家庭所需之事交给最小的弟弟便雅悯。如果您派人到我们家中察看，便会晓得我们所说的并无虚假。"

4.（105）流便力图劝说约瑟，使他对他们有较好的观感。约瑟获悉雅各还活着，他的弟弟也未被他们害死，便暂时把他们下在监里，以便得空时再进一步调查。第三天，他把他们提出来，对他们说：（106）"你们一再保证你们来此不是要加害法老，且一再声称你们确是兄弟，同属一个父亲。但如果要我相信你们的话，你们就必须留下一人，他在这里绝不会受到伤害。此外，你们携粮回去给你们父亲后，必须带着那位留在家里的弟弟再来这里，这样我才会相信你们向我所说的话是确实的。"（107）他们听后更加忧愁，对约瑟遇难的事悔恨不已，哭着说他们的苦难实在是神的惩罚，要报应他们谋害约瑟的罪恶。流便严厉地责备他们说，他们后悔已晚，已对约瑟无益；他又极力劝告他们，既然神因约瑟之事降罚，无论遭遇什么苦难，他们都要忍受。（108）他们就这样彼此交谈，却不料约瑟也通晓他们的语言。他们听了流便的话，都觉悲伤，为所犯的罪行后悔自责，并认为他们所受从神而来的惩罚是公义的。（109）约瑟看到他们如此悲痛，也不禁落泪。为了不让他们看见，他便走开了。过了一会儿，他又再度进来，（110）指定西缅留下当人质，以确保他的兄长们会重返埃及。于是，他命令他们带着所买的粮食上路，又暗中吩咐他的家宰把他们买粮的银钱放在他们的袋子里，然后才放他们回去。家宰都一一照办。

5.（111）雅各的儿子们回到迦南地，告诉父亲在埃及所遭遇的事：他们被控是窥探埃及的奸细，他们如何解释彼此互为兄弟，把第十一位兄弟留在家里陪父亲，但那人却不相信他们的话。于是他们将西缅留给那地的治理者，等到带着便雅悯到埃及，证明他们的话是真的，西缅就会获释。(112)他们央求父亲不要惧怕，将便雅悯交给他们带到埃及。然而雅各不满他儿子们所做的，并因西缅被拘而愁烦，认为再让便雅悯去那地实在愚昧。(113)无论流便如何央求，甚至表示如果便雅悯在旅途中遭遇任何不测，雅各可以杀他的儿子们作为补偿，但雅各依然不听。他们甚觉苦恼，不知如何是好。另外，在装粮的袋子中所发现的银钱也让他们非常惶恐。(114)当他们吃完所买的粮食，饥荒仍然肆虐，迫使他们需要再赴埃及购粮。(115)他们如果不按承诺带着便雅悯同去，便不能重返埃及。但雅各仍不愿将便雅悯交与他的哥哥们。如今苦情日日加增，儿子们也日日哀求；雅各在此情况下已经别无选择。(116)这时，一向胆大的犹大向雅各坦白说出心中的想法；他不应该因儿子的事害怕，也不要猜想最坏的情况。若非神的命定，没有一件事会发生在他儿子身上；若是神的命定，即使儿子留在家里陪他，事情还是会发生。(117)他不应因此事责备他们，也不应剥夺他们从法老获取丰富粮食的机会。他不应因便雅悯离开的恐惧，便忘记保护西缅。如果阻挡便雅悯去埃及，西缅必死无疑。最后犹大劝他信靠神，并承诺不惜牺牲自己的生命，也要把便雅悯安全带回。(118)雅各终于接受劝告，将便雅悯交给他们，并拿出双倍购粮的银子和迦南地的土产：乳香、没药、松脂、蜂蜜，当作礼物送给约瑟。出发的时候，雅各因伤心流了很多眼泪，他们兄弟也是如此。(119)雅各流泪是因担心他们无法安全返回，他们则是担心父亲终日为他们忧愁而伤了身体。他们就这样哀伤了一整天，最后雅各因忧伤过度而疲惫，就止步不送，他们则带着对未来的盼望前往埃及，不再因目前的困境而忧伤。

6. (120)他们一到埃及就去拜见约瑟。他们心中甚感不安，害怕因粮钱的事而被控欺骗约瑟。他们向约瑟的家宰深深致歉，说他们回家后在粮袋里发现那钱，现在已带了回来。(121)看到家宰说不明白他们的意思，他们才如释重负，不再害怕。家宰将西缅释放，给他换上漂亮的衣服，并让他和他的兄弟们相聚。这时约瑟刚从法老王那里回来，他们就把礼物献给约瑟。约瑟问他们的父亲情形如何，他们回答说很好。(122)约瑟见便雅悯还活着，就问这是否是他们的小兄弟，他们说是。约瑟答说，神从始至终都是他（便雅悯）的保护者。(123)他因爱弟之情再度流泪，便又退到里面，不愿他的兄弟们见他伤心。之后，约瑟为他们摆设筵席，按着过去在父亲面前坐席的顺序安排他们的座位。席间约瑟和蔼地待他们众人，还分给便雅悯两倍的食物，超过其他兄弟们。

7. (124)饭后他们便去睡觉，约瑟吩咐家宰将量给他们的粮食放在他们的袋子里，同时再度将他们购粮的钱也藏在袋子里；除此之外，还让人在便雅悯的袋子里，放入他平日爱用的金杯。(125)他这样做是要试验他的兄长：看他们见便雅悯被控偷金杯时，是会帮助便雅悯而身陷危险，还是会因自己清白而不顾便雅悯，回到父亲那里。(126)家宰照着吩咐做了，雅各的儿子们却毫不知情。他们与西缅一同离开，就加倍欢喜，因西缅又回到他们当中，且按照承诺带回便雅悯。(127)这时，一队马兵围困住他们，将他们带到约瑟家宰的面前，就是放金杯在便雅悯袋子里的那位。因突然到来的马兵，他们非常困惑，于是询问追赶他们的原因，(128)因为不久之前，他们的主人还看重他们，以盛宴款待他们呢！家宰称呼他们是卑鄙小人，骂他们忘记约瑟对他们的盛情与恩慈，竟然恩将仇报，偷了约瑟向他们敬酒用的杯子，为了一点不义之财，陷于现在的危险，不顾与约瑟的友谊。(129)家宰接着警告说，就算他们偷窃得逞、安然逃离，也一定会因此受到惩罚，因为他们纵然瞒过他这个仆人，却瞒不过神。他们竟然装作毫不知情，借着将面临的惩罚，他们马上就会明白因由。家宰又如此说了许多，(130)但他们的确毫不知情，只是觉得家宰的话可笑，同时也惊讶家宰会用如此言语辱骂他们，因他们曾在无人知晓的情况下，将粮袋中发现的银钱带回，没有私吞，一点也不愿意伤害约瑟。(131)他们认为事实胜于雄辩，就要求家宰搜他们的身，并说如果查到任何一人犯偷窃的罪，就可以处罚他们全体。因为他们真的不知情，所以说话很肯定，而且相信自己不会有任何危险。仆人们说要搜他们的身，但表示惩罚只应给予偷窃的人。(132)于是对他们进行搜身。搜完所有其他的人，最后轮到便雅悯。由于仆人们知道杯子就藏在便雅悯的袋子里，所以故意先搜其他的人，以显示他们最终捉对了人。(133)被搜完身的人都为自己放下心来，他们现在只为便雅悯担心，不过他们确信事实会证明便雅悯也是清白的。他们责怪那些追赶他们的人，说若不是他们耽延，他们现在早已行了好长一段路。(134)然而仆人们一检查便雅悯的袋子，就发现了金杯，于是把它拿了出来。所有人立时陷入哀伤和悲叹中。哥哥们想到便雅悯即将因偷窃遭受惩罚，又想到他们误导了父亲，使他相信他们会把便雅悯安全地带回来给他，就撕裂衣服，放声痛哭。(135)他们更加痛苦的是，正在他们以为能证明自己清白时，却不幸地发生这意外之事。他们把弟弟的不幸，以及父亲为弟弟的忧伤，都归咎于自己；因为在父亲不同意的情况下，他们勉强父亲让便雅悯跟他们来。

8.（136）于是马兵便将便雅悯带到约瑟那里，他的哥哥们也跟着前来。约瑟看到便雅悯被拘押，又看到他的哥哥们悲伤不已，便说："你们这些恶劣卑鄙的人哪，怎会以如此意图回应我对你们的仁慈和神对你们的眷顾？我如此盛情款待，你们怎会无耻地对恩人做出这种事？"（137）当他们为救便雅悯而身陷刑罚时，就想起他们杀约瑟的恶事，便甚觉内疚。他们甚至觉得死去的约瑟更加幸福，因他已脱离了此生的苦难，就算他活着，也必乐于得见神向哥哥们的报应。他们继续说，他们为父亲带来祸患，因父亲已为约瑟之死悲伤，如今又要为便雅悯悲伤。流便也大大地责备他们。（138）但约瑟并不理会他们，说他们本没有罪，仅小兄弟应当受刑。他又说因无罪之人的请求而释放便雅悯是不合宜的，而将他们与偷窃之人共同处罚也不恰当。但当他许可他们安全离开时，（139）他们全都陷入极大的惊愕中，完全说不出话来。犹大是一个积极勇敢的人，因他曾说服父亲让便雅悯与他们同行，现在他决定为保全弟弟而冒险。（140）他说："是的，大人，我们的确不敬于您，本当因此接受惩罚。虽然我们并非全都犯罪，仅我们中间最年少的那位犯了这罪，但惩罚我们全体也是公正的。然而我们还有一些盼望，否则我们都要因此绝望，这盼望就在于您的仁慈，使我们可以脱离当前的危险。（141）现在我求您不要定睛在我们或我们所犯的大罪上，而定睛在您高尚的本性上。求您本乎您的美德，而不是您对我们的忿怒而行事。只有次等之人才动辄发怒：无论大事小事，他们都会怒气全发。求您克制忿怒，不要被它辖制，也不要容许忿怒来杀害那些不能自保，但渴望从您得到恩慈的人。（142）这不是您第一次对我们施恩慈，因从前我们来买粮时，您供应我们丰富的粮食，让我们带回家养活家人，使他们不因饥荒而灭亡。

(143)不忽略那些因缺乏食物而将灭亡的人，与不惩罚因犯罪而失去您恩慈眷顾的人，两者事实上毫无差别。虽然方式不同，但同是施予恩惠。(144)您以周济而保全别人；因您的慷慨，他们生命得以保全，不再受那饥荒之苦，这是何等美事。您曾赐予我们食物，如今求您在苦境中赦免我们，使我们得以存活。(145)我相信神使我们陷入目前的灾祸，是为表现您美好的德性，如此就能显出您宽待冒犯之人，施恩于求助之人。

(146)善待那些在痛苦中需要食物的人确实是一件对的事，而宽待冒犯您且当受惩罚的人却更加光荣。如果宽容别人造成的微小错失值得称赞，如同神的至善美德一般，抑制自己情绪而宽容别人的大错便更值得赞扬。(147)据实而论，若非我父亲因约瑟之死深陷丧子之痛，我自己绝不会为了活命而说这么多话。我们愿意随您喜悦来处置，但因您的高贵品格，求您保存那些就是死了也无人哀哭的人。(148)如今我们因思想父亲年老〔虽然我们因年少尚未得享人生，但我们绝非为自己求怜悯〕，求您特别开恩。虽然我们犯罪当受惩罚，但求您让我们活命。(149)这是为我们的父亲的缘故。我们的父亲并不是恶人，也未教我们成为恶人。他本是好人，不应受到如此的试炼。现在我们不在他身旁，他已为我们担忧害怕，如果听到我们的死讯和死因，不待死期来临，他就会提前离世。(150)我们这样羞辱地灭亡，会加速他的死期，如同直接杀死他，让他痛苦地离世。我们去世的坏消息还没有在其他地方传开以前，他定会速速离世、归于虚无。(151)请您如此思想：虽然我们犯罪惹您义愤降罚，但请您为我们父亲的缘故，宽容我们的罪恶，因您顾念我们父亲的可怜多过我们的罪恶。我们的父亲年纪老迈，如果我们死亡，他会活得非常孤单，也会很快死亡。望您为着我们父亲的缘故施恩，(152)以此荣耀生身之父，也荣耀早已为父的您自己。这样，那为众人之父的神必会保守您为父之身份。您若因我们的父亲而展现敬畏之心，便是荣耀同有为父身份的神。求您因我们的父亲施行怜悯，想想若他失去儿子将会何等痛苦啊！（153）因您的权柄显出神对我们之所赐，您虽有权夺去，但也可广施仁爱。若将赐予和夺取的权柄用于慈悲，将是何等美事。您虽掌生杀之权，但若能一意保存性命，便可因行使权力而得享美名。（154）您原谅我们不幸犯罪的弟弟，也就保全了我们全体的性命；如果他被处死，我们无法想象我们还能存活。因为我们失去弟弟，就不敢活着去见我们的父亲。我们众人之命系于他身，他一人之难我们必须共同承担。（155）大人啊，我们恳求您：如果您处死我们的弟弟，也请把我们当作他的共犯一并处死，因我们认为自己因弟弟之死而哀伤自杀，本是不合宜的，所以宁愿作为共犯一同受死！（156）我请您再考虑一件事，就不再多言：我们的弟弟年轻而犯错，因他没有所需的智慧，通常人们会宽恕这样的年轻人。最后我要说的是，如果您要降罚，应是因我言语疏漏，致使您行事严厉；（157）如果您释放我们，应是出于您的善良和深思，使我们免受刑罚。您如此行，并非要保全我们，而是赐我们义人之名，激励我们因您的恩典更加向善，行我们原本所不能之事。（158）所以，如果您决定处死他，请容许由我替他死，让他回到父亲那里；如果您要将他留下当奴隶，我身体强壮，更能为您效力；如您所见，两种惩处由我承当都更加合适。"（159）犹大为了救弟弟，极力承担所有事情，所以话说完后，他就仆倒在约瑟的脚前，以图竭力平息约瑟的怒气。所有其他的兄弟也都跪在约瑟面前，哭着说愿意代替便雅悯受死。

9.（160）约瑟当下已无法抑制他的情感，无法再假装生气的样子，所以命令在场的人都出去，只剩下他的兄弟们，以便和他们相认。当其他人都离开后，他便对他的兄弟们表白了自己的身份。他说：(161)"我赞赏你们的美德，并你们对弟弟的仁慈。虽然你们过去曾陷害我，但你们现在已成为比我预期还要好的人。事实上，我做的这一切是为了要试验你们对弟弟的爱。现在我相信你们对我所做的不是因为你们本性邪恶，而是出于神的意思。他容许这一切发生，使我们如今得以享受所拥有的美物；如果神继续恩待，我们也必享受所有盼望的事物。(162)既然知道父亲超乎我预期地安然无恙，也看到你们对弟弟如此的爱护，我将不再记念你们对我犯过的罪，也不再记恨你们的邪恶，反要感谢你们，因为你们配合神的心意成就了今天的光景。(163)既然你们的鲁莽行为带来快乐的结局，我希望你们也同样忘记那些事，不要因你们所做的感到不安和惭愧。因此，不要让你们谋害我时所怀的邪恶意图及事后的痛苦懊悔，成为你们现在的忧伤，因为那些意图并未成就。(164)因此，要为神的眷顾欢喜快乐，赶快回去将这些事告诉父亲。因他为你们担忧，会剥夺我最大的快乐。我的意思是说，不要让他未见我的面，未能得享我们如今拥有的美物就先离世。(165)因此，你们去把我们的父亲，你们的妻子、儿女和所有的亲戚都带来这里，你们也移居到这里。我如今家业丰盛，至亲之人却离我如此远，本是不宜，况且这饥荒还要肆虐五年。"(166)当约瑟说完这些话，便和他的兄弟拥抱，他们都流泪悲伤。但约瑟的宽大仁慈似乎使他们放下心来，不再害怕因谋害他的事被惩罚。他们接着就欢享筵席。(167)法老听说约瑟的兄弟来和约瑟团聚就非常高兴，好像是自己的喜事。他立刻赐给他们满载的粮食，将金银装满了数辆马车，让他们带回家送给约瑟的父亲。他们又从约瑟那里得到更多的东西，一些是要带给他们父亲的，另一些则是送给他们每一个人的礼物，便雅悯仍然较其他人得到更多。于是他们就离开了。

第七章
约瑟的父亲带着全家因饥荒而迁居到他那里

1.（168）雅各借着回家的儿子们得知约瑟的状况：他非但没有死，还生活得幸福美满。又得知他与法老一同治理埃及，法老几乎将所有的事务都交给约瑟处理。（169）雅各毫不怀疑儿子们所说的，因他知道神做事之伟大和对他的恩慈，纵使这一阵子神的恩慈时断时续。所以他一知道约瑟的情况，就迫不及待地出发前往约瑟那里。

2.（170）当雅各来到他曾起誓的别是巴井，就向神献祭，因他心中忧虑后代子孙会贪爱埃及的舒适生活而定居那里，不再想回到神所应许的迦南地。（171）他也担心，如果下埃及不是出于神的意思，他们一家可能会在那里遭毁灭；同时，他也害怕未见到约瑟就过早离世。他脑中反复思虑这些，过一阵便睡着了。

3.（172）在睡梦中，神向他显现，两次呼喊他的名字。当雅各问他是谁时，神说："雅各啊，你实在不应忘记曾保护及帮助你先祖和你的神。（173）当你父亲不愿赐你权柄之时，我把它赐给了你；当你独自前往美索不达米亚时，因我的恩慈你娶得贤妻，返回家乡时儿女成群、家财万贯；（174）你全家因我的看顾得以保全；你所失去的儿子约瑟，是我使他享大荣华，我也使他成为埃及的主，和法老王不相上下。(175)因此，这次旅程我也会带领你，并且我要告诉你，你死的时候有约瑟随侍左右。我也让你知道，你的后代将长久享大权及尊荣，我也要让他们定居在我应许之地。"

4. (176)雅各因这梦受到鼓舞，更加欣喜地带着儿子们及他们一切所有的向埃及迈进。他们总共有七十人。我曾一度考虑不将这家人的名字记录进来，特别是因为他们的名字对希腊人而言很难发音。(177)然而经过整体考量后，我认为有必要提及他们的名字，因为我可以借此证明"我们并非来自美索不达米亚，乃是埃及人"的说法是不正确的。雅各有十二个儿子，其中约瑟已先到埃及。与雅各同行的子孙名字记录如下：(178)流便及其四子，哈诺、法路、希斯伦和迦米；西缅及其六子，耶母利、雅悯、阿辖、雅斤、琐辖和扫罗；利未及其三子，革顺、哥辖和米拉利；犹大及其三子，示拉、法勒斯和谢拉；加上从法勒斯而生的两个孙子，希斯伦和哈母勒；以萨迦及其四子，陀拉、普瓦、约伯和伸仑；(179)西布伦及其三子，西烈、以伦和雅利。以上是从利亚所生的子孙，加上利亚所生的女儿底拿，共三十三人。(180)从拉结生了二子，其中约瑟也有二子，即玛拿西和以法莲；另一子便雅悯有十子，即比拉、比结、亚实别、基拉、乃幔、以希、罗实、母平、户平和亚勒。这十四人加入先前计算的三十三人，共四十七人。(181)这些是雅各嫡出的后代。他还有从拉结的婢女辟拉所生的儿子但和拿弗他利；拿弗他利有四子，即雅薛、沽尼、耶色和示冷；但仅有一独生子户伸。(182)如果把这些人加入前面的人数内，共计五十四人。迦得和亚设是从利亚的婢女悉帕所生，与他们一同前往的有：迦得的七子，即洗非芸、哈基、书尼、以斯本、以利、亚罗底和亚列利；

(183)亚设的女儿西拉及另六名儿孙,即音拿、亦施瓦、亦施韦、巴瑞斯、希别和玛结。如果把这十六人加入到之前的五十四人,并且不算雅各,正好是七十人。

5. (184)约瑟知道他父亲来了,因他的哥哥犹大已到他面前告知父亲快要到了,他便出城去迎接,他们在海里欧坡力碰面。雅各喜出望外,兴奋得几乎昏过去,约瑟使他清醒过来。约瑟自己也是快乐无比,只是还不至于像他父亲那样无法控制情绪。(185)这事之后,约瑟请求雅各放慢行程,而他带着五位兄弟先行,赶去见法老,报告他父亲雅各一家人来到埃及的消息。法老闻后亦同感欣喜,便问约瑟的兄弟希望过何样的生活,他可以让他们如愿。(186)约瑟答称他的兄弟都是好牧人,除此之外未曾从事其他行业。于是法老下令,这些兄弟不可被拆散,他们可住在同一个地方,一起照料他们的父亲。他又允许他们从事与埃及人不冲突的行业,使他们能为埃及人所接纳,那时埃及人不从事牧羊的工作。

6. (187)雅各来到法老面前,向法老请安并祝福他的国家。法老问他年纪多大,(188)他答称一百三十岁。法老表示羡慕他的长寿,雅各却说他还不如他的先祖活得长久。法老许可雅各和他的子女一起住在海里欧坡力,因为王的牧羊人和牧场也在那里。

7. (189)埃及人所遭遇的饥荒越来越严重,对他们的威胁也越来越大。河床不再流水,天也不下雨,他们完全无法生产任何作物用以糊口,便开始不知所措。约瑟继续卖粮食给他们,但当他们的银钱用尽,便用牛羊和奴隶换购粮食。(190)他们如果有一小片土地,也会用来换取粮食,如此法老便拥有他们所有的财产。所以他们由一处迁到另一处,以便法老确实取得他们的土地,唯有祭司还能保有自己的土地。(191)这场严重的饥荒使得埃及百姓身心备受奴役、痛苦不堪,因为饥荒迫使他们以羞辱的方法换取粮食。但是当这场苦难结束后,河水便再度涨满河床,地也出产丰盛。(192)约瑟就到每一个城乡,将那里的居民聚集,将那些人同意归于法老独享的土地交还他们。他一再告诉百姓那些地现在属于他们,他们务要欢喜耕耘,并且将地产的五分之一贡献给法老,因为法老将原本属于他的这些土地归还他们。(193)百姓皆喜出望外,没料到还能再度拥有他们的土地;因此他们殷勤谨守所吩咐他们的规定。于是约瑟在埃及人中得享更高的权力,也为法老赢得人民更多的爱戴。而向法老贡献五分之一的出产,也从此成为历代的律例。

第八章
雅各及约瑟去世

1. (194)雅各在埃及住了十七年后,便因病在儿子们面前去世。死前他曾为儿子们祷告祝福,并预言他们每个人将来在迦南地的景况。当然这些预言要在许多年后才会实现。(195)他大大称赞约瑟:细数他如何不记恨他哥哥们的恶行,不但不以恶报恶,反而以恩慈待他们,厚赐他们各样好处,就算人这样回报恩人,都是少有。他嘱咐众子在计算他们的数目时,要将约瑟二子以法莲和玛拿西都纳入,使这两个孙子得与他们均分迦南地。他们的事容后再述。(196)并且,雅各还表明他希望死后葬在希伯仑。他死的时候,年龄只差三岁便满一百五十岁。由于他对神的虔敬不亚于他的任何一位先祖，他在世时也像他的先祖一样，受到好人应有的报偿。约瑟得了法老的允许，亲自护送他父亲的遗体到希伯仑，并极隆重地将他埋葬。（197）他的哥哥们起初不愿意随他回埃及地，因为担心约瑟过去是因为父亲的缘故才对他们好，现在父亲已经去世，约瑟就会因他们过去密谋害他的事惩罚他们。但约瑟劝他们不必害怕遭害，也不要对他有任何怀疑；于是将他们都带回埃及，还赐给他们很多产业，持续眷顾他们。

2. （198）约瑟活到一百一十岁也死了。他一生品格高尚，处事有理有据，用权稳健。虽然他来自别国，且曾身处困境，却备受埃及人的拥戴。（199）他的兄弟们在埃及快乐地生活，最终也都相继离世，他们的子孙将他们的遗体运到希伯仑埋葬。（200）至于约瑟的骸骨，因约瑟曾要他们答应他并且起誓，所以在希伯来人出埃及时，他的骸骨就被带回迦南地。至于希伯来人的遭遇、取迦南地为业的情况，后文会再度提及，先容我解释他们出埃及的原因。

第九章
四百年来希伯来人在埃及所遭遇的苦难

1. （201）埃及人日渐衰弱懒惰，不惯劳役，只顾享乐，尤其爱财。他们因嫉妒希伯来人的富足，而对他们态度转为恶劣。（202）以色列人因着美好的品德及天生对工作的喜爱，得了许多财富，成为卓越、兴盛的族群。埃及人看到以色列人的情况，便认为以色列人人数增多对他们不利。他们忘记过去约瑟对他们的恩泽，也因王室改朝换代，埃及人便开始恶待以色列人，使用许多方法折磨他们。（203）他们命令以色列人开凿运河、修筑城墙，这样他们就可以导引河川、疏通水流，以防河水滞积而漫过河岸；又要他们建造金字塔，使他们劳累不堪；又迫使他们学习机械操作，让他们习惯于繁重的工作。（204）以色列人就在这样痛苦的境况里度过四百年，一直与埃及人较力：埃及人要借劳役摧毁以色列人，以色列人则要坚忍到底不被摧毁。

2.（205）当希伯来人处于如此光景，又有一个新情况临到埃及人，使他们更急于消灭希伯来人。一位预言未来很灵验的术士告诉埃及王，以色列即将有一婴孩出生，如果这婴孩长大，将会削弱埃及统治的权力，使以色列民族高升。又说这婴孩的品格过人，将会获得荣耀，名垂千古。（206）王非常担心，于是依照术士的意见，下令所有以色列人所生的男婴都要被抛到河里淹死。他还命令为希伯来妇女接生的埃及收生婆，必须在希伯来妇女临盆时，密切注意生下的是男婴还是女婴。（207）这些收生婆都是王室指派的，因此不会违反王的命令。王还下令，任何以色列父母若违反命令，试图保全男婴的性命，他们全家都要被处死。（208）这对经受过的人们实在是一大苦难，那些父母不但会失去孩子，而且不得不亲手杀死自己的孩子。此举乃是借由杀死婴孩的手段，导致他们种族灭绝，渐渐消失。这个灾难实在太大，他们的心悲痛，无法受安慰。（209）但是人的谋算再厉害，纵使千方百计想达到目的，也无法抗拒神的旨意。这位术士预言的孩子，终能躲过王所派的眼目，长大成人；并且正如术士所言，这孩子果然成就了预言所说的事情。这些容我一一按着顺序述说。

3. (210)有一个人名叫暗兰，是希伯来人中的尊贵人，他很担心希伯来民族因幼童无法长大而灭亡。他的妻子也怀孕了，他甚感不安，不知如何是好。(211)他向神祷告，恳求他对那些未曾违反他律法的人施以怜悯，救他们脱离苦难，并且败坏敌人要灭绝他们民族的计谋。(212)神因为他的祈求而动了慈心，于是在他的睡梦中向他显现，劝他不必为未来感到绝望。神又说，他并未忘记那些对他敬虔的人，也会报偿他们，正如他从前对他们列祖施恩，使他们由一小群人变成大族一样。(213)神提醒他，亚伯拉罕独自一人离开美索不达米亚到迦南地时，凡事蒙神赐福，他不能生育的妻子后来也为他生下子嗣。他把阿拉伯当作产业给了以实玛利和他的后代，将特拉这给了基土拉所生的儿子们；把迦南给了以撒。(214)神又说："由于我的帮助，亚伯拉罕打了许多胜仗，战绩辉煌；除非你不敬虔，否则一定记得这些事。至于雅各，他因财富及留给子孙的家产而声名远播，他全家到埃及时不过七十人，现在你们已经超过六十万人。(215)因此我要你知道，我同样也会看顾你们，赐福给你们，尤其对你，我还要使你出名：你所生的这孩子，就是那使埃及人惧怕，并因而屠杀以色列孩童的孩子。这孩子必能躲过想要杀害他的人，(216)以一种奇妙的方式长大；他长大后，要将以色列族从埃及人的压迫下拯救出来。他的名不单在以色列族，也将在万国中永远流传，直到世界末了。这些都是我对你及你后代子孙的恩惠。这孩子还有一位兄弟从我得祭司的职分，他的后代也要继承他，直到世界末了。"

4. (217)暗兰在异象中知道这些事，醒来后就告诉他的妻子约基别。他们因这预言更加害怕，也因这孩子和将会临到他的极大祝福而有些担心。(218)约基别生产的情形印证了神的预言，那些监视她的人竟然没有发现她生下孩子，因为她没有经历生产的剧痛，很容易便把孩子生下来了。他们把孩子藏在家里，偷偷地养了三个月。(219)但是后来暗兰担心会被发现，恐怕他和孩子会在王的盛怒之下灭亡，致使神的应许落空，于是决定将孩子的安全及照料交托神，不再用这种隐藏的方法。这方法既不稳妥，也使孩子和他都处在危险中。(220)他相信神有办法保护孩子的安全，因为他必成就所说的预言。他们这样决定后，便拿了一些芦苇，做成一个如同婴孩摇篮的箱子，箱子的大小正好放得下一个婴孩。然后在箱子周围涂上黏稠物，(221)防止水由芦苇缝隙渗入。接着他们把孩子放进去，将箱子放在河面上任其漂流，就这样把孩子交托神。箱子随着河水漂流，孩子的姐姐米利暗依照母亲的吩咐紧跟在岸边观看，要知道箱子漂流到哪里。(222)神已显明人的智慧不算什么，只有至高者的旨意必然成就。那些为了自己的安全而害他人丧命的人，虽然用尽各样的筹算，终必失败；(223)受害的人反而奇妙地被保全，且在神命定的苦难中兴盛。神也用同样的方法看顾这孩子，显出他的大能。

5. (224)埃及王的女儿德慕提这时正在岸边玩耍，她看到顺着河水漂流的摇篮，便吩咐会游泳的人把摇篮拿来给她。他们拿来后，她看到里面的婴儿壮实俊美，就喜爱不已。(225)原来神造摩西时，刻意将他造得俊美，让那些因他的出生而决意消灭以色列族的人，看到他就想要把他教养成人。德慕提吩咐人为婴孩找一位奶妈，(226)但是婴孩竟不肯吃这奶妈的奶，将头转开。公主又找了其他许多妇女，婴孩仍是不肯吃奶。米利暗这时也在旁，佯装没有别的目的，只是刚好经过，停下来看婴孩，她说："公主啊，您叫这些和婴儿不同种族的人来喂奶是没有用的，如果您找一位希伯来妇女，婴儿因着是同族人便可能愿意吃奶。"（227）公主认为她说得有理，就吩咐她到希伯来人中找一位奶妈。米利暗得了命令，便把母亲带来，那里的人都不认识她。现在婴儿便满足地吃奶，且紧吸着不放，于是公主决定将喂养的事完全交给婴儿的母亲。

6. （228）德慕提为婴儿取名"摩西"（Mouses），因为他是从河里救出来的。埃及人称"水"为"Mo"，称"救出来"为"Uses"，于是他们将两字合在一起，作为他的名字。（229）他聪慧过人、不畏艰难，超过所有希伯来人，正如神所预言。并且他是亚伯拉罕的第七代孙，因为摩西是暗兰的儿子，暗兰是哥辖的儿子，哥辖是利未的儿子，利未是雅各的儿子，雅各是以撒的儿子，以撒是亚伯拉罕的儿子。（230）摩西的智慧远超他年龄当有的，超群的学习能力也非他年龄应有，从小就显出长大后会有更大的作为。神也使他长得高大，三岁时便有令人惊奇的身高。（231）至于他的俊美，更使每一个看到他的人，不得不感到惊讶；不仅如此，那些在路上遇见他的人，经常不禁转回来花更久的时间看他，以致忘了要做的事。

7. （232）德慕提自己没有孩子，看见摩西如此美好，便收养他为儿子。有一次她把摩西带到父王面前，说她认为摩西应成为他王位的继承人，如果这是神喜悦的，她就不会另有合法的小孩。她说："我抚养的这孩子相貌如神，聪明绝顶，我奇妙地从河里得到他。所以我认为把他收为我的养子，然后让他继承您的王位是合宜的。"（233）说完这话，就把孩子放在王的手里。王接过孩子，紧紧抱在怀里，他想到女儿的话，就快乐地把他的王冠戴在孩子的头上。但是摩西把王冠丢在地上，稚气地把它弄弯，又把它踩在脚下践踏，（234）这看来对埃及是个不祥的征兆。当那术士[就是曾预言那孩子的出生将使埃及的统治权降低之人]看到这情形，就极力要杀他，他惊恐地对王说：(235)"王啊！这就是神预言的孩子，我们必要杀他才得保全。他本身已然印证了预言，且必会践踏您的政权和王冠。把他除去，可以使埃及人不再因他而害怕，也可以使希伯来人断了得救的希望。"(236)但是德慕提阻挡他，把孩子抢回带走。王不急于杀他，因为神保护摩西，使王愿意留下他。于是，摩西开始接受极好的教育。希伯来人对他寄予厚望，期待他做出伟大的事；(237)埃及人则怀疑他受的教育会带来什么结果，因为如果摩西被杀，无论是同族亲人或养子，将没有人可以合法地自称为埃及的王，他也可能带给他们更好的前景，因此他们没有杀他。

第十章
摩西与埃塞俄比亚人作战

1. (238)前文已经提及摩西的出生和成长，当他成年后，美名早已传遍埃及。后来他就显明了自己的出生是为了贬低埃及人，把以色列人升高。让他显明这事实的就是以下事件：(239)埃及的邻国埃塞俄比亚人突袭埃及，掳掠了埃及人的很多财物。埃及人奋起反抗，想要一雪前耻，但却遭败，伤亡惨重，幸存者则抱头逃跑，以求保命。(240)然而埃塞俄比亚人紧追不舍，因为他们认为如不征服整个埃及，就是懦弱的表现，于是继续紧追猛打，要制服剩余的埃及人。当他们尝到得到埃及的好处，就更不愿稍停战事；邻近的地方都闻风丧胆、不战而逃，他们就长驱直入,直到孟菲斯及大海,途中没有一个城邑能够敌挡他们。(241)埃及人受到如此悲惨的压制,便到神坛前求问神,神便指示他们寻求摩西的帮助。于是法老吩咐他的女儿把摩西带来,让摩西成为埃及军队的统帅。(242)公主要法老起誓不会加害摩西,才把摩西交给他,因她相信摩西确能帮助埃及人。她也斥责那过去要埃及人杀害摩西的术士,现在竟然不知羞耻地寻求摩西的帮助。

2. (243)摩西因为德慕提和法老都要他出来领军,便欣然答应。两族的智慧人对这样的结果都很高兴:埃及的术士认为他们可借摩西的英勇击退敌人,或可借此让摩西在战役中阵亡;而以色列的智慧人则相信摩西出任统帅便可救以色列人脱离埃及。(244)摩西果然阻止了敌人的进攻,在敌人毫无预警的情况下打败他们,因他前往敌营时不走水路,而走陆路,用这战略证明了他的睿智。(245)原来那时陆路沿途布满各种蛇类,很难通行[那些蛇数量巨大,种类繁多,别处不易寻见,这些蛇比其他种类更加凶恶,危害更大。它们看起来非常可怕,有些可以趁人不备从地上跃起,飞到空中,然后伤害人]。摩西发明了一个好方法来保护他的军队,使他们不受伤害:(246)他用芦苇编了许多篮子,里面装着猫头鹰,军队就带着这些篮子行路。这些鸟是蛇的天敌,当蛇一靠近,它们便会从篮子里飞出,把蛇捉住,大口吞下,好像公鹿吞物一样。(247)猫头鹰是驯良的,它只与蛇为敌。我不再多谈猫头鹰,因为希腊人不认识这种鸟。摩西一来到那毒蛇遍布的地方,便把猫头鹰放出来对付那些蛇,他的军队因此顺利通过那地。他在埃塞俄比亚人未料到的时候出现,(248)并与他们作战,最后将他们击败,粉碎了他们战胜埃及人的希望。他还进一步攻取了他们的城邑,大肆屠杀他们的人民。埃及军队虽然尝到了胜利,但并未松懈下来,仍继续奋战,于是埃塞俄比亚人面临被征服和毁灭的危险。(249)最后他们退到京城沙巴,这城邑后来被冈比西斯按他姊妹的名字,改称为梅罗伊。此城四面环水,极难围攻;环绕它的有尼罗河、亚斯他普及亚斯他伯拉等河,所以要渡过河去攻打那城是极困难的事。(250)那城与外界隔离,好似孤岛一般,周围是坚硬的城墙,城墙外还有河流环绕保护。墙与河的中间有巨大壁垒阻隔,水势再强也没办法淹没那城,壁垒也使越河攻城几近不可能。(251)就在摩西因士兵停滞不前[因为敌人不敢出城迎战]而焦虑不安时,一件出人意料的事发生了。(252)塔碧斯是埃塞俄比亚国王的女儿。摩西率领军队在城墙外英勇作战时,她刚好看到他,便钦佩他行事灵敏,相信他就是让埃及转败为胜的人,毕竟埃及人不久前还因无法重获自由感到绝望。现在埃塞俄比亚人陷入危险也是因为他,毕竟埃塞俄比亚人不久前还为他们的成就大大夸口。于是公主深深地爱上摩西;因着爱的驱使,她派遣最忠心的仆人去求亲。(253)摩西答应了公主的求婚,条件是她必须把城交出来;他发誓一定娶她为妻,绝不会取得那城后就不守誓言。协议达成不久,便即刻兑现。摩西打败埃塞俄比亚人,攻下那城,就向神献上感谢,并与公主完婚,然后带领军队返回埃及。

第十一章

摩西逃离埃及来到米甸

1. (254)摩西保全了埃及人的性命后,他们反倒产生恨恶情绪,想要设计杀害他,因他们认为摩西会趁这次得胜的机会发动叛乱,给埃及带来改革,于是要求法老杀他。(255)法老自己也如此打算,因为他嫉妒摩西率军远征的荣耀,也担心他的地位因此被摩西贬低,所以在术士的鼓动下,便决定杀摩西。(256)摩西获知这些阴谋后,便偷偷逃走。由于大路都有人把守,于是他选择经由沙漠逃命,让谋害之人始料不及。他在粮食短缺的情况下,不畏艰难,勇敢前行。(257)后来他到了邻近红海的米甸城,这城得名于亚伯拉罕从基土拉所生的一个儿子。他因旅途劳累和其中所经历的许多艰苦,便坐在一口井旁休息。这里离市区不远,时间约有正午。他在那里遇见一事,他的品德促使他采取的行动,以当地习俗来看是让人赞赏的。这事给了他一个机会,让他的处境变得更好。

2. (258)这个国家缺水,所以牧人通常都要争抢水井,如果想要羊群有足够的水喝,就必须比他人先到。这时有七姊妹来到井边,她们是当地备受敬重之祭司流珥的女儿,都是未出嫁的处女。(259)少女们看顾她们父亲的羊群,在特拉这,妇女做这类工作是惯常之习俗。这些少女们从井里打足了饮羊的水,倒在盛水的水槽里。(260)这时来了一些牧人赶走少女们,抢占她们的水。摩西心想,如果他看到少女们受到不义的欺压而不顾,容忍那些牧人强行侵犯她们的权利,他必受内心严厉的谴责,于是他把那些贪心的牧人赶走,帮助了这些少女。(261)少女们受了帮助,便到她们父亲那里,将牧人欺负她们及一名外地人解救她们的事告诉父亲,要父亲不能让这好行为白做,必须给予报偿。因为女儿们极欲报答恩人,于是父亲吩咐女儿们将摩西带到他面前,以便奖赏他。(262)摩西来到后,他就对摩西说,他的女儿们说他曾帮助她们,他很钦佩他的义行。因他帮助的不是受恩后不知感恩的人，他们能够且愿意报答他，所报答的将超过他所给予的。（263）于是他收摩西为儿子，将一名女儿给他为妻，并派他负责看管他的牛羊——古时先民的财富就是他们的牛羊牲畜。

第十二章
火中的荆棘，以及摩西的杖

1.（264）摩西在叶忒罗面前蒙恩［叶忒罗是流珥的另一个名字］，他与叶忒罗同住，为他牧养羊群。有一天，他把羊群带到西奈山上，在那里喂羊吃草。（265）这山是那地区最高的山，牧草佳美，最宜放牧。从来没有人带牛羊来这里吃草，因为那里的人传说，神住在这山上，因此没有一个牧羊人敢上来。摩西在此遇见了一件神奇的事：（266）他看到火烧荆棘，火焰既大又猛，但其上的绿叶和花朵完好无损，枝干并未烧着。（267）摩西看到这异象又惊又怕，但是让他更吃惊的是有声音从火焰中出来，呼叫他的名字，并对他说话。那声音称赞他的胆量，因他踏入无人进入之圣地；并且劝他远离火焰，以所看到的为满足；虽然他是义人、圣贤的后代，但他还是不应对这现象探究太深。（268）神接着向他预告，因为神赐福他，他将在众人中享有荣耀及尊贵。神吩咐他离开那里返回埃及，做以色列人的领袖，将他的百姓从目前受压迫的痛苦中拯救出来。（269）神接着说："因为他们要住在你祖亚伯拉罕的地方，享受那里一切的美物，而你要谨慎地带领他们前往。"神又吩咐他，当他带领希伯来人出埃及到达那个地方时，要在那里献上感恩祭。这些就是摩西从火焰中所领受的从神而来的话语。

2.（270）但是摩西因所看见的和所听到的大为惊奇，说道："哦，主啊，我深深地景仰你，也尊崇你的大能，我也知道你的能力曾向我的先祖彰显，若不信靠你的能力，就会大为惹动你的怒气。（271）但我仍然怀疑，像我这样一个没有能力的平民，如何说服我的同胞离开他们现在居住的地方，到我要领他们去的地方呢？此外，就算他们肯听从我，我又如何促使法老准许他们离去？因为埃及的财富和繁荣全是基于以色列人的劳力和工作啊！"

3.（272）但是神劝他凡事勇敢，并应许与他同在；当他劝说人时，神会赐他口才；当他要行神迹时，神会赐他奇事。为向摩西印证，使他知道他的话是真的，神吩咐摩西把他的杖扔在地上，他便如此行。那杖在地上动了一下，就变成一条蛇。蛇将身体蜷曲，伸出头来，准备对任何攻击予以反击，不久后蛇又变回原来的杖。（273）这事之后，神又吩咐摩西将他的右手放进怀里，他便照做了。当他再伸出手来时，他的手变得如同白粉的颜色，但不久又恢复原来的颜色。他又按照神的吩咐于近处取水，倒在地上，水就变成血的颜色。（274）摩西行完这些神迹后，神勉励他要刚强壮胆，并保证自己会是他最大的倚靠。神说他可以用那些神迹，使别人相信他"是神所派遣的，并依照神的命令行所有的事"。神接着催促摩西，"不要再耽延，马上日夜不停地赶回埃及，因为任何拖延都会延长希伯来人所受的奴役和痛苦"。

4.（275）摩西看到这些神迹，使他更信靠神的应许，不再有任何怀疑。他恳求神在他到埃及后，也赐给他这样的能力。他又央求神，既然他已见到神，并听到他的声音，便盼望能知道他的名字，以便献祭时可以称呼他的名。（276）于是神向摩西宣告他的圣名，是从未向人揭露的。关于这事我不能再说，因为这是不合律法的。这些神迹奇事一直伴随着摩西，不只在当时，以后每当他为百姓祷告祈求，便能行那些事。在所有神迹中，他最坚定相信的是荆棘中的火焰，他相信神是他恩惠的支持者。他盼望神能拯救他的国家，降灾祸给埃及人。

第十三章
摩西和亚伦回埃及见法老

1. （277）摩西获知他离开埃及时执政的法老已经去世，就请求流珥准他返回埃及解救他的百姓。之后，便带着流珥的女儿，他的妻子西坡拉及他们的孩子革舜和以利以谢赶回埃及。（278）革舜在希伯来文中的意思为"他在异地"；以利以谢的意思是"他列祖的神帮助他逃离了埃及人"。（279）当他们来到边界的地方，他哥哥亚伦已在神的指示下到那里迎接他，他便将山上发生的事及神交代他的事一一告诉亚伦。他们继续前行，听到消息的希伯来人首领也前来迎接他们。（280）摩西告诉他们他所遇见的神迹奇事，但他们不信，摩西便行了一些神迹使他们相信。他们因所见的神迹勇气大增，都殷切盼望获得完全拯救，相信神现在要眷顾他们了。

2. （281）从此，希伯来人照着他们所答应的服从摩西所有的命令，且热切向往自由。于是，摩西来到刚刚得了王权的法老面前。（282）他先历数自己过去为埃及人所做的贡献：当埃及人被埃塞俄比亚人轻视，国土被毁坏时，他正是埃及军队的统帅，将埃及人视为自己的子民，为他们效力。他又告诉法老他在征途中经历何等的危险，但得胜归来时却没有得到应有的报偿。(283)他接着将西奈山所发生的事清楚地向法老述说，包括神对他所说的话，为了使法老相信这些话确实是出于神，又显了神迹等等。最后他劝告法老不要不相信他的话，也不要违逆神的旨意。

3. (284)但法老嘲笑摩西，不相信他所说的，摩西便急切地把西奈山上所行的神迹显给法老看。不料法老竟然大怒，并指责他实在是个恶人，过去不愿做埃及奴隶而逃跑，现在回来企图以魔法邪术蒙骗他。(285)说完，他便吩咐埃及术士表演同样的法术，他知道埃及人精通此道，也想要摩西明白，不是只有他会行此术。他谎称所行的是来自神，只有无知的人才会相信他，埃及术士也能把他们的杖扔在地上变成蛇。(286)摩西并不气馁，继续说道："王啊！我并未轻看埃及人的智慧，但是他们所行的是魔术和戏法，而我所行的远高于他们，因为神的能力超过人的能力。我将显明我所行的不是靠技巧或造假，而是靠神所赐的能力。"(287)说完，他就把杖丢在地上，吩咐它变成蛇。他的杖变成蛇后，就在地上绕行，把埃及术士看起来像大蛇的杖都吞吃了。那蛇又变回杖，摩西把它拿在手里。

4. (288)法老不但仍然无动于衷，反而更加生气地指责摩西，说他的诡计绝对骗不了埃及人；并吩咐监管希伯来人的督工，不要让希伯来人有片刻休息，要加紧看管他们。(289)过去提供给他们做砖的草，今后不得再提供，白天要督促他们努力做砖，晚上要他们去捡草。如此一来，希伯来人的重担加倍，就开始埋怨摩西害他们劳苦更深。(290)但是摩西不因法老的威胁而气馁，也不因希伯来人的抱怨而稍减热情。他振作精神，不屈不挠，尽力争取他百姓的自由。（291）他又去见法老，请求他让希伯来人到西奈山向神献祭，因为神命令他们向他献祭。他劝法老不可违抗神意，要将神的眷爱当作最重要的事。摩西又劝他允许希伯来人离开，否则就会在不知不觉中阻挡神的命令，必将招致灾难，与一切阻挡神命令的人一样受罚。（292）因为触犯神怒气的人会在所做的每件事上遭受最严重的灾难：他们不再得享天时地利，果子不再为他们生长，所有的事都会对他们不利。他再进一步说，埃及人将透过遭灾了解他所说的这些话；就算他们不同意，希伯来人还是会离开埃及。

第十四章
临到埃及人的十灾

1.（293）法老轻看摩西的话，完全不予理会，于是严重的灾难临到埃及人。我将详述每一样灾难，因为埃及人遭遇的灾难实在太大，其他国家从来没有发生过；我也要向大家证明，摩西预先告诉埃及人的事没有一件落空。我也希望世人学到一项教训，就是不要做任何神不喜悦的事，如果惹神发怒，他就会报应那些行恶的人。（294）神使埃及河流的水变成血水，埃及人不能喝，也没有其他的水源；河水不仅颜色如血，那些胆敢喝的人也都遭到极大的痛苦折磨。（295）这些河水对埃及人虽如前面所说，但对希伯来人却是甘甜可饮，与原来天然的水完全没有不同。法老对这些异常现象不知如何回应，也为埃及人担心，于是同意让希伯来人离开；但是当灾难停止，他又改变心意，不准他们离去。

2.（296）神看法老不知感恩，灾祸也没使他变得聪明，于是对埃及人降下第二种灾难。不计其数的青蛙将全地的果子吃尽了，河里也满布青蛙，人们打上来的水都被河里死蛙的血污染了。（297）整个埃及都被青蛙的滋生和死亡弄得污秽不堪：人们家里用的器皿、吃的及喝的东西都被青蛙弄脏了，他们的床上也都是青蛙；青蛙的出生和死亡更散发出难闻的臭味。（298）埃及人遭受了这样的灾难，于是法老下令，让摩西带着希伯来人离开。法老的命令一出，大群的青蛙立刻消失，地和河流都恢复原状。（299）但是法老一见大地脱离了灾难，就忘了灾难的原因，又吩咐希伯来人留下。他好像要试探大自然，带来更多这样的刑罚，所以不让摩西带他的百姓离开。他给他们自由原是出于惧怕，并非出于好意。

3.（300）于是神降下另一样灾难，惩罚法老的虚假。他使埃及人身上长出许多虱子，他们无论用水清洗或涂药膏都无法消除这些害虫，许多人因此痛苦地死去。（301）面对如此可怕的刑罚，法老心里慌乱，担心他的人民会遭毁灭。他认为这种死法如同神降下的审判，迫不得已，他修正了一点邪恶的本性，（302）再度准许希伯来人离开。但当这灾难一停，他又认为应该让希伯来人将妻子儿女留在埃及，作为他们回来的保证。这次他惹动神更大的忿怒，因他不顾神的预言，又把埃及人受罚当作从摩西而来，不当作神的作为。（303）因此神使各样恼人的蝇虫出现在埃及，数量之大是人类未曾见过的；这些蝇虫还会传染瘟疫，埃及人因此大受损耗，无力耕种而导致田地荒芜。任何逃过蝇害没有死的人，都会死于当时遭遇的一种瘟疫。

4.（304）法老仍不顺服神的旨意，只同意希伯来人带妻子离开，严令他们把儿女留下。现在神决定降下数种灾难刑罚他的罪恶，这些灾难比先前的更可怕，受害的人民更多。首先神使埃及人身上长出可怕的疮，脓包发炎破皮；他们的内脏亦大受损伤，许多人因而丧命。（305）法老依然不因这灾而明理，于是神再降下冰雹。埃及从未有过如此雹灾，大过冬天的冰雹，比北部和西北部地区春天所下的冰雹还要大，这冰雹把长有果实的树枝都打坏了。（306）雹灾之后便是蝗灾，所有未遭冰雹毁坏的种子都被蝗虫吃尽，土地已不可能再长出作物来，埃及人要从土地获得粮食的希望完全灭绝。

5.（307）前述各种灾难应足以使一个愚昧但不邪恶的人长些智慧，明白这些灾难是怎么一回事。但是法老不但愚昧，更是邪恶，即使知道这些灾难的原因，仍要与神对抗，他离弃正道，心怀诡诈。现在他要摩西带希伯来人和他们的妻子儿女离开，但必须把牛羊留下，因为埃及人的牛羊尽都灭亡。（308）摩西告诉法老他的要求实在不公平，因为希伯来人需要用牛羊献祭，所以必须带牛羊离开。由于这件事的耽延，神又降下黑暗之灾。深重的黑暗笼罩整个埃及，一丝亮光都没有，埃及人完全看不见，甚至感到呼吸都困难。许多人凄惨地死去，其他人则处在仿佛要被黑暗吞灭的恐惧中。（309）过了三天三夜，黑暗消散，但法老仍不悔悟，不让希伯来人离开。摩西来见法老，说："你不顺服神的命令要到几时呢？他要你放希伯来人出去，除非你照他的意思行，否则埃及人的灾难无法解除。"（310）法老听后非常生气，警告他如果再来多说这些事，便要砍下他的头。摩西说，他不会再和他说这些事，因为不用多久，埃及法老和埃及人的族长都会盼着希伯来人离开。说完他便走了。

6. (311)神告诉摩西，他要再一次降灾，埃及人就会放希伯来人离开。他吩咐摩西，叫希伯来人准备一样祭牲，在克散提库斯月的第十日备妥，留到第十四日〔该月埃及人称为法勒木斯月，希伯来人称为尼散月，而马其顿人称为克散提库斯月〕，然后他要带领希伯来人和他们所有的一切离开埃及。(312)摩西照神的吩咐使希伯来人准备离开，他按着支派将他们分组，又让他们集中在一处。第十四日临到时，他们都做好了离开的准备。他们先是献祭，用牛膝草蘸血洁净他们的房屋，吃完晚饭后，把剩下的肉烧尽后就准备出发。(313)从那时起直到今日，我们仍然在每年的这一日用同样方式献祭。我们称这天为"逾越节"，因为神那天越过我们，将灾祸降给埃及人。那夜，埃及人所有头生的人畜尽都死亡，于是住在王宫附近的埃及人都到法老那里请求他让希伯来人离开。(314)法老召唤摩西，要他带着希伯来人马上离开。埃及人相信一旦希伯来人离去，他们就不会再有灾难。埃及人还送礼物给希伯来人，有些是为了要他们赶快离开，也有些是基于邻居友好关系而赠礼。

第十五章
摩西带领希伯来人出埃及

1. (315)希伯来人离开埃及，埃及人则流泪后悔过去苦待他们。希伯来人从列托波利斯起行，当时那里是个荒废的地方，后来在冈比西斯大大毁灭埃及时，被巴比伦重建。希伯来人不停地赶路，第三天便到达靠近红海的巴力洗分。(316)因为行经之地都是沙漠，他们无法从地里得粮食，只能靠从埃及带出来的无酵饼，稍微加热一下即吃；而且每人所分配的饼只够维生，不能饱足。即便这样，过了三十天，饼就不够了。(317)从那时起，每年我们都要守八天的无酵节，以纪念我们那时的缺乏。离开埃及的人包括妇女、小孩，人数多到难以计算，只知道可以上战场的男丁就有六十万人。

2. (318)他们是在尼散月的第十五天离开埃及，距亚伯拉罕进入迦南四百三十年，距雅各移居埃及二百一十五年。(319)摩西这时八十岁，亚伦八十三岁。他们遵照约瑟的遗言，将他的骸骨带走了。

3. (320)埃及人很快便后悔让希伯来人离开，法老也很担心这一切都是摩西耍弄魔法的结果，于是他们决定追赶希伯来人。他们带着武器及家里可当作武器的器具，要把希伯来人追回来。他们认为希伯来人已出去献祭了，就没有理由再拒绝他们的要求。(321)他们也认为希伯来人没有武器，又经长途行路，身体疲累，必然容易制服。他们快马加鞭赶路，逢人便打听希伯来人行踪。他们追踪的路径实在难走，不但军队如此，就是一人独行也很困难。(322)摩西带希伯来人走如此难行之路，就是防备一旦埃及人后悔而追赶他们，要让他们为自己的恶行和对以色列人的背信受到惩罚。另一方面，他也是为了躲避非利士人，因为非利士人和希伯来人一向不和，又因他们住的地方邻近埃及，所以不能让非利士人知道他们离开埃及。(323)摩西不走经非利士人之地的大路，而走穿越沙漠的路，这样旅程更长，也要遭遇更多艰难，才能到达迦南地。另一个原因是，神吩咐摩西带领希伯来人到西奈山上向他献祭。(324)当埃及人追上希伯来人时，便准备与他们作战，大批人马把希伯来人逼退到一个狭窄的地方。埃及人共有六百辆马车，五万马兵，二十万步兵，都配备了武器。他们把希伯来人所有可能逃走的道路都封住，将他们包围在那块窄地，一边是无路可走的悬崖，另一边是海。（325）那地方左右两边都是陡峻的山脉，至海而止，希伯来人不可能越过山脉而逃。其他任何可通往平原的地方都布满了埃及军队，希伯来人完全被困住，动弹不得。

4.（326）希伯来人眼见自己被包围，又绝了粮食，就都为之丧胆；加上他们无路可逃，又无武器作战，心想如果不全面投降，必被彻底毁灭。（327）他们开始责怪摩西，完全忘记神为使他们重获自由所行的各种神迹奇事。摩西安抚鼓励他们，保证将他们从困境中拯救出来；他们非但不信，反倒拿石头打摩西，并决定向埃及人投降。（328）妇女和儿童都悲伤哀号，因为在他们眼前只有死路一条，他们被山、海和敌人团团围住，完全看不到任何逃生的希望。

5.（329）虽然希伯来人恶狠狠地看着摩西，但他仍未停止照顾他们。他信靠神，并不以眼前的危险为意。这位神曾照他所预言的施行大能，帮助希伯来人重获自由，现在也绝不会将他们交在敌人手中，让他们沦为奴隶或被灭绝。（330）于是他站在他们当中，说："我们的不信任是不公平的！即使是对人，若他们一直把我们的事照顾得很好，我们却不信任他们，好像他们以后会不再一样，便是不合宜。何况是对神，我们曾目睹他以大能行了一切他所应许的事，超乎我们所求所想，现在我们却对他的眷顾绝望，这不啻失去理性。（331）我说的是你们从奴役中被拯救出来的事；不止那件事，就是现在我们这件极痛苦的事也当交托神。他使我们现在困于这狭隘之地，（332）陷入无望的困境，我们自己和敌人都认为我们不可能得救，但他必施行拯救，立时显出他的大能和对我们

109

的眷顾。神爱他的百姓，并非只在小事上予以帮助，就是在人看来毫无希望的时候也是如此。（333）因此你们要倚靠这样一位保护者，他能使小变大，使强变弱，你们不要惧怕埃及军队；不要因前有山、后有海，完全没有逃生的机会而失望。神如果愿意，他能使这山夷为平地，使海变成干地。"

第十六章
希伯来人被埃及人追赶的时候，
神为他们分开红海，使他们有机会逃脱

1. （334）摩西说完后，就带领希伯来人走向海边；埃及人因为希伯来人尽在他们视线范围内，故只在旁边观看。埃及军队因连日追赶，疲惫不堪，也想延至次日再对希伯来人开战。摩西来到海边，便拿起他的杖，向神祈祷，求告他们的帮助者。（335）他说："你知道我们当前所遭遇的困难，不是人的力量和聪明可以逃避的；所以这必是你的作为，为要拯救这军队，就是你带领出埃及的军队。（336）我们已无计可施，没有任何其他的帮助，只有求助于你。我们仰望你赐下方法使我们能逃脱，求你立时向我们显明你的大能；求你使这深陷绝望的百姓振奋，使他们有勇气并有得救的盼望。（337）我们处在救援无望之地，然而这地是在你的掌控中：这海是你的，封锁我们的山也是你的。如果你吩咐，这些山也会开出路来；如果你吩咐，这海也一样会变成干地。不仅如此，如果你定意，我们也可升空而逃。"

2. (338)摩西向神祷告完毕,便伸杖击打海面;海立即分开,将水收去,留出一条干地,作为希伯来人逃生之路。(339)摩西看到神显现,使海水退后出现干地,便率先前行,然后吩咐希伯来人跟随他走这条神所赐之路。他们为稍后必会追来的敌人将陷入危险而欢喜快乐,并为神用这样奇妙的方法施行拯救而感谢他。

3. (340)现在希伯来人有神的同在和带领,便毫不迟延,坚定地向前进。埃及人原以为他们灭亡在即,情急之下投海;但当他们看见希伯来人毫发无伤地走了一大段路,途中也未遭阻碍或困难,便急追直上,也期待海水依旧平静,让他们平安渡过。他们纵马先行,人随其后进入海中。(341)当埃及人还在忙着套上盔甲时,希伯来人已成功逃脱,安然登上对岸。埃及人因此认为他们也不会遭遇危险,便无惧地随后追来。(342)但是埃及人不知道他们走的是专为希伯来人开的路,是一条拯救遭遇危险之人的路,而不是给欲置他人于死地之人走的路。(343)因此当埃及全军都进到海里时,海水便回流,接着刮起强风将海水扬起,又急泻而下,将埃及军队全部淹没。天也下起倾盆大雨,雷电交加,许多埃及人都遭雷电击打。(344)所有神为显明他忿怒而用以惩罚人的手段,没有一样不在这个时候派上用场,一个漆黑阴暗的夜晚紧接着又临到埃及人。他们在上述各种祸患下全都死了,没有一个活着回去将这大灾难告诉其他埃及人。

4. (345)希伯来人因自己奇妙得救和敌人被毁灭喜不自禁。他们相信自己确实得救,因为那些要逼迫他们为奴的人已被毁灭,显然神是他们的保护者。(346)他们以这样奇妙的方式脱离危险,敌人又是以这种史无前例的方式被惩罚。他们都欢喜,整夜都在唱诗。摩西也作了一首六韵部诗歌献给神，抒发他的赞美及对神慈爱的感恩。

5. (347)至于我自己，我已经按照圣书讲述了这段历史的每一部分，任何人都不必怀疑这叙述的奇特之处。如果古时那些远离现代罪恶的人发现一条出路，无论是出于神的旨意，还是自然发生的，都不足为奇。(348)比如，就在不久之前，当马其顿王亚历山大及其随从走投无路时，旁非利亚海退去，为他们开了一条路。我的意思是，这是神的旨意，要毁灭波斯的政权。所有写下亚历山大事迹的人都承认这事是真的。但有关这些事件，还是让各人按自己的喜好决定吧！

6. (349)次日，摩西将被风和浪吹送到希伯来人营地的埃及军械收集起来；他相信这是神的供应，使他们不缺武器。他吩咐希伯来人佩带武器，然后带领他们到西奈山向神献祭，为神向希伯来人所施行的拯救献上感恩的祭物。

第三卷

从出埃及到被弃绝的那个世代(涵盖二年)

第一章

摩西带领百姓出埃及上西奈山；
他们在路上受了许多苦

1.（1）希伯来人经历了奇妙的救赎后，旷野却成为他们的苦难。因为那是整片沙漠，没有赖以维生的食物，而且非常缺水；不仅无法满足人的需要，也无法养任何牲畜。全地都已干裂，没有水分供应蔬菜生长，但是他们没有别的路可走，只好被迫穿越这片旷野。（2）他们确实按照领袖的吩咐从出发之地带水，但是当水喝完后，他们就必须很辛苦地在干硬之地挖井取水。即便如此，所得的水也是苦的，并不适合饮用，量也很少。（3）他们就这样一路前行，深夜时来到一个叫作玛拉的地方。玛拉的名字是因当地水苦而得来的，"玛"就是苦的意思。他们到那里时，已经因为旅途沉闷与食物缺乏而十分痛苦，那时他们一点食物也没有。（4）他们终于看到一口井，便停留下来。虽然这口井根本不够如此庞大的军队使用，但是能在这样的旷野找到一口井，还是给他们带来一点安慰。因为他们早已听那些先去找水的人说，如果再继续前进，也不会找着什么。但这水苦，不仅不适合人饮用，就连牲畜都难以忍受。

2. (5)摩西看到百姓如此沮丧,而沮丧的原因也无法驳斥。因为这群百姓在本质上不是一支男人组成的正式军队,能够刚毅地面对困难的打击;他们乃是由众多的孩童及妇女组成,他们的软弱根本无法用理性的方式加以劝说,男人们的勇气也因此被削弱。摩西将大家的痛苦视同自己的痛苦,因此他陷入了极大的困境。(6)百姓把所有的难处带到摩西面前并向他恳求:女人为她们的婴孩求,男人为这些女人求,他们请摩西不要忽略他们,总要想办法拯救大家。于是摩西专心向神祷告,盼望神能把现在的苦水变为适合饮用的水。(7)神应允摩西的请求,摩西就将脚边的树枝由枝梢拿起来,把它由上到下以纵剖的方式分为两半,然后再丢到井里。摩西告诉希伯来人说神已垂听他的祷告,也应允供应大家想要的水,然而他们必须顺从神的命令而行,不可有疏忽或漫不经心的态度。(8)当大家问摩西他们当如何行才能使苦水变甜时,摩西就吩咐站在那里的壮丁去打水,并且对他们说等到大部分的水打上来之后,剩余的水就可以喝了;于是他们奋力工作,直到水被搅动洁净适合饮用。

3. (9)之后他们离开那地来到以琳,因为有一丛棕树林的缘故,所以远远看上去是个不错的地方;但走近后才发现那里并非美地,只有不超过七十棵棕树,而且因缺水的缘故都长得不好。这都是由于周围的土地干旱,没有足够的水分来滋养它们,使它们茁壮成长、有所用处。(10)附近有十二处泉眼,然而那只能说是有点水汽,称不上水泉。它们既没有从地下涌出,也没有溢流,并不足以灌溉这些树。百姓在沙土中挖掘,也没有找到水,即便是取了几滴水在手中,也因为水里含泥而毫无用处。(11)由于没有充足的水分滋润并赐予生命,这些树太弱无法结果子。于是百姓责怪他们的领袖,大大抱怨他。他们说如今的不幸景况和经历,完全是因为摩西的缘故。他们至今已经走了整整三十天，预备的一切食物都吃完了，但痛苦并没有缓解，所以感到十分灰心丧志。（12）由于百姓只关注眼前的痛苦，无法回想起神曾经拯救他们，以及摩西以他的品德与智慧如何帮助他们。他们认为他们的领袖就是造成现在痛苦的直接原因，于是他们感到十分忿怒，甚至奋力想用石头打死摩西。

4.（13）当百姓既恼怒又痛苦地反对摩西时，摩西却乐于倚靠神和自己一直以来对这群子民的看顾，即使他们向他大声喊叫，手中握着石头准备除灭他，他还是来到百姓中间。摩西和颜悦色，并能够以话语说服这些百姓。（14）摩西就这样开始平息他们的怒气，劝他们不要过于专注眼前的痛苦，免得忘记神从前赐给他们的恩典。他劝百姓千万不可因为现在的难处，而忘记了从神而来的那些伟大奇妙的恩惠与赏赐，反而要期盼从眼前这种无法自行解脱的困境中得到救赎；（15）这救赎必是经由神对他们的眷顾而成就的。或许神要借着这些逆境试验他们的品格，操练他们的忍耐，他们或是显出不屈不挠的精神，并牢记神过去为他们所行的奇妙作为；或是在当下的痛苦中，完全不去思想这一切。（16）摩西告诉他们，他们在耐心和纪念为他们所成就的事上，实在都算不上是好人；他们有时责怪神和神的命令，然而他们是靠着那些命令才得以离开埃及的；有时他们又对摩西无礼，摩西是神的仆人，无论在言语上还是按照神的命令吩咐他们去做的事上，都未曾欺骗过他们。（17）他也提醒众人以往的日子：当埃及人企图违背神的命令不让百姓离去时，他们是如何被消灭；同样一条河对其他人是血红不能喝的，但对希伯来人却是甜美可口的。（18）他们也曾从海中经过一条新路，那海水迅速退去，他们也因此得以存活；但敌人却在他们眼前全军覆没。当他们缺乏武器时,神也丰富地供应他们。摩西再次列举这些特殊的例子,就是百姓们看来要被毁灭时,神以令人惊叹的方式拯救他们,而神如今仍然有同样的大能。(19)所以就算在现在这种情况下,他们也不应该对神的供应感到绝望。摩西用这番话劝他们保持静默,认定神会帮助他们;就算帮助没有即刻出现,也绝不会太迟,一定会在大家遭遇极大苦难之前临到。他们应当这样思想:神延迟帮助不是因为不顾念他们,而是要先试炼他们的坚忍和自由中的喜乐;(20)如此神就知道他们是否能为了得到自由,而决心忍受缺粮缺水;或者他们宁愿做奴仆,好像牲畜服在主人的手下,虽然饮食供应充足,但那只是为了让他们更加有用地为主人效劳。(21)至于摩西,他并不担忧自己的安危,就算死于非命,他也不认为是受苦;他所担心的是百姓,恐怕他们因用石头打死他,而被视为是声讨神自己。

5. (22)摩西以这种方式安抚百姓,阻止他们拿石头打他,并带领他们为原本想要做的事悔改。摩西认为他们在极度缺乏的情况下冲动并非完全不合理,所以他自己应该向神祈祷代求。于是摩西上到高处,求神为这些百姓预备,(23)以某种方式将他们从迫切需要中拯救出来,因为唯有神是他们得救的盼望。他也渴望神能原谅百姓在需求的迫使下所行之事,以及在患难中的大发怨言,因为这就是人难以满足的本性。于是神应许必看顾众人,并赐下所需要的帮助。(24)摩西听了神的话语就下到百姓那里。一看到摩西因神的应许而快乐,他们的脸色就从哀哭变为欢喜。摩西来到他们当中,宣告他从神那里为他们现在的苦境带来了拯救。(25)不久之后便飞来一大群鹌鹑,这种鸟在阿拉伯湾比其他各地都多。它们飞越海洋并在百姓的上空盘旋,直到因为辛苦飞行而疲乏,就自然而然飞到离地面很近之处,落在这些希伯来人的身上。于是百姓们捕获这些鸟,借此喂饱肚子,并认为这就是神供应他们食物的方式。这时摩西立刻感谢神这样出其不意地供应他们,比神所应允他们的还要快。

6. (26)神赐下第一样食物后,又即刻赐下第二样:正当摩西举手祷告时,有露水降下。摩西发现这露水黏在他手上,认为这也是神赐给他们的食物,于是就尝了一口。(27)摩西知道百姓不明白这是什么,以为是下雪,因为当时正是下雪的季节。摩西就告诉他们,这露水不是以他们所认知的方式从天降下的,而是能使他们存活的食物。所以摩西尝了一下,并给他们一些尝试,好让百姓认同他的话。(28)百姓们便效仿,并且都很喜欢这食物;因它甘甜如蜜,味道很好。它的大小如同珍珠,就像芫荽子一样;于是他们很认真地收集食物。(29)摩西嘱咐他们要等量地收集,每人每天一俄梅珥,为的是让每次降下食物的量不缺乏,免得强壮的人收集多了,软弱的人受到压制而得不着他们当得的份。(30)所以当那些强壮的人收集过量时,并没有比别人多得,所得到的还是一人一俄梅珥,只是在收集时更加劳苦罢了;多收集的部分也完全没有带来任何益处,不是因生虫而腐坏,就是变苦。神所赐的食物就是这么奇妙!(31)吃这食物的人对其他食物的欲望也因此得到满足。当下,那地的吗哪从雨中降下,是摩西从神得到赐给百姓维生的食物。(32)希伯来人称之为"吗哪",分词"吗"在我们的语言里是一个问句,意思是:"这是什么?"于是这些希伯来人为这从天而降的食物倍感高兴,他们吃这食物四十年,就是在旷野的那段时日。

7. (33)他们离开那里就直接去到利非订,百姓因为十分口渴而甚感痛苦。他们在前些日子曾经路过几处小水泉,但现在这地却完全没有水，他们处境甚为艰难，于是又转而怨恨摩西。(34)起初摩西不理会群众的怒气，自己专心向神祷告；因神曾在他们最需要食物的时候赐下食物，所以现在也必能赐他们水喝，因为只有食物而没水喝也是无济于事。(35)神没有迟延赐他们水喝，他应允摩西会赐下一处水泉，是从他们认为不可能有水的地方丰盛涌出的。神命令摩西用杖击打一块大家都看得到的磐石，他们会从那里得到所需要的水，因为神顾念他们，使他们不必劳苦便得水喝。(36)摩西领受神的命令后，就来到那群等候并仰望他的百姓那里，因为他们已经看到摩西从山上下来。他一来就宣告神要将他们从现在的苦境中拯救出来，赐给他们意想不到的恩典：一道江河会因为他们的缘故而从磐石中涌出。(37)他们听了十分惊讶，以为必须将石头凿成小块，可他们现在已经因为旅程和口渴而非常疲倦；然而摩西只是用杖击打磐石，便开了一个出水口，丰盛且清澈的泉水涌流出来。(38)他们看到这个神迹都很惊奇，好像看到这水便止渴了。于是他们喝这令人舒缓的甜水，并且认为只有神才能赐予这样的泉水。百姓们很钦佩摩西被神所看重，并因神的护佑献上感谢的祭。圣殿中所保存的圣书让我们知道，神事先告诉摩西，水将会如此从磐石中流出来。

第二章
亚玛力人及邻邦与希伯来人争战被打败，损失了许多军队

1. (39)希伯来人的名声已经开始传播至各处，连远方都可听到。

那些国家的居民感到非常害怕,于是互派使者彼此劝说,要筑起自己的防御工事,并竭力消灭希伯来人。(40)诱劝大家这样做的是居住在迦巴勒及佩特拉的人,就是所谓的亚玛力人,他们是那附近邦国中最好战的民族。他们的君王们不但彼此相劝,也劝说邻近国家一起和希伯来人作战,他们说这支外来的军队是从埃及逃出来的奴隶,正等着要消灭他们,(41)为了慎重起见并顾及自身的安全,绝对不可轻视这支外来军队,一定要趁着他们尚未强大兴盛,就将之歼灭。因为他们认为我们过去因为怠惰没有攻打他们,或许这次应该先发制人,因他们在旷野所做的一切向他们报仇;要是等到他们开始夺取我们的城邑与财物,再想这样做就不容易了。(42)那些在一个势力刚崛起时就将之毁灭的人,比那些在这势力壮大后再试图阻止它前进的人要聪明;因为后者只在他人强大时生气,前者却不让敌人有任何机会给自己造成困扰。他们将这样的讯息彼此传达并送到邻国之后,就决定攻打希伯来人。

2. (43)那些国家的行动使摩西感到困惑与愁烦,因为摩西并没有作战的准备。而且当这些民族准备打仗,希伯来群众被迫迎战的时候,百姓既没有秩序,又缺乏许多必要物资,且要与预备充分的对手作战。(44)于是摩西开始鼓励他们,劝他们预备心来倚靠神的帮助:他们借着神的帮助得到自由,也能借着神的帮助期盼得胜,就是胜过那些与他们作战,好夺取他们祝福的人。(45)他们要想象自己的军队庞大、一无所缺:既不缺武器钱粮,也不缺其他的便利物品——就是那些人勇敢作战时不可缺少的物品。他们也要认定自己在神的帮助下,拥有一切的优势;同时他们当把敌军看作数量少、没有武器、软弱,又缺少那些方便作战的必需品。他们必须明白,神的旨意就是要敌军被击溃。(46)他们应当知道神的帮助是何等宝贵，因他们已经历过许多试炼，那些试炼比战争还艰难；因为战争只是抵挡人，而其他试炼则是要克服饥渴，这两样本来是不可克服的；以及对抗高山及那让他们无路可逃的海洋。然而因着神对他们的恩典，这一切的困难都被克服了。所以摩西劝他们，此时要刚强壮胆，要知道他们全然的兴盛就在于这次将敌人制服。

3. （47）摩西用这些话语鼓励众人，然后将各支派的领袖及族长分别并招聚起来。他命令年轻人服从他们的长老，长老听从他们的首领。（48）于是百姓心里振奋起来，准备好出去迎战，并希望最后能借此脱离所有的痛苦。他们甚至渴望摩西能立刻带领他们抵御敌人，一刻也不迟延，不让任何退缩影响他们当下的决心。（49）于是摩西筛选所有适合迎战的人，把他们分成几队，并吩咐以法莲支派嫩的儿子约书亚为元帅；约书亚满有胆量、能忍受劳苦，又大有智慧、说话得体，并且敬畏神。他如同另一位摩西，是一位敬虔的教师。（50）摩西又吩咐一小队人马就近水边，并同时看顾孩童、妇女以及全营。他们整夜备战，有武器的人拿着武器，注意听从他们的领袖，只要摩西一下命令就预备好冲上战场。摩西也彻夜警醒，教导约书亚如何发号施令指挥作战。（51）天一亮，摩西就叫约书亚来，勉励他以行动证明自己与别人的期许相称，并要让他手下的人因他在这次战役中的功绩而得到荣耀。摩西特别勉励了希伯来人中的首领，并鼓励全副武装站在他面前的整个军队。（52）当他以这番话语和行动激励全军并预备妥当之后，便退到一个山上，把全军交给神和约书亚。

4. （53）于是两军正式交战，他们势均力敌、短兵相接，双方士兵都身手敏捷、士气高昂。当摩西向天举手时，希伯来人就大胜亚玛力人；然而摩西无力一直让手保持上举的状态〔只要他的手垂下，他的军队就溃败],(54)他吩咐他的兄弟亚伦及他们的姐姐米利暗的丈夫户珥,各自站在他左右托着他的手,帮助他将手臂伸直,以免他因疲倦而使战事逆转。如此一来,希伯来人就靠着他们的主力军战胜了亚玛力人,亚玛力人全军覆没,因天色已晚,希伯来人才不得不停止击杀。(55)于是我们的先祖获得了最显著也是时机最恰当的胜利,因为他们不只征服了那些敌对他们的人,也使邻近各民族十分害怕;他们打这场仗的劳苦,使他们在仇敌间获得了极大的利益。因为当他们占据了敌人营地时,立刻为所有百姓及个人家庭赢得了战利品;其实他们在此之前,各样物资并不充裕,甚至连食物也缺乏。(56)他们一赢了这场战事,就开始富足兴盛,这不仅有利于现况,也有助于未来的年日。他们掳获战俘作为奴隶,压制他们的身心;这次战事以后,住在他们四周的邦国都惧怕他们。除此以外,他们也获得了大量的财富,(57)因为敌人在营中留下了许多的金银,以及家用的铜制器皿和刺绣品;刺绣品有两种,一种是纺织品,一种是盔甲上的装饰。还有其他家用物品、家具,又得了敌人的牲畜以及他们迁移时营中留下的各式用品。(58)现在,希伯来人看重他们自己的勇气,将所有的功劳归于他们的英勇;他们持续习惯接受各样苦难,认为每一个苦难都是能够克服的。以上所述就是这次战役的结果。

5.(59)次日,摩西将敌人尸体上的物品除下,将逃走之人留下的盔甲收集起来,并奖赏这次行动中功勋显著的人。他也大大赞许此次战役的元帅约书亚,约书亚杰出的作为也受到全军的肯定。希伯来人没有一位被击杀,而敌军的死伤则不计其数。(60)于是摩西向神献上感恩祭,他称所筑的坛为"得胜的主"。他也预言亚玛力人将被彻底灭绝,此后也不会留下余种,因为他们趁着希伯来人在旷野最艰苦的时候攻打他们。

此外，摩西也设宴犒劳军队；(61)这是他们出埃及后，第一次和那些胆敢
与他们为敌者的战役。摩西在庆功宴后让希伯来人休息几天，然后带领
他们按战队方式前进。(62)现在他们有许多穿着轻便盔甲的士兵，缓慢
前行来到西奈山，正是他们出埃及后三个月的时候。我们在前面提过这
西奈山，就是先前出现荆棘异象和其他奇妙现象的地方。

第三章

摩西的岳父叶忒罗上西奈山去见他，摩西就厚待他

1. (63)摩西的岳父流珥得知摩西现在凡事兴盛，就欢欢喜喜地前
来见他；摩西也很高兴地带着妻子西坡拉及孩子们迎接岳父。摩西献祭
后，就在先前看到荆棘之地的附近，为百姓设摆宴席，(64)每一位百姓都
依据所属的家庭赴宴。亚伦一家和流珥齐心唱诗赞美神，因为神是那位
使他们得到拯救与自由的创始者。(65)他们也称赞他们的领袖摩西，因
着摩西的美德才使他们事事都成功。流珥在对摩西的讲话中，大大地赞
美所有百姓；他钦佩摩西的坚忍不拔，以及他在拯救友人时表现出来的
性情。

第四章

流珥建议摩西设立千夫长及百夫长，
整顿以前无秩序的百姓；摩西凡事听从岳父的规劝

1. (66)次日，流珥看到摩西埋首处理许多事务〔因为大家将摩西视

为仲裁者，认为只有在他那里才能得到公正判断，所以每个人都来到他面前，摩西就要判定那些将事情交托于他之人的纷争。(67)在诉讼中失败的人认为输得合理毫无不公，也不会觉得受到损害]。当时流珥并没有对摩西说什么，因为他不想成为那些指望借助他们领袖美德来获得帮助之人的拦阻。后来单独与摩西在一起时，他才教导摩西当如何行。(68)他建议摩西把较次要的事情交代给别人，自己只负责重大事件及百姓们的安全；因为在希伯来人当中或许可以找到适合裁定事务的人选，但唯有摩西一人能负责数万人的安危。(69)他说："你不要轻看自己的德行，以及在神的带领下确保百姓平安的责任。因此你要让其他人裁决一般的事务，你只要专注于神，并且设法从眼前的危难中保守百姓的平安。(70)你要用我建议你的这方法管理众人，在全军中审查，选出万人和千人的官长，再将百姓分成五百人、一百人，以及五十人一组。(71)设立官长管理各组，官长们可以再将百姓分成三十人一组，按照次序，最后分成二十人一组，再到十人一组；每一组有一位领袖做官长，并以所管辖的数字命名。这些人的品格都要得到百姓的试验及认可，(72)要让这些官长们断定百姓间的纠纷。若有重大案件，就由他们上一层官长审判。他们都认为太困难而无法判定的案件，才呈到你这里来。这样处理有两个好处：希伯来人之间可以有公平的审判，而你也能够常常到神面前，求神赐给百姓更多福分。

2. (73)这就是流珥的忠告，于是摩西爽快地接受了他的建议，并按他所说的去行。摩西既没有隐瞒这方法，也没有自称是自己想出这方法的，而是告知百姓是谁发明了这办法。(74)他甚至在自己的著作里记载，流珥就是发明这管理百姓方式的人，虽然把别人的发明据为己有可能会得到声望,但是他认为将真实的见证归给值得尊敬的人才是正确的做法。我们可以借此看出摩西高尚的情操,并会在各卷书中适当之处阐述摩西这类美德。

第五章
摩西上西奈山领受神的律法,并将律法传给希伯来人

1.（75）摩西招聚百姓,说自己将离开他们,上西奈山与神对话,为要从神那里领受启示,并将之带回。于是吩咐百姓们靠近西奈山扎营,要他们住在离神最近之处,不宜远居。（76）他说完这话就上到西奈山。此山是那地区最高的一座山,人们很难爬上去,不仅因为它地势甚高,也因为它的绝壁十分陡峭,就连直视时,双目已感疼痛。此外,人们风闻这山是神的居所,因此令人害怕,难以接近。（77）这些希伯来人按照摩西的吩咐迁移帐篷,在西奈山的低处扎营,心中振奋地期待摩西从神那里回来,将神计划赐给他们美物的应许带回。（78）于是他们摆设筵席等候摩西,又在各个方面自洁,并且三日不亲近他们的妻子,这都是按之前摩西所吩咐的而行。同时他们也向神祷告,愿神在对话中悦纳摩西,并赐下一些使他们生活幸福的恩典。他们比平日吃得丰富,又让妻儿穿戴得比平日更为华美端庄。

2.（79）他们这样过了两天欢宴的日子。到了第三天,太阳还没有出来的时候,有一朵云彩停在希伯来人全营之上,遮盖了他们支搭帐篷的地方,这云彩是从来没有人见过的。（80）天正放晴的时候,忽然刮起

大风，下起大雨。渐渐形成的暴风雨夹杂着闪电，看到的人都很惊惧。又有霹雳雷声从天而降，宣告神即将驾临。神以庄重的方式向摩西显现，正如摩西渴望的那样。(81)读者们可以按照自己的看法来理解这些事，但我必须提到这段历史，因为这些在圣书中都有记载。这个景象以及传到希伯来人耳中的惊人声音，都令他们十分不安。(82)因为这些是他们不习惯的，而神常常驾临这山的传闻也传遍国外。他们非常惊恐，就都唉声叹气地躲到自己的帐篷里，因为他们以为摩西会被神的忿怒击杀，也认为自己会以类似的方式灭亡。

3. (83)当他们这样忧虑不安时，摩西却满怀喜悦地出现了。他们一看到摩西就不再惧怕，对于将要临到的事也怀着更加喜悦的盼望。摩西的出现，也令天空从先前的混沌转为清澈。(84)之后，摩西便招聚会众，聆听神要对他们说的话。他们聚集之后，摩西就站上高处，使大家都能清楚听到他说话。他说："哦，希伯来人啊！神像以往一样以恩慈接待我，并为你们提供了快乐生活的方法，以及政府管理的规则，现已行在我们的营中。(85)为了他和他作为的缘故，又因我们借着他供应所行的事，我因此吩咐你们，千万不可因为是我将这些诫命传给你们，或因这些诫命是出于人的口，就轻看我所要对你们说的话。如果你们对于这些事情的深远性及重要性有同等的尊重，就会明白这些法度的创始者有多么伟大，他为我们大家的益处，将这些诫命传达给我。(86)不要以为这些律例的创造者只是暗兰和约基别的儿子摩西，它们的作者乃是为你们将尼罗河变为血水，又借各种审判使傲慢的埃及人驯服下来的那位神。他为我们在海中开道路；当我们饥饿沮丧时，他设计方法从天上赐食物给我们；从前在我们没水喝时，他使磐石涌出水来。(87)也是借着他，亚当才能享用地上及海里的出产；挪亚因着他躲过了大洪水；我们的先祖亚伯拉罕也因为他的缘故，从飘流的客旅成为迦南地的继承人；借着他，以撒成为年迈双亲的儿子；借着他，雅各能拥有十二个公义的儿子；约瑟也是因着他才成为埃及人大能的统治者；就是他要借着我将这些律令传递给你们。（88）你们要尊这些典章为圣，也要比你们的孩子和妻子更加认真地追求，因你们若遵守这些诫命，就会有幸福的人生；就得以享受出产丰盛的土地，风平浪静的海，牲畜所怀的胎如期而落；你们的敌人也必惧怕你们，因我已进入神的同在，并听到他那永存的声音。他极为顾念你们的民族及其在世之期。"

4.（89）摩西说完，就率领百姓和他们的妻儿靠近圣山，好聆听神亲自向他们颁布那些要他们遵行的律令。如此一来，这些即将发出的话语的能力，就不至于因为人的转述而受到损害，因为人的叙述可能会让百姓无法全然了解。（90）于是他们都听到了从上头来的声音，没有遗漏任何一个字，而摩西将所听到的全写在两块版上。直接把它们记在这里是不合律法的，但我会说明它们的重要性。

5.（91）第一条诫命教训我们：只有一位神，我们理应单单敬拜他；第二条命令告诉我们不可造任何活物的形象来敬拜；第三条告诉我们不可妄自以神的名起誓；第四条告诉我们要在第七日休息，不可做任何工作；（92）第五条告诉我们要孝敬父母；第六条告诉我们不可杀人；第七条告诉我们不可奸淫；第八条告诉我们不可偷盗；第九条告诉我们不可作假见证；第十条告诉我们不可贪恋别人的任何东西。

6.（93）百姓们听到神亲自颁布摩西先前所说的诫命，就因他们所听见的话欢喜，随后会众就散去了。但过了几天，他们来到摩西的帐前，求他再将神的律法给他们。(94)于是摩西颁布了这些律法,然后又教导他们在各种状况下应当如何行。我将在适当的时候提到这些律法,但我将保留对它们大部分内容的解释。我会在另外一部著作里详细解说这些律法。

7. (95)事情进展到这里,摩西又再次上西奈山,这是他先前就对百姓说过的。摩西在百姓的眼前上山,他在山上停留很久[他离开百姓共四十天]。恐惧席卷了希伯来人,因他们怕摩西遭遇不测。没有其他任何事让他们如此悲哀,唯有这事令他们十分烦恼,因他们猜想摩西已经死了。(96)百姓在这件事上有各种不同的见解:有人说他被野兽所害,持这样看法的大都是对他有恶意的人;另有人说他是离世与神同在。(97)但那些经过思考而较有智慧的人,对这两种观点都无法满意地接受:他们认为既然人可能会被野兽所害,那么也有可能是因摩西自己的美德而使他离世与神同行,于是他们都安静下来,期待事情的结果。(98)他们在这种失去领袖及保护者的假设下,都感到非常难过,对他们而言,失去摩西是永远无法弥补的伤痛。这样的怀疑使他们无法对摩西平安回来抱有期待,他们更因此无法停止难过与忧伤。然而在这期间,全营都没有迁离那里,因为摩西命令他们停留在那里。

8. (99)过了四十昼夜摩西才下山,在这期间他什么都没有吃。他的出现使全军欢喜快乐,他宣告神对他们的看顾,以及他们应当如何行事为人才能有幸福的生活。他又说,他不在百姓中间的这些日子,(100)神告诉他当造一会幕,这样,当神来到我们当中时,就会降临在会幕里。当我们迁移的时候,应该如何搬运会幕,使神与我们同行。此后不再需要上西奈山,神会亲自来到我们所支搭的会幕中,在我们祷告之时与我们同在。(101)摩西还说,会幕要按照神指示他的尺寸及结构建造,百姓要开始工作,努力地完成这工。说完后,摩西将刻着十诫的两块版给百姓看,每块版上各有五条诫命,上面的字都是神亲手写的。

第六章
摩西在旷野为荣耀神而建造如同圣殿的会幕

1. (102)以色列人看见这一切,又听见摩西所说的话,就感到欢喜快乐。他们立刻按着各人的能力,献上金、银、铜、上等不易腐朽的木材、骆驼毛,以及染上蓝色及朱红色的羊皮,有人带来用作染料的紫花及白花,(103)并用这些色彩来染羊毛,还有细麻布和镶上贵重宝石的金质胸饰,他们又献上大量的香料。摩西使用这些材料建造会幕,这会幕如同一座可移动的圣殿。(104)百姓努力把这些材料聚集起来[因为每个人都热切盼望推进这项工作,甚至超过他们所能地奉献],之后,摩西就按着神的吩咐选派一些工匠监督工作。其实就算让百姓来选择,他们也会挑出同样的人。(105)工匠的名字都记载在圣书里:他们是犹大支派乌利的儿子比撒列,也是领袖摩西的姐姐米利暗的孙子,还有但支派亚希撒抹的儿子亚何利亚伯。(106)百姓非常热心地参与这项工程,以至于摩西必须拦阻他们——他根据工匠的报告,向大家宣布奉献的材料已经足够了。于是他们开始动工建造会幕。(107)摩西按着神的指示,把会幕的尺寸大小,以及其中用来献祭的器皿数目告诉大家。妇女们也热心地参与其中,制作祭司袍以及与此有关的其他物品,不论是装饰品,抑或献祭仪式的需用品。

2.（108）所有的金、银、铜及织物都预备好之后，他们就按摩西先前所吩咐的举行庆典，并按照各人的能力献祭，然后摩西就将会幕竖立起来。摩西先丈量外院的尺寸：宽五十肘，长一百肘；（109）并竖立五肘高的铜柱：长的一边有二十根柱子，宽的一边有十根柱子；每根柱子都有一个环，柱头是银制的，柱座是铜制的，柱子形似矛尖，固定在地面上。（110）他们将绳子穿过柱环，绳子的尾端系在一肘长的铜钉上，每根柱子的铜钉要钉入地里，使会幕不致因风太大而摇动。围绕所有柱子的是用细麻布做的幔子，布幔从柱头松散地垂下，遮住整个空间，就像一堵墙一样。（111）这就是三面围墙的结构。至于第四面，即会幕的正面，长五十肘，其中二十肘作为大门的开口，两侧各有两根柱子，仿佛是敞开的门。（112）这些柱子完全用磨光的纯银制造，唯有柱座是铜做的。门两侧各有三根柱子，插入大门凹形的柱座，与之相匹配，又有细麻布做的幔子包围。（113）门本身宽二十肘，高五肘；幔子是用紫色、朱红色、蓝色的细麻布做的，其上绣有各式图案，但没有动物的像。（114）门内有一个铜制的洗濯盆，其下有一个同样用途的小盆，祭司们可以用它们来洗手洗脚。这就是会幕外院的摆设构造，是露天的。

3.（115）摩西将会幕置于外院的中央，正面朝东，太阳升起时，曙光可以照射在会幕上。会幕立起时，长三十肘，宽十二肘［十肘］。其一面朝南，一面朝北，背面朝西。（116）会幕的高度必须等于宽度［十肘］。还有木制的柱子，每边各二十根，呈正方形；柱宽一肘半，有四指的厚度。（117）木柱的内外两面都是包金的，每根柱子都有两榫插入带有两卯的银座。（118）西面有六根柱子。所有的榫与卯都紧密契合，甚至看不出接缝，看起来就像是一体成形的一面墙，且是里外包金。南北两面的柱子数量相等，(119)每面都是二十根，每根的厚度为三分之一虎口，所以一共是三十肘厚。但是西面有六根柱子，一共九肘。他们又造了两根一肘的柱子，放在角落，这两根柱子和其他的柱子一样精致。(120)每根柱子的外侧都镶有金环，好像长在柱子上似的，整齐排列，并有五肘长的包金闩穿过金环，将这些柱子连在一起，连接的方式类似榫卯结构，牢固而紧密。(121)西面的墙只有一根闩穿过所有柱子，闩的两端与南北两面墙的闩相接，使得所有部件都能稳固相连。这样的结构设计是为了使会幕不因风吹或其他原因而摇动，得以保持稳固。

4. (122)摩西将会幕里面分成三部分。他在距离最隐秘处十肘的地方立下四根柱子，其制作方法与其余的柱子相同，其底座也与其余柱子的底座类似，这些柱子彼此间距离不远。四柱里面的空间是至圣所，其余的空间就是供祭司们使用的会幕。(123)有关会幕尺寸的比例正是对外部世界的模仿：四柱里面空间的第三部分是祭司不可进入的，如同专属于神的天堂；其他二十肘的部分像是人所居住的海陆，是专属于祭司的空间。(124)他们在前面入口处竖立了五根金柱子，柱子的底座是铜制的。他们也将绣有紫色、蓝色及朱红色花纹的细麻布幔子铺在会幕上。(125)第一幅幔子每边十肘，遮盖在分隔圣殿的柱子上，以此将至圣所完全隐藏在里面，使任何人都看不到。整个会幕称为"圣所"，但四柱里面不容任何人进入的部分则称为"至圣所"。(126)这幅幔子非常精致华美，上面绣着地上生长的各样花卉的图案，也交织着各种除动物以外的装饰图案。(127)另一幅幔子遮盖了入口处的五根柱子，它的大小、质料及颜色和前一幅幔子一样。五根柱子的角落各有一个环，从上面将幔

子垂到柱子一半的地方,另一半方便祭司从幔子下面进入圣所。(128)
幔子外面又有一层同样尺寸的细麻布幔子,可用绳索将幔子拉向这边或
那边。有环子固定在幔子与绳索上面,用以帮助拉动幔子。也可使幔子
固定在角落,尤其是在重大节日时,幔子可以拉开,以便看到圣所;(129)
但在其他日子,尤其是下雪天的时候,幔子就会合上,用以遮盖保护多彩
幔子,这也是现在我们圣殿都有细麻布幔子遮住门口的缘由。(130)其
余的十幅幔子,每幅宽四肘,长二十八肘,其上有金扣环,使幔子片片相
连。由于制作精良,相连的幔子就仿佛一整幅幔子。这些幔子盖在圣所
上,遮住了顶端以及部分的幕墙,就是侧墙和后墙,离地面不到一肘。
(131)还有另外一组幔子,宽度相同但数量多一幅,而且更长,约三十肘。
这些幔子是毛织品,像羊毛编织的一样精细,松散地垂到地上,在门口呈
三角形的立面,这就是第十一幅幔子的特别用途。(132)除此以外,还有
其他皮制的幔子,在炎热和下雨的时候,用来遮盖并保护毛制幔子。从
远处看这些幔子的人会感到十分惊奇,因为幔子的颜色好像和天空的颜
色完全一样。(133)那些毛制与皮制的幔子垂到地面,和门口的幔子一
样,可以阻隔太阳的热气和雨水可能造成的破坏。会幕就这样搭建
起来。

　　5. (134)会幕里有神圣的约柜,是用质地坚固不朽的木材做的,希
伯来文称为阿伦。(135)约柜的结构如下:长五虎口,宽度与高度各为三
虎口,内外皆用金子包裹,所以看不到木头的部分。约柜上有盖子,是用
金质的合页完美地连接在约柜上,这个盖子从各个角度看都非常平整且
尺度精准,所以没有任何突起的地方妨碍它与柜子的紧密连接。(136)
两个较长的边上有两个金环,穿过整片木头,有包金的杠沿着柜边穿过

金环，这样就可以在需要的时候把它抬起来移动，因为约柜一定要由祭司以肩扛抬，不能使用牲畜拉的车来运送。（137）约柜的盖子上有两个雕像，希伯来文称之为"基路伯"。基路伯是会飞的活物，但是它们的形状不像人们见过的任何受造物，虽然摩西说他曾经在神的宝座旁见过这样的活物。（138）摩西把两块写着十诫的法版放在约柜里，每块法版各有五条诫命，法版的两面又各两条半诫命。摩西将约柜安放在至圣所里。

6.（139）圣所里有一张桌子，与德尔斐地区的桌子一样：长二肘，宽一肘，高三虎口。桌腿的下半部做工精美，类似多利安人用的床架；朝向桌面的上半部则做成正方形。（140）桌子的四边有突出来四指宽的横档，环绕在桌身四周。每个桌腿都有一只环子，这环子离桌面不远，另有镀金的木杠穿过环子，可以把桌子抬起来。（141）连接环子的地方有凹处，因为那些环子不是完全圆形的：它有两个尖角，一个尖角插入桌面，另一尖角插进桌腿，所以当以色列人迁移时，也可以带着桌子移动。（142）桌子放在圣所北面离至圣所不远的地方，上面放着十二个无酵饼，分为两堆，每堆六个，一个叠在一个上面。这饼是用二俄梅珥上好的面粉制成的［希伯来人的一俄梅珥等于雅典人的七克提拉］，（143）饼上有两个盛满乳香的瓶子。陈设饼每七天必须更换，更换的那天我们称为安息日，因为我们称第七天为安息日。我们会在别处谈到在这里安放陈设饼的原因。

7.（144）桌子对面靠近南面的墙边有一金灯台，里面是中空的，重一百磅，希伯来人称为一可卡尔，也就是希腊文讲的一他连得。（145）上面有花蕾形、百合花形、石榴形和碗形的装饰［装饰总数为七十个］，灯台形状像是从同一根基向上举起的轴杆,扩展到如同行星数目的分枝,其中也包括太阳。(146)它的终端有七个排成一列的灯头,都是平行竖立;这些分枝上有七盏灯,一盏接着一盏,仿效行星的数目。这几盏灯面朝东南,灯台是斜放的。

8. (147)在圣所内的灯台和桌子之间有一个木制的香坛,材料和我们之前提及的器皿所用的相同,坚固不易腐杇;整个香坛都包着金,每边宽一肘,高二肘。(148)金香坛上面有金香炉,香坛上有金色花冠包围四边,冠上有环及杠,以便祭司们行路时扛抬。(149)会幕前立有一个铜祭坛,里面为木造,每边各五肘,高只有三肘,用光亮如金的铜装饰。铜祭坛里面有网状的铜火盆,祭坛下没有接灰烬的设备,灰烬直接落在地面上。(150)紧临着祭坛的是金制的盆、瓶、香炉和锅,但其他献祭用的器皿则是铜制的。以上就是会幕建造及所属各种器皿的结构。

第七章
祭司与大祭司的衣袍

1. (151)祭司和其他所有人都有特定的袍子,他们称之为柯罕,就是"祭司的袍"的意思。大祭司也有特定的袍子,他们称之为柯罕拉巴,意思是"大祭司的袍",从此,这些称谓就成为大家的习惯。(152)祭司献祭时,必须按律法的规定自洁。首先应穿上米何那撒,就是"系紧"的意思;这是一件用细麻织成的束腰衣,遮在私处上。双脚需要像穿裤子一样插入其中,但是裤腿一大半都被剪去,只到大腿处,并在那里系紧。

2.（153）外面再穿上麻布祭司袍，这是用上等双层亚麻制作的，我们称之为库特尼，就是"麻布"的意思，因为我们将麻布称作库特尼。祭司袍的长度至脚并紧贴着身体，袖子紧系在手臂上。（154）袍子是用带子绑在手肘上方一点的胸前。这带子绕身一圈，有四指宽，织得很松，会让人以为是蛇皮。带子上绣着朱红、紫和蓝色的细麻花朵，整条带子全是细麻布织的。（155）这带子由胸前开始绑，绕一圈绑紧，然后松松地下垂到脚踝。我的意思是：祭司并不是一个需要劳动的职位，所以这样穿着在旁观者眼中非常合宜。但当他必须辅助献祭并参与所命定的服侍时，就不能因带子的摆动而造成服侍的不便，所以他可以将长带子甩到左边，搭在肩上。（156）摩西将这带子称为阿巴尼，而我们从巴比伦人那里学来，称它为艾米亚，因他们是这样称这带子。祭司袍本身并没有任何宽松或中空的地方，只在颈部有一狭窄的开口，和一些从胸前及后背边上垂下的绳子绑在一起，固定在双肩上，称作米夏巴兹。

3.（157）祭司头上要戴帽子，但不是圆锥形或包住整个头的帽子，而是只盖住大半个头，称作米兹尼非特。它看起来像是一个用厚布做的冠冕，但是用麻布织的，它以双层环绕多次，然后缝在一起。（158）除此以外，还有一条上等的麻布从最上方盖住整个帽子直到前额，将布上的接缝遮住，否则这帽子看起来就不够庄重。这样也使帽子紧紧地戴在祭司头上，当祭司执行神圣的献祭工作时，帽子不会从头上掉下来；这就是祭司们一般的服饰。

4.（159）大祭司穿的袍子和上述相同，没有少些什么，只是在这些服饰以外，他还要先穿一件蓝色的袍子。这也是件长及脚面的袍子［希伯来文称为梅意欧］，用腰带绑紧，腰带上的绣花及颜色和前面所说的一

样,却是加上金线混合织成。(160)长袍的下摆挂着石榴状的配饰和金
色的铃铛,设计巧妙美观。一个铃铛一个石榴,一个铃铛一个石榴。
(161)这袍子不是由两块布拼成,也不是从肩膀或两侧缝起来,它是用一
整块布织成的;只在颈部有一个开口,这开口不是斜的,而是沿着前胸与
后背分开,周围织出领边,以免看起来不太庄重。这袍子另有开口,让双
手可以伸出来。

　　5.(162)除此以外,大祭司还要穿上第三件袍,称为以弗得,类似希
腊文中的伊坡米。这件袍制法如下:它是由多种颜色的线和金线编织成
的,长一肘,并有镶边,但胸前的中间部分是空的;它也有袖子,就像短外
套的做法一样。(163)这件袍子中空的部分,镶嵌着一片约一虎口见方
的胸牌,胸牌上镶着金色和以弗得上有的其他颜色;这牌被称作后善,就
是"胸牌"的意思,在希腊文中有"神谕"的意思。(164)这片胸牌正好补
满以弗得空缺的部分,它的四角有用来连结以弗得的金环,以弗得上也
有类似的环,这些环是用一条蓝色的丝带绑在一起。(165)金环之间看
起来并没有空间,因为他们设计用蓝色丝带将之缝满。以弗得肩头上有
两块红色的玛瑙,是用扣子的原理固定的;就是两端与镶金红玛瑙接连。
(166)宝石上用我们国家的字母及语言刻着雅各十二个儿子的名字:六
个名字在这块宝石上,六个名字在那块宝石上,年长儿子的名字刻在右
肩上。胸牌上还有十二块宝石,大得出奇,美得出奇,那不是人可以买得
起的装饰品,因为它们价值非凡。(167)这些宝石分四行排列,每行三
块,镶嵌在胸牌上;宝石是先嵌在金制的座上,然后置入胸牌,这样制作
可以避免它们脱落。(168)第一行三块宝石分别是红玛瑙、红璧玺、红
玉;第二行是绿宝石、蓝宝石、金刚石;第三行的第一块是紫玛瑙,然后是

白玛瑙，再来是紫水晶，也就是第九块宝石；第四行的第一块是黄璧玺，接下来是红玛瑙，然后是水苍玉，也就是最后一块。(169)雅各儿子们的名字都刻在这些宝石上，我们尊他们为各支派之首；每块宝石上有一个名字，名字的次序是按照他们出生的顺序。(170)鉴于这些环子不能承受宝石的重量，所以又做了另外两个较大的环子，置于胸牌靠近脖子的那端。这两个环子直接嵌入胸牌，再由精金拧成如绳的链子，连接到以弗得前面的肩带顶上，它们的末端向后穿过以弗得后面凸起的一个环子，(171)这是为了确保胸牌的安全，使它不致从原来的地方掉落。胸牌上还缝了一条带子，这带子也是前面所提各种颜色的线和金线混制的，它绕身一圈后，就在缝合处绑紧并垂下；这带子的两端都有金环作为装饰，成为带子整体的一部分。

6. (172)大祭司的冠冕和我们之前描述的相同，制作的方法也都和其他祭司的相仿。除此之外还有一个礼冠，上面有蓝色带子绣的图案，并有一层高过一层的金冠冕环绕，这金冠冕一共有三层。金冠之中有一个凸出的金杯，像是我们称之为甜根子草的一种植物，但精通园艺的希腊人称之为天仙子。(173)为避免有人见过这种植物，但不知道它的名字，也不熟悉它的功用，或是知道它的名字，但看到时却不认识它，所以我要将它说明如下。(174)这种草通常超过三虎口高，它的根像萝卜的根[这样比较是为了避免混淆]，但它的叶却像薄荷叶。它的枝条上会长出一个花萼，紧贴着枝条，外面包着一层壳，当它要结果时，这层壳会自然脱落。这花萼像小指骨一般大，开口处形状像杯子。为了那些不熟悉这植物的人，我再说详细一点：(175)假设将一个球体分成两部分，底部是圆形，从底部向上生长延伸，开口逐渐变窄，然后在边缘处又渐渐变宽，正如同石榴，上面有凹槽。(176)事实上，这植物就有这样的花萼，看起来像一个半球，有人会说它像一个上面有凹口的旋盘。如同我所形容的，其花萼长得像石榴，只是它们很尖，尾端都是刺。(177)这层花萼包着它的果实，果实如同铁尖草的种子，它的花就像罂粟花。(178)大祭司头部后面到鬓角两侧就是用一个这样形状的冠冕包着的，它没有盖着前额；前额是用一个金牌盖着，其上用神圣的字刻着神的名。以上就是大祭司的装饰。

7. (179)你可能会因为人们对我们的敌意感到讶异，他们宣称这敌意是因为我们轻看他们假意尊崇的神。(180)然而任何人只要细想会幕的构造，大祭司的外袍以及我们在圣礼中所使用的各种器皿，就会发现为我们制定律法的那位是神人，别人对我们的指责是不公平的。若有人凭着判断力并且不存偏见来看这一切，就会发现这里每一件物品都在仿效和象征宇宙。(181)摩西把会幕分成三部分，并容许祭司们进入和使用两个部分，这两部分象征地和海，是对所有人开放的；但摩西为神分别出第三个空间，这部分象征天堂，是人不可及的。(182)摩西又规定桌上应摆放十二个饼，代表一年所包括的十二个月。灯台上的七十个装饰，象征行星的七十种划分。至于灯台上的七盏灯则象征行星的七个轨道。(183)幔子由四种材料做成，象征四种元素，细麻布象征土地，因为亚麻是从土地里生出来的；紫色象征海，因为紫色染料来自海洋贝壳类生物；蓝色象征天；朱红色则象征火。(184)大祭司的祭司袍是用亚麻制成的，用以象征地，蓝色象征天，石榴象征闪电，而铃声象征雷声。以弗得象征神所创造的宇宙的四元素，其中交织的金线象征万物的光辉。(185)摩西也命令要把胸牌安在以弗得的中间，象征大地，因为大地位于世界的中央。而围绕大祭司的带子象征海洋，因为海洋环绕包涵宇宙的一切；大祭司肩上如同扣子的玛瑙分别象征太阳与月亮。（186）而胸牌上的十二颗宝石，无论是象征十二个月，或是象征希腊人所谓的黄道十二宫，都是合理的解释。大祭司的冠冕是蓝色的，我认为是象征天堂，（187）否则神的名岂可刻在上面？上面又饰有金冠，因为神喜悦那种光彩。我们现在的解说应已足够，因为下面的记述会常常给我机会更详细说明我们立法者的美德。

第八章
亚伦的祭司职任

1. （188）前面叙述的一切都已就绪但尚未献祭时，神向摩西显现，并吩咐摩西将大祭司的职分授予他的兄弟亚伦，因为亚伦的德行是所有人中最配得这尊荣的。摩西聚集百姓，向大家说明亚伦的品德，他对众人的美好心意以及他为众人的缘故而屡经艰险。（189）在大家多方见证并表现出乐意接纳亚伦之后，摩西对他们说："以色列子民啊！建造会幕的工作已经完成，这是最得神喜悦的，也是我们能力所及的。现在神进入会幕中，所以我们目前最重大的需要，是有一个可以为我们主持圣礼、献上祭物并为我们祷告的人。（190）若是我可以决定找什么样的人，我会认为自己配得这样的尊荣，因为每个人都喜欢自己；而且我很确信为了拯救你们，我已受了极大的苦。但神自己命定亚伦配得这尊荣，并已拣选他做神的祭司，因为他知道亚伦在你们当中是最正直的人。（191）

所以他要穿上分别为圣献给神的祭司袍，并要管理祭坛，预备祭物。他也必须为你们向神祷告，而神必乐意垂听这祷告，不仅因为他顾念你们众民，也因为他接纳他自己拣选之人的代求。"(192)希伯来人听了很高兴，也赞同神所按立的祭司亚伦，因为他是他们当中最配得这尊荣的人；这是由于亚伦的出身和说预言的恩赐，加上他兄弟摩西的美德。那时亚伦有四个儿子：拿答、亚比户、以利亚撒和以他玛。

2. (193)摩西吩咐百姓使用所有的物品保护会幕，甚至远超过建造会幕的需要：就是覆盖会幕本身、灯台、香坛和其他圣器所需之物，使他们在迁移时，这一切完全不会因为雨水或风沙而受损。(194)摩西再次聚集百姓，规定每个男人都要献上半舍客勒银钱给神，(195)一舍客勒是希伯来人的一块银钱，等同于雅典人的四个德拉克马。(196)众人都乐意顺服摩西的命令，奉献的人数是六十万五千五百五十人。这些人都是自由人，年龄在二十岁以上，五十岁以下，所收到的奉献都作为会幕之用。

3. (197)这时摩西洁净会幕与众祭司，是按照以下的方法：他吩咐众人拿五百舍客勒上等香料，等量的肉桂皮，以及一半重量的肉桂与菖蒲[后者是一种甜香料]，将它们捣碎后混以一欣橄榄油[欣是希伯来人的度量单位，一欣相当于雅典人的二克阿或二康各乌斯]，混合好之后再煮沸，在药剂师的精巧预备下，把它们调制成非常芳香的软膏，(198)这香膏是用来膏抹并洁净祭司们、会幕以及祭物所用的。另外也有许多各式各样属于会幕使用的甜香料，这类香料相当昂贵，并安放在金香坛上。我在这里不说明香料的成分，以免读者混淆。(199)每日要献香两次，分别是日出前与日落时。另外要预备洁净的油供灯台使用，其中三盏灯必须整天点亮，另外几盏则在晚上才点亮。

4. （200）现在一切都完成了。比撒列和亚何利亚伯是最出色的巧匠，因为他们创造了前所未有的善工，又有能力提出前人忽略的见解，其中比撒列被公认是最好的工匠。（201）整个工程历时七个月，完工的时候正好是他们出埃及后第一年的年末。第二年年初，就在马其顿人称为克散提库斯月，希伯来人称为尼散月的新月之时，他们将会幕及所有器皿献给神；这会幕与器皿就是我前面所描述的。

5. （202）于是神显明自己悦纳希伯来人的这些工作，不使众人的劳苦落空；他也重用他们所做的，亲自来到并居住在他们当中，且在圣所搭起帐幕。神是这样来到的：（203）当时天空晴朗，仅会幕顶上有一朵云彩，这云彩不像冬天所见又黑又厚的云，也不是稀薄到人能视透。从云彩中流出甘甜的露水，借此向那些渴慕神又愿意相信神的人，显明他的同在。

6. （204）由于工匠们的精心巧工，摩西就赐给他们配得的荣耀礼物。之后，便按照神的吩咐，在会幕的前院献祭：包括一只公牛、一只公绵羊，以及一只羊羔作为赎罪祭。（205）在谈论献祭时，我要叙述我们圣礼的内容，人们在这里便可得知摩西吩咐我们何时献上全牲的燔祭，而律法又允许我们在何种情况下可以吃这些祭物。摩西把祭牲的血洒在亚伦和他儿子的衣袍上，并用泉水和膏油洁净他们，他们便成为神的祭司。（206）摩西用这方式使他们及他们的外袍分别为圣，共七天之久。他也同样地洁净会幕及会幕所属的各种器皿，如同我先前提到的，都是先用香油，并用公牛和公绵羊的血，这是按照种类每天宰杀的。到了第八日，他吩咐百姓守节，并命令他们按个人的能力献祭。（207）于是百姓们争相献祭，都想在献祭上超越其他人，如此就完成了摩西所交代的任务。当祭物献在祭坛上时，突然有一团火在祭物上自燃起来，这火看起来就像闪电一般，把祭坛上的一切都烧尽了。

7.（208）这时有一件不幸的事临到亚伦，身为男人与父亲，他坚强地面对这不幸。他的确在这意外事件上显出坚定的信念，因他认为所遭遇的苦难是出于神的旨意。（209）我在前面曾经提到过他有四个儿子，两个较大的儿子分别是拿答及亚比户，他们没有按摩西的吩咐将祭牲带来，却按以前的方式献祭，就被烧死了。那时突然有一把火降在他们身上并开始燃烧，甚至没有人可以将火熄灭，（210）他们就这样死了。摩西命令死者的父亲及兄弟们将尸体带到营外，并庄严地埋葬他们。百姓们都为他们哀哭，也为他们这样突如其来的死亡感到十分悲伤。（211）但摩西却请求死者的兄弟与父亲不要难过，要尊崇神过于他们的哀伤，因为亚伦已穿上了他的圣袍。

8.（212）不过摩西却拒绝百姓准备加给他的尊崇，只是专一侍奉神。他不再上西奈山，而是进到会幕中，并从会幕中将神对他祷告的回答带给百姓。他的穿着就像一个普通人，行为举止也与常人无异。他希望自己看起来与大家没有什么区别，只希望百姓们知道他专注于照顾他们。（213）他写下管理他们的政策，并记下那些律法，借着遵守这些律法，百姓们就可以过讨神喜悦的生活，也和其他人没有纷争。他所颁布的这些律法都是神所吩咐的，所以我在这里要讲论有关治理的政策以及那些律法。

9.（214）现在容我说明先前我所略过未提的部分，就是有关大祭司的外袍。摩西根本不给假先知行邪术的机会，如果有这样的人试图滥用神圣的权柄,他便留待神于献祭时是否随意选择显现。他希望不仅是希伯来人了解这情形,就连当地的外邦人也都能明白。(215)我们之前所提到大祭司肩上的那两块宝石,就是玛瑙[我想这是大家都知道的,不必再多说];如果神在他们献祭时同在,其中一块宝石就会发光,就是大祭司右肩上那块像纽扣的宝石。闪亮的光会从那里发出,即使在最远的地方也都能看到,这样的光芒不是这宝石的天然光芒。(216)对于那些不热衷哲学,甚至藐视神启示的人来说,这实在是件奇妙的事。然而我要提到一件比这更奇妙的事:当他们将要在争战中得胜时,神会借着大祭司胸牌上的十二块宝石,事先向他们宣告:(217)在军队出发前,那些宝石会发出非常强烈的光,让所有人都知道神与他们同在,且是他们的帮助。所以那些希腊人根本不可能反驳这事,他们尊崇我们的律法,称这胸牌为"神的启示"。(218)在我撰写这本书之前,这胸牌及玛瑙已有二百年没有发光,因为神不喜悦他们违背他的律法。我会在更恰当的时候说明这件事。

10. (219)这时会幕已分别为圣,祭司的规矩也已设定,百姓都认为神已居住在他们中间,于是他们就前往献祭赞美神。因为神拯救他们脱离一切凶恶,如今他们可以满怀憧憬,期盼更美好的日子。他们向神献上礼物:有一些是为全族所献的,有一些是仅为个人献的;按照支派一一献上。(220)各支派的首领聚在一起,两个两个一起献上车子及公牛所负的轭,好在他们迁徙时载运会幕。这样一共是六辆牛车。此外,每支派的首领也带了一个碗、一个容器和汤匙,十个德拉克马以及许多香料。(221)容器和碗是银制的,放在一起重约二百舍客勒,但碗不超过七十舍客勒。这些容器都盛满了调好油的细面,用来在祭坛上献祭。他们又带来一只公牛犊、一只公绵羊,以及一只一岁大的羊羔作为燔祭之用;另有一只山羊作为赎罪祭。(222)每个支派的首领也带来其他的祭品,称为平安祭:就是每天要献上两只公牛、五只公绵羊、几只一岁大的羊羔和几只小山羊。平安祭一天一次,支派首领们共献祭十二天。于是摩西不再上西奈山,而是进入会幕,从神那里领受应该如何行,以及制定哪些律法。(223)神的律法比人所设计的更理想,经证实在任何时代都被严格遵守,被相信是神所赐的礼物;希伯来人无论是在和平时受到奢侈的试探,或是在战争时受到痛苦的试炼,都没有违背任何律法。我不在此处多谈,因为我决定另外写一本有关我们律法的著作。

第九章
我们献祭的条例

1. (224)既然我已提到献祭,就在此提及我们律法中与洁净有关的一些规定,以及相关的圣礼。献祭分为两种:一种是为个人,另一种是为一般大众。献祭的方式也有两种:(225)第一种是把祭牲杀了,完全焚烧,所以称为燔祭;第二种是感恩祭,其祭物是可以留下来吃的。以下是有关燔祭的条例:(226)如果个人要献上燔祭,就必须杀一只公牛、一只绵羊,或一只山羊羔为祭牲;后两者必须是一岁大,但容许献上年龄较大的公牛,所有燔祭的祭牲必须是公的。当祭牲被宰杀时,祭司要将血洒在祭坛的周围,(227)然后把祭物洗净,分成若干部分,撒上盐后便放在祭坛上。那时火已点燃在一块块堆好的木柴上,接下来他们便将祭物的脚及内脏用妥善的方式洁净，再和其他燔祭的祭物放在一起。祭司可以把兽皮留下来。这就是献燔祭的方法。

2. (228)那些献感恩祭的人也是献上与燔祭相同的祭牲，但必须是无瑕疵、一岁以上的牲畜，不过可以自行选择公母。他们同样要将祭牲的血洒在坛上，但要把祭牲的腰子、网子、所有的脂油、肝脏及羔羊的尾部放在祭坛上，(229)然后把胸部及右肩的肉给祭司，其他的肉可以让献祭者吃两天，若还有剩余则全数烧尽。

3. (230)赎罪祭的献法和感恩祭相同。但若有人无力购买完整的祭牲，则可献上两只鸽子或斑鸠，其中一只作燔祭献给神，另一只作为祭司的食物。有关这类祭牲的献祭条例，我们会在谈到祭物时更详尽地说明。(231)若有人误犯了罪，就要献上一只母羊或一只母山羊羔，祭牲的岁数是一样的。祭司要将血洒在祭坛上，但方式与前述不同，是洒在坛的四角。他们也要将腰子、剩下的脂油和肝脏一同放在祭坛上；祭司可以把兽皮和祭肉拿到圣所，并在当日吃完，因为律法规定不可留到次日早晨。(232)但若有人自知犯了罪，却无人可以证明他犯了罪，就要按律例规定献上一只公绵羊。祭牲的肉和之前的规定相同，由祭司在圣所里当日吃完。如果官长犯了罪，他们所献的祭物和百姓的一样，唯一不同的是，他们的祭牲是一只公牛或一只公山羊羔。

4. (233)律法又规定，无论是个人献祭或公开献祭，都必须连同上等的细面献上：献一只羊羔要用十分之一伊法细面，献一只公绵羊用十分之二伊法细面，献一只公牛则要用十分之三伊法细面。他们将细面献在坛上，并用油混合；(234)油也是献祭的人带来的：献一只公牛要用半欣油，献一只公绵羊要用三分之一欣油，献一只羊羔则要用四分之一欣油。献祭的人还要带酒,酒量与油量相同,要将酒洒在祭坛周围。(235)若有人不献上完整的祭牲,只拿细面来起誓,就要将一把细面作为初熟的果子放在坛上,其余的给祭司作为食物,可以煮熟或调上油做饼。祭司为自己献上的祭物,无论是什么都必须完全焚烧。(236)律法禁止我们在献祭时,将祭牲与其母同时献上,也不可在牲畜出生满八天前将其献上。此外,为了躲避灾病和其他原因献祭,献上的肉和祭牲可以吃,但不可以留任何部分到次日;但祭司可以拿去他们的一份。

第十章
关于节期;以及应当如何守节期的每一日

1. (237)按律法规定,每天黎明及黄昏要各杀一只一岁的羊羔献上,这是百姓的供物。但在第七日,也就是安息日的时候,则要各杀两只,献祭的方法与平日一样。(238)新月的时候,他们不但要献上每日的祭物,还要宰杀两只公牛、七只一岁大的羊羔,以及一只山羊羔,作为赎罪祭,这是为他们误犯之罪所献的祭。

2. (239)但在第七个月,即马其顿人所称的亥坡伯勒托斯月,除了献以上的祭,他们另外还要献上一只公牛、一只公绵羊、七只羊羔及一只山羊羔,作为赎罪之用。

3. (240)在当月的第十天,他们要禁食到晚上,当天要献上一只公牛、两只公绵羊、七只羊羔和一只山羊羔,作为赎罪之用。(241)除此之外,他们还要带两只山羊羔,其中一只放生到营外的旷野,作为代罪羔羊,用来赎全会众的罪;另一只要带到营内最洁净之处,在那里连皮焚烧,不必经过洁净。(242)这只山羊要和一只公牛一同焚烧,这公牛不是百姓带来的,而是由大祭司自己预备。宰杀这只公牛之后,大祭司要将公牛的血和山羊羔的血带到圣所,用指头将血洒在棚顶和地上七次,(243)七次朝向至圣所以及金祭坛周围,最后要将血带到外院去,洒在大祭坛旁边。此外他们要将祭牲的四肢、腰子、脂肪和肝放在祭坛上。大祭司同样也要献上一只公绵羊给神作燔祭。

4. (244)当月的第十五日,时令转为冬天时,律法命令我们在每家每户搭帐棚,以保护自己免受那时节的寒冷。(245)并且当我们到达自己的国家,前往将成为我们首府的那城,因那城中将建有圣殿,我们要守八日的节期,并献上燔祭与感恩祭。那时我们手中要拿着长春花树枝、柳树枝、大棕榈树枝和香苹果树枝。(246)节期首日的燔祭是十三只公牛、十四只羊羔、十五只公绵羊,加上一只山羊羔,作为赎罪之用。接下来的每一天,要献上同数的羊羔、公绵羊和山羊羔,但每日减少一只公牛,直到总数是七只公牛。(247)到第八天我们要放下所有的工作,如同前面所说;要向神献上一只阉过的公牛、一只公绵羊、七只羊羔和一只山羊羔,作为赎罪之用。这是希伯来人在住棚节时传统的庄重仪式。

5. (248)在克散提库斯月(就是我们年首的尼散月)十四日,太阳在白羊座时[我们就是在这个月从埃及人的捆绑中得释放],律法规定我们每年此时应该宰杀我们在出埃及时所宰杀的祭牲,如同我先前所提,这就是逾越节。我们聚在一起庆祝逾越节,任何献上的祭物都不可留到次日。(249)除酵节紧跟着逾越节,是该月的第十五日,节期连续七日,节期间他们吃无酵饼。这七日的每一日都要杀两只公牛、一只公绵羊和七只羊羔,这些羊羔要完全焚烧。除此之外,还要加上一只山羊羔作为赎罪之用,这山羊羔是祭司在节期间每日的食物。(250)除酵节的第二日,就是该月的第十六日,他们开始享用地上的出产,因为在这日以前他们都不碰地上的出产。他们认为最先要做的,应当是尊崇那位丰盛供应他们的神,所以就以下述方式献上初熟的大麦:(251)他们将一把麦穗烘干并捣碎,除去大麦的糠秕,把十分之一伊法放在祭坛上献给神,然后再将其中一小把用火焚烧,其余的留给祭司,此后他们便可公开或私下去收割庄稼。在这初熟节的仪式中,他们也杀一只羊羔,作为燔祭献给神。

6. (252)这项献祭后,这数周[共是四十九日]中的一周就过去了,第五十日是五旬节。希伯来人所称的阿萨塔(Asartha),即是指五旬节。他们用十分之二伊法含酵的面粉烤饼献给神,并以两只羊羔为祭牲。(253)这些祭物献给神后,就成为祭司们的晚餐,不可留下一点到次日。此外他们还要杀三只阄牛和两只公绵羊作为燔祭,另外以十四只羊羔和两只山羊羔作为赎罪之用。(254)他们在每一个节期都要献上燔祭,也在每一个节期得以休息,所以律法规定了他们在所有节期当献的祭物和他们应该如何全然安息,同时也必须宰杀祭牲作为食物。

7. (255)陈设桌上安放的无酵烤饼是按常规用二十四份十分之一伊法细面做成,这就是饼的分量。一共要烤两堆饼,在安息日的前一天烤好,但在安息日当天早晨才带到圣所,并安放在圣桌上。每堆各有六个饼,两堆并列。(256)陈设饼上要放两个金杯,其中盛满乳香,这些东西要一直放到下一个安息日,那时就要安放新的陈设饼取代原有的饼,并将原有的饼给祭司们作食物。原有的乳香要烧在圣火里,就是他们所有祭物焚烧的地方,有新的乳香代替原有的,放在陈设饼上。(257)大祭司也要自己预备每日两次的献祭,所献的是调油的细面,面的份量是十分之一伊法,用火慢慢烤好。其中一半于早晨献在火中,另一半于晚间献上。有关这些献祭的条例,我会再详细说明。我想目前关于献祭的叙述应该足够了。

第十一章
洁净的条例

1. (258)摩西选出利未支派,不让他们和其他百姓相交,使他们分别出来,成为一个圣洁的支派:摩西用活泉中汲取的水洁净他们,如同洁净平时要献祭给神的供物一般。他又将会幕、圣物以及遮盖会幕的幔子交给利未人,使他们可以在已经分别为圣的祭司手下侍奉。

2. (259)摩西还要决定有关动物的事,哪些是可以吃的,哪些是应该避免作为食物的。如果这书给我合适的机会,我会进一步解释,并加上原因,说明摩西为何规定何种动物可以作食物,何种动物不可以作食物。(260)不过摩西完全禁止我们吃血,认为血含有灵与魂。他也禁止我们吃那些自己死掉的动物之肉,也不许我们吃山羊、绵羊及公牛的网子与脂油。

3. (261)摩西又命令那些长大麻风或得淋病的人不准留在城内;并吩咐女人在月经期间应当离城居住,直到第七天,七天后她们被视为洁净才可以进城。(262)律法允许办理丧葬的人按照同样方式,等日期满足后进城。但若有人在指定天数后仍不洁净,就要按律法规定献上两只羊羔：一只用火焚烧，另一只归给众祭司。(263)患淋病的人也要以相同的方式献祭。若有男人梦遗在床上，就要下到冷水中洁净，与那些合法和妻子行房事之人的条例一样。(264)至于麻风病患者，摩西规定他们完全不可进城，也不可和其他人生活在一起，好像他们是已死的人。但若有人向神祷告，从灾病中复原，重得健康的皮肤，他就要回到神面前感恩，并献上各种祭物。有关此事我会在后面提到。

4. (265)有人说摩西从埃及逃出来时，自己就有麻风病，他成为那些因为同样原因离开埃及的人的首领，并领他们进入迦南地。你一定觉得这样说的人可笑，(266)因为假使这是真的，摩西一定不会定下这些羞辱自己的律法；若是他人试图提倡这些律例，他也更可能持反对意见。然而事情并不是这样，因那时各国都有许多麻风病患者，他们受到尊重，没有受到指责或隔离，反倒成为军队的将领，得到群众的信赖并委以高位，也有权进入圣洁的地方和殿宇。(267)所以要是摩西本人或是跟随他的百姓不幸得了这种皮肤病，他可能就会制定对他们有利的规定——不会难为他们，他若这样做完全不会受到拦阻。(268)所以事情都很明显：那些传播这种说法的人，是出于他们恶意的伤害。摩西完全没有染上这种病，那些与他生活在一起的百姓也没有患这病，所以他制定有关这种疾病患者的相关律例，是为了尊重神。但是每个人对这件事可以有他自己的看法。

5. (269)摩西禁止产后的妇女进入圣所或触摸祭物。若是生了儿子，就要等四十天；若是生了女儿，律法规定要等八十天。当规定的日期满了，她们就要献祭，祭司们会在神面前分配祭物。

6. (270)若有人怀疑自己的妻子犯了奸淫罪，他就要带十分之一伊法细麦面粉,将一小把献给神,剩下的留给祭司们作食物。一名祭司要叫这女人在面朝会幕的门口站着,揭开她的面罩,并在羊皮纸上写下神的名字,(271)叫她起誓说她没有做任何伤害自己丈夫的事。还要许愿说,如果她有违贞洁,那么她的右大腿会脱臼,肚腹也会发胀,并如此而死。但若丈夫因狂热的情感,嫉妒心起而随便怀疑她,那么她将在十个月后生下一个男孩。(272)发誓之后,祭司要在羊皮纸上擦掉神的名字,并将擦字拧出来的水放在一个瓶中,又要从圣殿中取一些灰[如果刚好有的话],放在瓶里叫她喝。她若是被冤枉的,所怀的胎儿就会在腹中正常生长;(273)但她若不忠于自己的丈夫,且在神面前起假誓,就会死于咒诅:她的大腿会脱臼,肚腹也会积水肿胀。以上就是摩西为自己国人所制定的有关献祭的仪式和洁净的条例。他也为众人制定了以下的律法。

第十二章
其他一些律法

1. (274)摩西完全禁止奸淫,以男人在婚姻上有智慧为一件蒙福的事,也认为孩子们的血统纯正对各城各家都是有益的。他憎恶男人与母亲同房,这是最大的罪之一;此外他也禁止男人与继母、姨母、姐妹和儿媳同房,这些都是邪恶的罪行。(275)他又禁止男人与经期中的妻子同房,并且不可与兽行淫,也不可有同性恋的行为,这些都是为了眼目情欲而寻求的不法之乐。摩西规定因这种无耻行为犯罪的人,要被处以死刑。

2. (276)至于祭司,摩西规定他们应加倍圣洁。他禁止他们犯上述罪行，也进一步禁止他们娶妓女为妻。他们也不可与这些人结婚：奴隶或俘虏，以诈骗为生者或开酒馆维生者，或因任何理由与丈夫分开的妇人。(277)此外，摩西认为大祭司甚至不应娶寡妇为妻，但祭司就可以这样做。大祭司只能娶处女为妻，且要终生与妻同住。大祭司也不可接近死人，但其他祭司在自己的兄弟、父母或孩子去世时就可以靠近。(278)大祭司在任何情况下都必须毫无玷污。摩西规定祭司若有任何不洁，在众祭司中仍可保有自己的职份，但他不可以上祭坛或进入圣所。他又嘱咐祭司们，在圣事上和日常生活上都要保持圣洁，好让他们无可指责。(279)因此，身着圣袍者必须毫无玷污，并因他们的圣洁与端庄而受人尊重。只要他们穿上圣袍，他们就不可饮酒。此外，他们所献的祭牲必须完全，毫无瑕疵。

3. (280)摩西确实给他们定下这些律例，这也是他自己一生所遵循的。虽然他们现在住在旷野，但他已经为百姓做好准备，当他们占领迦南时，就可以遵守相同的律法。(281)他规定每到第七年，百姓要让土地安息，不犁田也不栽种，正如同他吩咐百姓每到第七天就不做工一样。他也规定那年土地自长的应当属于所有愿意享用的人，不论是他们的同胞还是外邦人。他要百姓在第七个七年之后照这方式去做，(282)即在第五十年，就是希伯来人所称的"禧年"。这年债务人得以免除所欠的债，奴隶也被释放得自由。虽然他们本为同族，但这些人之所以成为奴隶，是因他们触犯了不至于死的律法，犯这些律法的惩处就是成为奴仆。(283)这年也要按以下的方式将土地归还给原先的主人：当禧年来到时（禧年的意义为自由），这块土地的买卖双方要聚在一起估价。一方面计算土地的收成，另一方面计算种地的花费。若收成高过花费，卖地的人便可收回那地；(284)若证实花费比收成高，现在的土地持有人就要从原地主那里收取价差，将土地还给原来的地主；若收成与花费相等，现在的土地持有人就应把土地归还给原来的地主。(285)摩西也为村庄里出售房子的事定下相同的条例，但对城邑中出售的房子则有不同的规定：卖屋者若在一年内将房款还给买方，后者就必须把房屋归还；如果超过一年，买主就可以享有他所买的房子。(286)这些就是他们在西奈山下安营时，摩西从神那里领受的律法，他将这些律法写下，颁布给希伯来人。

4. (287)当这些律法制定妥当，摩西认为数点军队处理战事的时机到了。由于利未人已经分别为圣，不必担负这类重担，于是他吩咐除了利未支派，其他各支派首领都要去数点能作战的壮丁的确实数目。(288)他们清点人数后，得知年龄从二十岁至五十岁的，除了三千六百五十人之外，能够出去打仗的共有六十万人。在众支派中，摩西用约瑟的儿子玛拿西支派替代利未支派，用以法莲支派替代约瑟支派。这正是雅各本人对约瑟的期盼，他希望约瑟将自己的儿子归在雅各的名下，这是我先前提到过的。

5. (289)他们支起会幕后，便将它置于全营的中间。会幕的每边各有三个支派安营，营帐当中有道路连接，如同一个排列整齐的市场。每样东西都很有条理地准备出售，各种巧匠也都在店里，就像是一个时而固定、时而可以移动的城邑。(290)祭司最接近会幕，其次是利未人，他们当中凡是三十天以上的男丁都算在内，一共是二万三千八百八十人。当云彩驻留在会幕上方时，他们就停在原地，因为他们认为神正居住在他们中间；当云彩离去时，他们就跟着起程。

6. (291)摩西也是他们所用号角的发明者，这号角是银制的，其样式如下：它的长度略小于一肘，形状是狭窄的筒管，比笛子稍粗；其宽度足以让男人用口来吹；它尾端的形状如钟，像是普通的喇叭。希伯来文称它发出的声音为"哈索兹拉"。（292）他们共做了两支银号，当要招聚百姓集合时就吹响其中一支，它一发出讯号，各支派的首领便会聚集在一起，共同商议属于他们的事务。若是两支号角同时响起，他们就将全会众招聚在一起。（293）每次会幕的迁移，都是按照以下严谨的次序：当号角第一次响起时，会幕东边的各营就准备迁移；发出第二个信号时，南边的各营就要照章办理，接下来会幕就被拆开，扛抬在前面六个支派和后面六个支派当中，所有利未人在会幕旁协助；（294）发出第三个信号时，面对西边的各营要开始行动；北面各营也在发出第四个信号时照着这样做。此外，他们在圣事上也用这两支号，就是当他们在安息日和其他节期在坛上献祭的时候。这是摩西出埃及后首次的献祭，他称那祭为"旷野中逾越节"的祭。

第十三章
摩西离开西奈山，带领百姓来到迦南人的境界

1.（295）过了不久，摩西便起来离开西奈山，途经几处地方后来到哈洗录，我们会再谈到那些途经之处。百姓们在哈洗录又开始骚动，责怪摩西害他们在旅程中遭遇不幸，（296）并责怪摩西说服他们离开美地，使他们立刻失去了那地。他们没有抵达摩西所应许的福地，仍然受困于痛苦的现况，早就缺乏饮水，而且要是有一天吗哪不降下来，他们必定全

然灭亡。(297)他们说了许多伤人的话来反对摩西，但其中却有一人劝大家不要忘记摩西为维护众人平安所受的苦，也不可对神的帮助感到失望。然而群众听了之后反而更为失控，比原先更加反对摩西。(298)虽然摩西被他们卑劣地辱骂，却仍在大家绝望时鼓励他们，应允他们必会有大量的肉可吃，并且不只是吃几天，而是可吃许多天。百姓们不愿意相信摩西这番话，当中还有一人质问摩西如何得到他所应承的肉。摩西回答说："虽然神和我都听到你们所说的粗鲁言语，但我们却不会停止为你们劳苦，这应许很快就会实现。"(299)摩西一说完这话，全营便充满了鹌鹑，百姓站在鹌鹑周围，捕获了大量的鹌鹑。不过神很快就惩罚了希伯来人的傲慢无礼以及他们对他的侮辱，以至于他们当中有许多人死亡。直到今天那地方还存留着这次毁灭的记忆，人称那地为基博罗哈他瓦，就是"贪欲之人的坟墓"之意。

第十四章

摩西打发人去窥探迦南地及其城邑。四十天后
那些被派出去的人回来说，他们胜不过迦南人，
又称赞迦南人力量强大。百姓就惊慌绝望，
他们甚至想用石头打死摩西，再回到埃及去服侍埃及人

1. (300)摩西带领希伯来人离开那里，来到一个称为巴兰的地方；这地靠近迦南边境，也是个难以前行的地方。摩西将百姓招聚在一起，然后站在他们当中说："神定意要赐给我们两件事：一是自由，二是有个

蒙福的国家；你们因着神的恩典已经享有其一，也必定会很快得着另一件。（301）我们现在就住在靠近迦南边界的地方，当我们终要攻占它时，没有任何事情可以拦阻我们。我对你们说，就算所有君王和城邑，甚至全人类聚集起来，也无法阻止我们得到这地。所以让我们好好准备，因为迦南人绝不会不抵抗就将他们的土地给我们，我们一定要竭力争战才能将这地从他们手中夺来。（302）让我们打发一些探子去察看那块美地和他们的实力。最重要的，还是让我们同心合意尊崇神，因他是我们至高的帮助者与拯救者。"

2. （303）摩西说完后，会众都对他显出尊敬，于是他们从最杰出的人当中选出十二位探子，每个支派一位。这些人由埃及的边界经过迦南全地来到哈马以及黎巴嫩山，他们记下这块土地的地形及居民的特性后才回去，一共花了四十天。（304）他们也将那地所出的果实带回去，向百姓展现那些果实的肥美，并描述那地所出产的大量美物，这些都成为百姓参战的动机。但是接下来他们又恐吓百姓，说要得到那地会遇到许多的困难：那里有又宽又深、难以渡过的河流，那里有百姓无法越过的高山，并且有城墙和坚固要塞环绕的坚固城；（305）他们又告诉百姓他们在希伯仑看见巨人的后裔。这些见过迦南地的探子认为眼前的难处比他们出埃及后遇到的一切难处都大，他们深感害怕，也想让百姓和他们一样感到恐惧。

3. （306）百姓因听了这些话，觉得根本不可能得着那地。全会众的心都因此消化，他们与妻子、儿女们不断哀哭，好像神只给予他们美好的应许，却不会出手帮助他们。（307）他们又责怪摩西，向摩西和他的兄弟大祭司亚伦吼叫。摩西和亚伦好不容易熬过那一夜，因不断有侮慢的言语攻击他们。早晨他们又遇到另一群会众，这些人想用石头打死摩西和亚伦，好叫他们可以再回到埃及地去。

4. (308)不过在探子当中，还有以法莲支派嫩的儿子约书亚和犹大支派的迦勒，他们惧怕这事的后果，就跑到百姓当中劝服他们，希望他们壮起胆来；并提醒众人不可责怪神，好像神对他们说谎，也不要听信那些令他们惧怕的人，那些人所说关于迦南的讯息是不正确的。他们应当相信那些鼓励他们期盼美好胜利的人，这样他们就能得着所应允的福乐，(309)因为当神在前面看顾并帮助他们时，不论山高水深，都不能拦阻真正的勇士尝试征服它们。约书亚与迦勒说："让我们前去对抗我们的仇敌，不要怀疑我们的仇敌会失败，要相信神必引导我们，并且跟随那些将要带领我们的领袖。"(310)这两人如此劝勉百姓，试着安抚众人的忿怒。这时摩西和亚伦俯伏于地恳求神：他们不是为了从神那里得到拯救，而是求神停止百姓的轻率举动，让百姓的心安静下来，因为他们的心在情绪的激动下完全混乱了。这时云彩出现并停留在会幕上方，向百姓们宣告神在那里，与他们同在。

第十五章

摩西非常不悦，他向百姓预言神的
忿怒会使他们在旷野四十年，在这期间，
他们不可回埃及去，也不可得迦南地为业

1. (311)摩西勇敢地来到百姓当中，告诉他们神因众人对他的羞辱而动怒，一定会处罚他们，这并不是因为众人罪有应得，而是像父母为纠

正儿女的行为而加以管教。(312)他说,当他在会幕里为即将临到百姓的毁灭而哀哭时,神提醒摩西思想他为百姓所做的一切,以及百姓从神那里得到的恩惠。然而百姓对神却毫无感恩之心,刚才他们还被胆怯的探子们诱导,相信探子的话竟比神对他们的应许还要真实。(313)为此之故,虽然神不会将他们全然毁灭,不会彻底灭绝神在人类中最为恩宠的这个民族,但是神也不会容许他们得到迦南地为业,或享受那地的丰盛;(314)神要让百姓们飘泊旷野、居无定所、无有城邑,前后共四十年,作为他们悖逆的惩罚。然而神也应许要将那地赐给我们的子孙,使他们拥有美好的产业,这产业是你们在无法控制的盛怒下自己丧失的。

2. (315)当摩西按着神的指示对百姓们说完这些话后,他们很哀伤,也十分苦恼。他们恳求摩西让他们与神和好,不使他们飘流在旷野中,并将这些城邑赐给他们。但摩西回复说,神绝不容许这种试探,因为神不会像人那样在轻率或怒气下做出这个决定,这样的惩处对他们而言是一个公平的裁决。(316)我们并不怀疑摩西以一己之力在群众忿怒时安抚他们,并将他们的性格转变为温和,因为神与他同在,并在他说服百姓前为他开路。他们之前经常不顺服,但现在他们也意识到这种不顺服对他们毫无益处,甚至他们要因此陷入灾难。

3. (317)摩西这人有着令人尊敬的品格,也有能力让人信服他所传讲的话语。不仅在他活着的时候,就算如今,任何希伯来人的行事为人,都如同摩西就在眼前,好像只要做了什么不义的事,摩西就会准备惩处他。不仅如此,大家也都遵循摩西所颁布的律法,虽然他们有可能在触犯律法时加以掩饰。(318)另外还有许多例证显示摩西的能力超越常人,因为还有一些人是从幼发拉底河那边来的,这段费时四个月的旅程多有险阻且费用昂贵,他们的目的就是为了尊崇我们的圣殿。然而当他们献上祭物时,却不能享受自己所献的,因为摩西禁止这事:有时是律法不许可,有时是他们身上发生之事不许可,他们如果要这样做就会与我们先祖的习俗相抵触。(319)他们其中有些人完全没有献祭,有些人则因不完全而不能触碰所献的祭物,甚至有些人一开始就无法进入圣殿,但是他们仍然这样遵行,因为他们把顺服摩西律法置于个人的喜好之先。甚至当他们不用惧怕被任何人定罪,而仅为了顺服自己良心的时候也是如此。(320)因此这律法显然是从神来的,这也让摩西得到超越他自己本身当得的尊崇。此外,在这次战役开始前不久,当克劳狄为罗马皇帝,以实玛利是我们大祭司的时候,我们遭遇了一场严重的饥荒。那时十分之一伊法小麦要卖 4 德拉克马,(321)但是除酵节时送到圣殿的面粉却没有少于 70 柯珥[等同于 31 个希克里,41 个雅典的麦底母尼]。就算如此大的苦难临到这地,也没有一个祭司因为忍受不了艰难而去吃一小块面饼。这都是因为人们敬畏律法,也害怕神为了攻击邪恶行为所存留的怒气,就算那时没有人去指控违背律法的人。(322)因此我们不用怀疑那时发生的事,因为甚至到今天,摩西所写的律法都有极大的约束力。即使那些憎恶我们的人也承认,这些律法是神借着摩西和摩西的美德而设立的,为的是让每个人对这些事持有他们自认为合理的想法。

第四卷

从被弃绝的那个世代到摩西去世（涵盖三十八年）

第一章

希伯来人未经摩西同意与迦南人争战;以及他们的战败

1.（1）希伯来人在旷野的生活对他们来说是如此令人不快和痛苦，他们感到极为不安，以至于神虽已禁止他们与迦南人有瓜葛，但是他们还是不愿听从摩西的话，安静下来，自以为即使没有摩西的许可，也能打败敌人。他们控诉摩西，并怀疑他故意让众人停留在痛苦的光景中，好使他们一直需要他的帮助。（2）于是他们决定与迦南人争战，并说神必帮助他们，不需要经过摩西作中间人，因为神因他们先祖的缘故必照顾整个国家。过去神亲自引导他们的先祖，又因着先祖的美德，神使他们正式获得自由；如今他们愿意为了自由而奋战，神也必定会帮助他们。（3）他们又说自己有足够的能力征服敌人，虽然摩西有意使他们和神之间的关系疏远，但自己做主却于他们有利，他们没有为自己从埃及人的屈辱下得释放而感到喜乐，而是在忍受摩西的专制管理，遭受被骗之苦，他们不想再为了讨摩西的喜悦而活，（4）好像神只是出于对摩西的慈爱才预言那些我们所关心的事，好像我们不都是亚伯拉罕的后裔；神使摩西成为唯一掌握我们一切知识的人，而我们必须听从他。（5）他们自认为聪明的决定是，反对摩西的傲慢与虚伪，而将信心放在神的身上，决心去得神应许他们的土地，不再听从摩西，因为他假借神的权柄禁止他们这样做。(6)因此，考虑到现在所处的苦境，以及旷野中可能会发生对他们更不利的事，他们决定与迦南人争战，他们要单单服从神——他们的最高指挥官，不再等候他们立法者的任何援助。

2. (7)他们认为这是对于他们最好的决定，于是出去攻击敌人。但那些敌人并没有因为他们的攻击和人数众多而惊慌，反倒勇敢迎战。许多希伯来人被杀，剩下的军队在军纪混乱之下被大肆追赶，极为羞辱地逃回营中。(8)这意外的不幸使他们丧尽勇气、绝了希望，他们从这事件中学得这场灾难的临到是出于神的忿怒，因他们没有经过神的许可便贸然出战。

3. (9)摩西看到百姓因战败而深受影响，恐怕敌人会因得胜而起傲慢之心，并乘胜追击以求更大的荣耀，因此他认为应该将军队撤回旷野，远离这些迦南人。(10)于是百姓放弃己见，再次听命于摩西的指挥，他们意识到若没有摩西的关顾，他们的一切事务都无法井然有序。摩西带领大群人深入旷野，打算让他们在那里休息，在神赐下良机之前，不允许他们与迦南人争战。

第二章
可拉和众人因祭司职位而起叛乱，对抗摩西和他哥哥

1. (11)一般而言，庞大的军队总是难以取悦，也不易管理，尤其是

在他们失败的时候，这就是临到犹太人的景况。他们一共是六十万人，由于人口众多，就算是在丰盛顺境中，也不容易服从他们的长官，更何况他们现在所遭遇的沮丧与灾难，使他们比以往更加易怒：他们不仅彼此为仇，也与他们的领袖为敌。（12）这样的叛乱突然临到他们，使他们面临全部灭绝的危机，就连希腊与蛮族的历史里都没有类似的事件。摩西不纪念过去几乎被他们用石头打死，仍然在这样的危机下拯救了他们。（13）神也没有忽略保守他们免于灭亡，虽然他们羞辱了立法者及律法，也不顺服神借摩西所颁布的诫命，神还是从这些可怕的灾难中拯救他们。若不是神的护佑，他们早就因为这场叛乱带来的灾难而灭亡。我要先说明这场叛乱的起因，然后叙述叛乱的经过，以及摩西在事后对他们的处置。

2.（14）有一个人叫可拉，因着家世与财富，他成为希伯来人中的显贵。他善于言辞，也很能借着话语说服百姓。他见摩西极其尊贵，就心里不舒服，嫉妒摩西［他与摩西同属一个支派，且有亲属关系］。由于他认为自己身家富裕，出身也不比摩西低，应该比摩西更配得那尊贵的地位，为此，他感到十分苦恼。（15）于是他在与摩西同族的利未人当中，特别是他的亲族当中煽动人反对摩西。他说："他们竟然姑息摩西，这实在是件令人遗憾的事。摩西一直是在追求荣耀自己，并为了达到这个目的而铺路。他靠着卑劣的手腕，又假借神的命令得到这份尊荣。事实上他违背了律法，没有让百姓普选，只用自己的一票，就把祭司的职分给了亚伦。（16）他以专断的方式，将尊位赐给自己喜悦的人。"他又说："摩西用这种隐瞒的方式欺压他们，比公然的强迫还令人难以忍受。因为他不仅未经众人同意便夺去他们的权力，甚至也在大家不知情的情况下以计谋对付他们。(17)如果有人自觉配得尊荣,就应该显出其说服力,而不是傲慢地使用暴力。那些不认为自己可以公正地获得尊荣之人,便装作善良,并不诉诸武力,但却借着狡猾的手段壮大他们的恶势力。(18)即使他们自以为隐瞒了整个计划,百姓也应当惩罚这样的人,不要任凭他们在成为公开敌人前,不断加增力量。"他又说:"摩西凭什么把祭司的职分给亚伦及他的儿子们? (19)如果神已经决定将这个尊荣赐给利未支派的一人,我比他还配得,因为我的家世背景与摩西相同,并且在财富与年岁上都比他更有优势。要是神已决定将这尊荣赐给最年长的支派,就应该依照公平归给流便支派,也就是大坍、亚比兰和比勒的儿子安,因为这些人是支派中最年长的,并且他们很有财富,大有权势。"

3. (20)可拉这么说似乎是在关心众人的福祉,其实他是想借着百姓把尊荣加在自己身上。出于邪恶的计谋,可拉就用这番看似合理的话向自己的支派讲说。(21)这些话渐渐在百姓间传开,而听到的人又在这些针对亚伦的诽谤上添加一些话,于是全军充满了毁谤的流言。与可拉密谋的共有两百五十人,他们都是贵胄,都想从摩西的兄弟那里夺得祭司的职位,好让他(亚伦)蒙受耻辱。(22)不但如此,他们甚至煽动百姓起来叛乱,企图用石头打死摩西。他们混乱且毫无秩序地聚集在一起,群情激昂,在神的帐幕前吵嚷着控诉这个专横的人,要解救在他手下为奴的百姓。并且说他以神的诫命作掩护,粗暴地统治他们。(23)因为神若要拣选一位执行祭司职分的人,他必兴起一位配得之人,不会选一个比许多人都不如的人,神也不会把这职分给他。如果他认为亚伦适任,就应该让众人决定,而不是擅自把职位给自己的兄弟。

4. (24)虽然摩西早就预见可拉的诽谤,也知道众人会被激怒,但他一点都不惧怕，因为他已教导大家正确当行的事，也知道自己的兄弟成为祭司是神的命定，并非出于他个人的喜好。于是他勇敢地来到会中，(25)他没有对百姓说一句话，却尽可能大声地对可拉说话。摩西有演说的技巧和天赋，能够在说教中深深地感动人心。他说道："可拉啊，我并不想作假！你与你的同伙〔他用手指着那两百五十个人〕看似配得这份尊荣，其余的人虽然不如你们富裕，也没有你们尊贵，但是他们可能也配得类似的尊荣。(26)我并不是因为我的兄弟比其他人富裕而把这职分授予他，因为你的财富确实比我们两人都多；我也不是因为他出身卓越的家庭，因为神赐给我们相同的祖先，使我们的家族都平等；我更不是因为对兄弟的偏爱，虽然这可能是一般人看来合理的做法。(27)当然，若不是出于对神和他律法的敬畏，我肯定不会将这种荣誉让给他人，而会留给自己，因为我与自己当然比与我的兄弟更亲近。显然从人的角度看，让自己面临冒犯众人的危险，同时将此蒙福的职分交给他人，绝非明智之举。(28)但我超越了这种卑鄙的做法；神不会轻忽这事，让他自己这样被羞辱；神也不会让你们在如何取悦他的事上无所适从。他已经亲自拣选一位能为他履行圣职的人，因此我们不必为此事费心。(29)所以这不是我的假意赏赐，而是完全根据神的决定。因此我建议想得到这职分的人竞争此位，只是希望那位已经被挑选也已经得到这职分的人能够参与竞争。(30)因这人希望你们平安，生活没有纷争，多过于得到这份尊荣，事实上这人也是在你们同意下得到这职分的。虽然神是授予者，但我们也不愿意触怒你们，所以要在你们乐意下才接受这个职分。(31)神提供这尊荣给人，人却不接受，这是不敬虔的表现；当神已认定永远担当这职分的人选，又将这职分稳妥地交给他，他却拒绝神的安排，这是极为不敬的行为。无论如何，神自己会再次判定，到底由谁来向他献祭，并负责宗教事务。(32)可拉对这尊荣野心勃勃，竟然要夺走神喜悦并赐下职分之人的权力，实在非常荒谬。你们要停止为这件事兴起的暴动与混乱。明天早上，你们当中凡想得到祭司职位的人，可从家里带香炉、香料及火到这里来。(33)可拉啊，你要把审判的事交给神，等着观看神在这事上决定要站在哪一边，不要自以为比神大。你们也都来，关于这个尊荣职分之争会有结果的。我想我们不会反对让亚伦参加，让他自己也经过这项审核，因为他与你们同属一个支派，他在祭司的职分上也没有做什么令他失去参选资格的事。(34)所以你们要一起来，并公开在所有人面前献上你们的香。当你们献上时，谁所献上的蒙神悦纳，谁就会被立为祭司，借此澄清现在亚伦所受的诽谤，以为我授予他这项殊荣，是因他是我的兄弟。"

第三章
那些掀起叛乱的人都照神的旨意灭亡了。
摩西的兄弟亚伦和他的子孙保全了祭司的职任

1. (35)摩西说完之后，百姓就停止了喧闹，也不再怀疑摩西，并称赞他所说的话，因为他的提议很好，得到了百姓的尊重。于是他们就散去了。第二天，他们聚集起来观看献祭，就是决定他们当中谁来做祭司的献祭。(36)他们实在是一群喧嚣的群众，七嘴八舌地猜测即将发生之事结果如何。有些人希望摩西被证明存在不当行为，另一些较明智的人,则希望能早日脱离这场混乱与骚动,因为他们恐怕叛乱继续下去会使原本良好的秩序被破坏。(37)然而民众整体上往往乐于反对他们的统治者,并会因每个演讲者的煽动而改变他们的意见,从而扰乱公共的安宁。此时,摩西差人去亚比兰和大坍那里,召唤他们亦来聚集,在那里等候将要进行的神圣之事。(38)但他们却回复使者说他们不会听从摩西的召唤,也不会姑息他,因为他以恶行来壮大自己的势力。摩西听到他们这样的回答后,就请百姓中的首领们跟随他,前往大坍一党那里,他完全不认为去到这群傲慢无礼的人当中是件可怕的事。首领们没有反对,就跟着摩西去了。(39)大坍和他的党羽知道摩西和众首领就要来了,便带着妻子儿女出来,站在自己的帐篷门口,要看摩西怎样办这事。他们也吩咐仆人们站在身边保护他们,以防万一摩西对他们使用武力。

2. (40)摩西接近他们时就向天举手,并以百姓都能听到的声音大声呼求道:"天地及海中万物的主啊! 你是我所作所为最有力的证人,我所行的一切都是按照你的吩咐。你在我们试图做的任何事上都帮助我们,在我们所有的急难中向希伯来人彰显你的怜悯,现在求你垂听我所说的,(41)因为你无所不知,必定会说诚实的话为我申辩,不理会这些人对我忘恩负义的指控。在我出生以前,你便知道万事,并非听人所说,乃是亲眼看见,那些事发生的时候你都在那里。至于最近发生的事,虽然这些人都清楚是怎么回事,却不公平地故意怀疑我,现在求你为我作证。(42)当我过着个人平静的生活时,曾听从你的吩咐,放下劳碌得来的美物,那是我与岳父流珥共同享有的。我为这些百姓将自己摆上,并为他们的缘故遭受各样的不幸。起初为使他们得自由,现在则为使他们得以存留,我历尽了艰苦。他们处于痛苦时,我总是预备好随时成为他们的帮助。(43)现在我辛苦保守的这些人怀疑我，我只好求你来，也期盼你会来。你就是在西奈山向我显现那火的，使我得听其中的声音，也使我在那里观看一些奇妙的作为；你也吩咐我前往埃及，向这百姓宣扬你的旨意；(44)你搅动埃及人的幸福生活，赐我们机会逃离埃及人的奴役，并使法老服在我以下；当我们无路可走时，你为我们使海水成为干地，并使那为我们分开的巨浪淹没埃及人；你又在我们手无寸铁时赐给我们防御的武器；(45)你使污浊的水变成可喝的泉水，当我们极为干渴时，你从磐石中供应我们水喝；在土地不出产果实时，你从海上预备鹌鹑作食物，并从天上降下我们从未见过的食物，使我们得以存活；你也要我们认识你的律例，为我们制定了管理的形式。(46)全世界的主啊，求你来，你是那不被收买的审判者与见证人，要证明我未曾从希伯来人手中受过任何贿赂，也没有因为富人而将无罪的可怜人定为有罪；并且从未有过损害公众利益的念头。现在有人怀疑我没有遵照你的吩咐，擅自把祭司职分给亚伦，这是我未曾想到过的。(47)求你此刻就显明所有的事是你命定的，并非出于偶然，都是按你旨意执行到底的；也求你显明你必会看顾那些善待希伯来人的人；我认为你可以借着惩罚亚比兰和大坍来显明，因他们辱骂你没有理性，被我使用手段而收买。(48)愿你公开惩处这些亵渎你荣面的人，使他们以不寻常的方式离开这个世界，不同于一般人的死：让他们所站之地裂开来吞灭他们，使他们的家人及财物都一起消灭。(49)这便在众人面前显出你的能力：他们这样受苦，可以使那些因你受到亵渎而高兴的人得到智慧的教训，这样人们就知道我是你用来传达命令的好仆人。(50)但若他们对我的诽谤是真的，求你保全他们的性命，使一切灾祸不致临到他们，愿我所说会临到他们的灾难诅咒归在我身上。当你严惩这些企图以不义对待百姓的人后,求你保守百姓的和睦与平安,拯救顺从你诫命的百姓,保守他们不受伤害,不让他们与那些罪人一同受罚;因为你是公义的,不会因少数人行恶,而使全以色列人受到惩罚。"

3.(51)当摩西流泪祷告完后,忽然地大震动,如同风浪在海中翻腾。百姓都十分惧怕,靠近帐篷的土地向下塌陷,发出巨大的声音,凡与叛乱有关的一切人都被吞灭。(52)原来在那里的人都被吞灭了,毫无踪迹可循,大地在他们下面裂开然后复合,和先前完全一样,甚至后来看到的人,都无法想象在那里发生过这样的灾难。这些人灭亡的方式,证明了神的权能。(53)人们会为他们哀伤,不仅因为他们这样悲惨且值得同情的遭遇,更因他们的亲族竟然喜悦他们遭难。在看到这件悲哀之事时,族人们忘记了彼此的亲族关系,一起赞同这样的审判。这也因为他们认为大坍一党是害群之马,应该如此灭亡,所以就不为他们悲伤。

4.(54)这时摩西向那些争夺祭司职分的人提议,要经过试验看谁能做祭司,也就是看神最喜悦谁的献祭,谁就被按立为祭司。有二百五十位参与的人,都是百姓推崇的,这是因为他们自己和他们的先祖都有权有势、在众人之上。亚伦与可拉也进前来,他们带着自己的香炉,来到会幕前献香。(55)那时一场无人见过的大火燃烧起来,这火不是人点着的,也不是因为地底燃烧而爆发的,更不是森林中树木摩擦而自己燃起的;这火十分明亮,火焰极其可怕,是在神的命令下燃烧起来的。(56)所有人和可拉都被这突然发出的烈火毁灭,甚至连尸骨都没有剩下。只有亚伦得以存活,连一点火烧的痕迹都没有,因为是神降下这火,烧灭那些应该被灭的人。(57)这些人灭亡后,摩西希望这次的审判能传到后代、被人纪念，使后人能知道这事，所以他吩咐亚伦的儿子以利亚撒，将他们的香炉放在靠近铜祭坛的地方，(58)使后代的人看到香炉就会记得这些人的结局，因为他们以为可以逃过神的权能。此后人们不再认为亚伦是因为摩西的偏袒而得到祭司职分，乃是出于神公义的判定；从此亚伦和他的后代都平安地享有此尊荣。

第四章
希伯来人在旷野三十八年的遭遇

1. (59)然而，这场叛乱并没有因为这次的毁灭而停息，反而愈演愈烈，令人更加无法忍受。导致局势恶化的原因性质如此，使得灾难似乎永远不会止息。(60)因为人们已深信没有事情不在神的手中，一切事情发生，都可以看出神偏爱摩西，于是他们便责备摩西，说神如此生气而降下的灾难，并不是因为那些被惩罚者邪恶，而是因为摩西才招致的。(61)这些人被毁灭，只是因为他们对神圣崇拜过于热心，而非由于他们有罪；摩西造成这许多人，甚至包括那些最优秀之人的毁灭，但他自己不仅避免了责罚，还将祭司职分如此坚定地授予他哥哥，(62)以致没有人再敢与他争夺了，因为那些先前尝试争夺的人都惨遭毁灭。除此之外，那些被毁灭者的亲属也恳求百姓制止摩西的傲慢，这才是对大家最安全的。

2. (63)摩西听说百姓们骚乱了一段时间，恐怕他们企图另起事端，引发更大而可悲的灾难，便召集群众，耐心地听他们为自己辩护。他并没有反对他们，以免激怒群众，他只要求各支派的首领带着刻上自己支派名字的杖来,(64)若神在哪一支杖上赐下记号,那人便可以得到祭司的职分。大家都同意这么做。其他的人带了他们的杖来,亚伦也带来刻着"利未支派"的杖,摩西便把这些杖放在神的会幕里,第二天才把杖拿出来。把杖带来的人都能分辨自己的杖,因他们在杖上做了特别的记号;百姓也是一样。(65)他们看到其余的杖与摩西收到时并无不同,也看到亚伦的杖发芽生枝,并有成熟的果子,就是杏,这杖是从杏树上砍下来的。(66)百姓看到这奇景都十分惊讶,就将他们先前对摩西与亚伦的痛恨放在一边,并且开始尊崇神对此事的判决。此后他们称赞神的裁定,让亚伦得以平安地享有祭司的职分。神就是这样三次命定他做祭司,而亚伦在没有进一步的扰乱下保有这尊荣。希伯来人这次历时甚久的大暴动至此才平息下来。

3. (67)由于利未支派不必参战或备战,而是要分别出来敬拜神,所以摩西恐怕他们为了生活上的需要而忽略了圣所的事。于是他按神的心意命令希伯来人在取得迦南地时,要分四十八座美好的城邑给利未支派,并让他们享受城郊,就是从墙外直到二千肘以内的地方。(68)除此以外,他也指定百姓将土产的十分之一献给利未支派及众祭司,这就是该支派从群众所得的东西。我想有必要把众人付出的加以记载,尤其是供给祭司的财物。

4. (69)摩西也吩咐利未人把四十八座城中的十三座给祭司,又把每年从百姓那里得到十一的十分之一分别出来给祭司。(70)并且按理将全地初熟的果子献给神,还要按律例把头生的四足祭牲献上,若是公的便归祭司,使祭司及全家可在圣城中吃这些宰杀后的祭物。(71)按律法不可作为祭牲的头生牲畜,就不必献上,但这些牲畜的主人要用一又二分之一舍客勒代替；头生的长子要以五舍客勒代替，剪羊毛的也要把初得的献上。此外，在烤玉米饼时，也要献上一点给祭司们。(72)若有任何人向神起分别为圣的誓，就是那被称为拿细耳人的，他们就不可剃头，也不可喝酒。当他们将头发献上为祭时，要把头发交给祭司[丢在火里]。(73)若有人将自己献给神作各耳板，即希腊文中的"礼物"，当他们想要从服侍中得自由时，就要付钱给祭司，女人要给祭司三十舍客勒，男人要给五十舍客勒。如果有人因贫穷无法付这数目，祭司可决定当付多少才合宜。(74)若因私人宴会而非为献祭宰杀牲畜，必须把肚、下颚[或胸肉]和右肩膀的肉带来献给祭司。摩西如此规定，乃是为了使祭司除了百姓所献的赎罪祭之外，可以得享丰足，如同前书所记载的。(75)他也吩咐一切献给祭司的礼物，他们的仆人[他们的儿子]、女儿、妻子和他们自己都可吃；赎罪祭却不在其列，只有祭司家族的男丁可以吃，并要在献祭当天在圣殿里吃。

5. (76)摩西在乱事平定后制定了这些规章，然后就与全军迁移至以东地的边界。摩西便遣使去见以东王，希望以东王能允准他们通过他的国境；同时他愿意将王所要求的抵押之物献上，以保证以东的安全；摩西也希望以东王让军队自由购买所需的物品，如果王坚持的话，他们也愿意付钱买水喝。(77)但是王却不喜欢摩西所派来的使者，也不同意摩西的军队从国中经过；他自己反倒带领军队来阻挡摩西，以免他们用武力强行通过。于是摩西求问神的旨意，神不准他们开始这场争战，所以摩西撤军，在旷野绕行。

6. (78)之后摩西的姐姐米利暗去世，那时她离开埃及满了四十年，正是阴历克散提库斯月[四月]的第一日。他们花了许多钱为她举行公开的葬礼。米利暗被安葬在一座叫作"寻"的山上，百姓在那里为她哀哭了三十天，然后摩西以下述方式洁净众人：(79)他牵来一只没有耕过地且无残疾的红色母牛犊，将它带到营外不远的一处洁净地方。大祭司宰杀这只母牛犊后，用指头沾血在神的会幕前弹七次；(80)之后将整只牛连同皮及内脏都烧尽，同时把香柏木、牛膝草及鲜红色的毛丢到火中；然后由一个洁净的人来收聚这些灰烬，摆在一个完全干净的地方。(81)若有人被死尸玷污，就用牛膝草拿起一点灰放在水泉里，于第三天及第七天将这水洒在身上，这些人便因此得到洁净；摩西还吩咐各支派进入应许之地时也要如此行。

7. (82)摩西为他姐姐哀哭，并行完上述洁净礼仪后，就率领军队前进，经过了旷野及阿拉伯，来到了阿拉伯人的首都佩特拉，这地方以前被称为亚柯。(83)此地被许多高山围绕，在全军的注目下，亚伦上了其中一座山，因摩西已事先告诉他，他将要死，而这山正挡在他们前面。亚伦脱下大祭司的外袍交给儿子以利亚撒，让他因长子的身份承继这大祭司的职分。亚伦便在众人眼前离世。(84)他共活了一百二十三岁，与他姐姐同一年死。他死于雅典人的黑卡特贝恩月（马其顿人称此月为罗斯月，希伯来人称此月为埃波月）的第一天。

第五章
摩西打败亚摩利王西宏和噩，灭尽他们的全军，
再将他们的土地分给希伯来人两个半支派

1. (85)百姓为亚伦哀哭三十天后，摩西把全军从那里迁移到亚嫩

河边,这河起源于阿拉伯山区,流经全旷野,再注入沥青湖（死海）,成为摩押地和亚摩利地的边界。这块土地十分富庶,出产许多美物,足够养活许多人。(86)于是摩西差遣使者去见这地的王西宏,希望他能允许军队通过该地,并要知道王想要得到什么作为担保。摩西也保证他的国家及百姓绝不受到损伤。同时摩西愿意支付好价钱向他们购买需用品,希望西宏可以将水卖给他们。但西宏拒绝摩西的要求,并让军队备战,竭尽所能地拦阻他们过亚嫩河。

2. (87)当摩西看到亚摩利人的王决定与他们为敌,他认为他不应该忍受这种屈辱;他决心要使希伯来人改掉懒散的习性,防止由此而产生的混乱,因为上次的叛乱就是混乱造成的[现在百姓的心还没完全平静下来]。于是摩西求问神是否让他去争战?(88)当他这样做了之后,神就应允他必然获胜,摩西因而倍受鼓舞,预备发动战事。于是他鼓励士兵们,盼望他们因作战而感到荣幸,因为神已允许他们这样做。军队得到了久盼的许可,便穿上他们全套的盔甲,毫不迟延地准备出征。(89)当希伯来人准备攻打亚摩利王时,亚摩利王反而不像原先一样,他惧怕希伯来人,连原本气势高昂的军队都变为胆怯。他们一开战就败下阵来,完全不能抵抗希伯来人,反而从阵上逃跑,因他们认为逃跑比争战更可能让他们得到保全。(90)他们原本仰赖自己坚固的城,但在被迫逃往这些城时,这些城却对他们没有益处,因为当希伯来人见他们溃败,就紧追不舍,将他们的队伍冲散。于是亚摩利人对希伯来人更加惧怕,(91)有些人便离开队伍向城奔去。这时希伯来人迅速追击,由于过去的经历使他们顽强不屈,他们又善于甩石,并能灵巧地射箭或使用其他类似的兵器;加上盔甲轻便,使他们能敏捷奔行,这样他们就追上了敌人。

至于那些距离遥远而追不上的敌人,他们就用甩石和弓箭射中他们,(92)于是许多人被杀,逃走的也伤势严重。那时正是夏天,对逃走的人而言,干渴比任何攻击都更为痛苦,由于极想喝水,他们一大群人和其他一起逃跑的军队来到河边,在那里遭到希伯来人的围剿,于是希伯来人用标枪和弓箭将他们全数杀尽,(93)他们的王西宏也阵亡。希伯来人掠夺死尸身上的东西为战利品,也夺得了出产丰盛的土地。(94)希伯来人的军队无所惧怕地遍行全地,并喂饱他们的牲畜。由于亚摩利人的战士都被杀了,剩下的人无法抵挡希伯来人,就被希伯来人抓去当俘虏。这就是没有睿智计划又没有战斗勇气的亚摩利人所遭遇的毁灭。希伯来人也因此占领了他们的土地,(95)这地位于三条河之间,如同一个岛屿:亚嫩河是它的南界;雅博河是它的北界,雅博河注入约旦河后就不叫雅博河了;而约旦河沿着它流动,是它的西界。

3. (96)事情到这地步,基列和高拉尼提斯的王噩就前来攻打以色列人。他率领大军急忙赶来帮助他的朋友西宏,虽然他知道西宏已经被杀,但他决心和希伯来人争战,认为自己的军队比希伯来人强,并想试试他们的勇气。(97)可是他的心愿没有达成,不但他自己死在战场上,他的全军也都灭亡。于是摩西渡过雅博河占领噩的国家,倾覆他们的城邑,杀尽所有的居民。由于那里土壤肥沃、资财丰厚,该国居民是那地区中最富裕的。(98)噩的身材高大、相貌英俊,少有人可与之相比。他善于用手,手指非常灵巧,与他高大英俊的外形同样出众。当人们从亚摩利人的京城拉巴试着搬动他的床时,很容易就猜到他的力量与壮硕:他的床是铁做的,宽四肘,长是宽的两倍再加一肘。(99)噩的阵亡不仅改善了希伯来人当前的状况,也成为希伯来人长远成功的主因,因为他们立刻占领了噩所拥有的六十座有坚固城墙的城邑，并从这些城得了许多掳物，不论是一般或特殊的战利品。

第六章
有关先知巴兰以及他是怎样一个人

1. （100）摩西率领军队到达约旦河后，便对着耶利哥平原扎营。耶利哥城很繁华，盛产棕榈及香料。这时的以色列人开始非常自傲，十分渴望出去作战。（101）摩西连续向神献上几天的感恩祭并和百姓一同守节之后，就差了一支军队去劫掠并夺取米甸人的城邑。他出战的原因是这样的：

2. （102）摩押王巴勒和米甸人历来互为盟邦，巴勒看到以色列人如此强盛，便为自己及国家的安危而忧惧。他不清楚希伯来人并不想干涉他国的事情，只要得到迦南地就满足了，因为神禁止他们得更多的地方。巴勒就鲁莽而不加思考地决定以言语来攻击以色列人。（103）他不认为和以色列人打仗是明智的，因他们会在战争中大获全胜，甚至可以从失败中更加兴盛。于是，他想尽其所能阻止他们更强盛，就决定打发使者到米甸去商量这事。（104）米甸人认识当时最伟大的先知巴兰，与他交情很好，他住在幼发拉底河附近。于是他们差派了几位尊贵的王子和巴勒的使者去见巴兰，恳求他来到他们当中，这样他就可以咒诅以色列人遭毁灭。（105）巴兰接见了众使者并款待他们，用餐完毕，巴兰便求问神的旨意和米甸人请他去的动机。当得知神反对他去米甸人那里时，他就去见众使者,告诉他们说自己非常愿意依从他们的请求,但是神与他的心意相违;虽然神兴起他,使他因预言准确而有好名声,(106)但由于他们恳求他去咒诅的军队是神所喜爱的,所以巴兰建议他们回去,不要再咒诅以色列,也不要再坚持他们对以色列人的敌意。巴兰这样回复众使者后,便打发他们走了。

3. (107)米甸人在巴勒王恳切且强烈的请求下,又再差遣另一批使者去见巴兰,巴兰希望能满足这些人,所以再次求问神。神不喜悦第二次的试探,便吩咐他不要拒绝这些使者。巴兰没想到神同意他去是要欺哄他,就随这些使者去了。(108)神的使者在路上遇见他时,他正行在一条两侧都有墙围着的窄路上。巴兰骑的母驴知道所遇见的是神的灵,就贴靠到墙边,也不顾巴兰被墙挤伤时对它的鞭打。(109)在天使不断拦阻及巴兰的责打下,母驴按着神的旨意卧倒,并以人的声音抱怨巴兰对它的不公,因为巴兰在母驴过去对他的服侍上找不出任何过失,现在又无故责打它,却不明白母驴受到拦阻,不能做巴兰要它做的事,乃是出于神。(110)当巴兰因为母驴发出人声而感到困惑时,天使直接向他显现,并责备他不该鞭打母驴。天使告诉巴兰这只牲畜并没有错,反而是他自己与神的旨意相悖,因而阻碍了旅程。(111)于是巴兰十分惧怕,预备要转身回头,但神却叫他继续走原来的路,并且加上一条命令,就是除了神要他说的话以外,什么都不可说。

4. (112)神这样吩咐巴兰后,巴兰就来到巴勒那里。巴勒王殷勤地款待巴兰,然后要他上一座山去窥探希伯来人的营地。巴勒自己也和先知一同上山,另外还有其他的皇室成员。这座山在他们头顶上高高耸立,距离营地约有十二公里。(113)巴兰观看了希伯来人的营地,便请王为他筑七座坛，并尽可能多地带来公牛及公羊，王立刻照他说的话去做。巴兰杀了祭牲献为燔祭，如此他便可观察到这群希伯来人的一些迹象。(114)然后他说："这群百姓有福了！因神赏赐给他们数不尽的美物，并要亲自护佑他们，成为他们的帮助与引导。所有人当中，没有一国像你们，唯有你们德行最好，又确实执行生活中最好、全然圣洁、毫无罪恶的法则。你们也将这些法则留给你们杰出的后裔，因为这是神所赐给你们的。他对你们这样的供应，是为了使你们在日光之下比任何民族都快乐。(115)你们应当持守神赐给你们的土地，这土地也要一直留在你们子孙的手中。全地和洋海要充满你们的荣耀，你们也要生养众多遍满全地，使每一角落都有你们的子孙。(116)蒙福的大军啊！你们从一位始祖到繁衍众多是何等的奇迹：事实上你们现在为数尚少，迦南地还能容得下你们；但你们要知道，全世界都要成为你们世世代代永远的居所。你们的子孙要居住在岛屿和陆地，人数将比天上的星星还要多。到你们人数那样多的时候，神仍然会看顾你们，并在和平之时供应你们丰盛的美物，争战之时使你们得到胜利与领土。(117)愿你们仇敌的子孙爱好与你们争战，愿他们在战场上与你们顽强相争。然而他们不会得胜而返，就算他们能够返回，他们的妻儿也不会欢喜。在神的眷顾下，你们的气势将被抬到极高，因这位神能使富足者降卑，也能使贫穷者富足。"

5. (118)巴兰受感说了这番话，并非按自己的意思，而是按着神的灵的感动。但巴勒却不高兴，说巴兰违反原来的约定：巴兰来是因他及他的盟邦邀请，并应允要送他大礼，因他来是为了咒诅他们的敌人，然而他却赞美敌人，并宣告这些人是最有福气的。(119)巴兰回答说："巴勒啊！若你仔细思想这整件事，当神的灵临到我们时，我们岂能凭己意沉默或随意开口？他随己意赐在我们口中的话语，是我们自己都不明白的。(120)我清楚记得你和米甸人是何等地恳求，欢喜将我带来这里，我也是为此而踏上这次旅程。我祷告在你们恳求我的事上不要冒犯你们，(121)但神的能力大过我想要服侍你们的目的，因为人若想凭己力自行预言人类的事，是完全做不到的。人也无法控制不说神要他们说的话，或是曲解他的旨意，因为当神阻止我们并进入我们里面时，我们所说的一切都不是出于自己。(122)我刚才并不想称赞以色列大军，也无意列举神要赐给这族裔的那些美福，但神既然如此喜悦他们，也预备好要赐给他们快乐的生活和永恒的荣耀，他就让我做出那些宣告。(123)然而我希望能对你们和米甸人有所帮助，拒绝你们的恳求实在是无礼。让我们再筑其他的祭坛，献上与先前类似的祭牲，看我是否能说服神，将咒诅加在以色列人身上。"(124)巴勒同意了。但就算再次献祭，神还是不同意巴兰咒诅以色列人。(125)于是巴兰脸伏于地，预言将来会有灾难临到几位国王及几个最著名的城邑，其中有些城邑早已无人居住。上述的话，已经在一些人身上应验了，无论是过去的世代或是当代，在海上或是陆地，这些都在我的脑海里。看到这些预言已经部分应验，人们很容易就能推断这些预言的其他部分也将会实现。

6. (126)由于以色列人没有受到咒诅，巴勒十分懊恼，于是他将巴兰遣送回去，认为他不配得任何尊崇。巴兰回程要过幼发拉底河时，打发人去请巴勒及米甸众王子来，(127)对他们这样说："在这里的巴勒和米甸人啊！〔虽然没有神的旨意，我还是不得不回馈你们〕希伯来人不会被完全消灭是千真万确的，无论是历经战争、瘟疫、饥荒，还是其他不可预料的灾祸，(128)因为神眷顾保守他们免于这样的不幸，神也不容任何使他们全然灭绝的灾祸临到他们。但他们还会遭遇一些小而短暂的不幸，使他们看起来势衰力微，之后他们会再次兴旺，令那些带给他们不幸的敌人大大震惊。(129)如果你们想要暂时胜过他们，可以按照我的指示去做："选出你们当中那些美貌并令人着迷的女子，尽量将她们妆扮成最美的，其中若有娇羞的，要使她们克服羞怯，再把她们送到靠近以色列营地之处。这样吩咐她们：当有希伯来的少年人想要她们陪伴时，她们要答应。(130)等到女子们看到少年人对她们全然迷恋，就假意说要离开。倘若少年人求她们留下，她们也不要答应，直到说服少年人停止遵行他们的律法和敬拜那位建立他们的神，并应允敬拜米甸及摩押的众神明。这样就会使神向他们发怒。"巴兰这样建议他们后就离去了。

7. (131)米甸人照着巴兰的吩咐打发他们的女子前去，希伯来的少年人就被她们的美貌引诱而与她们交谈，他们又请求女子们不要吝于让他们享受女子的美貌，也不要不与他们交谈。米甸众女子很高兴接受这番话，并答应留下来和他们在一起。(132)但当米甸女子完全迷惑少年人并使少年人十分依恋她们时，她们就开始表达自己想要离去，于是少年人觉得十分哀伤，就恳切请求女子们不要离去，继续留下来，做他们的妻子，并答应众女子可以拥有他们所有的财物。(133)他们以起誓的方式说出这番话，并以神为誓言的仲裁者。他们声泪俱下，又以其他这类的表情显示出若没有这些女子他们将多么痛苦，希望借此感动她们。女子们一旦察觉到这些少年人已成为她们的掳物，并且在性爱中被降伏，就开始对他们说：

8. (134)"哦！你们这些杰出的年轻人啊！我们在家乡有自己的房子及许多的美物，也有父母及朋友的爱。我们不是因缺少这些东西才来找你们，也不是因为想获得什么才刻意出卖自己的美色并答应你们的邀请。我们答应你们的请求，实在是因为你们的勇气与尊贵，所以我们愿意按照礼数如此尊贵殷勤地款待你们。（135）现在看你们说如此爱我们，要是我们离去你们就会很痛苦，我们并不反对你们的恳求，如果我们能得到你们善意的保证便觉得足够了，我们也会很高兴成为你们的妻子。（136）但是我们恐怕你们不久就厌烦我们的陪伴，苦待我们，且以一种羞辱的方式把我们送回我们父母那里。"于是女子们为了避免此事发生而借故不允，但这些少年人却保证给她们想得到的任何确据，也绝不违背她们的请求，这都是出于他们对这些女子的热爱。（137）女子们便说："虽然你们如此决定，但你们的风俗及生活习惯与其他人完全不同，甚至你们的饮食也与众不同。若要我们成为你们的妻子，你们必须拜我们的诸神。你们也不能再行任何你们原有的仪式，还要应允从此以后敬拜我们所敬拜的神明。（138）你们现在到了这个国家，就该拜这地的神明，有人能说这样做不对吗？尤其是我们的神明人尽皆知，但你们的神却只是你们自己的神。"女子们认为他们必须像别人一样入境随俗，拜此地的神，否则就应另找其他的地方，按自己的律法去过自己的生活。

9.（139）这些少年人在所爱女子的诱惑下，以为她们说的有理，就按着她们的话违背自己的律法。他们认为世上有许多神，就决定要按那地的风俗向那地的神献祭。他们也喜欢当地特别的食物，又做那些女子要他们做的事，这些都与他们的律法相抵触。（140）至此，以色列全军的少年人都陷在这过犯中，陷入比以前更严重的扰乱，面临完全废弃他们原有律法制度的危机。因为这些少年人一旦尝试了这些奇风异俗，就想一再去行，甚至有些以遵守先祖美德而著称的首领，也与其他人一同堕落。

10. (141)西缅支派的首领心利娶了米甸女子哥斯比为妻,她是米甸首领苏珥的女儿。心利被妻子诱惑,不尊重摩西律法,反依从她向来所行的事,不向自己的神献祭。他不仅不按照原有的律法献祭,还娶了外邦女子为妻。(142)事已至此,摩西恐怕情况更加恶化,便召集全会众。他并不指名道姓地责备他们,免得他们陷入绝望,反倒隐藏他们的名字,让他们能悔改。(143)摩西说他们的行为既羞辱自己,也羞辱先祖,他们不讨神的喜悦,也不按他的旨意而活;应当趁着现在情况没有更坏,改变他们的行事方式,要明白真正的坚忍不拔不是破坏他们的律法,而是抵挡他们的私欲。(144)摩西还说,他们在旷野时生活严谨,现在生活富裕反而行事疯狂,这是不合理的。现在既已丰盛,就不应忘记他们在一无所有时学到的一切。摩西借着这番话力图纠正这班少年人,盼望能引导他们在所犯的恶事上悔改。

11. (145)但心利站起来接着摩西的话说:"摩西啊,是的!你随己意运用这些你喜爱的律法,因你自己习惯了这些律法,也要使它们更稳固。如果事情不是这样,你早就被惩罚多次了,要知道希伯来人是不容易受欺骗的。(146)然而你不能让我成为你独裁命令的跟随者,因为你除了假借律法和神的名之外,什么也不做。你还恶意强迫我们为奴,好为自己争取大权。在这当中,你剥夺我们人生的享受,这享受包括我们按照自己的意思而行,这也是自由人和其他不受人挟制者的权利。(147)事实上,你比埃及人更加严厉地对待希伯来人。你假意是根据神的律法,实际上却按照自己的心意,惩罚每个人的行为,其实你才是最应该受到管教的人。你以为可以废弃大家认为有益的事,好让自己的见解胜过我们所有人的意见。(148)我认为我现在所做的是正确的,所以并不否定自己的感情。正如你所说，我已娶了外邦女子为妻。你也听到我所做的事，正是一个自由人所做的，因为我真的不想再掩饰自己。(149)我承认我献祭给这些你认为不应献的诸神，但我以为要得到真理就要许多人一起协商，而不是活在专制下，让我把生命的所有盼望建立在一个人身上。倘若一个人说他比我更有权力决定我的行为，这样就没有人可以获得快乐了。"

12. (150)心利说了这些有关他和其他人所行的恶事后，群众都静默不语。他们一方面怕有什么不测临到，另一方面也知道摩西并不想让心利傲慢的态度继续显在众人面前，也不想公开让他与自己争辩。(151)摩西恐怕众人模仿心利轻率的言论而扰乱群众，就在此时解散了会众。然而要不是心利首先被杀，这恶意的阴谋就会继续发展。事情是这样发生的：(152)非尼哈在各方面都比其他少年人优秀，又因其父的尊荣而超越他的同辈[因为他是摩西的哥哥亚伦的孙子，大祭司以利亚撒的儿子]。他为心利所行的事深感不安，就大发热心决定严惩心利，免得因无惩治而使心利的羞耻行为变本加厉，同时也避免这样的犯罪继续蔓延。因为若不处置祸首，这种情况就会发生。(153)非尼哈是个体格与心思都成熟的人：当他承担一项危险任务时，若不达成决不罢休，并且一定要得到完全的胜利。于是他进入心利的帐篷，用标枪刺死心利及哥斯比。(154)其他有道德良心的少年人，也效法非尼哈的勇敢，行这荣耀之举，杀灭其他与心利同罪的人。许多犯这罪的人都因这些英勇的少年人而被消灭，(155)其他人则死于瘟疫，这场瘟疫是神自己对他们的惩罚。犯罪者的亲族也一同灭亡，因为他们不仅没有尽本分拦阻这恶事，反倒鼓励他们去行，神就将他们视为罪恶的共犯。这次全军死亡的人数不少于一万四千人。

13. (156)这就是摩西被激怒并出兵消灭米甸人的原因，我们很快就会谈到这次争战，但我们先要补充原来省略的部分，因为我们不该略过我们领袖出于在这里的表现所应得的赞誉。(157)虽然巴兰是米甸人请来咒诅希伯来人的，却在神的拦阻下没有做这事。但巴兰还是提供他们这个计谋，我们的敌人借着这阴谋使希伯来人几乎全军覆没，因为有些人深深受到他们看法的影响。然而摩西仍将巴兰所说的预言记载下来，以示对他的尊敬。(158)其实摩西可以将这荣耀归于自己，让人相信这些预言是他自己说的，因为没有人能证明他的不是。然而摩西还是为巴兰作见证，在这件事上提到他，使他得到尊荣。不过每个人在这些事上都可以有自己的看法。

第七章
希伯来人与米甸人作战，并打败他们

1. (159)摩西为了上述原因派遣一支军队来到米甸地，共计一万二千人，各支派都派出同样的人数，以非尼哈为将军。我们前面提过非尼哈，他曾为捍卫律法而惩治了违背律法的心利。(160)米甸人事先得知希伯来人要来突袭，于是聚集全军，在各地入口加强防御工事，等待敌人来到。(161)希伯来人一抵达，两军便开战，无数的米甸人阵亡，死亡人数多到难以计数。他们所有的王都死了，一共是五位，分别叫作未、苏珥、利巴、户珥和利金。利金与一座城邑同名，这城是阿拉伯的首都，到如今阿拉伯世界还称之为利金，就是建城之王的名字，希腊人称之为佩特拉。（162）敌人战败后，希伯来人大肆劫掠，带走许多战利品，并且按摩西对非尼哈的吩咐，杀了其中的男女居民，只留下处女。（163）非尼哈将军队毫发无伤地带回来，并带回许多掳物：共有五万二千只公牛、七万五千六百只羊、六万只驴以及无以计数的家用金器与银器（因为米甸人富裕且奢华，家中都使用金银的器皿）。希伯来人也掳获了三万二千名处女。（164）摩西分配掳物，将五十分之一给以利亚撒及两位祭司，另外五十分之一给利未支派，剩余的则平均分给众百姓。因为他们的勇敢而得到的丰盛财物，使他们之后快乐地生活，并没有灾难临到使他们无法享受这快乐。

2. （165）现在摩西年纪老迈，便指定约书亚做他的继承者。约书亚一方面以先知的身份领受神的指示，另一方面也在百姓需要时成为全军的指挥官。摩西将照顾百姓的责任交给约书亚，乃是按照神的命令而行，他也教导约书亚学习一切关于神和神律法的知识。

3. （166）这时，迦得、流便两支派和玛拿西半支派拥有许多的牛和丰盛的财物，于是他们聚集起来一同去见摩西，请求将他们争战得来的亚摩利人之地给他们为业，因这地土质肥美，很适合牧养牛羊。（167）但是摩西以为他们是因惧怕与迦南人争战，而捏造出这牧养牛羊的堂皇理由来逃避战事，于是称他们为懦夫，并说他们为自己的胆怯谋划了一个还不错的借口。当其他各族仍在辛勤努力渴望获得应许之地时，他们只想要过奢华且轻松的日子。（168）他们并不想继续前行，经历接下来的劳苦。在神的约定下，他们应当渡过约旦河，并且打败那些神所指示的敌人，如此才能得到他们的土地。（169）这些支派看到摩西向他们发怒，而他们也认为摩西因他们的请求生气是合宜的，于是就为他们的言行向摩西道歉，说自己不是因为惧怕危险或懒惰才有这样的请求。（170）他们只是想将得到的掳物放在安全的地方，这样才能更迅速地预备面对艰难及争战。他们又说，如果摩西愿意把所求的给他们，他们就要在所得之地建筑城邑，并将妻儿及财物安置在里面，然后就跟着军队去作战。（171）摩西喜悦他们所说的话，便召了大祭司以利亚撒、约书亚和众支派的首领，同意让这些支派拥有亚摩利人的地，但条件是他们必须与他们的同胞一起作战，直到所有事宜都处置妥当。这些支派就在这条件下得了亚摩利人之地，他们兴建坚固城，并将妻儿和其他可能阻碍他们继续争战的财物都安置在城里。

4.（172）这时摩西又为利未人建了十座城，是利未人所有四十八座城中的十座，其中有三座是逃城，凡误杀人者可以逃到那里，他们要住在那城里，直到他们杀人逃跑时作大祭司之人死了。那位大祭司死后他们才可以回家。在这期间，若被杀者的亲人在逃城境外遇见他，他们依法可以杀死这位误杀者，但是其他人就没有权利这样做。（173）这些分出来做逃城的是：阿拉伯边界的比悉、基列的拉末以及巴珊地的哥兰。摩西又命令另外分出三座城给利未人中犯了罪的人，不过这些城要等到得了迦南地以后才分出来。

5.（174）这时玛拿西支派的首领来见摩西，告诉摩西说他们支派中一位有名望的人死了。那人名叫西罗非哈，他没有儿子，只有女儿。他前来询问摩西这些女儿是否可以承受西罗非哈的地土，摩西回答说，（175）如果她们嫁给同支派的人，就可把产业一同带去；但她们若决定嫁给其他支派的人，她们就应将产业留在父亲的支派里。所以摩西的规定是人必须把产业留在自己的支派里。

第八章
摩西建立典章制度；以及他是如何离开人世的

1.（176）距离满四十年还有三十天时，摩西招聚会众到靠近约旦河边的亚比拉，那里有许多棕榈树。当所有百姓到达后，摩西就对他们说：

2.（177）"你们这些以色列人及众军兵啊！你们与我一同经历了这段漫长又艰难的旅程。现在我已一百二十岁，年纪老迈，神的心意是要我离开世界，不让我在过约旦河后未成就之事上，成为你们的守护者或帮助者。（178）为了你们的幸福，我认为我不应停止努力，反要极尽所能使你们得到永恒的福乐，当你们生养众多又兴盛时，就纪念我。（179）来！让我在离世前告诉你们如何才可以快乐，如何为你们的子孙留下永恒且丰盛的产业。基于我为你们成就的大事，以及人将死时的话往往是最诚挚的，你们应该相信我。（180）以色列的子孙啊！人类的幸福只有一个来源，那就是神的恩惠；唯有他能赐福给那些配得的人，也唯有他能夺去悖逆者的福分。如果你们按照他的旨意而行，也照我这明白神心意的人所劝勉你们的去做，你们就必然蒙福且受人称羡，不会遭遇不幸或失去福乐。这样你们就会永保已得的美好产业，并很快得着你们现在所想得到的一切。（181）你们要顺服神让你们跟随的人，喜爱现在所赐你们的律法胜过喜爱任何其他治理法规；不要漠视你们现有的神圣敬拜，也不可将它改变成其他形式。如果你们这样做，就必成为最英勇的人，

189

虽经历战争的劳苦也不会轻易被敌人胜过，(182)因为神必与你们同在，帮助你们，你们也将要轻看一切的敌人。你们若能一生坚守美德，就必得到德行上的大赏赐。美德本身就是最重要、居首位的赏赐，之后其他的丰盛奖赏也必临到。(183)所以你们若向别人行善，你们的生活就会更快乐，也会使你们比外邦人更加光荣，且让你们在后世子孙中享有无可指责的好名声。你们若听从又遵守这些神所启示、并经由我制定的律法，默想其中的智慧，你们就能得着这些祝福。(184)我自己虽然将要离开你们，却要为你们将来可享受的福乐而欢呼。我将这些忠告给你们，那就是律法的明智指引、政体的合宜规范和领导者的美德。你们的领导者会照管一切对你们有益的事务。(185)直到今日，神都是你们的领袖。在他的美意下，我一直对你们有所帮助。神不会在此时终止对你们的眷顾，只要你们在追求美德时渴望他做你们的保护者，便可不断享受他对你们的保守看顾。(186)你们的大祭司以利亚撒、约书亚、众长老以及众支派首领会带领你们，给你们最好的忠告，你们只要遵循这些忠告，就会继续享有快乐。你们要甘心乐意听从他们；要知道那些懂得如何被管理的人，一但晋升到管理的职位，也必懂得如何管理。(187)你们的管理者认为适合你们的法制，你们不要以自由为借口来反抗。至少目前看来，你们只会将自由用在咒骂施恩给你们的人身上，如果你们日后可以避免这样的错误，你们将来的景况就会比现在更好。(188)不可再像以前一样放纵自己的怒气，因你们过去向我发怒的时候经常如此，你们知道我面临你们要置我于死地的次数远多于仇敌要杀我的次数。(189)我现在提到这些，并不是要责备你们，因我离世的日子已近，并不适宜让你们因想起这事而触怒我。我要告诉你们，我在经历你们带给我的艰难时，并没有向你们发怒。我现在提起这事，是为了使你们在往后的日子更有智慧，并让你们知道这一切都是为了你们的平安。我的意思就是，绝对不可以伤害那些管理你们的人，即便在你们富足的时候也是一样，因为等你们过了约旦河得到迦南地，就会十分富裕。（190）你们一旦因自己的财富而藐视德行，就会失去神的恩宠；你们若使他成为你们的敌人，就会在战事上失利；敌人会从你们手中再次夺去你们拥有的土地，这便成为你们的奇耻大辱。你们将被抛撒到世界各地，像奴隶一样遍满海洋与陆地。（191）当你们经历我现在说的境况时，就会懊悔，并且想起自己弃绝的律法，但那时已经太迟了。因此我指示你们：你们若想要保存这些律法，就务必在征服敌人时不留活口。这是为你们好，恐怕你们让他们存活，就会随从他们的行为，因而败坏了你们自己合宜的制度。（192）我更进一步规劝你们，务要废去他们的邱坛、树丛以及他们中间所有的庙宇，用火将有关他们民族和历史的一切都烧尽，唯有如此，才可确保你们的福乐和国家的稳固。（193）为了避免你们忽略美德、落入恶行，我制定了从神而来的律法及良好的政府制度，如果你们时常遵守，就会成为最有福的人。"

3.（194）摩西说完后，就给他们一本书，里面记着这些律法及治理的法规。这时百姓都泪流满面、十分感动，觉得他们十分需要这位领袖，因为他们想起摩西经历了重重危难，全是为了维护和照顾百姓。他们想到摩西死后会发生的事就很沮丧，觉得再不会有像摩西这样的领袖了；他们也怕摩西死后，神不会再像以前那样眷顾他们，因为以前有摩西为他们代求。（195）他们后悔从前在旷野发怒时对摩西说的话，为此深感悲伤；甚至全会众都流泪痛哭，没有任何话语能安慰他们的忧伤。但摩西还是给他们一些安慰，叫他们不要再这样想，以为他是配得让百姓为他哀哭，又劝勉他们持守他教导他们的政治制度，然后就让会众散去。

4.（196）这政治制度和摩西的美德、尊荣是一致的，我现在要加以叙述，好让读到本书的人知道我们最初的解决方案，然后再进到接下来的历史。这些解决方案现仍记在书中，正如摩西留给他们的一样，我们不必再加以修饰。（197）我们应当改革，使各类律法融入一个正规的体系，因摩西所记下的律法，都是在颁布时分散记载的，其中也有他询问神时学习到的。正因这缘故，我认为有必要事先作此说明，以免我的同胞中有人责怪我在此事上有过失。（198）我们法令的一部分包括我们政治系统的律法。至于摩西留下关于一般言行和与人相处的律法，我会留到叙述我们生活方式时再提，在神的帮助下，我希望完成现在这项工作后再写。

5.（199）当你们占领了迦南地，有时间享受地上的美物，又决定建筑城邑的时候，如果你们所做的一切都能讨神喜悦，便可确保生活幸福。（200）你们要在迦南地建一座城，位置要最适当且十分显著，让这城成为神借先知启示为自己拣选的居所。城里要有一所圣殿和一个祭坛，不要用雕凿好的石头，要用你们随手捡来的石头来建造，将石灰涂在这些石头上，这样看起来就会非常美观。（201）不可踩踏石阶上祭坛，乃要走土坡上去。其他城邑不可再有祭坛或圣殿，因为神是独一的神，希伯来民族也是唯一的。

6.（202）人若亵渎神，就用石头打死他，把他挂在树上一整天，然后用羞辱及卑贱的方式把他埋葬。

7.（203）那些住在希伯来人领土边界及偏远地区的人，一年要三次来到圣殿所在的那城,这样他们可以感谢神过去的赐福,并为日后的需要祈求,还可以借着聚集和节期的时候,与其他人维持友好的关系。(204)因为同血脉又守相同律法的人,能够互相认识是件美好的事,这种关系能够维持下去,必须借着见面、聚在一起谈话并回忆过往的相聚,如果他们没有持续这样的交谈,彼此之间就会像陌生人一般。

8.(205)除了献给祭司及利未人十分之一以外,你们应当拿出土地出产的十分之一在境内出售,作为圣城节庆时的庆典和献祭。因为这些地上的出产是神赐给你们的产业,你们当享受这些土产,以尊崇赏赐你们的那位。

9.(206)你们不可用妓女的报酬买祭物献祭,因为神不喜悦从放纵情欲而来的物品,没有什么事比身体的淫行还污秽;你们也同样不可拿狗皮的代价买祭物献祭,不论这狗是用来打猎或是保护羊群。

10.(207)不可亵渎别国人所拜的神明,不可从他们的寺庙中窃取物品,也不可拿走任何献给其他神明的礼物。

11.(208)你们不可穿着羊毛或细麻做的衣服,因为只有祭司可以穿这种衣服。

12.(209)当百姓每七年来圣城聚集献祭,就是住棚节的时期,大祭司要站在高桌子上,向百姓宣读律法,使大家都可以听到。妇女及孩童都要听,奴仆也不例外。(210)因为百姓应把律法刻在心版上,记在脑海里,不可涂抹掉,这样做是好的,如此他们就可以免于犯罪,也不会推说不明白律法的教导。这些律法在他们当中有极大的权柄,因为律法已预先告诉他们违背律法带来的苦难。以这种方式听律法对他们的吩咐,可以将律法印在他们心中,(211)如此他们就会记住,轻视或违背律法是造成他们不幸的原因。要让孩童们学习律法，并且应当首先学习，这是对他们最好的教导，可使他们在未来得享福乐。

13. (212)每日两次，在一天开始时和临睡前，各人要在神面前纪念他拯救百姓离开埃及时赐给他们的益处，这不但是响应神过去的恩典，也是对未来恩典的祈求。(213)他们要将神所赐给他们的主要恩惠刻在门上，同样在门的两边也要如此纪念。要在额头及手臂上写下神施展的大能和奇妙作为，这样在各处就都可以彰显出神向他们慷慨施恩。

14. (214)每座城都要有七位审判官，他们必须满有圣洁与公义，每位审判官要有两位从利未支派中指派的官长跟随。(215)被选出来做审判官的人应当受到尊敬，不可辱骂他们，也不可对他们无礼。如果能敬畏身处崇高地位的人，就会很自然地敬畏神。(216)让这些审判官根据心中的公义判决，除非有证据指出他们受贿赂、违背公义或对他们提出其他的控告，致使他们做出不公正的判决。因为审判官不该为了获利或顾及恳求者的面子而裁定，反倒应当将公正放在一切之前，(217)否则就会令神受到羞辱。要是畏惧人的势力而做出不公义的判决，就好像神还不如那些导致误判的人，因为公义正是神的大能。因此人若只讨那些尊贵者的欢喜，便是以为这些人比神更有能力了。(218)但若这些审判官无法根据眼前的理由做出公平的判断〔这是常有的事〕，就可以把这些案件送到圣城，让大祭司、先知以及公会按着最好的方式处理。

15. (219)只有一个见证人不足以采信，至少要有两三位有美好生命的见证人。女人的见证不被承认，这是因为她们的性别所产生的善变和冒失。奴仆的见证也不被承认，因他们的身份卑贱，有可能为了求取利益或害怕受罚而不说实话。如果任何人作假见证且被判定有罪，就让他的刑罚与被他冤屈的那人可能受到的刑罚相同。

16.（220）在任何地方如果发生谋杀，却找不到凶手，也没有人有憎恨被害人而杀他的嫌疑，这时就要全力追查凶手，并提供奖金给找出他的人。但若仍没有线索，案发处附近城邑的地方长官及公会代表就要聚集，测量陈尸地点与城邑间的距离。（221）最靠近的那城的地方长官要买一只小牛犊，将它带到山谷，放在一个无人耕种也没有树的地方，将小牛犊的筋割断；（222）然后祭司、利未人和那城公会的人，要在牛犊头上用水洗手，并公开声明他们的手没有流人血的罪：他们既没有杀人，也不是帮凶。他们要求神怜悯他们，使这样恐怖的事不再发生在这块土地上。

17.（223）精英统治（Aristocracy）以及在此之下的生活是最好的制度，希望你们永远不要倾向于其他形式的政府，愿你们一直喜爱这体制。治理者要以律法为依据，借此管理你们的行为，因为除神之外，无人是你们至高的治理者。但你们若是渴望有一位君王，这王也应是你们同族的人，他要毕生奉行公义并有美好的德行。（224）他也要遵守律法，并视神的命令为最高的智慧，若没有大祭司和公会的同意，他不能做任何事。他也不可有太多的妻子或追求大量财富，他不可有大量的马匹，以免过于自大而不遵守律法。他若违背上述规定就要受到限制，恐怕他过于强大，以至于他的地位与你们的福祉互相矛盾。

18.（225）挪移地界是不合法的，无论是我们自己的地界或是与我们保持和平的邻国边界。要注意不可挪去那些地标，因为它们是神自己所设，是神圣且坚定的界线，直到永远。因为越界或侵占别人的土地，是引发战乱和暴动的原因，那些挪移地界的人，就离破坏律法的企图不远了。

19. （226）人在一块地上栽种，那地的树如果在第四年以前就结果子，不可将其上初熟的果子献给神，也不可自己享用这些果子，因为大自然迫使树木在不当的时间所结的果子，就不适宜献给神，也不适合给主人用。（227）主人要将第四年的所有出产收集起来，因那才是恰当的结果时间。他要将所收集的和其他果子的十分之一带到圣城，与朋友一同分享，也要分给孤儿寡妇。到第五年所结的果子就是他自己的，可以随意使用。

20. （228）人不可在已种葡萄树的地上播下其他种子，因为土地供应葡萄生长的养分就够了，不可再以其他耕作加重它的担子。你们要用公牛耕地，不可使其他动物与公牛同负一轭，只可用同一种动物耕地。种子亦当纯正，不可两三种混杂，因为大自然不喜悦不同种类的合在一起。（229）你们也不可把不同种类的动物互相交配，虽然这些恶行刚开始看起来似乎微不足道，但恐怕这种违反自然的恶习会从不同类的动物延伸到人类身上。（230）不可让这律法体系遭到任何程度的破坏。律法绝不忽视小事，要在处理一切事情上做到无可指责。

21. （231）谷类成熟时，收割者不可拾起落在地上的穗子，反倒要留下几把给那些生活贫苦的人，这就是对他们的支持与帮助，好使他们赖以维生。同样，采收葡萄时要留下小串葡萄给穷人；收集橄榄树的果子时也要刻意越过一些果子，使缺乏的人可以一同分享。（232）因为对地主而言，穷人的感恩比收取净尽所得的利益更为重要。只要你不单顾自己的利益，也顾及别人的需要，神就必赐福这土地，使它更加肥沃，出产更多。（233）牛在场上踹谷时，不可笼住它的嘴，因倘若限制那些与我们共同劳苦的动物和工作者吃自己劳碌得来的成果，就是不公义。（234）你们的果子成熟时，不可禁止那些过路者碰这些果子，要让他们随心所欲饱食你的果子，不论他们是同族人或是外邦人，你们能有机会在果子成熟时给他们一些，是令人高兴的事。然而他们若要带走果子，就是不合律法的。（235）那些将葡萄采收带去酿酒的人，不可禁止遇到他们的人享用。这些人出于羡慕而想吃神所赐给世界的美物，禁止他们吃是不公平的；而且这正是盛季，这时期很快就会过去，因为这是神所定的。（236）如果有人因害羞而不愿碰这些果子，你们要鼓励他们来拿〔如果他们是以色列人〕，让他们觉得自己就是主人，因为大家都是同族的人。然而你们也要让别族的人来分享这善意，因这是神在合宜季节赐下的。（237）不要认为以恩慈彼此相待是无益的浪费，因为神给人充裕的美物，不仅是为收成者的利益，也为更多人的利益，要他们慷慨地给别人；借此使其他人知道神特别恩待以色列人，慷慨地施恩给他们。由于以色列人拥有太多，就可以充分地与人分享，即使对外邦人亦是如此。（238）但若有人违背律法而行，就要被行刑者鞭打四十下减去一下。让他受到这种处分，是对自由人最羞辱的惩罚，因为他自取其辱，在自己的尊严上留下污点。（239）你们这些曾在埃及和旷野受过苦的人，应当供应那些处于类似光景的人，你们现在因神的恩典与眷顾而得享丰盛，就要以怜悯的心充充足足分给那些有需要的人。

22.（240）我已告诉你们每年应摆上的两份十一奉献，一份是为了利未人，另一份是为了守节。此外你们每到第三年要为有需要的人奉献第三份十一，就是为孤儿寡妇的十一。（241）至于成熟的果子，你们要将一切初熟的果子送到圣殿，以称谢神赐下出产果子的土地，又将这地赐给你们。那时你们也要按照律法吩咐献上当献的祭物，并将初熟的果子献给祭司。(242)当一个人这样做完，并献上所有的十分之一，以及给利未人及守节用的果子，准备好要回家的时候，他就要站在圣所前，感谢神拯救他们脱离埃及的痛苦，且赐下又大又美的土地，并让他们享受地上丰盛的出产。在他公开证实自己已按摩西律法献上十一〔及其他当献上的〕时，(243)就可以恳求神继续将怜悯及恩典赐给他和所有希伯来人，不仅保守他已赐给他们的美物，还要加上他能赐给他们的其他福气。

23. (244)希伯来男子在适婚年龄时，要娶良善父母所生的，出身自由之处女为妻。如果不娶处女为妻，也不可玷污别人的妻子，并娶来为妻，以免她的前夫悲伤。即使一个自由人与奴隶深深相爱，也不可娶她为妻，因他们要为品格和尊严的缘故约束自己的感情。(245)人不可娶妓女为妻，而神也不会接纳他们所献上的盟约，因为这是出于滥用她的肉体。借着这样的禁令，年轻人的个性才会光明磊落，并有美德。我的意思是，他们若不是出于淫荡结合的卑贱父母，就不该娶一个不自由的已婚妇人。(246)人若娶处女为妻，事后发现并不是处女，就要拿出证据，才能控告她，也要容许这少女的父亲、兄弟或其他最近的亲属为她辩护。(247)若判决有利于少女、宣告她无罪，她就仍要与控告她的丈夫同住，丈夫没有任何权力休她，除非她有不可否认的重大嫌疑。(248)若丈夫冒失且轻率地控告并诽谤妻子，他就要受四十减一下的鞭刑惩罚，并且赔偿五十舍客勒银子给岳父。但如果证明少女有罪、已受到玷污，且是普通人，就要用石头打死她，因为她没有在合法结婚前保守处女的身份；如果她是祭司的女儿，就要活活烧死她。(249)如果一个人娶了两个妻子，并且特别关注并善待其中一位（无论是因为特别爱她，或是因她的美丽,或是出于别的原因)而不爱另外一位,若所爱之妻所生的儿子比另一位妻所生的儿子年幼,这年幼之子企图借着父亲对母亲的爱而获得长子的名分,借此按我所设定的律法从父亲的产业中得到双倍的份,这样的事情是不被许可的。(250)长子在父亲处理产业时,因为母亲没有得到平等尊重而被剥夺长子的权利,这是不公义的。(251)人若在女方同意下污辱了已许配别人的少女,这二人都应处死,因为他们都犯了罪:男方是因劝服女方行最污秽的事,藐视合法的婚姻;女方是为了欲望或利益,被说服让自己的身体受玷污。(252)然而如果人遇到一个女子孤身一人而强行侵犯她,又没有人在场可以救援这女子,就只需把这男人处死。若有人玷污一个未曾许配的女子,就要娶她为妻,但若女子的父亲反对这门婚事,男子就要付五十舍客勒作为玷污的赔偿。(253)若有人无论如何都要休妻〔这在男人中经常发生〕,就要写一份休书,保证永远不再娶她为妻,因为妇女得到了休书才可以自由再嫁,在没有得到休书前,是不可以这样做的。如果她被后夫虐待,或是死了丈夫,前夫想要再娶她,这是不合律法的。(254)妇人若死了丈夫又没有孩子,她丈夫的兄弟就要娶她为妻,所生的孩子要归在死去兄弟的名下,并教养孩子成为死去兄弟的继承人。这样做可以使家族不致衰败,产业继续留在族里,以此确保公众的利益,同时也可以安慰痛苦中的妻子,使她们可以嫁给与死去的丈夫最亲近的人。(255)倘若丈夫的兄弟不愿娶她,妇人要来到公会前公开指责这兄弟不肯娶她,令他去世兄弟的名受辱,因为妇人愿意继续在这家里为他生儿育女。公会的人要问那兄弟为何不娶她,不论理由是好是坏,都要这样处理:(256)妇人要脱掉这兄弟的鞋子,吐唾沫在他脸上,并说他应受妇人对他的斥责,因为他让去世者的名受辱;这人就要离开公会，一生背负这样的指责；妇人也可以随自己所愿，嫁给追求者。(257)如果人俘虏了一个处女或是已婚妇人，并想要与她结婚，这女人就要剃发并服丧，为阵亡的亲友哀哭，然后这人才可与这女子同床，或娶她为妻。(258)女子这样做可以宣泄她为亲友的忧伤，然后才能专注于婚姻，这对男子而言是好的，因他要娶这女子，并从她生儿育女，就应该体贴她，而不是只为自己的享乐而不顾女子的感受。(259)一般严谨的人需要三十天为亲友哀伤才足够，等到举哀的三十日过后，他们才可以结婚。若他在满足自己的欲望后，因骄傲不肯娶她为妻，他不可使用自己的权力强迫她为奴，反而要释放她离开，去她想去的地方，使她成为有自主权利的女人。

24. (260)那些藐视、不尊敬父母，且公然侮辱父母的少年人，不论他们以父母为耻或自以为比父母聪明，都要先让父母用言语责备他们〔因为父母本来就有充分的权柄谴责子女〕。(261)父母要对他们这样说："父母同住一起不是为了享乐，也不是要借着结合双方产业加增财富，而是为了生儿育女，使父母在年老时得到子女的照顾和供养。"并要进一步对他们说："当你们出生时我们非常欢喜，并为你们向神献上最大的感恩，细心抚养你们长大，不惜一切代价确保你们的健康，并给你们最完善的教导。(262)如今我们因你们年少而原谅你们，本是合宜的，你们多次显出对我们的藐视，也该适可而止了；从现在起你们应当改过，行事为人更有智慧。要知道神不喜悦对父母傲慢无礼的人，因为他自己就是全人类之父，当父母没有从子女那里得到应得的尊崇时，他也好像受到了那些与他有同样称谓的人所受的羞辱。律法对这样的人要处以冷酷无情的处罚，但愿你们永远不会有这样的经历！"(263)如果年轻人的傲慢因为这番教导而得到更正,他们就可以免除因先前错误而当得的责罚,借此显示出审判官的美善;父母也会因此高兴,因为他们不必看到儿女受到处罚。(264)但是如果父母用来挽回子女的这些话语及劝勉没有功效时,律法就无法宽恕这些违法者对父母的无礼。被冒犯的父母要将这人带到城外,百姓要跟随在后,然后用石头打死他。他的尸体要留在城外一整天让众人观看,直到晚上才可埋葬。(265)无论任何原因受到律法判处死刑的人,都要这样被埋葬。在战场上战死的敌人也要这样被埋葬,不要让任何尸体留在地面上或受到任何越过公义要求的处置。

25. (266)不可以高利借贷给希伯来人,无论是吃的或是喝的,因为当族人遭遇不幸时趁机获利是不公义的。若你在他的需用上帮助他,这对你有益处,因为他会感谢你,同时神也会因你对人的爱心而赐你奖赏。

26. (267)那些向人借银钱或果子,不论是新鲜果实或干果的人〔我的意思是,借着神的赐福,犹太人根据他们自己的想法处理事务时〕,借的人要甘心将东西归还原主,并按原来样式安放在存储它们的仓库里,日后若有需要再借,就可以合理地期望从这里得到它们。(268)如果他们不知羞耻,竟不肯归还,债权人不可在裁定这事前到债务人家自行取得当头。债权人可以要求当头,让债务人自己将当头送来,行事要在法律的保护之下,不可自行与债务人敌对。(269)倘若给当头的人很富有,债权人就可以保留当头,等债务人还清债务;若给当头的人十分贫穷,债权人就要在日落前把他的当头还给他,特别是如果他用外衣为当头,可以让他睡觉时用外衣遮盖,因为神会向穷人显出怜恤是理所当然的。(270)用磨石或任何餐具为当头都是不合律法的,因为债务人不应被剥夺得食的工具,恐怕他们得不到所需的食物。

27. (271)若有人偷窃人口，就要把他处死；若盗取金银，就要赔偿双倍。若有人杀死从他家偷东西的贼，就不算有罪，虽然那贼只是翻墙入内偷窃。(272)偷牲口的，要赔偿四倍；若是偷公牛，就要赔偿五倍；人若因穷困而无法付当纳的罚金，就要做仆人以偿还受损失的人。

28. (273)人若被卖给本国的另一人，就要为奴六年，第七年可以得自由。若他与家主的女仆生了儿子，又因他对主人的好意以及对妻儿的爱，他就可以继续为奴直到禧年，也就是第五十年，那时他自己可以得到自由，也可以带走自己的妻儿，让他们都得到自由。

29. (274)如果有人想归还在路上捡到的金子或银子，他就可以去质询失主，失主要指出他找到的地方，这样就要物归原主，因在别人的损失上得利是不对的行为。捡到走失的牛羊也是一样的原则，如果一时找不到失主，捡到的人可以暂时保管它，并且向神陈明自己并未盗取别人的东西。

30. (275)漠视在暴风雨中跌落泥泞而陷入危难的走兽是不合律法的，要怜悯它的痛苦，并奋力将它救起。

31. (276)为不认识路的人指路是人的本分，不要以指示他人走错路、置他人于不便为乐。

32. 同样地，你们不可辱骂盲人或哑巴。

33. (277)若有人打架而没有使用铁器，被打的就要立刻报复，用相同的方式予以回击。但那人若被打伤抬回家，卧病多日后死了，打他的人就可以不受刑罚。如果被打伤的人逃过一死，却需花许多钱治病，那么打伤他的人就要负担他生病期间的所有支出，以及他的医药费。(278)人若踢伤一个怀孕的妇女，以致她流产，就要依照审判官的判决支付罚款，因为他毁了她怀的孩子,使百姓的人数减少。踢她的人也要赔偿金钱给她的丈夫。如果妇人被他踢死,踢她的人要被判死刑,律法规定杀人者偿命。

34. (279)以色列人不可拥有致死或具伤害性的毒药,若身带毒药被抓到,就要被治死,他想施加给自己意欲毒害之人怎样的祸害,就让他承受那样的祸害。

35. (280)使人残废的人要同样成为残废,他让人哪个部位残缺,自己的那个部位也要残缺,除非伤残的那人愿意接受金钱作为赔偿。律法让那位伤残者自行判定他伤残的价值,除非他不愿意宽恕那个伤害他的人。

36. (281)若有公牛用角伤人,公牛的主人要杀死它;但若公牛在谷场上用角刺伤人,这牛就要被石头打死,且不可用作食物。若牛主知道这牛的天性却未加约束,且牛被判定有罪,这牛主也要被治死,因为是牛主造成公牛杀人。(282)若公牛触死的是男仆或女仆,这牛就要被石头打死,牛主也要付三十舍客勒给死去仆婢的主人。若一只公牛触死了另一只公牛,就要将这两只牛出售,让两位牛主平分售价。

37. (283)人若挖井或坑,要用厚板小心盖上,封住开口,这不是为了避免人从中汲水,而是防止牲畜掉入水中。(284)如果有人的牲口掉到这样挖掘却未封好的井或坑里而死,坑井的主人要赔偿牲口的主人。你要在房顶的周边加设护栏,免得人从上面掉下摔死。

38. (285)人若受别人托管什么,要像保存神圣物品那般小心,不容任何人以巧计窃取,使别人失去所信托之物,不论那人是男的或女的。就算这人能得到大笔金子,且没有人能定他有罪,也绝对不能这样做。

（286）人因自己的良心得以规范他的行为才为合宜,因良心晓得他所做的一切。让人的良心来作见证,好使他在凡事上得到别人的称赞。然而最重要的是敬畏神,没有恶人可以向神隐藏。（287）人若没有行诡诈却失去所托管的,他就要来到七个审判官面前,向神起誓自己不是有意或恶意遗失所托之物,同时也没有取用其中的任何部分,这样他便可以不受指责地离开;但他若取用了信托物的一部分,却又将它遗失,就要赔偿一切所托之物作为惩罚。（288）欺诈以劳力做工的人也要照此处理,但切记我们不可诈骗穷人的工钱,要知道神将这些工钱分派给他,以代替土地或其他资产。不但如此,也绝不可以迟延支付工钱,一定要当日就付,因为神愿意工人可以立刻支配自己劳力得来的工价。

39.（289）不可因父母的过犯而责罚孩子,要视孩子本身的德行而定;要因他们是邪恶双亲所生而更加怜悯他们,不可因他们从坏种出生而恨恶他们。我们也不应该把孩子的罪归责于他们的父亲,因为这些年轻人放纵自己,去行许多有违他们所受教导的事,他们以傲慢的态度拒绝了这些训诲。

40.（290）要厌恶那些自阉的人,避免和他们交谈,因他们自己不愿做男人,也不领受神赐男人传宗接代、繁衍后裔的恩惠。要把这样的人赶出去,他们如同杀了自己的儿女,因为他们先将得孩子的能力丢弃。（291）显然这些人的思想不像男人,他们也将这样的思想用在身体上。对于所有看起来不男不女的人,你们都要如此对待。无论阉割人或其他动物都是不合律法的。

41.（292）让这些律例成为你们在和平时的政治法规,如此神必大施怜悯,保守这极美的产业不受侵扰。但愿那要更改这体制,使它反向而行的日子永远不会来到。(293)然而陷入无法避免的困难或危险时，无论是出于无心或是有意，让我们为这些情况制定一些典章，使你们预先知道应当怎么做，这样就可以在需要时，得到有益的忠告，免得在被迫寻求对策却没有依据时陷入险境。(294)愿你们殷勤做工，常常思想美善的德行，使你们不需争战就能拥有并承袭这地。但愿没有外邦人在这地上发动战争令你们苦恼，也没有内乱发生，(295)免得你们去行那些与你们先祖相反的事，失去他们设立的律法。愿你们继续遵行这些神所认同并传给你们的律法。但愿所有的军事行动，不论是现在临到你们或是将来临到你们子孙的，都不在你们的境内发生。(296)当你们预备争战时，要先派遣使者和信差到敌人那里，因为动用武器打仗前，应当先和敌方谈话。你们一定要让他们知道：虽然你们有大军、战马和武器，但更重要的是，你们有一位怜悯你们并已预备好帮助你们的神，希望他们不要迫使你们出战。你们也不想掳掠他们的东西，这虽然对我们有利，但他们没有理由希望我们将他们的东西夺去。(297)如果他们愿意听从，你们就应当与他们和平相处；若他们相信自己的力量超越你们，且对你们不公，你们就要以神为你们的至高统帅，带领军队应战，并在神以下设立一位领袖，这人是你们当中最勇敢的。使用多位领袖对任何军队都不利，而且他们会在机动性的行动上成为拦阻。(298)你们的部队要由挑选出来的精兵组成，每个人都有非凡的体力及坚强的心志。要把胆怯的打发走，恐怕他们在作战时逃跑，让敌人有可乘之机。不要使用那些刚盖好房子且未住满一年的人，也不要使用那些栽种葡萄却尚未尝过果实的人，让他们留在自己的家乡。同样地，你也不要征召那些订了婚或新娶妻的人，免得他们为了爱情不肯冒险，想要保全性命享受人生，为了他们的妻子自愿成为懦夫。

42.（299）你们扎营时不可粗暴行事。进行包围战需要木材做兵器时，不要砍下产果实的树木而使地光秃，你们要留存它们，因为这些树对人有益。要是这些果树会说话，它们也会对你们提出公正的抗议，因为它们不是造成战争的原因，却在战争中受到不公平的对待与痛苦，如果可以的话，这些树宁愿迁移到别的土地。（300）你们在战胜时要杀戮那些攻击你们的人，却要留存其他人的性命，使他们可以向你们进贡，除了迦南人以外。你们一定要完全毁灭迦南人。

43.（301）你们在作战的时候尤其要注意，女人不可作男人的装扮，男人也不可穿女人的衣服。

44.（302）这就是摩西留给我们的典章制度。此外，我会在另一本书中讨论出埃及后的第四十年，他所交给我们的成文律法。在接下来的日子里［他持续招集百姓］，给他们祝福，也咒诅那些不遵守律法生活的人，和在当负职责上犯错的人。（303）然后，他为他们读了一篇六韵步诗歌（hexameter verse），这诗在圣书里留给了他们。这首诗预言了未来要发生的事情，日后这些预言也不断应验在我们身上，并且还要继续应验。在这一点上，这首诗一点也没有偏离真理。（304）他将这些书连同约柜交给了祭司，并在约柜里放了写上十诫的两块石版。他也把会幕交给他们，并劝勉百姓：当他们征服那地并在那里居住时，不可忘记亚玛力人的伤害，要与他们争战，并为亚玛力人在旷野时带给以色列人的祸害惩罚他们。（305）他们应当完全歼灭迦南地的居民，灭尽之后要面向东方筑一座坛，这坛离两山之间的示剑城不远，基利心山在右手边，以巴路山在左手边。军队也要分开，每山上各有六支派，并有利未人和祭司随同他们。(306)首先在基利心山上的人要祷告，为那些殷勤敬拜神，遵守神律法，以及听从摩西吩咐的人，求最好的祝福，这时另一边的人也要祝福他们喜乐满溢。接下来这另一半人要做类似的祷告，先前的那些人则要发出赞美。(307)祝福之后要对那些违背律法的人发出咒诅，他们两边相互应答，一方确证另一方所说的话。摩西为他们记下祝福与咒诅的话语，让他们可以彻底学习，以免因时间久了而忘记。(308)摩西做好离世的准备，就在祭坛的每一面写下这些祝福与咒诅。那时他叫百姓站立，然后献上牺牲和燔祭。此后再也没有人在这坛上献祭，因为这是不合律法的。这就是摩西颁布的典章制度，希伯来民族至今仍然照此生活。

45. (309)次日摩西招聚百姓连同他们的妻儿，甚至奴仆也在其中，他要他们起誓遵守这些律法，充分思想这些律法中神的心意，不要因为喜爱亲人、惧怕他人或任何动机，而认为其他事比律法重要，以致违背律法。(310)若有任何族人或城邑企图混淆或消灭他们的典章制度，就要报复他们，无论是全体还是个别人。一旦征服了他们，就要将城的根基毁灭，如果可能，就不要留下这疯狂举动的痕迹。如果不能这样报复，他们也要表明那些人所做的事与他们的意愿相违背。于是百姓起誓遵行。

46. (311)摩西也教导他们如何献祭最能讨神的喜悦，如何使用宝石[在大祭司胸牌上]在争战时寻求方向，如同我之前说明的。约书亚于摩西在世时也能说预言。(312)摩西重申自己无论在战时或平时为百姓存活所做的一切，并为他们制定法典树立体制，然后他就根据神的宣告对他们说预言："你们若违背了敬拜神的律法，就要遭遇以下的痛苦：(313)你们的地土将充满敌人用以战争的武器，你们的城邑将被毁灭，你们的圣殿将被焚烧，你们也将被卖给那些无怜悯的人为奴。那时你们要悔改，但悔改也不会为痛苦中的你们带来任何好处。"（314）他又说："然而那位建立你们民族的神要将你们的城邑和圣殿归还你们，可你们却将不止一次，而是多次失去这些好处。"

47. （315）接着摩西鼓励约书亚领导全军前去对抗迦南人，并告诉他神必在他所行的一切事上帮助他，神也已经祝福了众百姓。他说："我现在要回到我列祖那里，神已定意这就是我离世的日子，我为我的存活并与你们同在而感谢神，（316）因神一直眷顾你们，不但将我们从困难中拯救出来，也赐给我们凡事昌盛。同时他在我痛苦的时候帮助我，并在我照顾你们的所有事上，使你们过得更好。他不断向我们显明他对我们的喜爱。（317）事实上是他首先来管理我们的事，让凡事都有好的结局。他使我成为他的代理，处理他愿意向你们施恩的那些事。（318）这时我要称颂神的能力，愿大能的神继续看顾你们前面的日子，让我能偿还欠他的债，并让我留下一个纪念，就是我们必须敬拜、尊崇他，且要持守那些律法，因那些律法是他过去或将来赐给我们的一切礼物中最好的一件［若他继续喜悦我们］。（319）当立法者制定的律法被藐视且没有果效时，他就会成为最可怕的敌人。愿你们永不经历因藐视神的律法而导致他发怒的后果，因这些律法是你们的创造主赐给你们的。"

48. （320）摩西临终前说了这番话，并预言各支派日后发生的事，又对他们祝福后，百姓就都落泪，甚至女人也捶胸，显出他们在摩西临死时的深深悲痛。孩子们更是哀伤，甚至无法抑制，人们因而说，即使孩子们年纪小，也都能知道摩西的品德以及他伟大的作为。（321）他们老少之间好像在竞争，要看谁为摩西哭得最多。老年人悲哀，因为他们知道即将失去一位周全的保护者，所以为自己的将来哀恸；少年人则不只为此哀哭,他们更遗憾尚未完全认识他的美德,他便要离他们而去。(322)你们可以从百姓为他的极大忧伤与哀哭中,猜想到摩西的感受。虽然他一直相信自己不会在面临死亡时沮丧,因为这事是出于神的旨意,也是自然的定律,但是百姓所做的令摩西无法抑制地哭了起来。(323)他走向他将在他们眼前消失的地方,百姓都跟在他后面哭泣。摩西用手示意那些远远跟着的人,叫他们安静地留在原处,也劝那些靠近他的人不要使他的离去看起来那么令人悲伤。(324)于是百姓认为应当尊重摩西,让他按照自己的意愿离去,所以他们虽然依旧彼此对泣,却竭力克制自己的情绪。陪伴摩西的有会中的长老、大祭司以利亚撒以及指挥官约书亚。(325)他们一来到亚巴琳山[亚巴琳是座很高的山,和耶利哥相对,站在上面的人可以看到迦南美地的绝大部分],摩西便叫长老们退去。(326)正当他要拥抱以利亚撒和约书亚并和他们讲话时,突然有一朵云彩笼罩他,他就消失在一个山谷中了。虽然他在圣书里写自己是死了,但这是出于担忧,唯恐百姓贸然说他因为超凡的美德而到神那里去了。

49. (327)摩西共活了一百二十岁,其中三分之一减去一个月的时间他做百姓的首领。他死于那年的最后一个月,也就是马其顿人的底斯特罗斯月,我们的亚达月,他在那个月的第一天去世。(328)摩西在智慧上超越历代所有的人,他也最善于运用智慧启迪人,他对群众说话和表达自己的方式极为温和优雅。摩西其余的优点还包括:他能完全掌控自己的感情,(329)好像心中完全没有情绪起伏,只是知道这些情绪的名称,但他却能在别人身上观察到他人的情绪。他也是一位少见的军事将领,又是前所未有的先知,甚至到一个地步,无论他说什么,你都会以为自己听到的是神的声音。(330)于是百姓为他哀哭了三十天,没有任何伤痛对希伯来人的影响超过摩西之死所带来的伤痛。(331)并非只有那些亲眼见其所为的人仰慕他，连那些详细考察他留下的律法的人也会深深仰慕他。借着律法，人们可以认识他那些超凡的美德。关于摩西去世的过程，说这些就够了。

第五卷

从摩西去世到以利去世(涵盖四百七十六年)

第一章

希伯来人的元帅约书亚与迦南人争战，战胜并除灭他们，将他们的地拈阄分给以色列众支派

1. （1）摩西死后，百姓为他居丧哀哭的日子满了，约书亚便命令会众预备争战，（2）同时打发探子到耶利哥窥探敌人的军势与动向。约书亚按序排列军营，准备在合宜的时机迅速渡过约旦河。（3）他召了流便支派的官长们，迦得支派的众首领和玛拿西［半支派］的人来，因摩西已应允这半支派得亚摩利人之地为业，就是迦南地的第七份土地。（4）约书亚想到他们过去所承诺摩西之事，于是劝勉他们说：因摩西至死都未因艰难而厌烦带领他们，所以为了摩西的缘故和全会众的福祉，他们当预备妥当，实践他们曾承诺的事。所以，约书亚带了他们当中跟随他的五万人，自亚比拉行军至约旦河，路程约1.2公里。

2. （5）当约书亚扎营完毕，探子们就立刻来到他面前，详细述说迦南全地的一切事。在尚未被人发觉以前，他们先安静地窥探了耶利哥城的全景，探得城墙何处坚固、何处不坚固，大军当由哪扇防守较弱的城门进入。（6）探子们在城中好奇地观察每一件事物，那些遇到他们的人并

没有特别注意他们，只当他们是外乡人，并没有把他们当作敌人，(7)直到他们落脚在城墙附近的一家客店吃晚餐。(8)他们吃完饭后，正思索如何离城时，就有人报告正用晚餐的耶利哥王，说从希伯来军营来了探子窥探全城，如今正在喇合的客店藏身，以图不被人发现。耶利哥王立刻下令派人捉拿探子们并将他们带回，这样他就可以用刑拷问他们，得知敌情。(9)喇合察觉王派人来，就立即将探子们藏在她房顶晒干的麻秸下。她对王所派来的人说：太阳下山前，那些陌生人和她共进晚餐，然后就离开了。如果他们对王或整个城有任何危害，便会很容易被认出来。(10)于是王所派来的人被喇合骗过，他们不疑有诈，也不再多搜查客店，即刻往他们认为探子们潜逃的道路追赶，特别是那些通往约旦河的道路，但他们却未追到探子，无功而返。(11)一阵惊险过后，喇合将探子们带下来，并请求他们，当他们得迦南地时要恩待她，因她冒着生命危险保护他们。若她被发现藏匿之罪，她和她全家都必灭亡。于是她让他们离开，(12)并要求他们发誓，当这城和这地被毁时，他们要保护她和她的全家，她之所以如此说，是因她相信她所听到的那些神迹都是确实的。(13)探子们感谢她所做的一切，并向她起誓，必以行动报答她向他们所行的恩慈。他们建议她看到此城快要陷落时，就要把她的家人及所有东西都带入她的客店里以保安全，还要把朱红色的线系在门前［或窗前］；如此希伯来人的元帅就知道这是她家，并保证她不受伤害。(14)他们说："我们会向领袖报告此事，因你曾保护了我们。你家里若有人在战场上仆倒，请不要责怪我们。我们曾向神起誓，求他不要因此不喜悦我们，好像我们违背了誓言。"(15)达成协议之后，这些人沿绳索下城墙逃回原地，并向众人报告途中所发生的事。约书亚将探子们对喇合所起的誓告诉大祭司以利亚撒和众长老,并确立此誓言。

3. (16)元帅约书亚正担心他们该如何渡过约旦河,因那时水流甚急。他们亦不能过桥,因此处从未有桥建在河上。就算要筑桥,敌人也不会让他们有时间去完成。至于渡船,他们一艘也没有。神却应许将大部分的河水移开,使他们能过约旦河。(17)两天后,约书亚吩咐全会众过河,方法如下:祭司们带着约柜行在最前面,然后是利未人扛抬着会幕和献祭用的器皿,全会众按着他们的支派跟随在后。他们将妻子儿女夹在中间,免得他们因害怕被河水冲走。(18)祭司们的脚一踏入河里,便发现可以涉水而行,因深水好似变浅,可见河底的沙;水流变得既不强也不快,使人不致被水流冲走。所有百姓毫无惧怕地过了约旦河,进入神的应许之地。(19)但是,祭司们仍然站立在约旦河中,任凭河水照常奔流。直到众人都安全过河上岸,他们才从约旦河中上来。于是,希伯来人一出约旦河,河水立刻又涨了起来,恢复到原来的高度。

4. (20)希伯来人再向前走了五十公里,就扎营在离耶利哥城十公里之处。约书亚用石头筑坛,就是先知吩咐众支派的首领从深水里取出的石头,作为神分开河水的纪念。他们在坛上献祭给神,并在那地庆祝逾越节。(21)所有他们想要的一切都丰足,多而又多,因他们得了迦南地丰收的谷物,又捕掠其他动物为食物,因他们先前的食物,即吃了四十年的吗哪,不再降下来了。

5. (22)以色列人渡河之后,迦南人并没有来攻打他们,却将自己紧关在城里,于是约书亚决心围攻他们。就在节期[逾越节]的第一天,命祭司们抬着约柜与一些带兵器保护他们的人绕城。(23)这些祭司们吹着七支号角走在前面,鼓舞军队的士气,长老们跟在后面绕城。祭司们只要吹角，其他什么都不必做，之后便回营。(24)他们如此行了六日。到第七日，约书亚招集带兵器的和其他所有的人于一处，告诉他们以下好信息：现在就可以取城，因神会使城墙倒塌，将此城交给他们，他们必须同心，却不用费力。(25)然而，约书亚吩咐百姓杀灭每一个掳获的人，不可因疲倦或怜悯而放过该杀的敌人；不要因他们转背逃跑而分心，放弃追杀；(26)要杀灭所有的动物，不可取任何掳物据为己有。他吩咐将所有的金银从掳物中分别出来，作为初熟的果子献与神，因这是他们攻占第一座城的掳物。但他们唯独要存留喇合和她家人的性命，因探子们曾向她起誓。

6. (27)言毕，约书亚便整顿军队向城摆阵。祭司们鼓励百姓为此事大发热心，他们让约柜行在前面，再来绕城行走。他们绕城七次后，稍站了片刻，城墙便倒塌了。希伯来人没有用任何军器和武力。

7. (28)他们进了耶利哥城，杀尽城中所有正惊讶于城墙倒塌的男人，这些人因丧胆而无力自卫。他们被杀，甚至被割喉，有的死在路上，有的死在家中。(29)他们没有任何帮助，所有的人都被杀灭，连妇女孩童也不例外。城里满了死尸，无一幸免。他们焚烧了全城和村子，(30)但救出逃到客店的喇合和她全家。当喇合被带到约书亚面前，约书亚坦承对她的亏欠，并感谢她救了探子们，且表示他向她的报恩绝不会迟延。他立刻赐给她一些土地，之后又赐她大有尊荣。

8. (31)约书亚将城里任何火未曾烧到之地的根基都拆毁了，并向当地居民宣告咒诅：若有人起意重建此城，在他立城墙根基时必丧长子，完工时必失幼子。但以后发生何事，之后会再加以讨论。

9. (32)城外堆积所有掳来的金子、银子和铜器，无人违命窃取掳物据为已有。约书亚将这些掳物交给祭司们，堆在他们的财宝之上。耶利哥城就此灭亡。

10.（33）但是犹大支派中，迦米的儿子、撒底的孙子亚干找到一件镶有黄金片的皇族衣物和两百舍客勒金子，他因此很为难：他冒险所得的掳物，现在却必须舍弃，奉献给并无所需的神。他明白如果想要拥有掳物，便绝不能携带在身上，于是在他的帐篷内挖了一个深坑，将掳物藏在其中，以此蒙骗同僚和神。

11.（34）约书亚把扎营之地命名为吉甲，意为"自由"；因为他们过了约旦河之后，认为自己已从埃及和旷野的痛苦中得了自由。

12.（35）耶利哥城倒塌数日后，约书亚调遣三千带兵器的人攻打艾城，就是位于耶利哥城上方的一座城。他们在艾城人眼前转背逃跑，损失了三十六人。（36）以色列人得知此事后非常悲哀，极度伤心，不是因为那些被杀之人与他们的关系——虽然那些被杀的人都是好人，值得他们尊敬——而是因为这件事令他们感到绝望。（37）他们曾以为已经得到这地，并且认为军队应当照着神的应许凯旋，不费一兵一卒。如今敌人却意外地大获全胜，所以他们穿上麻衣，终日流泪痛哭，不吃任何东西，只是满心想着所发生的事。

13.（38）约书亚看见众人如此痛苦，不祥的预感笼罩全军。他靠着与神的关系来到神面前，（39）对神说："我们并非因鲁莽而出埃及，乃是在你仆人摩西的教导下而行。虽然我们想靠着自己的武器征服此地，但你借着神迹应许我们，要赐我们这地为产业，且让我们与敌人之间的战争得胜。（40）因着你的应许，我们已然数次经历得胜，但不料如今我们受挫，在征战中损失兵力。我们因此悲哀，并恐怕你的应许和摩西预言的话不能成就。我们对未来的盼望使我们更加苦恼,因我们初战便得到如此的结果。(41)主啊！求你把我们从这些疑虑中释放出来,因你能找到治疗这些混乱的方法;求你赐我们得胜,以此挪去我们当下的悲伤,也预防我们对将来之事的不信。"

14. (42)约书亚脸伏于地,向神求情;于是神回答他,命令他起来,洁净已被污染的军营。神说已经奉献给他的物品又被盗走,这就是他们被击败的原因。他们何时找出并惩罚那犯罪之人,神就会使他们得胜于仇敌。约书亚就将这些话告诉百姓。(43)他召来大祭司以利亚撒和众首领,按着支派掣签。掣签完毕,就显出犯罪之人是属犹大支派的。他继续为犹大的许多家族掣签,就发现犯罪之人是出自谢拉家族。(44)又为此家族中的众人掣签,就掣出亚干。神使他陷于绝境,让他无法抵赖。于是他坦承偷窃和在他们中间所行的,也因此被立即处死,并于当夜以一种不光彩的方式埋葬,这种方式与死囚相称。

15. (45)约书亚洁净军营之后,便率军攻打艾城。夜间,他在城的周围设下伏兵,并于清晨立即攻击敌人。当艾城之人因他们之前的胜利,勇敢反击以色列人时,约书亚让他们相信以色列人后退,并引他们到离城甚远之处,他们还以为是在追赶敌人,并因此轻视敌人,且仍以为和上次的战局相同。(46)之后约书亚命令他的军队回转,与眼前的敌人争战,并发讯号给伏兵,唤起他们进入争战;于是他们突然冲进城去。城中的居民站在城墙上,惊慌失措,就去看城门外的那些人。(47)于是这些人夺了这城,杀了所有的人。约书亚与城外的敌人近距离交战,并挫败他们,使他们逃跑。当他们跑到城前,还以为自己的城固若金汤,但他们很快发现城已被夺,也明白他们的妻儿连同此城都已被火焚烧,便在战场上分散。他们无法保护自己,因为他们没有后援。(48)这场灾难临及艾城众人,其中有无数的孩童、妇女、仆人和家具被毁。希伯来人夺取了牲畜和很多财物,因这是个富裕的城邑。约书亚来到吉甲,并在那里将掳物分给士兵们。

16. (49)基遍居民的住所离耶路撒冷很近,当他们看见耶利哥城和艾城所发生的事,便担心这样的灾难也会临到他们身上。他们也不觉得自己可以向约书亚求怜悯,他们认为自己得不着他的怜悯,因他发动战争,也有能力完全毁灭迦南各族。(50)他们与邻城基非拉和基列耶琳联盟,告诉那里的居民当以色列人来攻击时,他们无人可以免于所面临的危险,所以游说他们尽力避开以色列人的军力。(51)基于所提的协议,他们差派众人推选尊贵的使者到约书亚那里,为了众人的好处与他建立友谊。(52)使者们觉得承认自己是迦南人是件危险的事,于是为了避祸想出对策:他们说自己和迦南人一点关系都没有,而且居住在很远的地方。他们说自己来自远方,有好的名声,为了证明所言属实,就出示他们所穿的衣物:(53)他们说衣服在刚出门时是新的,但经长途跋涉,使长久穿的衣服变旧了。原来他们故意穿破旧的衣服,为了使以色列人相信。(54)他们站在百姓中声称,按先祖的惯例,他们是为了和以色列人建立友谊,被离这里很远的基遍人和周围城邑之人差派来的。他们了解因着神的眷顾和赐福,以色列人将要承受迦南地为业,他们对此表示十分喜悦,并渴望成为以色列人中的一员。(55)因着这些使者所言和他们长途而来的证据,希伯来人与他们缔结盟约。因约书亚相信他们并非迦南族类,便与他们建立友谊。于是大祭司以利亚撒和众长老便发誓尊敬他们,称他们为朋友,且不会试图以不公之举对待他们。会众也都同意这些誓言。(56)这群使者因欺骗以色列人而得了所盼望之事,便回家去了。但当约书亚带领军队到了坐落于迦南山脉脚下的城邑时,发现基遍人所住之地与耶路撒冷不远,且发现他们也属迦南族类,于是便差遣官员前去斥责他们所说之谎言。(57)但基遍人为自己辩护,并声称他们除此之外并无其他方法得救,所以才依赖此计。于是约书亚召来大祭司以利亚撒和众长老,决定将基遍人视为众人的仆人,以此保守他们所起的誓,他们也如此吩咐基遍人。这就是基遍人在面临灾难时寻求安全的方法。

17. (58)耶路撒冷王听说基遍人投靠了约书亚,就很是警觉。于是他招集邻国众王,一同向基遍人宣战。基遍人见这些王——除耶路撒冷王之外,还有四位王——都在离他们城邑不远的一处水泉附近安营,准备围攻他们,便向约书亚寻求帮助。(59)他们因着所面临的局面,认为自己会被这些迦南人毁灭,也盼望那来毁灭迦南人的族群可以因与他们结盟而救他们。(60)于是约书亚迅速调动全军帮助他们。以色列人夜以继日地行军,并于清早时分与围困基遍人的军队相遇。他击败他们,并追赶他们直到山坡下面,那地名为伯和仑。他知道神借着闪电、雷轰和降下比平时更大的冰雹帮助他们。(61)此外,那一天白日增长,夜晚并未迅速降临,免得妨碍希伯来人追赶敌人。因此约书亚便擒住藏于玛基大洞里的众王,并将他们处死。此次白日增长,且长于平日之事,被记载于圣殿的书中。

18. (62)发动战争要攻打基遍人的众王被击败之后,约书亚便再度回到迦南的山脉,在那里击杀当地的人,夺取掠物回到吉甲营地。(63)希伯来人的勇气在邻近邦国中大享盛名,因为他们听到死亡的人数众多而感到恐惧，所以住在黎巴嫩山的迦南众王，住在平原的迦南人，连同非利士的众人，都在比录扎营，那城离基低斯不远，属上加利利的区域。(64)他们全军有三十万步兵，一万马兵并两万辆战车。敌军的阵势吓住了约书亚和众多以色列人。他们原本满怀希望可以得胜，现在却因此畏缩，并陷入极大的痛苦。(65)因此，神谴责他们的惧怕，并问他们是否盼望向他寻求巨大的帮助；神也应许他们可以战胜敌人，使敌人的马成为无用，并焚烧他们的战车。约书亚因神的应许而大有胆量，于是出去与敌人争战。(66)他们行军五天后就遇到敌人，并且与他们对战。战情异常惨烈，死伤人数甚多，甚至听到的人都无法相信。约书亚在大道上追赶，毁灭全部的敌军，仅有少数人生还，所有的王都死于战场。(67)当无人可杀之时，约书亚便砍杀马匹、焚烧战车。他遍行诸城，无人可以拦阻。因无人敢在战场上与他争战，他持续围攻诸城，尽行杀戮。

19. (68)五年尚未过完，除了那些藏身于坚固之处的人，迦南人已经无一存留。于是约书亚将帐篷挪移至山地，在示罗设立会幕，直到日后他们建立圣殿的时候。示罗因地势优美合宜，看来是建会幕的最佳之处。(69)约书亚带着所有的百姓，抬着摩西先前所指示的坛，从那里前去示剑。之后兵分两路：一半前往基利心山，另一半前往以巴路山，也就是利未支派、众祭司和祭坛所在的那山。(70)于是他们献祭、宣告［祝福和］咒诅，并将这些宣告刻于祭坛之上，便返回示罗。

20. (71)如今约书亚年纪老迈，他看迦南地的城不易夺取，不仅因为地势坚固，也因他们的城墙坚固和其城邑所在的位置。那里的环境以天然为屏障，看似可将敌人的围困轻易突破，使敌人对得胜丧失信心。(72)迦南人知道以色列人出埃及就是为了毁灭他们，所以一直忙于坚固城墙。于是约书亚将会众聚集在示罗，(73)他满腔热忱到了那里，提醒以色列人过去的得胜和所完成的荣耀之事，乃是要归功于神促使他们而行，也要归功于他们遵守律法而产生的美德。他又提及那胆敢挑战的三十一位王被战胜，每一支卓越且倚仗自身军力的军队都被完全毁灭，以至于他们的后裔所剩无几。(74)论到诸城，一些已经被占领，剩下的却需要长久围困才能占领，因为它们城墙坚固，内中的居民也满有信心。他认为与他们一同渡过约旦河的亲族支派，已经与他们共同面对所经历的危险，现在要让这些人离开并回家去，并感谢这些人与他们共同分担痛苦。(75)他也认为当从每个支派拣选一名美德超群之人，差遣他们去忠心地丈量土地，然后不带任何猜测及谎言，如实禀报土地的尺寸。

21. (76)当约书亚说完这些，会众便对他的意见表示赞同。于是他派人去丈量土地，他也派几何学者随行，因这些人学识卓越，不会轻易犯错。他也命令这些人预估那些最肥沃和不甚肥沃之地的尺寸，(77)因就迦南地的本质而言，人们可以看见大片的平原，相较于其他地方，可算得适合果实出产之地，但如果与耶利哥或耶路撒冷所属之地相比，就算不得什么了。(78)虽然人们很少得到这样的土地，他们所得的大部分乃是山地，但其美善程度仍不输其他土地。基于此因，约书亚认为各支派所得之地应当以土地的肥沃程度划分，不应按地的大小划分。很多时候，某些地区一亩地的产量可以比得上其他地区一千亩的产量。(79)被差派的共有十人，他们遍行全地并预估土地的尺寸。第七个月的时候，他们便回到会幕所在地示罗。

22. (80)约书亚带着以利亚撒、众长老和各支派的领袖为九个支派和玛拿西半支派分地，按照他们每个支派的大小而分。(81)当他们拈阄的时候,犹大支派所得之地是从犹大地区上半部分直到耶路撒冷,宽度直到所多玛湖。这支派拈阄所得之地包含亚实基伦和迦萨城。(82)第二次阄拈出西缅所得之地,包括以土买的一部分,以埃及和阿拉伯为界。便雅悯支派所得之地是从约旦河延伸至地中海,宽以耶路撒冷和伯特利为界,这是拈阄所得最狭窄的一处,因为这片土地肥沃,内中包含耶利哥城和耶路撒冷。(83)以法莲支派拈阄所得之地,自约旦河延伸至基色,宽由伯特利延伸到大平原。玛拿西半支派所得之地自约旦河延伸至多珥城,(84)其宽直到伯善,今日名为希托波里。这之后便轮到以萨迦,它得地的长度以迦密山和约旦河为界,宽度以他泊山为界。西布伦支派拈阄所得之地,包括直到革尼撒勒湖的地界,从迦密山直到地中海。(85)亚设支派所得之地称为谷,这块地延伸至西顿对面,亚柯城也在他们的地界之内,这城也被称为亚克底坡。(86)拿弗他利支派承受东边之地为业,自大马士革和上加利利,直到黎巴嫩山脉和从山脉中流出的约旦河源头,这泉源的一部分属于邻边的亚柯城。(87)但支派拈阄所得之地是面对日落的山谷之地,以亚实突和多珥为界,其中包含雅比聂和迦特的地界,自以革伦到犹大支派地界的山脉。

23. (88)这事以后,约书亚将迦南的六个儿子所命名的六族之地分给九个半支派,因摩西之前曾以此嘱咐他。(89)摩西曾将以迦南之子的名字命名的亚摩利人之地分给两个半支派,之前我们已经提及,但属于亚基人、亚马太人和亚拉得人的西顿之地尚未分配。

24. (90)约书亚因年老而无法实行计划[而那些在治理上继承他的人很少关心公众的利益],于是他吩咐每个支派的人都要在他们拈阄所得之地上除灭迦南人,因摩西曾经预言,他们如此行就可以满足地得享安息。他们的安全和律法得以持守，也完全依赖此举。(91)另外，他将三十八座城赐给利未人，因之前他们已从亚摩利人之地得到十座城，其中三座设为被追杀之人可逃入的城邑，他们也可在里面居住。约书亚对于摩西所命之事异常忠心，没有丝毫违背。各支派所给的城邑如下：犹大支派的希伯仑，以法莲支派的示剑，拿弗他利支派位于上加利利的基低斯。(92)他也将剩余未分之地分给他们，他们每个人就因此得以丰足，他们的金子、衣服和家具都丰足，牲口数目数算不清。

25. (93)这事以后，他将军队招聚起来，便对约旦河那边亚摩利人之地的众支派讲话，他们拿兵器一起作战的人共有五万。"神我们希伯来民族的主和父，已将这地赐给我们为业，并应许保守我们得享这地直到永远。(94)你们在我们所需的凡事上乐意奉献自己，如今困难已过，便无需麻烦你们帮助我们。所以按照他公义的命令，你们已允准得以休息。如果我们将来再有任何需要，会再寻求你们的帮助，但如今我们不再缠累你们，免得将来有需要时，你们脚步迟疑。(95)因此我们为你们与我们一同经历危险而献上感谢，不仅这一次我们要感谢，还要经常如此行。我们将记得朋友们的美善，把所得的好处铭记在心。我们会记得你们曾为了我们的缘故将自己的安舒和享受放下，也会记得你们为我们如今所有的而劳力。因你们顺服神美善的旨意，定意在为我们提供了帮助之前，决不享受自己的产业。(96)但是你们也因参与我们的劳苦而得到大量的财富，如今你们可以把所得到的金银，我们对你们的祝福，和我们报答你们所施仁慈的心一起带回家。无论任何境况你们都可寻求我们的帮助，因你们未曾违背摩西曾经吩咐你们的任何话，也没有因他的离世而加以藐视，因此无论何事，都无法减少我们对你们的感恩之情。

(97)我们欢喜地送你们回到自己所得产业之地,我们也希望彼此之间的亲密关系并无阻隔,希望你们不会因我们之间阻隔的河流,而觉得自己是外族,并非希伯来人,因我们都是亚伯拉罕的子孙。虽然我们居住在这边,你们在那边,但是同一位神将我们和你们的先祖带入世界。(98)他所制定的敬拜方式和政体,我们都要依循遵守。因你们持守神的律法时,神也会显出怜悯而帮助你们。但如果你们与外邦亲近,忘记律法,他就会离弃你们。"(99)约书亚说完这席话,便向所有的人致意;他向首领一一致敬,也向全体会众致意。于是他继续留在原处,而那些支派的人踏上回家的路。人人热泪盈眶,因他们感到难舍难离。

26. (100)流便、迦得和玛拿西支派的人相继过了约旦河,他们在约旦河岸筑了一座坛,作为子孙后代的留念,也作为他们与约旦河另外一边众支派之间关系的记号。(101)河这边的人们听说回去的人筑了一座坛,却不知他们的用意是什么,他们以为这些人是想革新信仰,引进外邦的偶像。他们对这想法并不怀疑,并认为这筑坛拜神的传闻乃是事实。于是他们手持武器,要报复对岸那些筑坛之人。他们渡过约旦河,要去惩罚那些藐视律法的人,(102)因他们认为不能因这些人是亲族,或因为他们尊贵的身份就放任他们,乃要因神的旨意和他想要的敬拜方式来处理,(103)因此他们决定用武力解决。但约书亚、大祭司以利亚撒和众长老却阻止他们,并建议他们先以言语试探这些人的动机,如果发现他们动机不良,再以武力解决。(104)于是他们差遣以利亚撒的儿子非尼哈和十多个希伯来人中的尊贵人士充当使者,去探查这些人心中的想法,他们为何过河之后要在河岸筑坛。(105)这些使者一过约旦河,便到他们中间招聚会众。非尼哈站起身说道,他们的过犯很可憎,不能只是给予言语惩罚，或者只是让他们将来改过自新。当然，他们的过犯也没邪恶到必须立即诉诸武力和战争来惩罚的地步。基于血缘关系，也考虑到他们悔改的可能性，故差派这些使者前来。（106）"当我们知道你们去筑这坛的真正原因，便可能不会轻率地持械攻击。如果你们可以证明筑坛是为公义的缘故，并且所言属实，我们便以公义的方式对待你们。（107）因我们极难相信你们这些知道神旨意，并且听过神赐我们的律法的人，在与我们分离，借着神的恩典和保守归回拈阄而得之地以后，竟然忘记神，离弃我们独有的约柜和祭坛，并且引进外邦神明，效法迦南人的恶行。（108）如果你们当下悔改，离弃疯狂的恶行，并从内心遵行本国的律法，这还可视为小罪，但如果你们持续在罪中，我们便会因律法而忍痛割爱，为保守神及其律法，我们会渡过约旦河，视你们与迦南人无异，毁灭你们如同毁灭他们一般。（109）你们不要以为过了约旦河便脱离了神权能所及之地，因你们总是在属他之地，无法逃避他的权能和他加诸于人的刑罚。但如果你们认为所得之地阻碍你们的回转，便不需向我们隐瞒，因我们可以为你们重新划分地界，让此地成为牧羊之处。（110）我们在此恳求你们尽力回转，离弃所犯的罪，为了你们妻儿的缘故，不要使我们施以刑罚。愿你们把这些会众的安危视如自己和自己最亲近之人的安危，并且仔细思量，因被这些话说服比继续行恶受战争之苦要强得多。"

27. （111）非尼哈言毕，会中的长老和全会众便为受责之事致歉，他们说自己不会与对面的亲族断绝关系，也不是因革新信仰而筑坛。（112）因他们只有与所有希伯来人同样的独一真神，和会幕前献祭的铜祭坛。至于他们所筑的祭坛（他们因之而被怀疑），并非用以敬拜，"而是一个标志，纪念我们与你们之间永远的关系，也是一个必要的提醒，让我们行事有智慧，持续行在本国律法中，避免违背它。（113）在筑坛的事上，愿神成为我们真诚的见证，也求你们对我们改变心意，不要因我们尝试不同于惯例的新仪式，而将那罪归于我们，使亚伯拉罕的所有后裔被毁灭。"

28.（114）当他们如此回答，非尼哈便称赞他们。非尼哈回到约书亚那里，且在百姓面前报知他所得的回答。约书亚为此非常高兴，因他不用整兵开战而流人血，也不用对自己的亲族兴兵，于是他如素常一样向神献上感恩祭。（115）约书亚解散了会众，打发他们回归自己的住处，他自己却住在示剑。二十年后，约书亚已然老迈，他招集诸城中的尊贵人、长老、有权柄之人及尽可能多的普通人士。当他们前来，约书亚便提醒他们神所赐下的极多恩惠，且让他们铭记在心，因他们从仅有一块小地方逐渐变为享有极大荣耀和丰富的人。（116）他还劝这些人细查神对他们恩慈的心意，并且告诫他们，神会因他们的忠诚，继续与他们为友。现在是他离世的时候，因此他留下如此的劝诫，希望他们能够铭记在心。

29.（117）约书亚如此告诫他们之后便辞世，享年一百一十岁。他与摩西同住四十年，向摩西学习对他未来有助益的知识，他也在摩西死后的二十五年中成为以色列人的元帅。（118）他为人并不追求智慧和与民众雄辩的口才，但却于这两方面都很出众。无论行事为人或身临危险，他都显出极大的勇气与镇定。在各种环境中，他也彰显伟大的美德，并以智慧和谋略为百姓求得平安。（119）他被葬在以法莲地的亭拿。约在同时，大祭司以利亚撒也离世了，把大祭司之位留给他的儿子非尼哈。他的坟墓与墓碑都在基比亚城。

第二章

约书亚死后以色列人违背律法犯罪，经历极大祸患；
是时叛乱兴起，便雅悯支派被除灭，只剩下六百人

1.（120）约书亚和以利亚撒死后，非尼哈便预言说，按照神的旨意，他们应把领导权交给犹大支派，并且让此支派领导他们毁灭迦南族裔。此时百姓非常关切什么是神的旨意。他们也征召西缅支派作为帮助，与犹大支派共同协力，以免犹大支派被杀灭。

2.（121）此时迦南人非常兴盛，他们于比色城召集大军与以色列人开战。他们的统治者是亚多尼比色，此名意为"比色城之主"，因亚多尼在希伯来文是"主"的意思。此时，他们期望能重击以色列人，因为约书亚已经去世。（122）当以色列人（也就是之前提到的那两个支派）与他们开战时，以色列人荣耀地得胜，并且杀死敌人超过一万，剩下的敌人仓皇而逃。在追击中，他们生擒亚多尼比色，在砍下他的手指与脚趾时，亚多尼比色说：（123）"事实上，我没有任何事能向神隐瞒，正如我现在经历这事，我也曾毫无羞耻地对七十二个王做出同样的事。"（124）于是他们将他活着带至耶路撒冷，当他死后，他们将其埋葬入土，便继续攻取其他的城。他们攻取了许多城之后，就围攻耶路撒冷。在很短的时间内，他们攻取了下城，杀了所有的居民；但上城极难攻取，除非付出极大的努力，因那里城墙坚固、地势险要。

3.（125）因此他们将营地移至希伯仑。他们攻取上城的时候，也照样杀了所有的居民。可是那里仍然有些巨人族存留，他们身材高大，脸

面与一般人大大不同,见到他们的人都很惊怕,并且畏惧听见他们的声音。这些人的尸骨存至今日,对一般人来讲实在难以想象。(126)以色列人将这座城及两千座城的乡村分给利未人,作为极大的奖励,并且按照摩西的吩咐将迦勒当得之地作为礼物送给他。迦勒就是摩西差遣窥探迦南地的探子之一。(127)他们也将地分给米甸人叶忒罗的后代为业,因他是摩西的岳父,曾经离开自己的国家跟随他们,与他们在旷野同行。

4.(128)犹大支派和西缅支派取了迦南山地的诸城,并靠海的亚实基伦和亚实突。但迦萨和以革伦因居于平坦之地,且有许多战车可以大大击退进攻之人,就得以逃脱犹大支派和西缅支派。众支派借由战争而富足,便放下了打仗的武器,回到各自的城安居。

5.(129)居于耶路撒冷的便雅悯支派吩咐当地的居民纳税,于是他们放弃冒险及杀戮,专心耕种田地。其他支派便效仿他们,满足于收取赋税,允许迦南人与他们和平相处。

6.(130)但是以法莲支派围攻伯特利的时候,并没得着好处。他们付出了时间却没有任何回报,无法弥补围攻所受的苦难。于是他们便继续围在城前,也因此受了极大的痛苦。(131)过了一些时候,他们捉到一名投奔他们想获得补给的居民,他们便向此人保证,如果他能助他们夺取此城,他们便会保护他和他的亲族。这人向他们发誓,并向他们保证会将此城交于他们之手。如此,他便背叛这城而保守了全家。以色列人杀了所有的居民,并且将此城占为己有。

7.(132)之后,以色列人疏于打仗之事,不再攻打敌人,仅以耕地为业。因耕地而得的丰富产物,他们便忽略当处理之事务,只沉浸于享受和满足当中，也不再专心听从律法和管理。(133)神便对此发怒，指出他们因偏离善道而存留迦南人之事，并告知他们迦南人之后将抓住机会，大大奴役他们。(134)以色列人虽因神的警告而心情沉重，但仍然不愿兴起战事，因他们从迦南人得到了大量赋税，并且不愿因战争吃苦，放弃享乐。(135)他们也因政权腐败而受苦，因他们并没有设立律法所要求的官长。他们只是忙于耕种，从中获取财富。因他们已经习惯于懒散，一场争战在他们中间发生。他们彼此攻击，是出于以下原因：

8. (136)有一个住在以法莲地普通人家的利未人，娶了一位犹大地伯利恒的女子为妻。他因妻子的美貌非常爱她，但也因在感情上得不到相同程度的回应而苦恼。(137)妻子开始嫌恶他，致使他更加地爱慕她，于是他们天天吵架。最后妻子无法忍受争吵，便离开了丈夫，回到父家住了四个月。丈夫因妻子的离去而备受煎熬，因着对妻子的爱慕而去到岳父岳母的家中与妻子和好。(138)他在那里与岳父岳母同住了四日，期间蒙他们盛情款待。第五日他决定回家，并于晚间离开，因他妻子的父母不愿与女儿分离，所以拖延了时间。他们有一名仆人跟随，妻子骑驴而行。(139)他们走了约六公里，将近耶路撒冷的时候，仆人建议他们投宿，以免夜间赶路发生不测，特别是在这种连朋友都要防范的时间。(140)这名丈夫对此建议不悦，并不想在陌生人中求宿，因那城属于迦南人。他宁愿多行四公里，在以色列人的城中投宿。如此，他来到便雅悯地的基比亚，天色已然黑了。(141)市集附近无人邀他同住，只有田间走来的一名老者，这名老人属以法莲支派，居于基比亚。老人见到他之后，便询问他的身份和这么晚前来的原因，也问他为何天黑才寻求晚餐的供应。(142)他回答说自己是一名利未人，从妻子的父家而来，现在带着妻子回家；他还告诉老人自己住在以法莲地。于是老人因他住在亲族之地，又意外相遇，便留他与自己同住。(143)住在基比亚的年轻人于市集看到那人的妻子，便垂涎妇人的美貌。当他们得知她投宿在老者家中，便因老者家中人丁稀少而上门非难。老人劝他们离去，不要在此施行暴虐，他们却要老者交出这陌生女子，才不会伤害于他。(144)老人告诉他们这利未人是他的亲族，并警告他们若被欲望胜过而行大恶，就是违反律法，必被定罪。他们轻视老者公义的警告，并向他大发嘲笑。他们还威胁老者，如若再加妨碍便会杀死他。(145)老者因而陷入极大的悲痛，却仍不愿对客人袖手旁观，于是他把自己的女儿交给他们，并告诉这些人，他们以他的女儿满足情欲，比凌虐他的客人罪过小些。他自己认为此举可以避免客人受害。(146)这群人无法打消对这陌生女子的思恋，且极度想要得到这名女子，而老者一再请求他们不要犯下如此不义之罪。但他们仍强行将这女子带走，发泄自己的欲望。他们将女子带到自己的家中，整夜与她交合，到破晓才让她离去。(147)她回到被接待之处，因所发生的事非常伤痛，因被凌虐非常痛苦。她因羞耻不敢面对丈夫，认为丈夫因她所行之事，永远不会原谅她。后来她倒在地上，断了气。(148)她的丈夫以为妻子睡着得甚快，没想到悲愤之事已经发生。他力图将她唤醒，并想以温柔的言语待她，因她并非自愿与男子们交合，乃是被强行带走。(149)当他发现妻子已死，便谨慎处理这大不幸之事。他将妻子的尸体放在驴背上，将其驮回家中，又把妻子的尸身切成十二块，送去各个支派，且命令送信之人告知那些施暴之人所属的支派，他妻子的死和加在她身上的暴行正是出于他们。

9.（150）众支派因所见之物和所听之事而大起骚动,因他们以前从未经历这样的事。他们因极大的义怒聚集在示罗,在会幕前集结大会,并立刻决意要向基比亚的居民动武,把他们看为仇敌。(151)但长老为此拦阻他们,并劝他们在基比亚人对所控诉之事发表陈词前,不应如此仓促攻击同族之人,因按律法所言,在他们看起来受到伤害时,不得兴兵讨伐外族人,除非先派使者前去看他们是否愿意悔改。(152)在长老一再劝告之下,他们就顺从律法,派人前往基比亚,要他们交出那些犯罪之人,如若基比亚人交出犯罪之人,他们便会惩罚罪犯而放过其他人;但基比亚人若藐视使者,他们便会诉诸武力讨伐他们。(153)因此他们派人到基比亚的居民中,控诉那些年轻人对利未人之妻所犯之罪行,并且勒令他们惩罚那些违背律法之人,将他们置于死地。(154)但基比亚的居民并不想交出那些年轻人,认为因惧怕战争而同意他人的要求,是极大的羞辱。于是他们吹嘘自己不会在战事中处于下风,并因自己的勇气和人数而骄傲。因基比亚人如此无礼野蛮,其余的支派便为战事积极准备,决意以武力来攻击。

10.（155）基比亚的居民决意与以色列人开战,以色列人便起誓不将自己的女儿嫁与便雅悯人,且以比我们所知先祖与迦南人的战争更为猛烈的方式与他们开战。(156)以色列人派四十万大军出战,便雅悯以二万五千六百人的军队迎击,这之中的五百人精于左手机弦甩石。(157)两军交战于基比亚时,便雅悯得胜于以色列,以色列阵亡二千人。若不是黑夜临到而被迫停战,想必死亡人数可能更多。(158)便雅悯人欢喜回城,以色列人却心中惊怕地回到营中。他们于次日再次激战,便雅悯人再得胜,有一万八千以色列人阵亡,其余的人因害怕被杀而弃营逃跑。(159)他们来到离营不远的伯特利，并于次日禁食。大祭司非尼哈祷告恳求神，愿他的忿怒停止。他恳求神使失败离他们而去，并且赐予他们得胜和能力，可以战胜敌人。因此神借着非尼哈的预言应许他们如此行。

11. (160)于是他们兵分两路，一队在夜间埋伏于基比亚城外，另一队则于攻打便雅悯人之后即刻退兵。当被便雅悯人追赶时，希伯来人就慢慢地引他们出城，其他人也要跟随他们如此行，(161)直等到软弱无法争战的老年人与留在城中的青年人也都一起追赶想要击败他们。但当他们离城很远时，希伯来人就不再跑了，反倒回头迎击他们，并向埋伏之人升起之前所定的信号，(162)他们便可立即起身发声呐喊，迎向敌人。此时，发现自己中计的便雅悯人不知如何是好，当他们被追至深谷中，便被包围之人射杀，直到他们除了六百个人以外全部阵亡。(163)这六百个人团结一队冲出敌围，逃至邻近的山上，便留在那里，其余被杀死的有二万五千人。(164)以色列人焚烧基比亚城，杀光了所有的妇女及年幼的男童，并以相同方法对待便雅悯其余的城邑。他们另外出兵一万两千消灭基列雅比，因这城的人不肯与他们同去剿灭便雅悯。(165)他们杀尽了所有参战的男人，连同他们的妇孺，除了四百个处女。他们如此忿怒，并非仅仅是为利未人的妻子报仇，也是为战争中阵亡的军士们报仇。

12. (166)他们虽然觉得这些人因违背律法而得到了公义的审判，但是事后却为带给便雅悯支派的大灾难而后悔，并且为此禁食。于是他们派遣使者招集那逃脱的六百人，就是那些暂居旷野中称为"临门磐石"之地的人。(167)使者们不但为降在便雅悯支派的大灾难而哀哭，也为自己失去亲族而哀哭。于是使者们劝说他们忍耐，接受事实，并且回转与他们联合，使便雅悯支派不致全然毁灭。使者们说："我们准许你们取回便雅悯之地，也准许你们尽可能多地拿回掳去的财物。"（168）这些人为神旨意所成就之事及他们行恶的结果，悲伤地悔过，并同意那些邀请他们回归故土的人。以色列人将基列雅比的四百名处女给他们为妻，也为没有妻子的两百人谨慎思考，如何帮助他们娶妻生子。（169）因他们曾在开战之前立下誓言，不将女儿给便雅悯人为妻。有人建议可以不理会这誓言，因这誓言并未经过仔细思考和明智决定，只是在情绪所起时而立。如果他们能救一个支派于灭亡的边缘，就不算是得罪神；在必须的情况下背弃誓言，并非是一件悲伤且危险的事，不像怀着恶意去行。（170）长老正因背誓之词而恐惧时，就有人说可以给他们指明一条路，不但可以让便雅悯人娶妻，且能持守他们的誓言。他们问他到底用什么方法，他说："我们的妻女一年三次和我们一同上示罗，（171）那时我们允许便雅悯人来抢，所强夺去的女子便成为他们的妻，我们对此既不拦阻也不鼓励；若父母们对此不高兴，并希望我们惩罚他们，我们就说所发生的事是因他们自己疏忽保护女儿所致。他们对便雅悯人不会过分恼怒，因当下的恼怒已经够大了。"（172）以色列人被说服并接纳了这个建议，并且传令便雅悯人可以为自己抢妻。当节期来临时，这两百名便雅悯人就埋伏在城前的葡萄园和其他可以躲藏的地方，两三个人一组等待前来的处女。（173）前来玩耍的女子并不认为有事会发生，所以毫无顾忌地走来。那些躲藏的人便从路间跳出捉住她们，因此便雅悯人便得到了他们的妻子。他们回去耕种，并妥善经营，回复往日快乐的生活。（174）这就是便雅悯支派在险遭灭族之后，因着以色列人的智慧得以保存自己的方法。从此他们便大大兴盛，很快地成为大族，也因此得享众多福乐，战争也因此宣告结束。

第三章
此次遭难后，以色列人越发行恶，去服侍亚述人；
神借着俄陀聂拯救他们，俄陀聂治理他们四十年

1. （175）但支派如今遭受便雅悯支派相同的苦处，原因如下：（176）当以色列人离开军士操练专心务农时，迦南人便藐视他们，并且聚集军队，并非因希伯来人使他们受苦，乃是想要照他们所喜悦的加害于希伯来人，这样他们就可以使自己所居住的城邑更加稳固。（177）于是他们预备战车，聚集所有的军队。他们的城邦也联合在一起，并且夺取了本属犹大支派的亚实基伦和以革伦，以及很多在平原的城邑。他们还使但支派的人被迫退入山地，甚至不在平原之处给他们立足之地。（178）但支派的人没有能力回击他们，也没有足够的地土生存，于是便差遣五个人去中部的城邑寻找可移居的地土。这些人到了黎巴嫩山和约旦河源头的境界，就是西顿的大平原上，距离那城还有一日的路程，他们看到这片平原物产丰富，就回去告知自己的支派。他们与军队来到此处，就建立但城，此城以雅各儿子的名字命名，也是以他们自己支派的名字命名。

2. （179）以色列人变得懒惰、不愿吃苦，于是灾殃更重地加给他们；部分原因也是他们藐视神圣的敬拜生活。一旦离开了政权管理的约束，他们就更加放纵，按照自己的喜好和意思去生活，他们中间就满了盛行在迦南人中间的恶行。（180）于是神对他们发怒，他们因享乐而失去了

付出重大代价而得的福地。当亚述王古珊对他们开战时，他们在战争中失去了大量的士兵，也因此被围困，敌人以武力夺取他们的城邑。（181）有些人因惧怕而自愿投降，敌人索取的贡物也超乎他们所能承担的，但他们仍然需要支付，并且受到如此的压制达八年之久。他们得自由的原因如下：

3.（182）犹大支派基纳斯的儿子俄陀聂，是个满有活力和大有胆识的人。神指示他不要对以色列人当下的苦情袖手旁观，乃要勇敢地争取自由，于是他得到一些帮手，一同参与这危险的任务［他们中的一些人，有的是因对他们现在所处的景况感到羞愧，有的是想要改变而前来帮助他得胜］。（183）他首先消灭了古珊设立在他们那里的驻军。当第一次的尝试成功后，更多的人前来帮助他，于是他们与亚述人开战，并且赶走了亚述人，直到幼发拉底河的那边。（184）因此俄陀聂因着他的英勇而被民众赋予审判百姓的权力。他治理百姓四十年就去世了。

第四章
我们的百姓服侍摩押人十八年，
此后以笏拯救了他们，并治理他们八十年

1.（185）俄陀聂死后，以色列人的生活再次陷入混乱，他们不仅不将荣耀归给神，也不顺服律法，他们的痛苦越发加增。（186）摩押王伊矶伦见他们的政权管理混乱就大大藐视他们，与他们争战，并在几场战役中得胜。他使最勇敢的人降服，并完全制服他们的军队，又让以色列人

纳贡。(187)伊矶伦在耶利哥建造王宫,尽力压迫以色列人,使以色列人困苦穷乏了十八年。但神再次可怜以色列人,不但因他们的苦情,也因他们向他的祷告,神就向他们发怜悯;于是神将以色列人从摩押人的苦待中释放出来,他赐自由的方法如下:

2. (188)便雅悯支派有一位年轻人名叫以笏,是基拉的儿子,他胆识过人、身强体壮,且习惯于苦工。此人将他全部的力量放在他善用的左手,他也住在耶利哥。(189)他与伊矶伦渐渐熟络,借着馈送礼物得王的欢喜,逐渐取得王的信任,也被王身边的人喜爱。(190)有一次他与两个仆人带礼物给王,他事先将匕首偷偷藏在身体右侧,便去觐见。那时是盛夏的正午,守卫们都疏于看守,不但因为高温,也因为是用餐时刻。(191)这位年轻人将礼物献上的时候,王正在一间舒适的小客厅避暑,他们彼此交谈。王因想与以笏私聊而遣散仆人出去,他们便单独在那里。(192)此时王坐在他的宝座上,以笏唯恐失手无法给王致命一击,(193)于是起身说自己偶得一梦,内有神对王的命令。王因此高兴地从宝座上跃起。以笏就刺向他的心脏,将匕首留在他体内。他出去后,将门关闭。王的侍仆毫无警觉,以为王在休息。

3. (194)于是以笏将他所行之事悄悄地通知了耶利哥的众人,鼓励他们重得自由。听见的人都因此欢喜,他们拿起武器,差遣使者通知全国,吹响得胜的号角,因为这是我们用来召聚百姓的习惯。(195)伊矶伦的仆人仍不知他们早已大祸临身,到了晚上,他们担心意外发生,便进入王的客厅,发现王已死去,便不知所措。在守卫们集结成军前,以色列人已经到来。(196)他们中的一些人即刻被杀,其余的人逃跑回到摩押地,以求自保。逃跑的有一万人之多。以色列人渡过约旦河,继续追杀他们,很多人死在约旦河边，没有一人生还逃离以色列人的手。(197)因此，希伯来人从摩押人的奴役中得了自由，以笏因此在百姓中得居高位，他掌权八十年就去世了。除了上述功绩使他应得众人称扬之外，他也的确是一个值得赞赏之人。在以笏之后，亚拿的儿子珊迦被选为他们的领袖，但他在执政第一年便去世了。

第五章

迦南人奴役以色列人二十年；之后巴拉和底波拉将他们拯救出来，并且治理他们四十年

1. (198)以色列人并没从过去所遭遇的不幸中得到教训，转离恶行，他们仍然不敬拜神，也不遵行律法。他们还未从摩押人的奴役下喘过气来，又被迦南王耶宾奴役。(199)耶宾来自位于西墨可尼湖之上的夏琐，他带着三十万步兵、一万马兵和不少于三千辆的战车前来。西西拉是他军队的元帅，也是王所宠爱的第一人。他在交战之时大败以色列人，并命令他们纳贡。

2. (200)于是以色列人继续受苦二十年，因为他们没有从自己所经历的痛苦中变得更聪明。但神却借着痛苦使他们从顽梗和悖逆中回转。当他们为此忏悔，明白所受的灾难乃是因为他们背弃律法时，他们便哀求他们中间的女先知底波拉［她的名字在希伯来文中是"蜜蜂"的意思］。(201)他们希望底波拉向神祈求怜悯，不对他们袖手旁观，因他们要被迦南人毁灭了。因此神赐下救赎，为他们选择了一位将领，名叫巴拉，此人

是拿弗他利人，他的名字在希伯来文中的意思是"闪电"。

3. （202）底波拉去找巴拉，吩咐他拣选一万青年人去与敌人争战，因神说这数目已经够了，且应许他们得胜。（203）但巴拉说他不愿成为将领，除非底波拉愿意与他同为将领出战。底波拉对他所说的感到忿怒，于是回答说："巴拉啊！神所赐你拯救的权柄要交在一个妇人的手中，为此我并不推辞！"所以他们招集一万人在他泊山下扎营。（204）他们在那里遇到奉王命前来扎营的西西拉，两营相距很近。巴拉和以色列人因敌人众多而惧怕，决意退兵。但底波拉拦阻他们，并命令他们今日就与敌人交战，他们将会战胜迦南人，因神会成为他们的帮助。

4. （205）于是战事开始。正在近距离争战时，天上降下风暴，里面夹杂着大量的雨水和冰雹，狂风卷着雨水倾倒在迦南人的脸上，使他们的眼睛昏暗。他们的弓箭和弹石也无用武之地，空气中的寒风使他们根本无法使用刀剑。（206）这风暴却没有为以色列人带来不便，因为风乃是从他们背后吹来。以色列人刚强壮胆，因他们心中知道神在帮助他们。他们冲入敌军，杀了无数的人。部分敌人被以色列人所杀，部分从惊惶的战马上跌落，还有一些被自己的战车所伤。（207）西西拉一见战败，便匆忙逃跑，逃至基尼妇人雅亿的家中，那妇人收留他藏身于此。他请求妇人给他一些东西喝，她便将酸乳给他。（208）他喝了很多，无法计量，便昏昏睡去。他睡着之后，雅亿便手持锤子，将铁钉穿透他的太阳穴钉入地板。不久，巴拉赶来，雅亿便将西西拉的尸身给他看，（209）这正是底波拉所预言之妇人取得的胜利。巴拉在夏琐看到耶宾，与他交战，就杀了他。迦南人的将领死后，巴拉灭了全城，直到城的根基。巴拉做以色列人的元帅四十年。

第六章

米甸人和外邦人与以色列人争战，击打他们，且苦待他们七年。基甸将他们拯救出来，并治理百姓四十年

1. (210)巴拉和底波拉差不多同时去世，米甸人便召集亚玛力人和阿拉伯人为帮手，与以色列人开战，以色列人很难打败他们。他们焚烧地上的出产，并抢夺掳物。(211)他们如此行三年之久，以色列百姓便离开平原的城邑退入山中。他们还为自己在地下挖沟和洞穴，躲在里面逃脱他们的敌人。(212)米甸人在收割时便前来抢夺，却允许他们冬天耕地，这样当别人忍受痛苦时，他们便可坐享抢夺的出产。于是饥荒接连而来，粮食缺乏。以色列人向神哀求，求他拯救他们。

2. (213)玛拿西支派族长约阿施的儿子基甸正悄悄地带着自己的谷物捆在酒榨那里打谷，因他非常害怕敌人，所以不敢公开在谷场打谷。正在此时，一个看似年轻的人向他显现，说他是个蒙福的人，且蒙神所爱。他立刻回答说："我蒙神所爱的一个大征兆，就是我没去麦场打谷，而在酒榨那里打谷！"(214)向他显现的人劝他鼓起勇气，并试着重新得回他们的自由。他回答说，自己不可能重新得回自由，因他所属的支派人数太少；而且他这么年轻，如此艰巨的任务，想都别想。那人应许他，神会供应他一切的缺乏，并在他的领导下赐给以色列人得胜。

3. (215)基甸将此事告诉一些年轻人，他们相信他，于是很快有了一支一万人的军队，准备打仗。但神在基甸的梦中显现，告诉他说，人们

都太过于爱他们自己，是至善美德的仇敌。他们可能不会将得胜归功于神，反倒归功于自己的能力，因他们已经形成大军，可以自己对敌人宣战。（216）为了让他们知道是神在帮助他们，神建议基甸在中午正热的时候将军队带到河边，那些屈膝饮水的人，是果敢的人；那些吵闹没秩序喝水的人，是会因敌人而惧怕的人。（217）基甸便按神所吩咐的去行，他找到三百个吵闹的、用手掬水来喝的人。于是，神就命令他拣选这些人去攻击敌人。如此，他们在约旦河边扎营，准备第二天渡河。

4. （218）因为神预先告诉基甸要在夜间攻打敌人，他对此非常害怕，但是神却使他从惧怕中得释放，让他带着一名士兵，就近米甸人的军营，并告诉他在那里便可提升胆量、变得勇敢。（219）基甸顺服神，带着自己的仆人普拉前去。当他靠近敌人营地时，发现帐篷中的人仍然醒着，其中一个正在对他的同僚讲述自己的梦境，基甸在外面听得一清二楚。梦境是这样的：那人梦到自己看到了大麦饼，是坏掉、人不能吃的。那饼滚过军营，将王的帐篷和士兵的帐篷撞倒。（220）另一个士兵认为这个梦代表全军的毁灭，并且告诉那人如此推测的原因：因大麦的种子是所有种子里面最卑贱的，而以色列人是所有亚细亚人当中最卑贱的，正如大麦的种子一般。（221）以色列人中最大的就是基甸和跟随他的军队，你说看见麦饼推倒我们的军营，那恐怕是神要使基甸得胜于我们了。

5. （222）基甸听到这梦，便重拾盼望和勇气。他命令他的士兵们整装，并将敌人的梦告诉他们。士兵们也因此鼓起勇气，且预备好行基甸所命令之事。（223）基甸将士兵们分成三队，每队有一百人。他在夜里约四更时带队出营，士兵们手中握着空瓶和火把。他们如此突袭却没被敌人发现。他们的右手还拿着羊角，用来代替号角。（224）敌营占地很大，因他们有很多骆驼。他们按不同的族分开，把营地围在一个圆圈内。
(225)希伯来人按之前的命令而行，当他们接近敌人的时候，便吹羊角发
出信号，之后打破空瓶，用火把点燃敌营，并且大喊："因神的帮助，基甸
必然得胜。"(226)因为是夜间，敌人在半睡半醒中充满了惧怕和混乱，正
如神的计划一样。他们一些人被以色列人所杀，但大部分人却因彼此语
言不通而被他们自己的军兵所杀。一旦进入混乱，他们便杀了所有能看
到的人，以为都是敌人，于是展开了一场大杀戮。(227)当基甸得胜的消
息传到以色列人那里，他们便拿起武器，追赶他们的仇敌。他们在一个
被水包围的山谷内追上敌人，因那地无法出去。以色列人包围敌人，并
且将他们全部杀死，连他们的王俄立和西伊伯也都在内。(228)剩下的
将领们，带领那些余下的士兵，约有一万八千人，在离以色列人营地很远
的地方安营。基甸不顾自己的伤痛，带着全军追赶他们，与他们争战，最
终杀死所有的敌军，并且掳获了他们的首领西巴和撒慕拿。(229)在这
场战役中，米甸人和他们的辅军阿拉伯人共死了十二万，希伯来人因此
得了大量的战利品，包括金银、衣服、骆驼和驴。当基甸回到自己的城俄
弗拉，便杀了米甸王。

6. (230)以法莲支派却因基甸的成功不悦，决定与他开战，并且控
告他没有事先告诉他们攻打敌人之事。但基甸为人冷静，德行过人。他
为自己辩护说，没有与以法莲人一同抗敌，并非他的自我权力和主张所
致，乃是因为神的命令。这得胜不但属于那些士兵，也属于他们。(231)
他们因此平息了怒气。基甸因从内乱中拯救了百姓，将更多利益带给希
伯来人，比得胜仇敌得到的更多。之后，这个支派因他们对基甸的中伤
而受到惩罚，我会在恰当的时候写出。

7.（232）基甸本想放下治理之职，但他被说服，统管以色列人四十年。人们因有难处前来找他，他都凭公义待他们，百姓也尊重他所决定的所有事务。他死的时候，被埋葬在自己的城俄弗拉。

第七章
接续基甸的士师与邻国长期争战

1.（233）基甸有七十个嫡生的儿子，因他有很多妻子。他也与妾杜玛生了一个庶子，名为亚比米勒，这儿子在他父亲死后，便退居他母亲亲族所住的地方示剑。（234）他与不法之人一同得利，并与他们一同返回他父家，杀了所有的兄弟，除了约坦，因他很幸运，得以逃脱得蒙保守。亚比米勒将政权改为独裁制，并立自己为主。他随自己的喜好而行，并不遵守律法，且严惩那些谨守公义之人。

2.（235）示剑城的某次公共节庆之时，百姓全都聚集。我们之前提及那逃脱的兄弟约坦上了示剑旁的基利心山，且大声哭嚎。百姓全都听到他的声音，便留意倾听。约坦希望他们思考他所说的话，（236）所以当众人安静下来，他便说："当众树木都有人声的时候，它们便聚集开会；它们决定让无花果树统管它们，但却遭到它的反对。它想要自己独享尊荣，因它所结的果子实在特别，别的地方无法得到。众树木并没有放弃立王的想法，所以它们决意让葡萄树得享这份尊荣。（237）当葡萄树被选为王的时候，它也用与无花果树相同之词，为自己不担政权而开脱。当橄榄树也如此行的时候，荆棘[这是一种极好的燃木]便被众树木推举为国家的统治者。(238)它应承统管众树，并对此大发热心。如此一来，众树木就必须被遮蔽在荆棘的阴影之下，如果有反抗或毁灭它的意思，它内中的烈火便会毁灭众树。"(239)约坦告诉众人，他所说的故事并非为博他们一笑，因他们曾从基甸大大蒙恩，却在亚比米勒做王的时候袖手旁观。不但如此，他们还与他一同杀害他的众弟兄。这亚比米勒与烈火无异。他说完这些就离开了，并且隐居深山三年，因他惧怕亚比米勒。

3. (240)节期之后不久，示剑人便为杀了基甸的众子而悔改，并且从他们的城邑和支派中赶走亚比米勒，因此，亚比米勒图谋毁灭此城。(241)在收葡萄的季节，人们不敢出门采摘葡萄，因他们害怕亚比米勒会加害于他们。这时候来了一个名为迦勒的人，住在他们中间，他大有权柄，并且带着士兵和亲族。示剑人期望这人在他们采摘葡萄的时候予以保护，他就答应他们。于是，示剑人出去，迦勒便带着士兵跟随他们，(242)他们便安全地采摘葡萄。当他们吃晚饭时，一些人公开咒诅亚比米勒；众官长也于城中各处埋伏，逮捕了许多亚比米勒的跟随者，并且将他们处死。

4. (243)有一个示剑的官长，名为西布勒，他曾经接待亚比米勒。西布勒派出使者，把迦勒煽动百姓之事告诉亚比米勒，并叫他在城前设埋伏，而西布勒会劝说迦勒出城讨伐亚比米勒，这样亚比米勒便可趁机报仇。当亚比米勒如此行之后，西布勒便会带他回城与众人和好。(244)于是亚比米勒和手下的兵士埋伏在一处。迦勒住在乡村，并无任何保护，而西布勒与他同在一处。当迦勒看到士兵冲到近前，他便告诉西布勒有人拿武器前来。(245)西布勒却回答说，那只是大石的影子。当士兵们更加近前，迦勒发觉后说道，这些并非影子，乃是埋伏之人。但西布勒却说:"你不是嘲笑亚比米勒胆小吗? 你何不上前还击,显出自己的英勇?"(246)迦勒便在混乱中与亚比米勒开战,一些跟随他的人被杀,因此他带领众人逃入城中,但西布勒却早已在城中安排,致使他们驱赶迦勒出城,并让亚比米勒的士兵以此嘲笑迦勒的胆小行径。(247)亚比米勒知道示剑人会再度出城采摘葡萄,便在城前埋伏,当他们出来的时候,他的第三队士兵便占据城门,防止示剑人回城。其他人追赶四散的人群,并在各处杀死他们。(248)他彻底倾覆示剑,使这城再也经不起包围攻击。他又在此城的废墟上撒盐,促使士兵们杀光所有的示剑人。那些逃离示剑、脱离危险的人,聚集在一块磐石处,并且住在那里,预备在那里修建城墙。(249)当亚比米勒知道他们的如此意图,便加以阻挠,他前去袭击,并且以干燥的柴捆围住那里。他不但自己携带柴捆,也鼓励士兵们效仿他如此行。当那磐石处被柴捆包围的时候,他们便在其上放火,并且将易燃之物投入,火情便加剧。(250)无一人逃离那磐石,他们与妻儿尽都死亡,共有一千五百人之多。此乃降于示剑人的大祸,人们因他们而悲痛,因他们伤害理当报答之人,所以得到相应的惩罚。

5. (251)以色列人因亚比米勒加诸示剑人的苦难而害怕。亚比米勒公然夺取更大的权力,广施暴虐,为要铲除所有人。他攻打提比斯,瞬间便将这城夺取。众人都逃入城中的一座高塔,亚比米勒便准备围攻。(252)当他正在城门附近忙于攻打时,一个妇人将一块磨石丢在他的头上,亚比米勒便因此仆倒。他恳求替他拿兵器之人杀死他,免得别人认为他是死于一个妇人之手,那人便按他说的去行。(253)他的死,是他对众弟兄所行恶事的惩罚,也是对示剑人残暴无理的惩罚。示剑人所经历的大患,正如约坦的预言一般。跟随亚比米勒的军队,因他的死亡而四散，各回各家去了。

6.（254）玛拿西支派的基列人睚珥统管以色列人，他在各方面尽都蒙福，特别是他的孩子，都有良好的品格。他共有三十个孩子，都善于骑马，他们被委派管理基列各城。睚珥统管以色列人二十二年，并于年老时去世。他被葬在基列的加们。

7.（255）希伯来人的一切事务都管理无序，逐渐混乱，他们离弃了神和律法。于是亚扪人和非利士人轻视他们，兴大军前来毁灭他们。当他们夺取了庇哩亚，便无理地妄图夺取全地。（256）犹太人因所经历的苦难而回转，向神献上祈求。他们献祭给神，求他不要使灾难更大，反因他们的祷告而止息他的怒气。于是神对他们施行怜悯，并准备帮助他们。

8.（257）当亚扪人侵入基列地的时候，那里的居民预备与他们在山上交锋，但是缺少将领。这时有一个名为耶弗他的人，不仅继承了父亲的美德，也自行供养军队，是个有权势的人。（258）因此以色列人派遣使者到他那里，期望他前来给予帮助，并且应承他一生都可以统管他们。但耶弗他并没有应允他们的请求，反倒指责他们在他众兄弟不公地对待他时，没有给予帮助。（259）耶弗他的兄弟们因他是父亲所钟爱的外来之异母所生，便因此排挤他。他们如此行，是因为轻视他的能力。（260）因此，他住在基列地，接纳各处来投奔之人，并且给他们工价。以色列人迫使他接受管辖他们的权柄，并且发誓保证让他一生统管他们。于是他带领他们开战。

9.（261）耶弗他随即掌管他们的事务，将他的军队驻在米斯巴，并且差使者到亚扪[王]那里，斥责他不公平地占领他们的地土。亚扪王传回一段信息,斥责以色列人出埃及时曾要将他赶出亚扪的地界,夺取他的祖产。(262)耶弗他回复说,亚扪王不能因亚扪地之事而责备他的先祖,反倒应该感谢他的先祖将地土留给他们,因为摩西本来可以夺取那地。他们也不能离开神所赐的地,因他们已经住了三百年,他们会以战争来保护此地。

10. (263)他如此回应后,便打发使者离开。他祷告得胜,并向神许愿:如果他能平安回家,就会献上第一个看见的活物。于是他与敌人对战,并且取得胜利,追赶并杀戮敌人,直到米匿。他进入亚扪地,将他们的许多城倾覆,并掳掠财物,让他自己的百姓在被奴役十八年后得以自由。(264)当他回来时,随即陷入与得胜毫无关系的痛苦中,因他的女儿第一个前来迎见他,这女儿是他的独生女,仍是童女之身。耶弗他因极大的痛苦而大大哀哭,并且责怪女儿太快来见他,因他必须要向神还愿,将女儿献祭。(265)他的女儿并没有因此抱怨,反倒愿意为父亲的得胜和同胞的自由而死。她只愿父亲准许她离开两个月,与同伴一起为她的青春哀哭。耶弗他允准她,并要在之前提及的时间献女儿还愿。(266)当日期满了,他将女儿献为燔祭。这样的献祭既不合律法,也不被神悦纳。听者须当自己权衡,不要效法这样的行为。

11. (267)以法莲支派起来反抗他,因他没有带他们一起去和亚扪人争战,也因他只将掳物和荣耀归给自己。他对以法莲人说,首先,他们并非不知道他的亲族如何起来反抗他,当他恳请他们时,他们并没有给予帮助,如今却不请自来。(268)第二,他们尽行不义,因他们没有足够的勇气对抗敌人,只会与亲族为敌。他还威胁他们,如果他们不放聪明些,他就会在神的帮助下惩罚他们。(269)他并没能说服他们,于是派遣

247

从基列召回的军队与他们争战，并在他们当中大肆屠杀。当以法莲人被击退时，他便追赶他们，他事先派出兵丁把守通往约旦河之路，杀了他们四万两千人。

12. （270）耶弗他治理以色列人六年便去世了。他被葬在自己的城，就是基列地的斯比。

13. （271）耶弗他去世后，伯利恒犹大支派的以比赞统管以色列人。他有六十个孩子，其中三十个是儿子，剩下的均为女儿。他为女儿寻找夫婿，为儿子寻找妻子。除此之外，他在七年的执政当中，并没有任何值得纪念和记载的事。他年老而死，葬在自己的城。

14. （272）以比赞过世后，西布伦支派的以伦继承他统管以色列人有十年之久，也没有做任何值得纪念的事。

15. （273）以法莲支派希列的儿子押顿生于比拉顿城，他在以伦之后取得权位。他唯一被记载的就是为自己的孩子们欢喜，因那时四境平绥安定，他也没有任何荣耀的功绩。（274）他有四十个儿子，从他们又出了三十个孙子。他的子孙善于骑马，他便借这七十人统管四境。押顿年老去世，光荣地下葬在比拉顿。他去世的时候儿孙都健在。

第八章
参孙的英勇，以及他如何制伏非利士人

1. （275）押顿死后，非利士人战胜了以色列人，使他们纳贡四十年之久。他们从苦难中得救是因为如下原因：

2. (276)一个有极大美德的人,名叫玛挪亚,很少有人能与他相比,他无疑是国中极重要的人。他有一位美貌出众的妻子。他没有孩子,他因没有后裔而心神不安。他祈求神赐下从他们所出之后裔,可以继承他们。因此,他与妻子时常去乡村,那村子就在大平原之上。(277)他对妻子的爱已经到了痴狂的地步,也因此产生嫉妒之心。有一次,他的妻子独处之时,看到一个灵体。那本是神的使者,外表好似一个高大俊美的年轻人。那天使为她带来好消息,因神的供应,她将产下儿子。那孩子将是俊美的小孩,且有大能力,当他长大成人的时候,非利士人就会受苦。(278)那天使嘱咐妇人不可剪这小孩子的头发,也不可让他喝酒〔这是神所吩咐的〕。那天使奉神的旨意将信息传达之后,便回去了。

3. (279)那妇人在丈夫回家之后,就将天使所说之事告诉丈夫。在诉说之时,妇人对那年轻男子的高大俊美显得无比仰慕,这使她丈夫十分惊讶。这丈夫因嫉妒而激起了怀疑之心。(280)那妇人希望丈夫不再处于无名的痛苦中,便向神祈求再次差派天使,让她的丈夫看见。因神的眷顾,天使再次前来。那时他们正在乡村,在丈夫不在、妇人独处时,天使向她显现。那妇人希望天使稍作停留,她要带丈夫来看。天使答应了她,她便去叫玛挪亚。(281)玛挪亚看到天使时,仍旧没有停止怀疑,他希望那天使讲出他对妻子所说的一切话。当天使说出他只对妻子说过的话,玛挪亚便问他到底是谁,以便在孩子出生的时候向他道谢并馈赠礼物。(282)天使回答说他并不想要礼物,因他向这对夫妻传达生子的好消息,不是为了任何需求。玛挪亚恳请他留下接受款待,他没有答应。最终那天使因玛挪亚最真挚的邀请而留下,玛挪亚便款待他。(283)玛挪亚宰了一只山羊羔,并让妻子煮熟。一切齐备之后,天使便吩咐他们不要把面包和肉放在器皿之中，而是置于磐石之上。（284）他们便如此行，天使以手中的杖触肉，突然火光一闪，肉和面包便被烧尽，天使便在他们眼前乘云升到天上。玛挪亚惧怕因见神而遭遇不测，但他妻子让他鼓起勇气，因神是为了赐福给他们而向他们显现。

4.（285）于是，那妇人有了一个孩子，并谨守天使赐给她的命令。他们在孩子出生时便叫他参孙，意为"强壮"。孩子逐渐长大，他节制饮食并蓄留头发，并且显出他将会成为先知。

5.（286）当参孙与父母来到非利士人的城亭拿，正遇上盛大的节期。他爱上了那里的一位女子，期望父母可以让他娶那女子为妻。他的父母不同意，因那女子并非以色列族裔。但这婚事乃出于神，要让希伯来人因此得益，因此神说服他父母为他娶回女子。（287）参孙在探望父母的途中，偶遇一只狮子，他虽然手无寸铁，仍以拳头搏斗，并用路旁的木片将那兽刺死。

6.（288）另有一次他去探望那女子，看见一群蜜蜂在那死狮胸口筑巢，便带了三块蜂房，把蜂房连同其他礼物都交给那女子。（289）亭拿人因这年轻人的力大而惧怕，便在他婚宴的时候［因他宴请他们所有人］，给了他三十名最强壮的年轻人作为他的同伴，实际上却是监守他，这样他就不会给他们带来任何麻烦。他们正狂饮作乐之时，参孙便于恰当之时说：（290）"来吧！我给你们出一个谜语，如果你们能在七日之内猜出来，我就会给你们每个人一件麻衣和一件外袍，作为你们智慧的奖赏。"他们兴致勃勃地想要夺得智慧的殊荣和奖品，便等待他说出谜语。参孙说："甜食从一个吞吃者而出，但却难以下咽。"（291）他们到了第三天仍然猜不出。为了得到谜语的答案，他们便让那女子向丈夫询问谜底，再回来告诉他们。他们还威胁她如果不告诉他们谜底，就要将她烧死。那女子乞求参孙告诉她谜底，却被参孙拒绝了。（292）那女子继续施压，还流下眼泪说，他若不说谜底就表示不爱她，于是他将杀了狮子、发现蜜蜂且取了三块蜂房，并将这些带给她的事情都告诉她。（293）参孙不觉有诈、全盘托出，那女子便将答案告诉了那些想要知道的人。第七日是众人解开参孙所说的谜语之日，他们于日落时聚集，并且说："没有比遇到狮子更令人厌烦的，没有比吃蜜更加甜美的。"（294）参孙因此回答说："没有比女人更诡诈的，因那是探听我谜底并告诉你们的人。"因此他按所应承的赠送他们礼物，将路上所杀亚实基伦人的掳物交给他们，那亚实基伦人也是非利士人。他与这个女子离婚，那女子不顾他的怒气，与之前撮合他们的朋友成婚。

7.（295）参孙对于此悲伤之事大为恼怒，并决意惩罚非利士人和他的前妻。时值夏日，地里的出产已经成熟待采。参孙捉了三百只狐狸，将许多火把绑在狐狸尾巴上，将狐狸赶至非利士人的田地，那地里的出产就因此而被烧毁。（296）当非利士人知道这是参孙做的，也知道他为何如此行，就差了领袖到亭拿，烧死了参孙的前妻及其家人，因他们才是这祸事的起因。

8.（297）参孙在平原大大击杀非利士人之后，便住在犹大支派坚硬磐石处的伊坦，因那时非利士人正入侵犹大支派。犹大人认为非利士人待他们不义，只因参孙的原故，非利士人就侵略他们并收取供物。非利士人回答：如果他们不想蒙羞，就要交出参孙受他们的管辖。（298）他们极力避免受辱，就带着三千士兵到达磐石处，并指责参孙对非利士人的无礼，因为他的缘故，非利士人会给希伯来民族带来灾难。他们又告诉他，他们前来乃是捉拿他，并把他交与非利士人，受非利士人管辖，希望他能甘愿接受。（299）因此，他获得这些人的口头保证，除了将他交与敌人，并不加害于他。于是他从磐石上下来，将自己交给百姓。他们用两条绳子将他捆绑，交给非利士人。（300）他们来到一个地方，这地方现在叫"腮骨之地"，因为参孙曾在那里行过大事；那地自古原本没有特别的名字。非利士人在不远之处安营，他们欢呼前来，如同成就一件大事，得到了他们渴想的东西。但参孙将捆绑的绳子挣断，拿起脚边的驴腮骨，便与敌人开战。他以驴腮骨攻击敌人，杀了他们一千人，其他人在混乱中仓皇逃命。

9. （301）参孙对这次的杀敌表现十分自豪，他说这并非来自神的帮助，他的成功乃是因着自己的勇武。他便因此吹嘘，许多敌人因为惧怕他而死亡，其他的敌人则因他用驴腮骨击杀敌人而逃跑。（302）一阵干渴袭来，他才发觉人的勇武是无用的，于是便见证这一切都应当归功于神。他祈求神不要对他所言之事发怒，也不要将他交在敌人手中，但要在他的苦难中帮助他，在他所经历的大患难中拯救他。（303）神因他的恳求而感动，便在磐石之处为他兴起一股甘泉，所以参孙给那地方起名叫"腮骨之地"，这个名字沿用至今。

10. （304）此战之后，参孙便藐视非利士人。他来到迦萨，投宿在一间客店。迦萨的领袖得知参孙前来，便守住城门，又命令众人埋伏在他周围，要趁他不备时捉拿他。（305）参孙得知他们的计谋，便在半夜起来，奋力跑到城门那里，他将城门的门扇、门框和门闩都扛在他的肩上，一直扛到希伯仑的山顶才放下。

11. （306）最终，他违背了本国的律法，改变了自己规律的生活，效仿外邦人的奇风异俗，这便是他苦难的开始。他爱上一个非利士人的妓女，名叫大利拉，与她同住。(307)那些管理非利士人国事的人前来找大利拉，并贿赂她，希望她找出参孙的能力出自何处，竟能让他所向无敌。因此大利拉和参孙饮酒，彼此交谈。她装作崇拜参孙所行之举，以计谋找出参孙勇武过人的原因。(308)参孙尚未失去理性，他为了瞒哄大利拉，便说：如果他被七条青葡萄藤捆绑，就会比众人更加软弱。(309)那妇人听后不语，只将这话告诉非利士人的领袖，并让几个士兵埋伏在房中。当参孙喝醉并渐渐入睡时，她便迅速尽她所能地用青藤将他捆绑起来。(310)然后，她叫醒参孙，并告诉他一些人要来捉他。参孙挣断捆绑，试着保护自己，如同有人来捉拿一样。这妇人继续和参孙谈话，她假装很难过，因参孙不相信她的爱，不愿意将她想听的告诉她，好像她不能将所知的保密，参孙才守口如瓶。(311)但参孙再次欺骗她，并告诉她，如果他们用七根绳子捆绑他，他就会失去力量。她如此去行，却一无所获。参孙第三次告诉她，他的头发要编成网状才会失去力量。(312)但是大利拉如此行的时候，仍未发现真相。最终，参孙因着大利拉的恳求［他因此陷入大患］，又想讨她的喜悦，于是告诉大利拉，神保守他，他也是因神的供应而生。他还说："因此我蓄留长发，乃是因为神命令我不要剃头，我的力量全依赖于让头发不断地长长。"(313)当大利拉得知这些，便剪去参孙的长发，将参孙交于敌人的手中。那时他因不再强壮而不能自保，敌人挖了他的双眼，捆绑他并将他带走。

12. (314)但不多时，参孙的头发又再留长，那时正是非利士人的节期。当首领们和那些最尊贵的人在一起饮宴［他们所在的房间由两根柱子支撑房顶］，他们将参孙带来宴席，这样便可以在饮酒时羞辱他。

(315)参孙心想，如果他不能在如此羞辱下报复，便是最大的灾难。于是他说自己劳累，需要休息，恳求牵着他手引路的男孩带他靠近柱子。(316)他一来到他们中间，便奋力毁掉屋内的柱子，使房屋塌陷。屋子内死了三千人，参孙也在其内，这就是参孙的结局。他统管以色列人二十年。(317)此人的勇武和其伟大的殉难的确值得赞赏，因他对敌人的怒气，最终竟与敌人同死。至于他被那女子引诱，乃要归咎于人类的天性。人们因自己的软弱，难以抵抗罪的诱惑。但我们还是要为他见证，在其他各方面，他都是一个德行非凡的人。他的亲族将他的尸身带去，他被埋葬在自己的城以实陶，与家人在一处。

第九章
以利统管以色列人时，波阿斯娶了路得，
大卫的祖父俄备得从她而生

1. (318)参孙死后，大祭司以利治理以色列民，他执政期间国家经历饥荒。伯利恒犹大支派的以利米勒无法在如此困苦的情况下供养家庭，便带着他的妻子拿俄米，和他们的孩子基连与玛伦迁居摩押地。(319)他在那里蒙福而变得兴旺，便让他的儿子们娶摩押女子为妻：他为基连娶俄珥巴，为玛伦娶路得。十年中，以利米勒去世，他的两个儿子也在他之后离世。(320)拿俄米因此感到难过，无法忍受这孤单的景况，因她的至亲都已去世，而她原是因这些人离开家乡。她想要回去，因她知道那地现在十分兴盛。(321)但她的儿媳舍不得离开她，想与她一起离

开。拿俄米无法劝阻她们，因她们坚持如此行。拿俄米希望她们得到更美满的婚姻，在凡事上兴盛。(322)她看到自己如此悲惨，便劝说她们留在此地，不要想着离开自己的国家，与她一同回国并非稳妥之事。因此俄珥巴便留下，路得却仍跟随拿俄米，因拿俄米无法说服路得留下，路得无论如何都情愿与她共同面对前面的命运。

2. (323)路得与婆婆来到伯利恒，以利米勒的近亲波阿斯接待了她们。当那里的人呼叫拿俄米的名字时，她说：你们实在应叫我玛拉！因为"拿俄米"在希伯来文是"快乐"的意思，而"玛拉"是"苦"的意思。(324)到了收割的时候，路得离开婆婆去拾麦穗，这样她们就可以有一些麦穗作食物。她恰巧来到波阿斯的田里。不久，波阿斯也来到田地，当他看到那女子，便向正在收割的仆人询问那女子的情况。仆人知道一些路得的情况，便告诉了主人。(325)波阿斯很有恩慈地接待路得，不但因她对婆婆的孝顺，也因她对前夫的怀念。波阿斯甚愿她得享亨通，不想让她只是拾取麦穗，而是希望她尽其所能地收割麦穗并且带回家。波阿斯还命令正在收割的仆人，当路得取走麦穗的时候不要加以阻拦，还命令仆人给路得食物和水，如同对待其他收割者一样。(326)路得所得的麦穗都留起来给婆婆，且在晚上将麦穗带回家。拿俄米为她存留了邻居所赐的食物，路得也将波阿斯的事情告诉她。(327)拿俄米告诉路得，波阿斯乃是他们的近亲，应是一个敬虔的人，可以供应她们的需要。路得第二天又出去，与波阿斯的使女们一起拾穗。

3. (328)几天之后，波阿斯簸完大麦，睡在麦场上。拿俄米知道这情况，便计划让路得与波阿斯同睡，因她认为波阿斯若与路得谈话，会对她们大有好处，于是她让路得去睡在波阿斯脚前。(329)路得顺服婆婆的意思而去，因她认为顶撞婆婆的任何命令都是不合宜的。于是她悄悄躺在波阿斯旁边，波阿斯却早已入睡了。当他半夜醒来的时候，发现一名女子睡在他旁边，便询问她是谁。(330)路得将名字告诉他，希望他做自己的主人并且原谅她，波阿斯并无别话。到了早晨，仆人开始工作之前，波阿斯便叫醒路得，让她尽可能多带些大麦回家，在别人看到他们同睡之前回到婆婆那边。他对此事十分小心，以免引发任何流言，特别在这种并没有发生任何不对之事的情况下。(331)但对于她主要请求的事，波阿斯这样说：如果有人是比我更近的至亲，我便会问他是否愿意娶你为妻。如果他愿意，你便要跟随他；如果他拒绝，我就会按律法娶你。

4. (332)路得将这些话告诉了婆婆，她们便因此欢喜，因为她们盼望波阿斯将会供应她们。大约中午的时候，波阿斯入城召集众长老，差人去找路得，也将那至亲的人叫来。(333)那人来到之后，波阿斯说："你是否要存留以利米勒和他儿子们的产业？"那人承认自己确实如此，因为按照律法，他确应如此行，因他是她们的至亲。波阿斯又说："你不能只记住一半律法，要在凡事上遵行。玛伦的妻子在此，你必须按照律法娶她，如此才能存留他们的田地。"(334)那人借口他已有妻子和儿女，愿将产业和路得都让给波阿斯，因波阿斯也是去世之人的亲属。(335)波阿斯请长老们作证，也按律法让那妇人脱了他的鞋子，并吐唾沫在那人脸上。这些事之后，波阿斯娶了路得，一年之内便生下一个儿子。(336)拿俄米自己乳养这个孩子，经别的妇人建议，给他取名俄备得，意为这孩子长大后，可在拿俄米的晚年奉养她，因俄备得在希伯来文中是"仆人"的意思。俄备得的儿子是耶西，他的儿子是大卫王，将王朝传给后代直至二十一代。(337)我之所以记述有关路得的史实,是因为我要见证神的大能,因他毫不费力便可使平凡人成为尊贵人。虽然大卫的父母都是平凡人,但神还是高举他。

第十章
撒母耳出生;以及他预言以利的儿子要遭遇的灾祸

1. (338)希伯来人又经历大患,再与非利士人争战。事情是这样的,大祭司以利有两个儿子,何弗尼和非尼哈。(339)这两个儿子对人十分不公正,也不敬畏神,无恶不作。他们从一些献祭的礼物中,为自己收取祭物,也用暴力强抢祭物。他们与前来敬拜神的妇人[在会幕旁]行不洁之事,用暴力强迫一些人满足他们的私欲,用贿赂引诱他人。他们一切的生活就如同暴君。(340)他们的父亲对他们的恶行感到忿怒,期望神突然降罚于他们,百姓也憎恶他们。神因此向以利自己和先知撒母耳预言,以利的两个儿子将遭遇不幸。当时撒母耳还是个孩子,以利对他孩子的灭亡也公开表示伤痛。

2. (341)我要先叙述关于先知撒母耳的事,然后再说以利的儿子和他们带给所有希伯来人的悲惨境遇。(342)以利加拿是个中等阶级的利未人,住在以法莲支派的拉玛琐非,他娶了两个妻子,哈拿和毗尼拿。以利加拿与毗尼拿育有儿女,哈拿虽无孩子,但是以利加拿却爱她更多。(343)以利加拿带着两个妻子来到示罗献祭,因那地设立着神的会幕,如同我们之前所说。当他献祭后,便将节期的祭肉分给妻儿。哈拿看见毗尼拿的儿女与他们的母亲坐席就落泪，为自己的不育和孤单而痛哭。(344)她悲伤的痛苦远远超过她丈夫的安慰，于是她到会幕中祈求神，使她能生育后代，成为一位母亲。她许愿将所怀的第一个儿子分别出来归与神、服侍神，让那孩子过一个与常人不同的生活。(345)她长久不住地祷告，坐在会幕前的大祭司以利以为她喝醉了，便吩咐她离开。她答说自己只喝过水，没有喝酒，但因为自己没有孩子而感到悲伤，因此前来求告神。于是以利让她放宽心，并告诉她神会赐给她一个孩子。

3. (346)于是她满怀希望地回到丈夫身边，欢喜快乐地吃饭。当他们回家后，她便发现自己有了身孕。他们生了一个儿子，给他取名叫撒母耳，意思是"向神祈求"。因此，他们来到会幕为儿子献祭，并且献上十分之一。(347)那妇人记得自己为孩子所许的愿，于是把孩子交给以利，奉献给神，使他成为先知。那孩子头发留长而不剃，且只饮清水。撒母耳如此住在会幕并长大。以利加拿又和哈拿生了其他的儿子和三个女儿。

4. (348)撒母耳十二岁时便开始说预言。有一次当他睡觉时，神呼唤他的名字，他以为是大祭司以利叫他，便来到他面前。但大祭司说并没有呼唤他。神呼唤撒母耳三次。(349)以利那时就明白了，于是对撒母耳说："撒母耳啊！我之前和如今都没说话，是神呼唤你。你要向神说，我在这里，预备好了。"当撒母耳再次听到神说话的时候，他便听神说话，看神想要将什么话语赐下，而他也绝不会拒绝神命令他去做的任何事。(350)神回答他说："既然你在这里已准备好，要知道临到以色列人的灾祸，如此的事的确不能用语言表明，也叫人难以相信，因为以利的两个儿子将于一日内死亡，大祭司的位份要转到以利亚撒的家族。因为以利爱他的儿子胜于爱我，甚至到一个地步，会害了他们。"(351)以利要先知撒母耳起誓告诉他所听见的信息，撒母耳却不想说出来，以免使他痛苦。现在以利更确定有大惩罚将临到他的儿子们。撒母耳的荣耀日渐加增，他所预言的一切尽都发生。

第十一章
以利的儿子、约柜和众百姓所遭遇的事；
以及以利怎样悲惨地死去

1. (352)非利士人在这时与以色列人开战，他们安营在亚弗城。以色列人等待他们多时，并于次日和他们交战。非利士人得胜，杀了超过四千个希伯来人，并追赶剩余的百姓直到他们的营中。

2. (353)希伯来人害怕情势恶化，就去见长老和大祭司，希望他们抬出神的约柜，他们自己也摆阵迎敌。他们认为有约柜同在，就会比敌人强大。他们没有想到那命定他们受苦的，比约柜更大，也没有想到谁令这约柜大有荣耀。(354)于是，大祭司的儿子们与约柜一起前来，他们的父亲告诉他们，如果他们在约柜被掳的情况下存活，也不用再回到他的面前。非尼哈已经执行大祭司的职分，他的父亲因年纪老迈已将职分委派给他。(355)希伯来人便因此壮胆，他们以为带着约柜就能痛击敌人；他们的敌人对此也非常关切，害怕约柜来到以色列人当中。两军交战时，战事并不如双方所料想的，(356)希伯来人所期待的胜利被非利士人所得，非利士人所担心的失败却临到以色列人。他们发现寄望于约柜,实乃虚空。他们在与敌人近距离交战时失败了,死了大约三万人,大祭司的儿子也在其中,约柜也被敌人掳走了。

3. (357)当战败和约柜被掳的消息传到示罗［由一个便雅悯的年轻人报信］,全城都为此哀哭。(358)大祭司以利正坐在一个城门旁的高位上,听到这些人哀哭,以为他的家人出了一些异常的事。于是他差那个年轻人去探听,当得知战争所发生的事,他并不为自己的儿子难过,也不为战争中所发生的事痛苦,因神曾经预言此事,让他知道这些事会发生,他也将这事对众人预言。人总是因不期之事最为哀伤。(359)但当［他听到］约柜被他们的敌人掳走,便为此极其哀伤,因这大大出乎他的意料,他就从高座上掉下来死了。他共活了九十八岁,统治以色列人四十年。

4. (360)同日,他儿子非尼哈的妻子也死了,因他们在她生产时将噩耗告诉她,她承受不住丈夫去世的打击。然而,那在她腹中孕育七个月而生下的儿子活了下来,名叫以迦博,就是"耻辱"的意思,因他们的军队在这战争中受辱。

5. (361)以利是亚伦另一个儿子以他玛家族中第一个统管以色列的人,至于首先承受大祭司职分的以利亚撒家族,以利亚撒的儿子非尼哈接续父亲继续做大祭司。(362)之后,他的儿子亚比书继位,再传位给儿子布基,然后再由其子乌西继位,之后便是上文所述的以利继承祭司之职,他的子孙继续承袭此职直到所罗门掌权时,之后便又由以利亚撒的后代接续了。

第六卷

从以利去世到扫罗去世(涵盖三十二年)

第一章

非利士人掳走神的约柜引起神的忿怒，

降灾于非利士人与他们所住之地。

以及他们之后怎样将约柜送回希伯来人那里

1. （1）正如我先前所言，非利士人掳走希伯来人的约柜后，将它抬到亚实突城，并放在他们自己的神大衮旁边，作为掳物。（2）但当他们于次日清晨进入庙里敬拜他们的神时，发现大衮已从所站立的底座上跌落下来，他所倾倒的样子，就是在敬拜约柜。所以他们将大衮扶起，再放回他的底座上，并因所发生的事深感困扰。他们几次来到大衮面前，都发现他躺在旁边，正是敬拜约柜的样式，他们就大大地惊恐与困惑。（3）终于，神将一个非常大的灾病降在亚实突城及其郊区，因那里很多人死于痢疾或腹泻，一种痛苦的瘟疫，死亡忽然间就临到他们。这病不像一般的死亡，灵魂可以安然地离开身体。他们呕出他们的内脏，吐出他们所吃的东西，因为这灾，所有的都败坏了。并且，地里出来大群老鼠伤害他们，吃尽了他们的果子，以致蔬果植物一点也没有留下。（4）当亚实突的百姓遭遇这些不幸，在他们的灾难中无法自救时，才明白原来他们的受苦是因约柜之故。他们得胜,掳了约柜,所发生的这一切,并没有带给他们好处。因此他们将约柜送给亚实基伦的百姓,希望能将约柜留在他们中间。(5)那些亚实基伦人同意了亚实突人的请求,帮了他们这个忙。但接受了约柜的他们也落在同样痛苦的光景中,因为约柜把亚实突人所受苦的灾祸也一同带来,放在那些接受之人的身上。那些亚实基伦人又将约柜送到邻近的城邑,(6)约柜也没有在那城停留,因为那里也遭遇到同样的灾祸。那城的人继续把约柜送到邻近的城邑。按此方式,约柜四处流转,去了非利士人的五座城。他们所受的灾祸,好像是献给那来到他们当中之约柜的贡品。

2. (7)当时,那些经历这些痛苦的人已经受够了,而那些听到这些消息的人,也不愿把约柜接到他们当中,因他们已为约柜付出极大的代价。最后,他们找到一些将约柜脱手的方法。(8)于是迦特、以革伦、亚实基伦、迦萨和亚实突这五城的首领聚集在一起,商讨如何做才是合宜的。起初他们以为把约柜送回自己百姓当中是合适的。因为神已为它的原故报仇了,他们所遭受的苦难也是约柜带来的,并且这些灾害也临到他们其他的城邑。(9)但是,还有一些人却说他们不该如此做,也不该有此错觉,以为他们所受的痛苦是因约柜之故,因为约柜不可能有这样的能力加在他们身上,若神真是如此可畏,约柜也不会落入人的手里。所以他们鼓励百姓安静,在他们所处的景况中忍耐,假想这不过是天灾,并无其他原因。正如在特定的时空改变期,人体、地球、植物界、地上所生长的一切万物,都会产生一些突变。(10)但是早先说话的那些人,他们的意见占了优势,因为他们在以前曾多次显出他们的智慧与见识,而在现今的情况下,似乎他们所言也较其余众人更合宜。这些人说:"把约

第六卷　从以利去世到扫罗去世（涵盖三十二年）

柜送走或留下都不合宜！要做五个金像，每座城一个，作为献给神的感恩祭，因为他保守看顾了我们；并在我们几乎无法忍受、性命将近灭绝的大瘟疫之时，神使我们活了下来。我们还要做五个金老鼠，正如那些吃尽毁灭我们田地出产的。(11)把它们放在一个袋里，置于约柜之上；再为它造一个新车，并以母牛负轭拉车；但要把母牛的小牛带走，以免它们跟随母牛，妨碍母牛前行，母牛也会因为思念小牛而走得更快。然后，让这些载着约柜的母牛，去到一个三岔路口，让母牛来决定它们喜欢走哪条路。(12)如果它们走向去希伯来人那里的那条路，前往他们的国家，那就表明约柜应该是带给我们不幸的原因。但如果它们转去别条路，那么我们就追上去，因为这表明约柜并没有那么大的能力。"

3. (13)因此，他们讨论的结果，就是这些人说的话有理，于是立刻按他们的建议去行。他们照着前面所说的去做，把车带到一个三岔路口并留在那处，让它们自行其路，但母牛却不偏不倚地前行，好像有人在引领它们。非利士人的领袖也在后面跟着，想知道它们停在何处、走向何人。(14)正当那时，有个犹大支派的村庄叫伯示麦，正是母牛走向的村落。它们前行经过之处，有一片广大佳美的平原，母牛不再前进，将车停在那里，这样那村子里的人都能看到。他们也非常欢喜，因为那时正是夏季，所有居民都在田间收集他们的果子。他们一看到约柜，就立刻放下手里的工作，快乐地跑向那车，(15)把约柜和装有金像与老鼠的器皿都拿下来，放在这平原一块特定的磐石上，并向神奉上盛大的献祭并且禁食，他们又将车子与母牛献为燔祭。非利士的首领们看见这事，就回去了。

4. (16)但那时，也正是神的怒气倾倒在他们身上的时候，神击杀了伯示麦村的七十个人，因他们不是祭司，不配碰触约柜，但他们却擅自接近它。村里的那些人为这些被击杀的人哀哭，并作了一首哀歌，人人都为此哀恸，通常当神降下如此大的灾祸，人们就会如此反应。（17）他们认为不配留下约柜在他们中间，于是前往以色列人的长老处，告知约柜已由非利士人送回，依他们之见，应将约柜带到基列耶琳，就是伯示麦邻近的一城。（18）在这城住了一人，名叫亚比拿达，生来就是利未人，并且他在此城大有名声，因他生活敬虔、为人公义。因此他们将约柜送到他家，以为这地配得神自己居住，因为那里住了一位义人。他的儿子们服侍约柜，成为主要管理约柜的人，持续二十年。约柜继续在基列耶琳这么多年，却只在非利士地四个月。

第二章
非利士人攻打希伯来人，希伯来人
在他们的统帅先知撒母耳的带领下，取得了胜利

1. （19）当约柜在基列耶琳那段时期，以色列全家都专心向神祷告与献祭，并在敬拜神的事上，显出极大的关切与热心。所以，先知撒母耳见他们已预备好了侍奉神，认为此时正是向他们说话的大好时机，因这时他们的确处于最佳状态，得以从复兴中得到自由，祝福也会伴随而来。如此，他用所想到最能使人有归顺之心的话，说服他们如此去行。他这样说：（20）"噢，以色列人啊！非利士人仍是我们最大的敌人，但神已开始向我们施恩。我们有义务，不但渴想得自由，更要用合宜的方法

持守自由。不要以想脱离那些辖制你们的人为满足，然而你们仍旧在行那些事，促使你们继续被他们管辖。(21)要做公义的人，从你们的灵魂中除去邪恶，借着你们的敬拜，用你们的全心来向尊贵的神哀求，继续如此尊崇他。如果你们这样行，就必享尊荣，你们也必从奴役中得自由，并将战胜仇敌。这些祝福，绝不可能靠战场上的兵器、你们身体的力量，或你们人数众多而得到，因为神向来没有应许你们，要借着那些方法来得着这些祝福，而是借着成为良善公义的人。如果你们愿意如此行，我向你们保证，神的应许必然应验。"(22)当撒母耳说完这些话，全会众都赞赏他的讲论，喜悦他对他们的劝勉，并且同意听命去行神所喜悦的事。所以撒母耳便将他们聚集到一座城，名叫米斯巴，希伯来文是"守望塔"之意。在那里他们取水，浇奠献与神，全天禁食，专注于祈祷。

2. (23)这群会众并没有逃离非利士人的眼目：当他们得知这么多人聚集在一起，便带了强大的武力与军队来攻打希伯来人，想要在他们毫无防备、意想不到的时候攻击他们。(24)希伯来人因这事十分害怕，陷入不安与惊慌，因此他们跑去见撒母耳说，因以往所经历的失败与惧怕，他们已丧胆。他们又说："我们安静不动，以免引起敌人的军力攻击。现在正当你领我们来这里祷告、献祭并起誓时，我们的仇敌就来攻打我们。此时我们赤手空拳、手无寸铁，完全没有得拯救的盼望，除非借着你的方法，借着你的祷告，让神的帮助临到我们，我们才能脱离非利士人，得着拯救。"(25)此时，撒母耳吩咐他们当壮胆，并应许神必帮助他们。于是他取了一只吃奶的羊羔，为众人献祭，并求神在他们与非利士人争战时，伸出他护卫的手覆蔽他们，不要不顾他们，也不要让他们掉

267

入第二次的灾难。因此，神听了他的祷告，也接受了他们祈求神施恩的献祭，定意帮助他们，赐给他们得胜仇敌的能力。（26）现在，正当神的祭物仍在坛上，他的圣火尚未全然将祭物烧尽时，敌人的军队已从他们的营中出发，摆阵备战，他们期望能成为征服者。而犹太人正在苦难的环境中，他们既没武器，也没预备好打仗，但战事就这样临到他们，即使有任何人预先通告他们，也很难把功劳归于他们自身。（27）因为神首先用地震扰乱他们的敌人，将敌人脚下的地土移动，使地振动，他们因而全身颤抖，一些人无法站稳，甚至跌倒。接着神使大地裂开，使那些人转眼间掉入其中。之后，神又使巨雷的响声临到他们中间，火焰般的闪电发光可怕地围绕着他们，几近烧毁他们的脸。他又忽然将他们手中的武器震落，令他们空手飞奔逃离。（28）所以，撒母耳与会众追击他们，直到伯甲这个地方，在那里他立起一块石头，作为他们得胜与敌人逃亡的界线，称之为"能力之石"，就是神赐给他们能力抗御仇敌的标志。

3.（29）所以，非利士人在这次打击之后，就不再进攻以色列人，他们因为害怕，也因为临到他们身上的事还记忆犹新，他们就安静不动。他们之前抗拒希伯来人时，是何等有勇气！（30）撒母耳有一次率众进军非利士人，杀死了他们许多人，使他们骄傲的心完全降卑，并将从前战役中被他们占领的一个村庄夺回，这村庄从迦特的边界延伸到以革伦城，非利士人就与犹太人隔离，但是其余的迦南人在此时都与以色列人为友。

第三章

撒母耳因年事已高,无法处理国事,便将这些事务托付给他的儿子们;百姓因他们的邪恶统治而非常气愤,要求有一个王来治理他们,尽管撒母耳对此事很不喜悦

1. (31)先知撒母耳在处理百姓间的事务时,都是根据一个合理的方式,并在他们每个地区设立一座城。他规定他们来此城,将他们彼此间的争议在这里定案,他自己一年两次亲自去到那些城,施行公义。因此,长久以来,他将他们管理得非常有秩序。

2. (32)之后,他发现自己因年老体弱,不能再像从前一样行事,因此他把政权和照顾百姓的事托付给他的两个儿子,长子名叫约珥,幼子名叫亚比亚。他让他们分别住在两个城审断百姓的事,一个住在伯特利城,另一个住在别是巴城,并安排百姓分属两个政区接受管辖。(33)现在这两个人给我们一个很好的启示:有的儿女并不像他们的父母,有些虽生于邪恶的父母,却可能善良稳健;还有些虽生于善良的父母,却显出他们的邪恶。(34)这两个人偏离他们父亲的善道,去行一条相反的道路,因污秽的钱财和贿赂而曲枉公义,不照真理、反依贿赂多少来处理事务,自己过着奢华的生活。正因如此,首先,他们所行的与神的旨意相背;其次,他们所做的,与他们先知父亲的心意相违,因他用了极大的努力照顾这些百姓,使他们成为公义之人。

3. (35)这些百姓,因着先知儿子们所加于先前立法与行政上的伤

害，对他们的行径深感不安，就跑去找先知，那时他住在拉玛，并告知他儿子们所犯的罪。又说，既然他已年老、身体虚弱，无法像从前一样管理他们的事，(36)所以他们哀求他，恳求他选立一个人在他们之上做王，可以管理国家，向非利士人报仇，因非利士人以前多次欺压他们，应当受罚。这些话使撒母耳深感伤恸，因他天性爱好公义、恨恶王权，因他喜爱神掌权的制度，行此制度，就能使人有神圣与快乐的生活。(37)他吃不下饭睡不着觉，因他们所言使他关切与心痛，他整夜难眠，这些意见在他脑海中不住地打转。

4.(38)正在此时，神向他显现，安慰他说，对于百姓的要求，他不应感到不安，因为他们如此自大所藐视的并不是他，而是神自己。他们不要神独自做他们的王，自从出埃及那天起，他们就在图谋这些事。但是用不了多久，他们必会悲伤痛悔他们所行的，即便悔改，也不能使将要发生的事重新来过："他们必因藐视我与我所立的先知职分和他们不感恩的举动，大大受罚。"(39)"因此，我命令你去膏立他们中的一人，我会预告那将做他们王之人的名字。首先，你要清楚地告诉他们，君王掌权将会带给他们的灾害；还要在他们面前公开见证，他们现在急切去行的事将会带给他们何等巨大的改变。"

5.(40)撒母耳听了这话，就在清晨将犹太人招聚来，并表明将会替他们立一个王。但他说，他首先会告诉他们接下来将会发生什么事，王将如何对待他们，还有他们必会在许多灾害中苦苦挣扎。他说："你们知道，首先，他们会把你们的儿子们带离；然后，他们会命令其中一些人驾他们的车，一些人做他们的马兵和贴身侍卫，另外的人成为行在他们面前的使者、千夫长和百夫长；他们也会使你们做他们的工匠，为他们打造盔甲、战车和武器;他们又会使你们做他们的农夫,管理他们的田地,也替他们的葡萄园挖土。(41)在他们的命令下,每件事你们都要去做,如同用钱买来的奴仆。他们又会派你们的女儿们去做糕、煮饭、烤饼,她们就不得不做所有女仆的苦工,因怕会有鞭打与苦待。除此之外,他们还会夺去你们的财物,赏赐给他们的太监与贴身侍卫,又将你们的牛羊牲畜,赐给他们的臣仆。(42)总而言之,所有一切你们和你们所有的,将如仆人般全归属于你们的王,你们的地位绝不可能高过他的奴仆们。当你们如此受苦时,就会想起我现在向你们所说的话。当你们为所行之事后悔时,就会哀求神施恩与你们,快快救你们脱离你们的王。但他不会接受你们的祈祷,反倒让你们受苦,因这是你们恶行所应得的惩罚。”

6. (43)但是,会众仍是这么愚昧,对于将临到他们身上的预言完全充耳不闻。他们太急躁,以致不能把从前所做不明智的决定置之脑后,因为他们不愿放弃原先的计划,他们也不尊重撒母耳的话,断然坚持他们的决定,并要求他立刻替他们立一个王,并叫撒母耳不要因以后将发生的事烦恼、害怕。(44)因为他们需要一王和他们同在,在战场争战,向他们的敌人报仇,这是非常合理的事。他们的邻邦都有君王统治,他们也应有相同的政府制度。撒母耳见他所说的并不能改变他们的决定,他们仍继续坚持,就说:“你们现在各自回家吧,时候到了,我会叫你们来,就是我从神得知他会将哪个人赐给你们为王之时。”

第四章
撒母耳为以色列人立王，名叫扫罗；这是出于神的命令

1. (45)便雅悯支派中有一人，出身于良善之家，又有美好的品德，他名叫基士。他有个儿子，是个相貌俊美的年轻人，身材高大，但他的聪明智慧却比他看得见的外表更为可取，(46)他们叫他扫罗。现在基士有一些上等的母驴，在草场上吃草时走失了，因他心爱这些母驴比其他牛羊更甚，所以就差他的儿子和一个仆人同去，寻找这些牲畜。(47)扫罗走遍自己的支派，又去了其他支派之地，寻找这些驴子，都找不到。他决定回家，免得父亲为他担忧。正当他们行近拉玛，跟随他的仆人告诉他说，这城有一个真先知，不如去见他，也许可以得知驴子的下落。他回答说，如果他们真的去找他，没有什么可以给他作他预言的报酬，因为他们随行的钱都已用光。(48)仆人回答说，他们仍有一舍客勒银子的四分之一，可以献给他；因他们出于无知，不知道先知并不需要酬劳。所以他们去到他那里，正在城门口，遇见一些使女正要打水，他们就问，先知的家在哪里。她们就指给他们看，叫他们快快去，在他坐下吃晚饭前赶到，因为他邀请了许多宾客来赴筵。通常在那些邀来的客人还未来到之前，他已先坐下。(49)为此事，撒母耳特别聚集许多人来此筵席，因为他每天都向神祷告，求神预先告诉他，他所要立的王是谁。神在前一天已告诉他这人是谁，因他将会在今天此时差来一位出自便雅悯支派的年轻人，所以撒母耳就坐在屋顶上，等那时刻临到。时候到了，他就下来，进去吃晚饭。(50)如此，他见到扫罗，神向他显明，这就

是将要治理他们的人。扫罗进前向撒母耳致敬,要他告知哪一处是先知的家,因他是外乡人,一无所知。(51)撒母耳告诉他,他自己就是那人,又引领他进入晚筵,并向他保证他要找的驴子已经找到,还有更大更好的事将要临到他。扫罗回答说:“我何其卑微,不敢奢望这样的事。而且我来自这么小的支派,从未出过任何君王,更何况我的家族相比其他家族都要微小。但你却告诉我这事,如同笑话,让我成为别人嘲弄的对象。你向我说的大事,远远超过我站在此地所需要的。”(52)虽然如此,先知仍然领他进入筵席,叫他和跟随他的仆人在所有被邀而来的七十位宾客中坐首位。他又吩咐仆人们,把王的那份食物放在扫罗面前。到了上床睡觉的时间,其余的人都起身回家,唯有扫罗留下,他和他的仆人与先知同睡。

2. (53)一到天亮,撒母耳就叫扫罗起身,引领他回家的路。正出城时,他要扫罗吩咐仆人行在前面,他自己跟在后面,因他有一些话要私下对扫罗说。(54)依他之言,扫罗将跟随他的仆人遣开,先知就拿了一瓶膏油,倒在这年轻人的头上,又与他亲嘴,说:“你是神所膏立的王,抵御非利士人,为希伯来人所受的苦报仇,为此,我将给你一个看得见的预兆:(55)当你离开这里时,会看到三个人行在路上,要去伯特利敬拜神;你看到的第一个人会带着三个饼,第二个人带着一群山羊羔,第三个人拿着一壶酒随着他们。这三人会向你问安,亲切地与你说话,并给你两个饼,你就收下。(56)然后你会到一个地方,称为“拉结的墓碑”,在那里你会遇到一些人,他们将告诉你所走失的母驴已经找到。之后你会在基比亚遇到一群先知,神的灵将感召你,你就会与他们一起说预言,每一个看到你的人都会讶异惊奇,说,这不是基士的儿子吗? 他为什么会这么快乐？（57）当这些预兆都应验在你身上时，你就知道神与你同在，然后你就去向你的父亲与乡亲问安。我会差你去吉甲，你也必会去，在那里，我们就可以为这些祝福向神献上感恩祭。"撒母耳说完这话，并预先告知这些事，就把这年轻人差走了。照着撒母耳的预言，所有的事都一一临到扫罗身上。

3.（58）扫罗来到他的至亲押尼珥的家，的确，扫罗爱他胜过其他所有的亲友。押尼珥问他路上的情形，以及在那里遇到的事。扫罗告诉他，他去见先知撒母耳，被告知如何找回母驴之事，但与做王有关的事，他却完全未提。（59）因他想这会引起他嫉妒，当人们听到这样的消息，不会这么容易就相信。扫罗也不认为告诉他那些事情是明智之举，虽然他看来对他非常友善，而且也是所有亲友中他所最爱的。考虑到人类本性的真实面，我认为，在我们的密友与亲属中，没有一人是忠诚的朋友，特别是神提升他人大大亨通时，他们就无法持守宽大的胸怀，因他们仍具罪恶的天性，会嫉妒那些地位显要的人。

4.（60）之后，撒母耳招聚百姓来到米斯巴，向他们说以下的话：他说，神吩咐他如此说，当他将自由的环境赐给他们，又使他们的敌人降服，他们却在神给他们的恩典中向他不忠，拒绝神做他们的王，不知以万灵中的至尊者为王，能带给他们最大的福祉，（61）因神是万灵中的至尊者，而他们却选立一个人做他们的王。君王都会依他们自己的意思、喜好与热心施以强暴，将他们的属下当作牲畜来使用，以滥用权力来施政，而不会努力保护他们，而他们正是神亲手创造与精心设计的。正因为这个原因，神才会照顾他们。"但是既然你们已经下定了决心，完全不顾这样做会侮辱神，那么你们就按照你们的支派顺序前来掣签吧。"

5. (62)当希伯来人如此行,这签就落在便雅悯支派。他们再掣签,看是哪一家族,就掣出玛特利族;他们再掣签,看是这家族中的哪一个人,于是掣出基士的儿子扫罗做他们的王。(63)这年轻人得知这事,就想逃避,他立刻离开躲藏起来。我认为他可能从未想过他竟能拥有政权,不但如此,他还显出极大的自制力,那就是谦逊。大多数人都不能克制他们的快乐,就算是得到一点点好处,就会立时将自己公开举荐于大众面前。这人不但没有显出任何一点这样的天性,当被选出做这么多、这么大支派的君王时,他逃离躲开那些将要被他统治的人,让他们不得不去找他,带给他们不少的麻烦。(64)当时众人很困惑,也很关切,因为扫罗不见了。于是先知求神显明这年轻人在哪里,好把他带到他们面前。(65)如此,他们从神那里知道了扫罗的藏身之处,就差人去把他带回,当他来到,他们就将他置于众人中间。他比他们中任何一人都高大,雄姿英发。

6. (66)接着,先知说:"神赐你们这人,做你们的王,看哪! 他比百姓中任何一人都高大,他配得掌权。"正当百姓宣告"愿神拯救这王!"时,先知把将要临到的事写在一本书上,读给王听,又将这书放在神的约柜里,留给后代作为他所预言的证据。(67)撒母耳完成这事,就叫群众散开,自己却回拉玛,因那是他的家。扫罗也回到他出生之地基比亚,许多良善的人都因他的地位而尊敬他,但却有更多的恶人,他们藐视他并讥笑其他的人,他们既不送礼物给他,也不想装模作样或用言语来讨好他。

第五章

扫罗去攻打亚扪人，胜了他们，还夺了他们的财物

1. （68）一个月后，扫罗与亚扪人的王拿辖的战事，带来全民对他的尊敬。因为拿辖率领大军侵略他们，与他们争战，带给约旦河外的犹太人极大的灾害。（69）拿辖攻陷他们的城邑并奴役他们，不但以武力和暴虐制服他们，更用狡猾与诡计使他们变弱，以致将来他们也无法从他的奴役中逃脱：那些自愿向他投降的人或在战争中被他征服的人，都被他挖掉了右眼。（70）他如此行，是因他们仅剩的左眼被盾牌所挡住，因此他们在战场上变得完全无用。（71）现在，亚扪人的王正向约旦河外的那些人如此行；他带领大军攻打那些基列人，并将他的军营驻扎在敌人的重镇，就是雅比城。他差遣使者到他们那里宣告说，或将他们的右眼挖出，或是包围他们，将他们的城邑倾覆。他让他们选择，或是缺失身体的一小部分，或是全被毁灭。（72）然而，基列人对所提的这些条件非常害怕，他们既不想投降，也不愿和他打仗，他们希望他能宽容他们七天，让他们差使者到百姓那里，请求他们的帮助。如果他们能前来援助，他们就会打仗；如果不能得到他们的救援，他们就会投降，接受任何他要加在他们身上的苦难。

2. （73）所以拿辖向基列的会众宣告他们想要的答复，允准给他们延期，让他们去寻找任何可能帮助他们的人。因此，他们立刻去到以色列人那里，一城又一城，告知拿辖威胁将行在他们身上的事，和他们现在

正处于何等的痛苦中。(74)百姓听到从雅比城来的使者们所说的话,都悲恸流泪、十分恐惧、不知所措。当报信的人来到扫罗王所住的城,告知雅比城居民现今所处的种种危险,这地的百姓也和其他城邑那些人一样痛苦,为那些骨肉之亲的不幸而哀哭。(75)当时扫罗正从田间返回城里,发现乡民都在哀哭,询问之下,得知他们挣扎、悲伤的原因,一股从神而来的忿怒攫住了他。(76)他打发雅比城居民差来的使者们回去,并应允第三天就去帮助他们,在日出之前就会攻打他们的敌人,当太阳升起时,将会看到他们已得胜,并从恐惧中被释放出来。但他也吩咐他们中间一些人留下,好指引他们前往雅比城正确的路。

3. (77)因他急切想带领百姓与亚扪人争战,不想他们因怕失败而不行动,并想能尽快聚集成军。扫罗就把他的牛犊切成块,警告众人,所有在明天不和他们军队同去约旦河,不跟随他与先知撒母耳的人,他也将如此对待他们。(78)于是,因扫罗的警告,出于怕被伤害的恐惧,他们在所约定的时候前来聚集。如此,他在比色数点百姓的人数。他数点被招聚的人,除犹大支派以外,共有七十万人,而犹大支派有七万人。(79)所以,他过了约旦河,带军连夜前进了六公里,在日出之前来到雅比城。他把军兵分成三队,突然从各方出现攻击他们的敌人,使敌军在毫无防备之下就进入战争。他们杀戮了许许多多的亚扪人,还杀了他们的王拿辖。(80)这光荣的事迹是扫罗所成就的,也让他在所有希伯来人中获得极大的称赞;因他的勇气,他得了美好的名声。虽然他们之中有些人以前曾毁谤过他,现在却改变心意敬佩他,并尊他为最伟大的人,因他不以拯救雅比城的居民为满足,他竟攻下亚扪人的城邑,使其荒凉,并带回许多掳物,大得荣耀返回家乡。(81)因此,百姓非常喜悦扫罗这些超然的表现，而且欢喜立他做他们的王。他们还大声喧嚷，反对那些曾说他将不会带给他们任何益处的人。他们还说，这些人现在在哪里？把他们带出来受罚！正如群众通常都会说类似这样的话，就是当他们通达高升时会反对一些事，之后却会以此为耻。(82)但是，扫罗虽然高兴领受这些人的好心与情义，但他却起誓说，他绝不要看到任何一个他的百姓在那天被杀；因为流那些与他们同一血缘之人的血，与神所赐这样的胜利混合在一起，非常不相宜；与人和平友善共处，并专注于庆功的宴席，才更为合宜。

4. (83)当时撒母耳告诉他们，他要借着再次膏立扫罗，确认将国权交给他。于是他们都来到吉甲，因他吩咐他们前往那里。在众人面前，先知用圣膏油膏立扫罗，第二次宣告他为王；如此希伯来人的政权就改成王权制度。(84)在摩西和他的门徒约书亚时代，摩西和约书亚就是他们的领袖，他们继续专权的制度；约书亚死后，共十八年之久，百姓没有确定的政治体系，处于无政府的混乱中。(85)之后，他们回到先前的政体，让看起来最好、最英勇的人成为他们的审判官，那段统治期称为士师时代。

5. (86)然后先知撒母耳再次召集会众，对他们说："在全能神，就是带领那些伟大的弟兄（我指的是摩西和亚伦）来到世上，将我们先祖从埃及人奴役之下拯救出来的神面前，我郑重地吩咐你们，你们不要说一些话为了讨我喜悦，也不用因惧怕我什么都不说，更不要因其他任何的感情因素而有所隐瞒，倒要确实地说，我在你们当中曾做过残暴或不公的事吗？还是我曾因为金钱、贪婪或讨好他人去行事？(87)如果我曾拿过一头牛、一只羊，或任何类似之物，你们可以作证指控我；这些若是用来帮助人,就应被视为无罪。还是我曾夺取一匹驴子为己所用而伤害过他人?就让那人因这罪名控诉我吧!现今我们都在你们王的面前。"但他们大声喊着说,他从未行过这样的事,反倒以圣洁、公义来治国。

6. (88)当他们全体都作如一的见证,撒母耳随即说:"既然你们不能用任何恶事控告我,我就坦白地告诉你们,你们要专心听。你们犯了向神大大不忠的罪,因你们要求立一个王。(89)你们应当记得,先祖雅各因饥荒带着族中仅有的七十人下埃及,他们的子孙繁衍至数万人,因此埃及人使他们为奴,大大欺压他们。因着先祖们的祷告,神自己差遣摩西、亚伦两兄弟,并赐给他们能力,将百姓从痛苦中拯救出来,那时他们并没有王,如此带领我们进入现今所在的美地。(90)在享受了神所赐这些好处的同时,你们却违背向他的敬拜与信仰,但他却将你们从敌人的手中拯救出来。首先战胜亚述人和他们的大军,他又使你们制伏亚扪人和摩押人,最后是所有的非利士人,这些都是在耶弗他和基甸带领下所成就的。(91)究竟是什么使你们失去理性想要逃避神,服在一个王的权下?但我仍为你们立一个王,就是他为你们拣选的。然而,我必须向你们说明白,神不但生气,而且不喜悦你们选择王权制度。我将求神借着一些异常的兆头非常清楚地向你们宣告。你们中间从未有人过去在此看过,我的意思就是,在收成期间将会有冬季的风暴;我要祈求神,将此向你们显明。"(92)正当他说这话时,神就借着打雷、闪电和下冰雹,赐下如此巨大的兆头,见证先知所说的一切话都是真的。他们不但惊讶,更是害怕,并且承认他们因无知而犯罪。他们又向先知恳求,因他如同一位温柔慈祥的父亲待他们,要他求神施恩赦免他们这罪,因为他们侮辱神,又犯罪,并且在那些得罪神的事上再加上此罪。(93)因此他答应他们会恳求神赦免他们这些罪。然而，他劝导他们，如果他们想要蒙保守，并与他们的王一同蒙福，他们就要公义、良善，谨记他们因离弃这些美德所落入的痛苦，纪念神向他们所显奇异的兆头，还有摩西赐给他们律法的全文。(94)但他又说，如果他们渐渐不留心行这些事，从神而来的大审判将会临到他们和他们的王。撒母耳向希伯来人说完这些预言后，将国权第二次交给扫罗，并解散他们各自回家。

第六章
非利士人再次攻打希伯来人，却被打败了

1. (95)现在，扫罗在会众中拣选大约三千男丁，又在其中挑选两千人作为他的随身侍卫，住在伯特利。他将其他人给了他的儿子约拿单，做他的随身侍卫，又差他去基比亚，在那里，他们夺了非利士人一个离吉甲不远的防营。(96)基比亚的非利士人曾打败犹太人，把他们的武器抢走，又将一些防营设立在全国重要之地。在任何情况下，不准他们携带或使用任何铁器。因这禁令，农夫们若需要磨刀、铲或任何农具，都要到非利士人之地去制作。(97)当非利士人听到他们的防营有杀戮之事，就非常气愤，将这样的藐视看为对他们极大的侮辱，他们就向犹太人宣战，调动三十万步兵、三万战车和六千马兵，(98)将他们的军营扎在密抹。希伯来人的王扫罗听到这事，就下到吉甲，并向全国宣告，他们应当尽力，重享自由。他呼召众人与非利士人争战，削弱他们的军力，不要看他们为强大，反要小看他们，就可以与他们奋勇一战。(99)但当扫罗的百

姓看到非利士人如此众多,就十分害怕,一些人藏匿在山洞和地穴里,多数人逃到约旦河外属迦得和流便之地。

2. (100)扫罗却去先知那里,召他来,并求问他有关争战与百姓的事。因此,先知吩咐他留在那里等他预备祭牲,因先知在七日之内就会回来,等到第七日,他们就能献祭,并与敌人争战。(101)所以,他等着照先知所说的去做。但是,他并没有遵守先知对他的吩咐。当他看到先知耽延,过了他所等待的时刻,士兵们又弃他而去,他就拿起祭物自行献祭。当他听见撒母耳来到,就出外迎接他。(102)但先知说他行得不正,因他违背了他给的命令,没有等到他来,这也是出于神所命定的旨意。他曾试着不让他献上那些祷告与祭物,因那些应是先知为百姓献的,但他却如此不敬,匆促行这圣礼。(103)扫罗随即向他道歉,说他等足撒母耳吩咐他的天数,就匆匆献祭;他之所以如此行,是因他的士兵们听说安营在密抹的敌军已下到吉甲,就畏惧,都离他而去。撒母耳如此回答说:(104)"当然不是!你若是个义人不违背我,不轻看神借我就现今处境吩咐你的命令,也不仓促去行过于你所应行的事,你和你的后裔本应可以治国长久。"(105)撒母耳因所发生的事大大悲恸,就回家去了。扫罗却和他的儿子约拿单返回基比亚,只有六百人跟随他,大多数人都没有武器,因为在那地缺乏铁器与制造武器的人,正如先前所言,非利士人不准他们有铁器或铁匠。(106)现在非利士人将他们的军队分为三队,占领了许多道路,使希伯来人之地荒凉。当扫罗王与他的儿子约拿单看到这样的光景,他们也无法捍卫自己的土地,而和他们在一起的人还不足六百人。(107)他和他儿子,并大祭司亚比亚[是大祭司以利的后裔]坐在一个非常高的山丘上,看到地土荒凉而非常忧伤。于是扫罗的儿子与替他拿兵器的人相约，暗暗地要去敌人的营地，在他们当中引起一些骚扰和动乱。(108)拿兵器之人应允他，无论他去哪里，自己都跟随，甚至于死。约拿单借此少年人的帮助，就从山上下到他们敌军之地。现在敌人的军营是驻扎在一个有三个山峰的山崖上，末端是一个小小的尖而长的要塞，有一个大磐石围绕这处，如同多道防线，阻挡敌人的攻击。(109)事情是这样发生的，也是营外卫兵的疏忽，因为此处地势高耸安全，要想上到此营地或靠近此地，根本就不可能。(110)正当他们到此军营，约拿单鼓励那拿兵器的人，对他说："让我们攻击我们的敌人，如果他们看到我们，叫我们上去到他们那里，这就是我们得胜的记号；如果他们什么也不说，也不招呼我们上去，我们就回去吧！"(111)因此，天一亮，当他们接近敌人军营时，非利士人看见了他们，就彼此对说："希伯来人从地穴和山洞里出来了！"他们就对约拿单和拿兵器的人说："来吧！上到我们这里，为着你们这轻率攻击我们的行动，让我们惩罚并折磨你们。"(112)扫罗的儿子接受了邀请，就是那得胜的记号。他立即从被敌人看见之处出来，换了地点，来到一个无人看守的磐石，因它非常巨大。(113)从那里，他们费尽极大的力量与艰辛，战胜了天然地势的险要，爬了上去，直到能以攻击他们的敌人。在非利士人正熟睡时，他们来到，杀了约有二十人。因此，非利士人当中充满了混乱与惊吓，一些人甚至丢弃所有的盔甲武器而逃跑。(114)更有甚者，因他们来自不同的国家，彼此都不认识，因而怀疑彼此就是敌人而互相残杀[因他们无法想象仅有两个希伯来人上来此地]，一些人在此战斗中死亡，另一些人在逃跑时从磐石上摔下来，头碰撞在地而死。

3. (115)这时，扫罗的守望兵通告王，在非利士人的营中有惊乱，王就查询是哪个人从军队中出去了。当他听到他的儿子和替他拿兵器的人都不在了，就请求大祭司穿上他的祭司袍，预言他们是否会得胜。他说，他们会胜利，且大大地得胜。因此，他出来追赶非利士人，正当他们互相残杀时攻打他们。（116）那些逃到地穴和山洞的人，听到扫罗得胜，就跑到他那里。当时，来到扫罗那里的希伯来人，总数约有一万。他追杀敌人，将他们赶散到各地。但那时，他却掉入一个不蒙祝福、被众人指责的行动，无论是出于无知，或出于突来胜利的快乐〔因为它经常发生在那些人身上，就是在太幸运时，他们无法持续运用他们的理性〕。（117）因他急于报仇，给非利士人一个相当的惩罚，就宣告一个咒诅在希伯来人的身上。那就是，在日落以前，如果任何人停止杀戮敌人而进食，耽延追赶与杀戮，他就要被咒诅。（118）扫罗宣布这咒诅后，他们正在属以法莲支派的树林间，那林稠密，充满蜜蜂。扫罗的儿子没有听到他父亲宣告那咒诅，也没有听到百姓的应允。他擘开一个蜂巢，吃了其中的部分蜂蜜。（119）正在那时，有人告诉他这咒诅，就是他父亲禁止他们在日落前吃任何东西，所以他就不吃了。他说，父亲这禁令行得不好，因为他们若能吃些食物，就更有力量与敏捷追赶敌人，也能擒获、杀死更多的敌人。

4. （120）后来，他们杀了几万非利士人，掳掠非利士人的营地，直至晚间。他们掠夺许多的掳物与牛羊，并宰杀了带血而吃。众书记就告诉王此事，说百姓在献祭时犯罪，得罪神，在血尚未完全洗净前，就吃了祭肉。（121）所以，扫罗下令，在他们当中滚来一块大磐石，并宣告要将他们的祭牲杀在其上，不可吃带血的肉，因为那是不蒙神所悦纳的。所有的百姓都照着王所吩咐他们的去行，扫罗就立了一座坛，并在其上献了燔祭给神，这是扫罗建的第一座坛。

5.（122）如此，扫罗渴想带领他的百姓在天亮以前到达敌人的阵营，为要掳掠全营。全军都愿意跟随他，并诚挚地表明他们已预备好去行他所命令的事。王便召了大祭司亚希突来，吩咐他求问神，是否恩准他们攻占敌人的阵营，歼灭全营所有的人。（123）当大祭司说神没有回答时，扫罗说："当我们求问神，他拒绝回答，一定有一些原因。因为不久前，他预先告诉我们所有我们想知道的事；在他的回答中，也让我们有所准备。我们当中一定有一些隐藏的罪得罪神，才引致他不回答。（124）现在我向他起誓，即使证明出来，那犯罪的人是我亲生儿子约拿单，我也要杀他，得以平息神向我们所发的怒气，就像是惩治一个与我完全无关的陌生人一般。"（125）因他要如此行，全会众大声呼叫。他把所有剩下的人安置在一边，他和他的儿子站在另一边。借着掣签，他要找出那犯罪的人，那签正落在约拿单的身上。（126）当父亲问他究竟犯了什么罪；在他的生活中，是否有些事件他清楚知道是有罪或亵渎神的。他答道："父啊！除了昨日那事，我什么事也没做。因我不知道你所起的誓与立的咒诅，在追赶敌人时，我吃了一点蜂蜜。"但扫罗发誓必要杀他，他愿意遵守誓言胜过血肉亲情。（127）约拿单也不因死亡的威胁而恐惧，他慨然勇敢地献上自己，他说："父亲，我也不求你保留我命，我乐意接受死亡，因那是出于你的敬虔。在那荣耀胜利之后，对我来说，这是最大的安慰，因我曾让希伯来人大胜非利士人。"（128）所有百姓都非常伤心，为约拿单大大哀恸，他们起誓，绝不容许看着约拿单死去，因为是他带领他们得胜。因此，他们将他从父亲咒诅的危难中拯救出来，他们又为这年轻人向神献上祷告，使他罪得赦免。

6.（129）扫罗杀了敌人约六万，就回自己的城去，英勇做王。他又攻打邻国，制服亚扪人、摩押人、非利士人、以东人、亚玛力人，还有琐巴的王。他有三个儿子，约拿单、亦施韦、麦基舒亚，还有女儿米拉和米甲。他另有叔叔的儿子押尼珥，做他全军的元帅。（130）他叔叔的名字是尼珥，与扫罗的父亲基士是兄弟。扫罗有许多的战车和马兵，无论攻打谁，他总是得胜而归；他也治国精明，为希伯来人带来极大的功绩与繁荣，远超其他列国。他选立了许多高大俊美的年轻人，做他的随身护卫。

第七章
扫罗与亚玛力人争战，并战胜了他们

1.（131）撒母耳来见扫罗，告诉他，他是神所差的，要记得，神喜爱他在众人之上，并立他为王。因此，他应听从神并顺服他的权柄。也要记得，他虽有主权支配其他众支派，但神却有权柄在他与万有之上。（132）如是，神告诉他："当希伯来人正从埃及出来，前往现今所在之地，亚玛力人在旷野大大加害他们。因此，我喜悦你们借着争战，惩罚亚玛力人。再者，当你们制伏他们时，不可留一人存活。（133）所有年龄的人，都要追赶并击杀他们，从妇人和婴孩开始，都必这样行，如同亚玛力人加在他们身上的惩罚，因他们曾经如此加害于我们的列祖。什么都不要留下，包括驴子和其他牲畜，不可保留任何财物以谋求私利，据为己有，却要将他们全然奉献给神；并且遵照摩西的吩咐，把亚玛力人的名号全然除灭。"

2.（134）于是扫罗应允了所吩咐他的，并显出他听命于神，不仅向亚玛力人宣战，更全面预备、快速进行。他一点也没有迟延，聚集所有的军力，并在吉甲数点他们，除了犹大支派三万人以外，共有以色列人四十万。（135）如此，扫罗入侵亚玛力人的境界，并将许多人分成几支队伍，埋伏在河边。这样，他不但借着公开争战重创他们，更在他们意想不到之处攻击他们，包围他们，将他们尽都杀害。（136）当他与敌人争战时，他击败他们；当他们逃跑时，他追赶他们，将他们尽行毁灭。这计划即将成功，正如神所预言的。他攻击亚玛力人的诸城邑，包围他们，用武力攻下他们，部分是用打仗的机器，部分是靠所挖掘的地下坑道，部分是因外围所筑的堵墙。一些人因饥荒饿死，另一些人被他们用其他方法掳获。最终，他杀戮妇人与孩童，但他并不以所行之事为野蛮或不人道，首先，因他们是仇敌，他应如此对待他们；其次，因如此行是出于神的命令，若不遵行，必有危险。（137）他也捉住敌人的王亚甲，将他掳获，因他俊美高大，扫罗非常喜爱，心想他值得被保留下来。然而如此行，并非按照神的旨意，而是出于人的感情；并且，他将会使自己痛苦，因他被这不合时宜的同情所激动，甚至到一个地步，他所做的事会令他不安全。（138）因为神恨恶亚玛力人，甚至吩咐扫罗不要同情那些婴孩，虽然我们依据天性是会去怜悯他们的。但是扫罗却在给希伯来人带来灾害的敌人中，保留了他们的王，就是他们的领袖，他似乎更喜爱敌人中外表俊美的，过于谨记神的命令。（139）百姓也和扫罗一同犯罪，因为他们留下了牛群和羊群，夺得它们作为掳物，就是神吩咐他们不可保留的。他们还把敌人剩余的财宝都带回来，但那些没有价值的东西，他们就毁灭了。

3. （140）扫罗占领了所有亚玛力人之地，从埃及地的佩卢西姆直到红海，他使敌人所剩之地尽都荒凉。但他却没有碰示剑人，虽然他们居住在米甸人的正中央，因为在战争开始之前，扫罗已差人吩咐他们离开那里，免得他们与亚玛力人一同遭难。他有一个合宜的理由拯救他们，因为他们与摩西的岳父流珥有血缘关系。

4. （141）随即，扫罗因他所行的光荣事迹及对敌人的征服欢然回家，好像他完全没有忽略与亚玛力人打仗前先知吩咐他应做之事，又好像他已绝对遵守所有应行的事。（142）但神却非常伤痛，因亚玛力人的王竟被活生生地保留下来，而且众百姓也取得牛群羊群作为掳物，这些所行之事都未经他的许可。他认为这是一件完全不能原谅的事，因为他们能占领与胜过敌人，完全是靠他赐给他们的力量，他们竟然貌视与违背他的命令，甚至连他们的君王也不遵守他的命令。（143）因此，他告诉先知撒母耳，他后悔立扫罗为王，因他吩咐他去行的事，他没有去做，反而随从他自己的喜好去行。撒母耳听见这话十分不安，于是整夜恳求神与扫罗和好，不要向他发怒。（144）但他没有因先知的请求赦免扫罗，即使在他的恳求之下，犯下如此罪行而给予赦免也是不合宜的。正因有些人轻易宽容伤害者，伤害才变得更为严重。其实这样的人另有一追求荣耀的动机，就是让人注意他们有温柔善良的本性，在他们还未警觉时，已犯了其他诸罪。（145）因此，神拒绝先知的代求，又清楚显明他不可能改变他的心意。黎明时分，撒母耳就前往吉甲见扫罗。王看到就跑向他并拥抱他，说："我将感谢归给神，他赐我胜利，因我已做了每一件他吩咐我的事。"（146）就此，撒母耳回道："为什么我在营中听到牛羊的叫声？"扫罗回答说，是百姓保留下来作为献祭之用。至于亚玛力人，已被全然灭尽，正如他已经完成所领受的命令，没有留下一人，唯独留下王的性命，并带王来见撒母耳。他说他们会商量如何处置此人。（147）但是先知说："神不喜悦献祭，但喜悦良善公义之人，就是那些随从他心意与律法的人。他们绝不认为任何事情是因他们自己而做得很好，除非他们完全按照神的吩咐去行。当神看自己被人冒犯侮辱时，不是因任何人没有献祭，乃是有人公开违背他。（148）对那些不肯听从他，也不向他履行唯一真实、蒙他悦纳的敬拜的人，他不会欣然接受他们的奉献。即使那些人奉上的祭物又多又肥，他们所献的礼物能使他多有光彩。不，虽是金银做的礼物，但是他也必拒绝它们，且将之视为邪恶的例证，而并非出自敬虔。（149）因他喜悦那些只把这件事谨记在心的人：如何去行？去行什么？就是去行神所指示和命令他们去做的事，并宁可选择死，也不违背那些命令中的任何一项。这样的人，他不向他们要求多少祭物。且当这些人献祭时，虽然祭物很少，他却必然接受，作为对穷人的尊重，胜过有钱人献给他的。（150）要留意，你正在神的忿怒之下，因为你藐视他，轻忽他所吩咐你的事。你想，他怎么会看中来自当灭之物的祭物？除非你认为全数灭尽就是献祭给神。你如此行事、滥用权力，轻忽神所托付于你之事，还不知你的国将要从你手中被夺去吗？"（151）这时，扫罗承认他所行的不义，也没否认他犯罪，违背了先知的命令。但他说是出于惧怕那些军队，因此没有禁止与阻挡他们夺取掳物。他说："但是，请赦免我、怜恤我，将来我必小心，不再犯错。"他也请求先知同他一起回去，他才能向神献上感谢祭。但撒母耳回家去了，因他知道神不会再与扫罗和好。

5.（152）但扫罗极想将撒母耳留下，就抓住他的外衣，因撒母耳急着离开，使这举动十分剧烈，以致外衣被撕裂开来。(153)先知说，他的国必照样被夺去，将有一个良善公义之人取代你，神将忍耐等候，直到他向他所定的旨意成就。虽然人按照他的感情，会在所决定的事上摇摆不定和有所改变，但神所决定的绝非如此。(154)这时，扫罗说他真是罪大恶极，但已经发生的事也不可能再收回。他请求撒母耳尊重他，以使百姓看到他俩一同敬拜神。(155)亚玛力人的王亚甲也被带到他面前来，当这王问道："死亡究竟有多么痛苦？"撒母耳说："正如你使许多希伯来人的母亲因丧失她们的儿女悲哀恸哭，照样，因你的死，也会使你的母亲为你悲恸。"就这样，他下令立刻把亚甲杀死在吉甲，然后起身回拉玛去了。

第八章
扫罗违背先知的命令，撒母耳按照神的吩咐，
暗暗地另立一人为王，他名叫大卫

1. (156)现在扫罗得知他已将自己陷入如此可悲的光景，将神放在他敌人的地位。于是，他前往基比亚的王宫，基比亚就是"小山丘"之意。从那天起，他再没见到先知的面。(157)正当撒母耳为扫罗哀恸时，神吩咐他将所关切的事交托给他，并要他带着圣膏油去到伯利恒俄备得的儿子耶西那里，膏立他儿子中的一位；神会指示他哪一位是他们将来的王。但撒母耳说，他怕扫罗一旦知道这事，就会用一些暗暗的手段或是公然地杀了他。但神提出一个安全去到那里的方法，他就去往前面所提的那城。(158)他们所有的人都向他问安，并问他为何而来。他告诉他们，他

前来向神献祭。因此，他已预备好了祭牲，又叫了耶西和他的儿子们同来参与献祭。当他看见耶西的长子是个高大英俊的男子，就猜想凭着他的俊美，他必是那位未来的君王。(159)但他却对神的预备判断错误，因当撒母耳求问神，是否应膏立这位他十分景仰、配得国权的少年人时，神说："人看不见神所看见的，(160)你必会景仰这少年人英俊的外表，认为他配得这王国。但我却将此王权视为一个奖赏，不是因人身材的俊美，而是因他心灵的美德，而且我正寻求在这方面完美的人。(161)就是一个在敬虔、公义、坚毅与顺服等方面都美好的人，因为在他身上，具有灵里的美丽。"神说完这话，撒母耳就请求耶西把他所有的儿子都带来给他看。于是，他将其他五个儿子都领到他面前，他们所有人中，以利押是长子，亚米拿达是次子，沙玛是三子，拿坦业是四子，拉代是五子，阿鲜是六子。(162)先知看见他们的容貌都不比长子逊色，就询问神，他拣选哪一位作为他们的王。神说，他们中没有一个是。先知就问耶西，在这些之外，他是否还有其他的儿子。(163)他回答说，还有一个儿子，名叫大卫，是个牧羊人，正在照顾羊群。撒母耳要求他们立刻召他回来，因为在他回来之前，他们不能坐下吃筵席。(164)父亲差人去叫大卫，他就来了。他面色光润，目光炯炯，容貌俊美。撒母耳心中暗想，这就是蒙神喜悦，将成为我们王的那位。如此，撒母耳在筵席入座，将少年人的座席安置在他之下，耶西与他其他的儿子也在其中。(165)之后，他在大卫面前拿出膏油，又膏了他，并在他耳边轻轻告知他，神已拣选他做他们的王。撒母耳又鼓励他要公义，听从他的吩咐，这样，他的国权就必长存，他的家族也必大得荣耀，在全地被称许。他必赶出非利士人，无论他与哪些国家争战，他必是得胜者，也必在战役中存活。他有生之日必大享盛名，并将此荣耀美名流传后代。

2. （166）撒母耳给了他这些吩咐后就走了；神的灵已经离开扫罗，转移到大卫身上。大卫因神的灵临到他，就开始说预言；而在扫罗身上，却有一些怪异与邪灵的混乱临到，好像他被人掐住，快要窒息，甚至连医生也无药可用。他们提议要找到这样一个人，他能用唱歌和弹琴来控制扫罗的情绪。当这些恶魔来到扫罗身上搅扰他时，这人就要侍立在他面前守着他、照顾他，为他弹琴吟诗。（167）如此，扫罗没有耽延，立刻命令他们去寻找这样的人。此时，有一位在旁侍立的人说，他曾经在伯利恒城见过耶西的一个儿子，按年龄来看，不过是个孩子，但他清秀英俊，且在其他各方面也都很优异，擅于弹琴吟诗［也是战场上的勇士］。因此，扫罗就差人到耶西那里，将大卫带离羊群，到他面前。他心中极想见大卫，因早已听闻他的俊美与勇敢远超众人之上。（168）于是耶西差遣他的儿子带上礼物去见扫罗。当他一到，扫罗就喜悦他，让他做替自己拿兵器的人，也给他极大的尊荣，因他有种力量左右着扫罗的情绪，他也是让扫罗摆脱恶魔困扰的唯一医生。每当恶魔临到扫罗身上时，大卫就借着唱诗、弹琴，让扫罗重新恢复正常的意识。（169）不但如此，扫罗还差人去到童子的父亲耶西那里，想让他允许大卫留在他的身边，因扫罗非常喜爱看到他，也喜爱他作伴。耶西不想违背扫罗，就答应让大卫留下。

第九章

扫罗做王的时候，非利士人又来掳掠希伯来人；以及他们如何因大卫单挑杀死歌利亚而被击败

1. (170)之后不久，非利士人又再次聚集成为大军，并向以色列人宣战。他们占据一个地方，扎营在那里，是在梭哥和亚西加之间。扫罗也挑选他的军队去抵抗他们，并把军营安置在一座山上，迫使非利士人离开他们原先的营区，驻扎在另一座山上，正与扫罗军队所在之地相对。(171)在他们所处的两山之间有一个谷，将他们的军营分开。这时，从非利士人的营里出来一人，名叫歌利亚，是迦特人，高大魁梧，身高四肘零一虎口，所佩带的武器与他庞大的身材也相称。他的铠甲重五千舍客勒，头戴铜盔，腿有铜护膝，护身盔甲几乎遮盖了他的全身，十分庞大。他的茅枪在他的右手中看来也不轻，他将它放在肩膀上。他还有一把重六百舍客勒的刺枪，另有许多人随在身后，抬着他的盔甲武器。(172)正当他们列队摆阵时，歌利亚站在两军之间，大声向扫罗和希伯来人说："我愿从争战与危险中释放你们，难道你们的军队一定要战败与受苦吗？(173)让你们中间一人出来与我争战，战胜的人就可享有得胜者的奖赏，并决定战事的胜负，战败的人就要服侍得胜者所隶属的军队。的确，让一人陷入险境并得到你所想要的，比起让所有人都陷入危险，要来得更聪明更好。"(174)他说完这话，就退回他的军营。但第二天，他又出来说同样的话，如此共四十天，用一样的话语向敌人挑战，直到扫罗和他的军队因此而害怕，全军摆阵如同即将打仗，但战事并没有真正开始。

2. (175)正当希伯来人与非利士人争战期间,扫罗差遣大卫去到他的父亲耶西那里。耶西对于他的三个儿子协助作战,并不顾安危置身于战事中而感到自豪。(176)大卫先回去喂饱羊群与牲畜,之后不久,就回到希伯来人的军营,因为父亲差他带些食物给哥哥们,并探知他们情况如何。(177)当时歌利亚再次来向他们挑战,并辱骂他们,说他们中间没有一人有勇气,胆敢下来与他作战。那时大卫正与哥哥们谈论父亲交代的事,他听见那非利士人咒骂、侮辱他们的军队,感到非常生气,就向他的哥哥们说:"我已预备好了,单独与这敌人战斗。"(178)但是他的大哥以利押责备他,又说以他的年龄如此说话实在太草率、不合宜,并叫他回到他的羊群和父亲那里。因哥哥的话,他觉得羞愧,就离开了,但他仍与一些士兵说,他愿意与那挑战他们的人战斗。(179)于是他们就告知扫罗这位少年人的决定,王就差人把他叫来。当王问他有何话要说,他回答说:"王啊,请不要忧愁,也不要惧怕! 我因那敌人的辱骂而难过。我必下去与他争战,他虽然高大,我必将他降伏在我以下,使他大大被人嘲笑。(180)他必被一个没有地位也不配作战,又无能力领军或指挥战役,看起来还是一个尚未成年的孩子所杀,这样你的军队必大得荣耀。"

3. (181)扫罗对大卫的勇气与身手敏捷感到惊奇,但并不认为他能力足以胜任;且他因年纪幼小,要与一位擅于战事者争战必处于弱势。但大卫说:"靠着神与我同在,我必能承担这重任,因我对于神的帮助已经久有经验。(182)我曾追赶并捉住攻击我羊群的一只狮子,它咬了去了羊群中的一只,我从那野兽的口中夺回了那羊羔。当狮子凶猛地扑向我时,我抓住它的尾巴,将它摔在地上。(183)同样地,我也如此反击过一只熊。让我们将这敌人看作如同这些野兽中的一只，因他长久以来咒骂我们的军队，亵渎我们的神，神必借着我们的力量制伏他。"

4. （184）因此，扫罗祷告借着神的帮助，让战事的结果不要与这孩童的敏捷与勇气相违。于是他说："你去争战吧！"他替大卫穿上他的护胸铠甲，腰部佩带他的刀，又为他戴上头盔，就差他去了。（185）但大卫觉得扫罗的铠甲十分沉重，因他从未练习或学过穿戴它行走。于是他说："哦！王啊！让这铠甲归还给你吧，因你有能力穿戴它。容许我以你仆人的身份前去争战，随我所习用的方式。"他随即放下铠甲，拿了他的杖，又捡了小溪里的五块石子，放入牧羊人的口袋，右手拿了甩石机弦，就往歌利亚那里去。（186）当敌人看到大卫如此装束前来，就侮辱嘲笑他，因他不像平时一人与另一人战斗时，必会佩带武器，他的样子，反倒像是去赶走和避开一只狗。于是他说："你不把我看成一个人，反当作一只狗吗？"大卫回应说："不！不是一只狗，是比狗更不如的动物！"这回答激起歌利亚的怒火，就用神的名咒诅并恐吓大卫说，必将他的尸体交与地上的走兽和空中的飞鸟，且被它们撕成碎片。（187）大卫回答他："你来攻击我是靠着刀剑和护胸铠甲，但我有神做我的铠甲来抵挡你。他必借我的手消灭你和你的全军，因在今天，我必割下你的头，并将你的尸骸丢给狗吃，让世人都知道，神是希伯来人的保障，我们的倚靠和力量都在于他。没有神的帮助，所有的预备与武力都是徒然。"（188）这非利士人因沉重的铠甲显得有些笨拙，他急于迎战大卫却行动迟缓。他藐视大卫，相信必能毫不费力地杀了他，因他不但没有武器，又是个孩子。

5. （189）当这孩童迎见他的敌人时，却有一种无形的帮助随着他，就是神自己。他拿了从小溪捡来放在口袋中的一块石子，安放在他的甩石机弦内,甩向那非利士人。这石子打中歌利亚的前额,深入他的脑部,如此歌利亚脸面朝地倒下。(190)于是大卫跑去,站在他敌人倒下之处,用敌人的刀割下他的头,因大卫自己没有刀。(191)正当歌利亚倒下时,非利士人就被打败并逃跑,因看到他们最佳的勇士俯伏在地。他们因这事件的结果而害怕,决定一刻都不停留,可耻又羞愧地逃跑了,全力救他们自己脱离现在的险境。扫罗和希伯来人的全军就大声叫喊冲过去,大大击杀他们,并将剩余的人追赶到迦特的边境和以革伦的众城门。(192)如此,非利士人被杀的有三万人,受伤的有被杀的两倍之多。扫罗转回到他们的军营,将其捣毁焚烧;但大卫却拿着歌利亚的头进入他自己的帐篷,并将他的刀献给神。

第十章

扫罗因大卫光荣的功绩而嫉妒他, 并借机来陷害他;就是答应让他的女儿 与大卫成婚,条件是大卫要给他六百颗非利士人的头

1. (193)现在妇女们成为扫罗嫉恨大卫的一个缘由,因为她们大大欢喜,击鼓敲钹迎接凯旋的军队。这些妇女们唱:"扫罗杀了非利士人千千!"童女们应和:"大卫杀死他们万万!"(194)当王听到她们如此歌唱,他自己只占"千千","万万"却归给那少年人,他心想,在这样高的赞誉中,大卫已拥有了他所想得的一切,除了他的王位。他就开始害怕并猜忌大卫。(195)因此,扫罗撤除了他原有的职位,因大卫本是替他拿兵器

的。由于害怕大卫会因此靠他太近，所以扫罗就改立大卫为千夫长，赐给他这更好的职位。但他所顾虑的，更多是自己的安全，他想要差大卫去与敌人作战，希望他在危险的战争中被杀。

2.（196）但是，无论大卫去哪里，神都与他同往，因此在他所行的一切事上，都非常通达。很明显地，大卫极其成功。因此，扫罗仍是童身的女儿爱上了大卫，她的爱情表露无遗，无法隐藏，连她的父亲都可以感受到。（197）扫罗得知此事非常高兴，想要利用它作为谋害大卫的陷阱，并希望因此能使大卫落入危险而受害。所以他让那些人去通知大卫有关他女儿对他的爱意，他也愿意将他的处女嫁给大卫。他说："我深愿将我的女儿嫁给大卫，只要他能给我六百个敌人的头。（198）照理来说，将如此大的奖赏恩赐给他，就是希望他完成这极度危险、不可思议的功绩而大得荣耀。他应立即去行，如此就会死于非利士人手中，我的计划也会巧妙地成就，我的心灵也能因此得着释放。他将被杀，不是借着我，乃是借着其他人。"（199）所以，他命令他的仆人们去试探大卫，看看他对于娶这闺女的建议反应如何。因此，他们对他说，扫罗王爱他，如同爱所有的百姓。扫罗王极愿让他娶这闺女，与他结亲。（200）就此，大卫答说："在你们看来，成为王的女婿似乎很容易吗？对我而言，却不是！因我来自一个卑微的家庭，没有尊贵与荣耀。"当扫罗从他仆人处得知大卫所言，他说："告诉他，我不需要他的任何钱财与聘礼，那样好像是出卖女儿，而不是嫁娶。我只期盼一个女婿有坚毅与其他各样的美德。"这些德行，他在大卫身上都看到了。（201）他非常希望借着大卫娶他的女儿亲近大卫。他既不要金银，也不要大卫从他父家拿来钱财，只要他能向非利士人报仇，取六百个敌人的头。（202）如此，更让扫罗满足，也更胜于所有可以带给他荣耀的礼物。这比任何给他女儿惯常的聘礼要好得多，因她能嫁给这样优秀的男子，他有如此的见证，得以战胜仇敌。

3. （203）当扫罗这番话传给大卫时，他非常高兴，以为扫罗真心想与他结亲。他不多加思考，也未考虑这提议是否可行，有否困难，就立刻与他的同伴去到敌军那里，为那婚事所要求的条件有所行动。那时，因神使大卫所行的事变为容易、可能，他杀了许多人，割下他们六百个头。他就去到王面前，给他看六百个非利士人的头，请求娶他的女儿。（204）扫罗无法收回他对婚事的承诺，不然，别人会因此把他看作一个说谎者，也可能以为他行诡诈，将大卫置于一个不可能的境地，以致被杀。所以，他将女儿嫁给了大卫，她的名字叫米甲。

第十一章
大卫因着约拿单的友情和他妻子米甲的巧计，得以逃脱扫罗设下的网罗；以及大卫如何去见先知撒母耳

1. （205）然而，扫罗定意不再继续忍受他现在所处的光景，因他看到大卫被神与百姓大大尊崇。他很害怕，无法隐藏他的恐惧，生怕王位与性命被夺去，失去其中任何一样都是极大的灾祸。他决定杀死大卫，于是吩咐他的儿子约拿单和他最忠信的仆人们去杀他。（206）约拿单对于父亲与大卫的关系有如此巨大的转变感到惊讶，因为他父亲原来对大卫有极大的善意，现在竟然要想办法杀死他。因他爱这少年人，又敬佩他的德行，就把他父亲所下的密令及他对大卫的意图都告诉了他。

(207)约拿单劝大卫照顾好自己,第二天也不要现身,因他将去向父亲问安,并会找一个适当的时机与父亲谈谈有关大卫的事,探询他讨厌大卫的缘由,并让父亲知道这些多是没有根据的事。(208)因他不应该杀死一个为百姓做了许多好事的人,而且大卫也是扫罗自己的恩人,就算他犯了什么大罪,也有理由蒙受赦免。他说:"我会将父亲的决定通知你。"因此,大卫听从了这美好的建议,就不出现在王的面前。

2. (209)第二天,约拿单去看扫罗,见他高兴快乐,就开始与他谈到大卫:"父亲!这是何等不义之举,因为无论大事小事,大卫都表现得那么出众。究竟是什么原因使你命令我们去杀害一个曾救你命、对你有益、又大大惩罚非利士人的人?(210)他曾将希伯来百姓从四十天的辱骂和讥笑中拯救出来,他也是唯一有勇气接受敌人挑战之人。之后,他又依所吩咐的命令,带回许多敌人的头,并娶了我妹妹作为奖赏。他的死亡,将会使我们非常伤痛,不仅因他品德高尚,也因他与我们的关系非常亲近。你的女儿必在他被杀之时也同受伤害,因她尚未享受彼此相交的愉悦,就要经历寡居。(211)基于这些考虑,请您改变心意且有更多怜悯,不要去害一个对我们有极大恩典、救你性命之人。因当恶魔邪灵附你身时,他将它们驱除,保守你的灵魂不被侵害;再者,他又为我们向敌人报仇。这些恩惠,我们照理不应忘记。"(212)扫罗因这话就平静下来,并向他的儿子起誓不会伤害大卫,因这番正义之词证明王的忿怒与恐惧都是不必要的。于是,约拿单去找大卫,将从父亲那里得来的好消息带给大卫,告知他的性命必得保守。约拿单又将大卫带去他父亲跟前,于是大卫如同过去一样,继续与王在一起。

3. (213)正在那时,非利士人再次进攻希伯来人,扫罗差派大卫领军迎战。大卫置身战场,杀死了许多敌人。他赢得胜利后,又回到王那里。但扫罗接待他,却不如他所想象得胜凯旋的情景。对于他的功绩,扫罗非常忧心,因他心想大卫行事如此光荣,将会带给他更大的危害。(214)但当恶魔临到扫罗身上搅扰他、使他神智错乱时,他就召大卫来到他所躺卧的内室床前,手持一支茅枪,吩咐大卫弹琴为他驱魔。当大卫正按他吩咐去行时,扫罗用力把茅枪掷向大卫。但在枪尚未射到他时,大卫已经警觉并躲开。大卫就逃回自己家里,整天待在那里。

4.(215)但到了晚上,王差派官兵,吩咐他们看守大卫,免得他逃走。如此,就可带他到审判大堂,将他交付、定罪、杀死。当大卫的妻子,王的女儿米甲得知他父亲的计谋,就去到她丈夫面前,对于他蒙拯救,仅存少许的盼望。同时,她也非常关切自己的性命,因若失去他,她将活不下去。她说:(216)"当太阳升起时,要让它见不到你,因为若太阳看到你,将会是它最后一次看到你。趁着夜晚的机会,逃跑吧!愿神因你之故使黑夜加长,我知道若父亲找到你,你就必死。"(217)她用一条绳索将他从窗户缒下去,从而救了他。行完此事,她就为他铺床,如同他在病中,她又在被子下面放了一个羊的肝脏。天一亮,她的父亲就差人来捉拿大卫。她就告诉那些人说,大卫整晚都不舒服,并指给他们看那盖好被子的床。因着上下跳动的肝脏,被子在动,看上去像是大卫在呼吸,如同喘气一般,他们就信了。(218)当那些差役告诉扫罗,大卫病了一整夜,扫罗就下令立即将他抓来,想要杀他。于是他们来到床前,这才发现了那女人的计谋,就向王禀报。(219)当父亲埋怨她为何拯救他的仇敌,她就编造一个合理的借口为自己辩护。她骗他说,因大卫威胁要杀她,出于害怕,她只好助他救他性命。因此,她的帮助应是可被原谅的,因她

犹太古史（上册）

如此行并非出于自愿，而是不得已。她说："我不知道你如此迫切地想要杀你的仇敌，正如现在我也迫切地盼望从你得拯救。"因此，扫罗就赦免了这女儿。（220）大卫逃离了这个危难，就前往先知撒母耳所在之地拉玛，告诉他扫罗陷害他的计谋，以及扫罗如何向他投掷茅枪，差一点他就被杀死。虽然在与扫罗的关系上，他是完全无辜，在与敌人的争战中，他也全无胆怯，因为借着神的帮助，他凡事通顺。但就因如此，扫罗深深仇恨大卫。

5.（221）当先知得知王的不义行径，就带着大卫离开拉玛，去到一个地方，叫作拿约，并在那里与他同住。但扫罗听说大卫与先知同在，就差军兵到他那里，吩咐他们抓住他，带他返回。（222）当他们来到撒母耳那里，正遇到一群先知，于是他们受感于神的灵，开始受感说话。扫罗听到此事，又派了其他人去到大卫那里，他们也如先前那班人一样受感说话。他再差另外一些人，这第三批人也受感说话。最后，扫罗非常生气，就立刻亲自去到那里。（223）当他刚刚到那地，撒母耳还没有看到他以前，撒母耳就使他也受感说话。他因一个灵的剧烈搅扰而神智错乱，就脱了衣服倒下，在撒母耳和大卫面前，整天整夜躺在地上。

6.（224）于是，大卫去到扫罗的儿子约拿单那里，哀痛地告知他父亲陷害他的计谋，并说自己虽未行恶或干犯扫罗，他却一心要将他杀死。约拿单劝大卫不应相信内心的怀疑与那些毁谤的传言，如同真有其事；反应信赖他，鼓起勇气。他的父亲绝无此意，因他深知在这件事上，父亲已经接纳了他的忠告。正如在其他许多事上，父亲也经常询问他的意见，照着他所说的去行。（225）但大卫对他起誓说，事情果真如此。大卫希望约拿单相信他，并为他的安全着想，而不要轻看他的一片真诚。大卫告诉他,一定要相信他的话,他或见到大卫被杀,或从别处听闻此事,就知道为什么他父亲并没有告诉他这些事,因他知道约拿单对大卫的友爱与情谊。

7.(226)从此以后,约拿单知道扫罗清楚显明的动机,就问大卫,他能为他做什么? 就此,大卫答道:"我能体会到你甚愿在每件事上都成全我,让我心中渴望的都得实现。这样,明天是初一,我通常都会在晚餐时与王一同坐席。(227)若你看为好,我会出城,暗暗地躲起来。如果扫罗问起为什么我不在,你就告诉他,我已回到自己的城伯利恒,与我同族的人一同守节;再加上这句话,就是你容许我离开。如果他像一般人对朋友外出所说,让他好好地离开,那你就可以确信,在他手中并没有隐藏的诡诈或敌意,是可以使人害怕的。但若他不是这样说,这就是将设谋害我的记号了。(228)这样,因怜悯我的苦情与对我的友谊,你就要通知我有关你父亲的计谋,印证我对你的爱已被接纳;同时,对我也是一个相同的印证,正如一个主人对他的仆人一般。但你若在我身上找到任何罪恶,就不用拦阻你父亲,你也可以亲手杀了我。"

8.(229)约拿单听了这最后的话,满了忿恨,就应允大卫求他去做的事,又告诉大卫,若他父亲的回答含有恶谋或对大卫有敌意,他必会通告大卫。如此,约拿单更加深深信赖大卫,就带着他去到田野空气清新之地,向他起誓说,他绝不放弃任何保全大卫性命的机会。(230)他说:"我恳求神,就是那位你所寻求、充满各处、深知我意念的神,在我尚未用话语陈明以前,就作为我与你立约的见证。我将不会放弃多次去探询父亲的想法,直到我得知他心中最秘密处是否有隐藏的忿怒。(231)一旦我知道了,我必不会向你隐瞒。不管他是温和还是暴怒,我都会让你知道。神知道一切，我祈求他常与你同在，因他此刻正与你同在，永不离弃你。并且他使你高过你的众仇敌，无论我父亲是否仇敌之一，甚或我自己也是这样的人。（232）愿你纪念我们现在所行之事，若我去世了，求你保守我的儿女得以存活，以你现今所领受的恩情，报答在他们身上。"他起誓后，就打发大卫离开，去到一个特定的地点，就是他通常练习的一块平地。他一知道父亲的心意，就会立刻带着一个仆人，去到大卫那里。（233）他说："如果我向着箭靶射箭三次，然后叫我的仆人去把三支箭取回，因它们落在他前面，你就知道父亲对你并无恶意，不会伤害你。但如果我说的话与这相反，你就知道王确是有心害你。（234）无论如何，按我的方法，你必会安全，不会受害。但请不要忘记我如何恩待你，愿你在时日亨通时，也会恩待我的儿女。"大卫既得约拿单的应许，就前往他们约定的地点。

9. （235）第二天正是初一，王按往例洁净自己，前去吃晚饭。他的儿子约拿单坐在他右边，军队的元帅押尼珥坐在另一边。他见大卫的座位是空的，也没说什么，以为他和妻子在一起，尚未洁净自己，所以没有出席。（236）但到了次日初二，他看大卫仍未出席，就问他儿子约拿单，耶西的儿子为何两天都没来守节吃晚饭？约拿单按他们所约定的，说他已外出去了他自己的城，与他本族的人一同守节，这事他也同意；他也邀自己一同参加他们的献祭。约拿单说："你若许我离席，我也会去那里，因你知道我们关系甚好。"（237）约拿单现在真正看到他父亲对大卫的恨意，整个过程他看得一清二楚，因为扫罗无法控制他的怒气。他责骂约拿单，说他是悖逆之子，一个敌人，又说他是大卫的同伙，大卫的帮手。从他所做之事，看出他一点也不尊重自己的父亲或自己的母亲。而且这更让他不能不信,只要大卫一天存活,他们的王国就不可能安定。他命他把大卫带回来,他必要惩治他。(238)约拿单回答:"究竟大卫做了什么,你一定要惩治他?"扫罗再也不能单单用话语来表现他的忿怒,他拿了一支茅枪,冲向约拿单,想要杀死他。但扫罗并没有达到他的目的,因为约拿单被他的同伴挡住了。但扫罗恨恶大卫,却是显明在他儿子面前,且他急于想要杀死大卫,为此,他几乎亲手杀了自己的儿子。

10. (239)王的儿子立时从席上起身,他因哀伤无法吃下任何食物。他因自己几近被杀,更因大卫必定会死,整夜哭泣。白天一到,他就去到城外的平地,如同前去练习一般,但实际上,他是按先前约定,把父亲的态度通知他的朋友。(240)当约拿单做完所约定的事,就差那跟随他的仆人回到城里,他自己却到旷野去见大卫,与他说话。大卫来了,跪倒在约拿单脚前向他下拜,称他为救命恩人。(241)约拿单将他从地上扶起,他们彼此拥抱,问安许久,且不住地哭泣。又哀叹他们生不逢时,因着扫罗的嫉妒,他们的友谊被拆散,让他们生不如死。终于,他们从哀恸中平静下来,就彼此勉励,纪念彼此所立的约,便分开了。

第十二章

大卫逃到亚希米勒那里,之后又逃到非利士人的王与摩押王那里;以及扫罗如何杀了亚希米勒和他全家

1. (242)大卫因性命之危从王那里逃走,去到挪伯城祭司亚希米勒那里。亚希米勒看到大卫独自前来,既没有一个朋友,也没有一个仆人

随从，就感到奇怪，想知道为何无人与他同来。(243)就此，大卫答说，王吩咐他去行一件秘密的事，他所能告知的就这么多，因此他不能让任何人随着他。他说："然而，我已吩咐我的仆人在某处见我。"大卫期盼他会给他一些吃的，他若如此行，就是一个朋友之举，也能帮助他做将要行的事。(244)当大卫得了他所要求的东西，就问他是否有任何武器，刀剑或茅枪都行。当时在挪伯有一个扫罗的仆人，名叫多益，是亚兰人，他是替王看管骡子的。大祭司说他没有武器，但加上一句："歌利亚的刀在此，就是击杀那非利士人后，你所献给神的。"

2. (245)大卫拿了那刀之后，就逃离了希伯来人的境界，去到非利士人亚吉王掌权之地。王的仆人们认出是他，就告诉王。众仆人通知王说，他就是那个杀死万万非利士人的大卫。大卫生怕王会杀他，他又要经历刚刚得以从中逃离的那种危险。所以他假装疯癫，口里流出唾沫。在迦特王的面前，他又行了许多类似的事，使王认为他们带了个疯子来。(246)因此，王对他的仆人们非常生气，因为他们带来一个疯子。于是他下令，叫他们立刻把大卫赶走。

3. (247)大卫如是离开了迦特，就前往犹大支派所在之地，住在亚杜兰城的一个山洞里。他差人去到他的众弟兄处，告诉他们他在那里。于是，他们所有的乡亲都来到他那里，许多是出于自愿，另一些是因惧怕扫罗而来。他们前来聚集成为一群，并告诉大卫，他们已经预备好效忠大卫，他们共有四百人。(248)因着这股临到他的力量与帮助，大卫就勇敢起来。他离开那里，去到摩押王之地，盼望王能在他的国家恩待大卫的父母，因此时大卫的处境并不稳定。于是王恩准大卫，当大卫父母和他在一起时，他也极为尊重他们。

4. (249)至于大卫自己，先知命他离开旷野，去到犹大支派的境内，并住在那里。他遵命前往，去到属于犹大支派的哈列城，就留在那地。(250)当扫罗听到已有一群人跟着大卫，就陷入极大的困扰与愁烦中。他知道大卫是个勇敢又有胆识之人，因此猜想必有什么不寻常的事会从大卫而来，使他自己在众人面前哀哭痛苦。(251)因此他把他的众友人、军长，与他自己那支派的人都召到他王宫所在的山上，他坐在一处，名叫亚若瑞斯。他的群臣极其尊荣，他的贴身侍卫也在那里。他对他们说："你们是我自己支派的人，我相信你们必然记得我赐给你们的好处，就是我让你们中的一些人做地主、做军长，将尊贵加在你们身上，又立你们一些人在众人之上，另一些人管理军兵。(252)因此我问你们，耶西的儿子能赐你们更多的奖赏吗？我知道你们都喜爱他〔甚至我自己的儿子约拿单都是这样，他也劝你们像他一样〕，(253)因我并非不知道他和大卫之间的起誓与立约。约拿单不仅是个谋士，也是那些图谋反对我之人的助手。你们中没有一人关心这些事，只是安静观望，看看这些事的终局如何。"(254)当王说完这番话，在场的那些人中没有一人回答，只有那个替他喂骡子的亚兰人多益说，他看到大卫去到挪伯城大祭司亚希米勒那里。借着亚希米勒的预言，大卫得知将来要临到自己的事，也从亚希米勒那里得到食物与歌利亚的刀，更因亚希米勒的引导，大卫行在安全的道上。

5. (255)扫罗因此差人把大祭司和他全家族都召来，对他们说："你们竟然背着我去行如此忘恩的恶事，就是接待耶西的儿子，在他想要谋取王位时，给他食物和武器。还有，你不是不知道他从我这里逃走，又恨恶我全家，为什么还替他求问未来？"(256)但大祭司并没有否认他所行的，反而勇敢承认他之所以供给大卫这些东西，并非为了讨好大卫，而是为了扫罗之故。他说："我不知道他是你的敌人，而看他是你的仆人，忠心于你，是你一千军兵之上的将领，比这些更重要的，他是你的女婿、你的亲人。（257）人绝对不会选择把这些恩泽赏给他的敌人，而是赏给那些被景仰，配得最高祝福与尊敬的人。这也不是我第一次为他说预言，以前我曾多次如此行，现在也一样。并且他说是你差他急于去做一些事，若我不给予他所求的，那岂不是违背了你而非违背他？（258）请不要以为我有任何恶意，也不要怀疑我是出于人情才如此行，因我现在才知大卫意图谋反。但在那时，我的确看他为你的女婿、朋友，一个千夫长，而非你的敌人。"

6.（259）大祭司这番话并没有说服扫罗。扫罗因甚惧怕，以至无法相信这样一个非常公义的解释。他吩咐侍立在他旁边的卫兵杀死大祭司和他全家，但他们却不敢碰大祭司，因他们生怕违背神过于违背王。于是，扫罗命令亚兰人多益去杀他们。（260）多益就带了一些像他一样的恶人做帮手，屠杀了亚希米勒和他全家，一共三百八十五人。扫罗又差人去到众祭司所住的挪伯城，杀死了所有在那里的人，妇女、孩童或任何年纪的，一个也不留，再将城焚烧，（261）唯有亚希米勒的一个儿子亚比亚他得以逃出。这些事的应验，正如神向大祭司以利的预言：他的后裔都必灭亡，皆因他两个儿子的罪恶。

7.（262）扫罗王借着行恶，犯下如此残暴的罪，杀害了尊贵的大祭司全家，对婴孩毫无怜悯，对长者全无敬重，又倾覆了神所拣选为他产业之城。这地不但供应住在那地的祭司与先知，也是神命立唯一的城，提供这类人才的教育，带领人明白、了解为人之道。（263）当人们卑微无名时,因为没有能力放纵人性,也无法尝试想做的事,他们多是公正柔和,除了公义,别无所求,并将全副心思与精力都放在这事上。正因他们相信,神存在于他们所有生活行为中,他不但看见他们一切所行的,连还未行出来的意念,他都知道。(264)但是一旦他们晋升,得到能力权势,就丢弃了所有这些重要的事,如同戏院里的演员。他们装模作样,无耻、傲慢,轻看人与神的律法。(265)其实他们所处的地位,最需要的就是敬虔与公义,因为他们比所有人更容易陷入嫉妒。并且所有他们的想法和言语都在众人眼前,他们渐渐在行为上显出傲慢,好像神都看不到他们,或连神也因他们的权势而惧怕。(266)无论他们是因所听的传言而害怕,或因他们本性而仇恨,还是没有什么原因让他们去爱人,这些对他们来说,本应是真诚确实、合乎真理、得人得神喜悦之事,但是到了后来,他们却完全不在乎。(267)他们把那些为他们受了许多苦的人提升到尊荣的地位,但在后者得到尊荣后又嫉妒人家;而且在给予后者极高的地位后,不但将后者所得的夺去,还用邪恶的指控谋害后者的性命,都因他们那不可思议、大胆放肆的本性。他们也因人所行的去惩罚后者,并非后者当受惩治,而是出于未经察验的毁谤与控诉,这不但临到那些应受处罚的人,也临到那些他们有能力去杀害的人。(268)基士的儿子扫罗就是一例明证,他本是在士师统治后第一个掌权的王,但他因怀疑亚希米勒而杀了三百个祭司和先知,又毁灭了他们的城,更加添了他的恶行。他这样行,杀了许多祭司和先知,好像竭力要使圣殿荒凉。他让这属于他们的城不再存留,也不再有人接续他们的职任。

8. (269)在扫罗所残杀的众祭司中,独有亚希米勒的儿子亚比亚他被救了出来。他逃去大卫那里,告诉他自己家族所经历的灾祸,以及他父亲的被杀。(270)大卫说，当他看到多益在那里，就已察觉到可能会带来的后果，因他怀疑他会向王诬告大祭司，因此他责怪自己成为这次不幸事件的祸因。他让亚比亚他留下与他同住，将他藏在一个安全之地。

第十三章
大卫有两次机会杀死扫罗，却没有杀他。
以及有关撒母耳和拿八之死

1. (271)这时，大卫听说非利士人入侵基伊拉城，抢夺那城。他就借着先知求问，如果神赐予他胜利，他就愿意前往与他们作战。先知告诉他，神会给他一个得胜的记号。他就与他的众同伴突击非利士人，杀了他们许多人，又夺取了他们的财物。(272)然后，他留下来与基伊拉城的居民同在，直到他们平安地收割了五谷与果子。然而，扫罗王听说大卫与基伊拉人在一起，因为大卫所行之事与这伟大功绩，在发生之地的百姓中间是无法隐藏的。这事的美名远播各地，为其他人所听闻。这事件的真相与成就这事的人，都传到王的耳中。(273)扫罗听到大卫在基伊拉就很高兴，他说："如今，神将他交在我的手里，因为神使他进入一个有墙、有门、有闩的城。"因此，他吩咐所有的人立刻包围并攻下这城，好杀死大卫。(274)当大卫知道这事，并从神得知，如果他留在那里，基伊拉人必将他交给扫罗，他就带着他的四百随从退到旷野，就是在隐基底城对面。王听说他已逃离基伊拉，就放弃了对他的攻击。

2. (275)大卫离开那里,来到一个地方,叫作"新地",是属西弗之地。扫罗的儿子约拿单去那里向他问安,鼓励他要勇敢,对他日后的景况充满盼望,不要因现在的环境而丧志。他必要做王,所有希伯来人的军队必由他来统管。他告诉大卫说,这样的快乐,通常会在极多的努力与痛苦后才会来到。(276)他们又起誓,在他们有生之年,必以良善与忠诚彼此相待。他又呼求神来作见证,倘若他违背了他的约,或是改变成反对的行为,必有咒诅临到他身。约拿单使他的忧虑、害怕减轻了一些,就离开他回家了。(277)西弗人为了讨好扫罗,就通报他大卫住在他们那里。如果他来到他们那里,他们必将他交出来,因为如果王守住西弗的众通道,大卫也无法逃到其他地方。(278)于是王赞许他们,也表示有理由感谢他们,因他们给了他有关他仇敌的消息。他应许他们,不久将来,他必报答他们的恩情。他又差人寻索大卫,在旷野中搜寻大卫所在之地,他答应说,他必亲自跟在他们后面。(279)如是,他们行在王的前面,搜索捉拿大卫。他们费尽努力,不仅通报他,他的仇敌身在何处,显出他们对他的善意,他们更公开表明要将大卫交付在他的权下。但是这些人不义与邪恶的意图却终必失败,因他们孤注一掷,把必找到大卫的野心向扫罗透露,(280)但他们错误地指控并答应要交付的,却是神所爱的人。这人本来可以安稳躲藏,却被不公地追捕并要处死,都是出于人的谄媚与期望从王那里得好处。有人告知大卫西弗人的恶意与企图,还有他们去和扫罗交涉之事,他就从那地的窄路离开,逃到玛云旷野的大磐石处。

3. (281)扫罗立即到那里追赶他,正行路时,就听说大卫已经从西弗的窄路逃走,于是扫罗去到磐石的另一边。那时,非利士人再次进攻希伯来人之地的消息传来，促使扫罗行另一条路，不再追捕大卫，其实大卫几乎已要束手就擒。但扫罗已转回抵抗非利士人，因非利士人本来就是他们的敌人，扫罗衡量后觉得，他更应该去抵御非利士人，而非历经艰辛去抓一个他自己的敌人，轻看非利士人可能会带给国家更大的破坏。

4.（282）借此，大卫出人意外地逃出他所处的险境，来到隐基底的窄道。此时，扫罗将非利士人逐出境外。一些报信的人前来告诉他，大卫就住在隐基底的边境，（283）于是扫罗就带了三千武装的精兵去追赶他。在离那些地方不远之处，扫罗在路边看到一个又深又空的山洞，入口十分宽广，原来大卫与随从他的四百人正躲藏在那里。扫罗内急，单独进了那洞穴大解，被大卫同伴中的一位看见。（284）这看到扫罗的人就对大卫说，借着神的预备，他现在有一个向他敌人报仇的机会，去割下扫罗的头，必能将他自己从这疲乏的流亡与他现在所处的痛苦里拯救出来。大卫就起身，仅仅割下扫罗所穿外袍的衣襟。但他立刻就因他所行的后悔，并说一个人去杀害他的主人是不应该的，更何况他是神以为配得这国之人。他说："虽然他以恶待我们，但我却没有必要如此待他。"（285）当扫罗离开了那山洞，大卫近前来大声呼叫，让扫罗能听到他的话。那时，王将他的脸转向后面，大卫按照常规，将脸伏地跪在王的面前，说："哦，王啊！请不要听信恶人与毁谤的谎言，也不要为了讨好他们而相信他们说的话，更不要对你最好的众朋友心存怀疑，反要从他们的行为来判断所有人的意念，（286）因为毁谤会欺骗人，但人自己的行为，却是他们恩慈的明证。话语本身有真有假，但人的行为却能在我们眼前赤露显出他们的动机。（287）因着这些事，你都应好好相信我对你和你家的尊重，而不去相信那些捏造出来的指控，那些事我想都未想过，更不可能去做。而你竟为此不管白日黑夜地围捕我，要将我杀死。我思想你所行的，确是不公。(288)究竟为什么你会对我持有这样错误的想法，以为我想要杀你？你又如何能逃脱向神不敬之罪？你想你能杀死你看为是仇敌的那人，今天他有能力可以报复并惩治你，但却没有如此行。他也没有利用这样的大好机会。若是这机会换到你的手中，你必不会放过它。(289)当我割下你外袍的衣襟时，我本来可以割下你的头。"于是，大卫把扫罗外袍的那块布给他看，让他知道自己所说的都是真的。大卫又说："我已确实放弃向你公义的报复，但你却用不公的仇恨待我，并不以为耻。愿神行公义，在我们的心怀意念中判断是非。"(290)扫罗对于他所经历的这事感到惊讶，他也因这年轻人的温和与性情而大受感动，他便哭了，大卫也哭了。王回答说，这是他最应该哭泣的时刻。他说："因你以善待我，我却以恶待你。正如你今日所表现的，你具有先祖之义，虽在旷野抓到他们的仇敌，却决定要拯救他们。(291)我深信神已为你保留了王国，你将会在所有希伯来人中掌权。请向我起誓保证，你不会将我的家族拔出，也不会纪念我向你行的恶，灭绝我的后裔，反倒拯救保守我的家室。"于是，大卫依他所愿的起誓，就请扫罗返回他自己的国内。而大卫和那些跟随他的人，却上了山寨的窄道。

5. (292)约在此时，先知撒母耳去世了，他是一位希伯来人极为尊重的人。因此，百姓为他哀悼很长一段时间，显出他的品德与百姓对他的爱戴。这也在他丧礼仪式的庄严盛大上表现出来。(293)他们将他葬在他自己的城拉玛，并为他哀哭多日。他们看起来不像是为他人之死悲伤，倒像是为与他们每一个人都息息相关的痛苦哀恸。(294)他是一个义人，生性温和，因此神非常爱他。大祭司以利死后，他独自统治管理百姓十二年，又与扫罗王一同治国十八年。就此，我们结束了撒母耳的这段历史。

6.（295）有一个属玛云城的西弗人，非常富裕，有极多的牲口。他养了三千绵羊、一千山羊。大卫吩咐他的部属，要照顾这些牲口，使它们免于受伤与遭害；不可因有需要而起贪心，也不要因他们在旷野不易被人发现而加害它们；反倒要摒弃所有不义的动机，视夺得别人的所有物为可怕的罪，也与神的旨意相违背，（296）这些是大卫所订的规条。他想他给这人的许多恩惠，是给予一个好人，也是一个配得他们如此关切之人。这人是拿八，正如他的名字，是个粗暴的人，过着非常罪恶的生活，他的一切所行都被人讥笑。但他却有一个品德好、聪明又俊美的妻子。（297）当拿八剪羊毛时，大卫差了他随从中的十个人去到拿八那里，向他问安，祝福他今后许多年都能像如今这样兴盛。大卫希望他尽其所能地给自己一些东西作为礼物，因为他必从他的牧人们那里得知，大卫和部属从未伤害过他们，在旷野中生活的那段漫长日子里，一直在守护着他们。大卫也向他保证，他绝不会因为给了大卫任何东西而后悔。（298）当使者们将这信息带给拿八，他却以毫无人情味与粗鲁的态度讥讽他们。他问他们，大卫是谁？当他听说是耶西的儿子时，他说："现今离开他们主人逃亡的人都非常高傲，人数也愈来愈多。"（299）当他们告诉大卫这事，大卫十分忿怒，就命令带兵器的四百人跟随他，又留下两百人看守器具[此时跟随他的已有六百人]，去攻打拿八。他又起誓，必在当晚将拿八全家与所有财物尽都毁灭，不仅因他们对拿八所行的恩情，他不感恩回报；更有甚者，他还恶言相向，谩骂他们，而他们从没有这样恶待过拿八，大卫为此非常痛心。

7. (300)这时,那些看守拿八羊群中的一人告诉他主母拿八的妻子说,大卫差人去到她丈夫那里,他不但粗鲁地回应,还加上许多恶言,即使大卫额外小心照顾他的羊群,让它们不受伤害。这些刚刚发生的事,将会给他的主人带来极大的灾难。(301)当仆人说完这话,拿八的妻子亚比该就坐上她的驴,又驮了各样的礼物,也没告诉她丈夫她将去哪里[因拿八喝醉了,不省人事],就前往大卫那里。她下山时,就遇见大卫,当时他正带着四百人前去攻击拿八。(302)这妇人看到大卫,就从她的驴子上跳下来,面朝下跪拜在地。她恳求大卫不要理会拿八的话,因他应该知道拿八正如其名,希伯来文正是"愚顽"之意。她道歉说,她并未看到他差来的众使者。(303)她说:"因此,请饶恕我!感谢神,阻止了你流人的血。只要你持守你的纯正,神必为你向恶人报仇,正如灾祸必等候在拿八前面,它们必临到你仇敌的头上。(304)求你向我施恩,相信我,并收下我的这些礼物。因我的缘故,请平息你向我丈夫和他全家的怒气与愤恨。因为温柔高尚都属于你,尤其是将来你必成为我们的王。"(305)依她的话,大卫收下了她的礼物,又说:"妇人啊,这都是神的怜悯,带领你今天来到我们这里,否则你绝不可能看见明天,因为我已起誓在今晚必毁灭拿八全家。凡属那人的,没有一人能存活,因为他是恶人,对我与我的同伴这样忘恩。但如今你拦阻了我,合宜地平息了我的忿怒,也将你自己放在神的保护之下。至于拿八,虽然因你之故,他现在逃脱了惩罚,但他必因他凶恶的行为,难逃审判,或在其他情况下灭亡。"

8. (306)大卫说完这话,便打发那妇人离去。当她回家时,发现她丈夫正与一大群人宴饮,酩酊大醉,她就没有把刚才发生的事告诉他。

313

第二天，当他清醒过来，她就将所有的细节都告诉他。他听了她说的话，非常惊恐，身体僵硬得就像死人一样。拿八又活了十天，就死了。(307)大卫听到他的死讯后，就说，神公义地在这人身上为他申冤。因拿八是为他自己的罪恶而死，是因他自己之故受苦受罚，然而大卫却保守他的双手清洁。这时，他才明白神必惩治恶人，绝不漏失任何人。神也必将当得的福气赐给义人，却降祸给那应受惩罚的恶人。(308)于是他差人去见拿八的妻子，请她到他那里与他同住，成为他的妻子。她回答那些来的人说，她连碰大卫的脚也不配。但她仍是带了她的众仆人来，做了大卫的妻子。她之所以承受那样的尊荣，都是因为她的智慧与公义。她赢得相宜的尊贵，部分原因也是由于她的美丽。(309)大卫曾有一个妻子，是在耶斯列城所娶的。至于扫罗王的女儿米甲，她也曾是大卫的妻子，但她父亲已将她嫁给迦琳人拉亿的儿子帕提。

9. (310)这事以后，一个西弗人告诉扫罗，大卫再次来到他们的境界。如果扫罗能够帮助他们，他们必能捉住他。于是扫罗带了持兵器的三千人去到他们那里。到达的那晚，他们就扎营在哈基拉山。(311)当大卫知道扫罗来追索他，就派了探子，吩咐他们告知他扫罗已来到什么地方。他们告诉他扫罗在哈基拉，大卫就瞒着他的众同伴，带了他姐姐洗鲁雅的儿子亚比筛和赫人亚希米勒，去到扫罗的营地。(312)那时，扫罗正在睡觉，带兵器的人与元帅押尼珥都围着他躺卧。大卫进了王的帐篷，虽然他知道扫罗躺在那里，枪就插在他身旁，但大卫并没有杀他。亚比筛本可以杀了扫罗，他也竭力恳求大卫让他如此行，但大卫没有让他去做。因为他说，去杀一个被神所膏的君王是一项可怕的罪行。虽然他是个恶人，但那赐他权柄的，时候到了必将惩罚加在他身上，因此，他也竭力控制他的冲动。(313)大卫明明有能力杀扫罗,却保守自己不做。他拿了扫罗的枪和他睡觉时放在身边的水瓶,没有惊动军营里正在睡觉的任何人,就安全地离开了。他的勇敢让他有此机会,将这事行在王的众侍卫中间。(314)他过了一条小溪,上了山顶,在此处众人可以听见他的声音。他大声向扫罗的军队与他们的元帅押尼珥呼喊,把他们从睡梦中唤醒,又呼叫扫罗和众民。当那元帅听到声音,就问是谁在叫他。大卫回答说:(315)"是我,耶西的儿子大卫,是你们让我成为一个流亡者。你怎么了? 你不是一个极其尊贵,在王宫名列第一的人吗? 你怎么如此疏忽,没有照顾好你主人的安全呢? 你怎么把睡觉看得比保护看守他更重要呢? 你的失职本应致死,惩罚的痛苦必临到你。就在不多时之前,我们一些人进了你的帐篷,甚至到了王和你们所有人的身边,你竟然没有察觉。如果你去找找王的枪和水瓶,你就知道一个极大的灾祸曾在你的帐篷中临到你,而你却毫不知情。"(316)扫罗听出了大卫的声音,也知道他在睡着时完全在大卫的手中,他的侍卫并没有护卫他。然而大卫却没有杀他,他本可以正当地杀了他,却存留了他的性命。因此他说他感谢大卫存留他的性命,并劝大卫要勇敢,不用再害怕从他而来的任何伤害,回到他自己的家去,(317)因为他现在深信他爱自己远不及大卫爱他。他将那能够保护他的大卫赶走,而大卫却多次显出对他的善意。他迫使大卫长久以来活在被放逐的景况中,担忧性命之危,让他的亲朋好友贫困缺乏,而他自己却多次从大卫得到拯救。当危难与灭亡显然临到时,他的性命一再地从他获救。(318)大卫要他们差人来拿回那枪和水瓶,并补充说:"愿神在我们二人的心怀意念中判断是非,因我们的行为都源于此。他知道那天我有能力杀死你,却没有去做。"

10. （319）如此，扫罗两次逃离大卫的手，就回到他的皇宫和他自己的城。但大卫却害怕，如果他继续留下，必被扫罗抓去。因此，他认为去到非利士人之地居住会更好。他就带了与他在一起的六百人去到迦特王亚吉那里，迦特是非利士的五城之一。（320）王就接待了他和他所带来的人，又给他们一个住的地方。他带着他的两个妻子亚希暖和亚比该，与他一起住在迦特。扫罗听到这事，也不再差人去他那里或追捕他，因为在自己全力抓他时，却有两次落在他手中。（321）但是，大卫不愿意继续住在迦特城，他请求王，既然他如此仁慈地接待他，可否再给他一个恩惠，就是在境内给他一个地方居住。若他住在这城会深感不安，怕会带给他伤害与麻烦。（322）于是亚吉王就给了他一个村庄，叫洗革拉。即使大卫做王时，他和他的众子都非常喜欢那地，并将那地看为他们一个特别的产业。那些事情，我们会在其他地方给读者更多的信息。大卫住在非利士人之地洗革拉，有四个月二十天之久。（323）那时，大卫暗地里去攻打非利士人邻境那些基述人和亚玛力人，使他们的城邑荒废，又夺取了他们的群畜与骆驼为掳物，就回家去了。大卫躲开那些人，怕他们会把他所做的事告诉亚吉王。他也把部分掳物送给亚吉王作为礼物。（324）王问他是去攻打谁而得到这些掳物，他说，是那些住在犹大南方和平原的人，由此让亚吉王认可他所做的，因王希望大卫与本族人交恶，现在，他可以让大卫永远做他的仆人，留在他的国中。

第十四章

扫罗请交鬼妇人招撒母耳的灵上来，
因为神不回答他与非利士人争战之事；
以及扫罗和他的众子在希伯来人战败之役中阵亡

1.（325）与此同时，非利士人又来攻打以色列人，他们向同盟国报信说，要在靠近书念城的拉吉聚集，一起突击希伯来人。那时迦特王亚吉也叫大卫和他带兵器的人一同协助他们攻打希伯来人。（326）大卫随即答应，并说这正是他回报王恩惠与款待的时候；王答应说在战事取得胜利后必派他做护卫长。王以为预先赐他尊荣与信心，将使大卫增加作战的热忱。

2.（327）希伯来人的王扫罗曾在国内，除了先知以外，禁止一切交鬼的、占卜的和类似求问神明的事。当他听见非利士人来了，且在靠近书念城的一个平原上安营，就立即聚集他的军队应战。（328）他来到基利波山，在敌人对面安营，与敌军对阵。但当他看见敌军浩大且比自己强盛，就害怕起来，于是请先知为这战事求神，使他得以预知事情将如何发展。（329）但神不回答他，这使扫罗心里战兢，更加丧胆。依照情形看来，似乎将有大祸临头，因为神已不再帮助他了。他吩咐臣仆去找一个交鬼的妇人，可以招死人的灵魂上来，好使他晓得战事是否对他有利。（330）这类交鬼的妇人可以将一些死人的灵魂招上来，照着人的要求，预告一些将发生的事。他的一个仆人告诉他，在隐多珥有这样一个妇人，全营都不认得她，于是扫罗脱了朝服，带了两个最忠心的仆人去隐多珥找那妇人，求她招一个他要的灵魂上来。(331)但那妇人拒绝他的请求，说她不敢交鬼，藐视王的命令，因王已剪除了一切交鬼的法术，他如此行，对他自己也没有好处。她未曾做过任何伤害他的事，他为什么要设下陷阱，使她被发现违令以致招罚呢？扫罗就起誓说，不会有人知道她做了什么，他也不会告诉任何人她说了什么，这样她就不会遭遇危险。(332)她因扫罗起誓说不用惧怕，就听从他的吩咐，招撒母耳的灵上来。她不认得谁是撒母耳，就把他从阴间招来了。当他出现时，那妇人见到一人，形象尊贵如神，她因所看见的就惊惶不安。她就对扫罗说："你不就是扫罗王吗？"因撒母耳已经告诉她，他是扫罗王。(333)扫罗承认了，就问她为何不安。她说她看见某个人升上来，像一位神明。当王问她这人装扮如何，年纪多大，她告诉他这人是个尊贵的长者，身穿圣袍。(334)根据这些特征，王知道这是撒母耳，就俯伏在地跪拜他。撒母耳的灵问扫罗为何搅扰他，招他上来。扫罗向他哀叹说，他因被敌人追逼甚紧，现今陷入困境，而神又离弃他，不借先知或异梦使他预知事情的发展。他说，这就是我向你求救的原因，因为你素来是照顾我的。(335)撒母耳知道扫罗的生命将到尽头，就对他说："你再也不能从我这里知道什么了，因为神已弃绝了你，你当听我言，大卫将要做王，他将以胜利结束这场战争。(336)你即将失去王位与性命，因为你没有在与亚玛力人争战时顺服神，也没有听从我生前吩咐你的，遵守他的诫命。你当知道，你的百姓会被敌人击败，你和你的众子将在明日阵亡，你也将和我同在阴间。"

3. (337)扫罗听后，悲伤到不能作声，仆倒在地。他十分虚弱，不知是因撒母耳的话引起伤痛，还是由于他整天整夜不曾进食。(338)过了许久，他才稍微恢复过来。那妇人强迫他吃些食物，劝他说，她已违反王命，为他行了巫术，不顾惜自己的性命，现在她请求王允许她摆上食物，使王恢复体力，可以平安回营去。扫罗因心里慌乱，全然拒绝吃食物，经她再三请求，终被劝服。(339)她有一头最心爱的牛犊，是她努力照顾、亲手养大的，除了这牛犊外，她别无其他财产。现在她要把它宰了，把肉煮好，为扫罗及他的臣仆摆上。夜里，扫罗返回营中。

4. (340)在此我要提及这妇人的慷慨。因王禁止她行邪术，而她本可因此行业使生活更为富裕。她虽不曾见过王，却不忘记王的禁令；她也没有拒绝这位陌生人的请求，(341)反而怜悯他、安慰他，尽量劝服他改变心意。她是一个贫穷的妇人，却真诚、满有人情味地愿将她仅有的牲畜为他摆上。她并不以自己的善行要求回报，或从他得到任何好处，因她知道他将要死。一般人都会很自然讨好那些能带给自己好处的人，只乐意服侍那些对自己有利的人。(342)所以我们应该效法这位妇人的榜样，向有需要的人施仁慈，没有什么比这更能讨神的喜悦，使他赐下恩惠与我们。关于这妇人的事，我所要说的已经够了。(343)但我要讲另一主题，容我有机会谈论一些有利于城邑、百姓与国家的事。这将对那些良善的人有益，也能鼓励那些追求德行的人，使他们知道得荣耀的途径，如何流芳百世，使君王与统治者留下美好的事迹，不畏惧危险，甚至为国捐躯也在所不辞。(344)我以希伯来人的王扫罗作为例子：他虽已晓得将要临到自己的事，就是借着先知预言他会很快去世，但他却定意不逃避死亡，也不因贪生怕死出卖自己的百姓，有失君王的尊荣；(345)他挺身而出，带着家室与众子面对危险，他认为能如此阵亡，是一件英勇的事。他的众子若如此而死，也是光荣的，这比他们日后不知是否会堕落更好，他们虽未传宗接代，但却长久留下美名。（346）我个人认为这人是公义、英勇且谨守的，任何人处在这些情况或快到此地步，都必因他的英勇和有德行的见证而备受尊崇。至于那些带着得胜盼望去作战且平安归回的战士们，他们也可算是成就了一些功绩。然而，我不认为他们配称为勇士，正如历史学家与其他作家所说的那样。（347）虽然我承认那些行事公义的人也配得一些称赞，但只有那些效法扫罗轻看困境，在极大艰难中而不畏惧的人才配算是勇者。有些人不知道战争结局将会如何，也不知道将有什么事会临到自身，但他们不丧胆，在不确定的未知中献上他们自己，听天由命。他们虽也立了许多伟大功绩，但这并不是一个崇高理念的例证。（348）当人们早已知道事情进入绝境，明知自己即将阵亡，却不但不畏惧惊怕，反而勇于面对这可怕的预知命运。我尊重这人的品格，他才是真正勇敢的人。（349）扫罗就是这么一个人，他为一些想在死后留名的人该如何去行做了明证。尤其对一些君王而言，不要以为自己在高位上不做暴君就够了，还应加倍恩待百姓才好。（350）我本可在扫罗与他的英勇上再谈下去，但我不愿离题太远，说到这里已够了，让我们再回到历史吧。

5.（351）正如我先前所言，非利士人按着他们不同国族的军力安营，亚吉王和他的军队最后也来了，随后是大卫与他的六百战士。（352）非利士的首领们一见大卫，就问亚吉王这些希伯来人是从哪里来的，是谁邀请他们来的。他答道，这是大卫，从他主人扫罗那里逃出来的。当大卫来到他那里时，他曾款待过大卫，所以现在大卫愿意与他同盟，向扫罗报仇来报答他。（353）他们埋怨亚吉王竟然把敌人当作同盟，就商议把大卫打发回去，以免他可能害了亚吉王和全军，借机会与他主人和好。

(354)他们有先见之明,因这就是童女们唱诗称颂那杀死万万非利士人的大卫,便叫大卫和那六百战士回到原来他们所住之地。迦特王听见这话,也以为美,于是对大卫说:"至于我,(355)可以见证你向我显出极大的忠诚与慈爱,因此我将你视作我的盟友,但非利士人的众首领并不喜悦我所行的。请你在一日之内回到我给你的地方,不用怀疑会有任何不测,只要看守我的国家,不让任何敌人侵入,这就是我所期望你对我的帮助。"(356)大卫便照迦特王的吩咐,回到洗革拉。但有一事发生,在他去帮助非利士人时,亚玛力人前来入侵,放火焚烧洗革拉地,并从那地与非利士人其他村庄掳走了许多物品。

6. (357)大卫发现洗革拉因被抢夺而荒凉,他的两个妻子并其他人的妻子儿女也都被掳走,就撕裂衣服,(358)与同伴们一同哭泣哀恸。这些不幸的遭遇使他十分消沉,欲哭无泪。同伴们因这事迁怒于大卫,他几乎被石头打死。(359)当他从悲恸中平静下来,便向神倾心吐意。他请大祭司亚比亚他穿上圣袍求问神,向他预言,神是否准许他追赶亚玛力人;他能否胜过他们,救回妻子儿女,并向敌人报仇。(360)当大祭司让他追击敌人,他就飞快地与四百人前去追赶他们。他们来到比梭溪,看见一个逃离的埃及人,他在旷野走来走去已有三天,因没进食几乎要死。于是大卫给他一点吃的,有肉有水,使他精神复原。然后再问他来自何处,什么时候来的。(361)那人说,他本是埃及人,因疾病体弱跟不上而被主人遗弃。他又告诉大卫说,他是掳掠与烧毁犹大地和洗革拉地的人之一。(362)大卫便叫他带路去追赶亚玛力人。当他追上他们时,看见他们四散在地,吃喝醉酒,享受他们掳掠所得之物。大卫突袭他们,杀了很多人。他们赤身露体、毫无防备,一心吃喝欢宴,因此轻易被击溃。

（363）他们有些人被杀，倒在席上，所流的血沾染在酒肉上。他们杀了其他那些彼此对饮的，以及一些吃饱沉睡的。有些人还来不及穿上军装，就被大卫他们用剑刺透而死。（364）大卫和跟随他的人从早到晚不停地杀戮，以至于剩下的亚玛力人不超过四百人，他们是骑在骆驼上逃走的。于是大卫夺回了一切被掳掠之物、他的妻子及其他人的妻子儿女。（365）他们回到原先留下二百人看守器具之地，那些跟随大卫去作战的四百人认为，如果大家平分他们的战利品是不合理的，因为这些人假装软弱，没有一起去追赶敌人，就应以安全得回妻儿为满足。（366）但大卫却说他们这想法是邪恶不公的，因神施恩赐他们胜利，向敌人报仇，且夺回所有失去之物，他们应该将所得的平分给众人，因为这些人是留守后方的。（367）从那时起，在他们中间就有这条例，那些留守的与去作战的，所得的份都一样。大卫来到洗革拉，他把一部分掳物分给所有他所熟识的人和他在犹大支派的朋友。这就结束了洗革拉被掳掠与亚玛力人被杀之事。

7.（368）这时，非利士人与希伯来人正在进行一场激烈的战争，非利士人得胜，杀了很多敌人；但以色列王扫罗与他的众子都敏捷非凡、勇敢作战，他们知道所有的光荣都系于这次的英勇阵亡。他们将自己暴露在最危险之地［因为他们没有其他的希望］，（369）尽力与敌人作战，直到他们被团团包围后被杀，但之前他们也杀了许多非利士人。扫罗的儿子约拿单、亚比拿达和麦基舒亚被杀后，非利士人大军逼近，希伯来人的众军四散奔逃，很多人在混乱中被杀。（370）扫罗与一队精兵逃了出来，追赶他的非利士人射了长箭、短箭，他的随从死伤严重，只剩数人。扫罗虽身受重伤，但仍继续英勇作战，后来由于伤势太重，他连自杀的气力也没有，于是他求那拿兵器的随从，在自己还未被敌人活捉之前，用剑把他刺死。(371)但这为他拿兵器的人不敢杀自己的主人。扫罗拔出自己的剑，将身体倒向剑尖，伏在其上压着剑，却无法使剑穿透过去。于是他转过身来，问身旁的一个少年人说，他是谁。当扫罗知道他是亚玛力人，就请这少年人用剑将自己刺透，因他已无力自杀。(372)这少年人遵命而行，又脱了扫罗手上的金镯和头上的王冠，就逃跑了。那拿兵器的人见扫罗已死，也自杀身亡。扫罗的卫兵无一逃走，都死在基利波山。(373)那些在约旦河西住在谷中和平原城里的希伯来人，听见扫罗与他众子已被杀，全军覆没，就离开他们的城，逃往有坚固墙垣之地。非利士人见这些城已被离弃，就来住在其间。

8. (374)次日，非利士人前来剥下那些被杀敌人的衣服。他们把扫罗和他众子的首级割下，并差人向全国报信说，他们的敌人已阵亡。非利士人将这些军装献在亚斯他录庙里，又将尸身挂在伯善的城墙上，这城就是今日的希托波里。(375)当基列雅比的居民听见非利士人把扫罗和他众子尸体肢解的事，认为极其残忍、野蛮，不能让他们好好安葬。于是城中的勇士壮丁（在城中有身体和心灵都非常健壮的人）整夜赶路到伯善，(376)来到敌人的城墙，把扫罗和他儿子们的尸体取下，带回雅比。敌人因抵不住他们的勇力，不能阻止他们。(377)雅比人为他们哀哭，又把尸体葬在国中最好之地，名叫亚若瑞斯。他们为扫罗和他众子哀悼七日，他们和妻子儿女们捶胸哀号，不吃不喝，直到黄昏。

9. (378)这样，照着先知撒母耳的预言，扫罗悲惨的下场应验了，因他不遵守神的命令除灭亚玛力人，又因他杀亚希米勒家和城中祭司的罪。在撒母耳生前扫罗治国十八年，先知死后他治国二十二年，就此结束了他的一生。

第七卷
从扫罗去世到大卫去世(涵盖四十年)

第一章

大卫在希伯仑做一个支派的王,扫罗之子做其余百姓之王;以及在此后一次内战中亚撒黑和押尼珥双双阵亡

1. （1）此战发生在大卫击杀亚玛力人后,回到洗革拉的同一天。大卫已于洗革拉住了两日,那杀死扫罗之人来到他那里,已是战后第三天。这人乃是从以色列人与非利士人的争战中脱逃出来,他衣服撕裂,头上蒙灰。（2）他向大卫叩拜后,大卫问他来自何处。他答道：“从以色列人的战役而来。”他接着禀告大卫,此战到尾声实为凄惨,以色列人被杀的有好几万,扫罗及他的儿子们也被杀。（3）他又说,他能如此详细告诉他这消息,是因以色列人被打败时,他本人就在那里。并且,当扫罗王逃亡时,他也在他身边。他也没有否认他就是最后杀死扫罗王之人。因为当扫罗王快被敌人捉拿时,他倒在自己的刀上,伤势甚重,他已虚弱到无法杀死自己,就强求他如此做。（4）他还拿出他从扫罗尸体上取下的王冠和手上的金镯,来证明王确已被杀。大卫见此,对他所说的真话就不再存疑,便撕裂衣服,悲哀哭号,直到夜晚,跟随他的人也是如此。（5）他想到他最忠实的朋友,扫罗之子约拿单,曾经几次救了他的命,心中的哀痛

更加剧烈。大卫所表现出的他的伟大美德，就是他对扫罗的恩慈之心，不仅体现在他对扫罗之死的伤心[虽然大卫几次险些命丧扫罗手中]，他亦惩治了那杀死王的人。(6)大卫对他说："你成了控告自己的人，因你杀了王。"当大卫知道此人乃是亚玛力人的儿子，就命令手下将他杀了。大卫又为扫罗及约拿单作了哀歌及吊丧的歌，这些歌一直流传到我的时代。

2. (7)大卫为王举丧致哀后，就不再哀伤，并借先知向神求问，在犹大支派众城中，神要赐给他居住的是哪一个城。神回答说，他将赐给大卫希伯仑城。于是大卫离开洗革拉来到希伯仑，并带着他的两个妻子以及他的众军兵。(8)在那里，犹大全支派的人膏他为他们的王。他听说基列雅比人厚葬扫罗及他的众子们，便派人去嘉奖他们的善行，并保证为此厚待他们。同时大卫也通告他们，犹大支派已选立他做他们的王。

3. (9)尼珥的儿子押尼珥是扫罗军队的元帅，乃奋勇良善之士。他一得知王、约拿单及王的其他两个儿子皆已阵亡，便马上赶到营中，将扫罗唯一剩下的儿子伊施波设带到约旦河东之地，并在那里立他为除犹大支派外众人的王。(10)他将王位设在玛哈念，希利尼话翻出来的意思是"众军营"。押尼珥很快就从那里选了一支军队，要攻打犹大支派，因他对此支派私下立大卫做王之举十分忿怒。(11)大卫的元帅约押的父亲是洗鲁，母亲是大卫的姐妹洗鲁雅。他带着他的兄弟亚比筛、亚撒黑和大卫的军兵，奉大卫之命与押尼珥对阵。他们在基遍的一个水泉边与他相遇，准备与他作战。(12)押尼珥对他说，他想知道哪一方的士兵更英勇，于是他们协议好双方各派十二个人来决战。于是那些被两方的将军选出的人用长矛向对方掷去，彼此揪头，用刀刺杀，直到全都死亡，因为这是他们所协议的。(13)当这些人都倒下死了,其余的军队又激烈作战,押尼珥的军队终被打败,但约押并不停止,仍紧追不舍,并鼓动跟随的士兵去追赶,不停地击杀他们。(14)他的兄弟也敏捷地追赶他们,尤其是年幼的亚撒黑追得最紧。他以飞快的双足闻名,无人赶得上他;他曾与马赛跑,比马跑得还快。亚撒黑勇敢地、不偏左右地直追押尼珥。(15)押尼珥转头想用巧计摆脱他,有时他叫亚撒黑不要再追他,而去取他士兵中另一人的装甲;有时他劝亚撒黑要控制自己,不要紧追不舍,否则他要被迫杀死他,使他不能再见他哥哥们的面。但是亚撒黑不肯听这些话,仍然继续追赶他。于是押尼珥用枪攻击他,在他背后刺入致命一枪,他立刻身亡。(16)那些与亚撒黑一同追赶押尼珥的众人,来到他死的地方就站住,不再追赶他们的敌人了。但约押和他的兄弟亚比筛因亚撒黑的被杀而忿怒,跑过亚撒黑的尸体,继续追赶押尼珥直到亚玛,那时已是日落了。(17)约押上了一座山,有便雅悯支派的人与他同在山上,与押尼珥对立。押尼珥大声呼叫说,激动本国的人如此互相激烈争战是不应该的,至于他的兄弟亚撒黑,他错在不肯听我"不再追赶"的劝告,以致伤亡。约押同意他所说的话,于是吹角叫士兵撤退,停止追赶。(18)此后,约押当夜在那地安营,但押尼珥连夜渡过约旦河,来到玛哈念扫罗的儿子伊施波设那里。次日约押数点阵亡的人,并安葬他们。(19)押尼珥的士兵被杀的约有三百六十人,大卫的士兵被杀的有十九人,还有亚撒黑。约押和亚比筛将亚撒黑的尸体运到伯利恒,将他葬在他父亲的坟墓里,然后到希伯仑大卫那里。(20)此后,他们开始了长期的内战,跟随大卫的人日渐强盛,扫罗的家却日渐衰弱。

4.(21)这时大卫成为六个孩子的父亲,这些孩子为许多母亲所生,

长子是亚希暖所生，名暗嫩；次子名但以利，是妻子亚比该所生；三子名
押沙龙，是基述王达买的女儿玛迦所生；四子名亚多尼雅，是妻子哈及所
生；五子名示法提雅，是亚比他所生；六子名以特念，是以格拉所生。
(22)在内战期间，两王时常争战，扫罗儿子的元帅押尼珥非常英勇，许多
人支持他，他使他们跟随伊施波设。(23)后来，有人指控押尼珥与扫罗
的妃嫔，爱亚的女儿利斯巴同房。押尼珥为此受到伊施波设的责备，他
就大为恼怒，因他曾厚待伊施波设，如今伊施波设却不以公义待他。因
此，押尼珥威胁要把国交给大卫，并指出伊施波设不是靠自己的能力和
智慧来治理人民，乃是靠他的英勇作为和他对军队的忠诚。(24)因此他
差使者到希伯仑去见大卫，与大卫相约，他将说服以色列人离开扫罗的
儿子，选立大卫为全国的王，条件是大卫给他口头的保证，会尊重他和他
的朋友。(25)于是大卫与押尼珥立约，因他喜悦他的建议，但要求押尼
珥将他的妻子米甲归还他，作为立约的第一个条件，因她是大卫冒很大
的危险，用六百个非利士人的头，从她父亲扫罗那里聘定的。(26)押尼
珥将米甲从她丈夫帕铁那里接来送到大卫那里，伊施波设自己也协助
他，因大卫已经写信给他，让他必要归还他的妻子。押尼珥召集以色列
的众长老、将领们和千夫长前来，对他们说，(27)从前他们想要离开伊施
波设拥戴大卫时，他曾劝阻他们，但现在他们可以照心愿而行，因为他们
知道神借着先知撒母耳，已立大卫做希伯来人的王，且预言他要灭绝非
利士人，征服他们，压制他们。(28)当长老和领袖们听见这些话，明白押
尼珥已改变心意，他们便去到大卫那里。(29)当这些人同意押尼珥的提
议时，他便召集便雅悯支派，向他们提出同样的建议，因这支派所有的人
都是保护伊施波设的。押尼珥看他们一点也没有反对，反而愿意顺从，

就带了约二十位他的朋友去见大卫，要大卫按他的誓言来保护他，并说，"因我们自己与你约定这事，比托别人来办更为可靠。"押尼珥又告诉大卫，他向众长老和便雅悯支派的人所说的话。(30)大卫殷勤地接待他，热诚地款待他好几日。离去时，押尼珥希望大卫容许他带着众人前来，当面将政权交给大卫。

5. (31)大卫差押尼珥走后，他的元帅约押立刻来到希伯仑，知道大卫与押尼珥不久前刚见过面，并约定要将政权交给大卫。约押害怕大卫将押尼珥列居首位，因他将帮助大卫得国，尤其押尼珥在各方面都精明能干，善于处理事务，正是当时所需人才。而他自己将会被贬低，不再有权统领军队，他便采用了一个卑鄙邪恶的诡计。(32)首先，他极力在王面前毁谤押尼珥，劝他要小心此人，勿要相信他约定所要为王做的事，因为他原是想要将政权交给扫罗的儿子，他来是要以诡计欺骗王，希望借此约定使他的计划得逞。(33)但他无法说服大卫，恼怒之下，他便采用比先前更强硬的计谋：决心要杀押尼珥。为此，他打发使者去追押尼珥，吩咐他们追上他时，对他说大卫叫他回去，因为关于此事，刚才有些话忘记告诉他了。(34)押尼珥听到使者所说的话〔使者们在西拉井追上他〕，一点没有怀疑是阴谋，便回去了。约押在城门遇见他，和气地接待，好像押尼珥是他最好的朋友，如此可避免他起任何疑心。(35)约押带押尼珥离开跟随的人到一隐秘处，除了他弟兄亚比筛之外再没有别人，如同要与押尼珥说机密话，便拔剑刺透他的肚腹。(36)于是押尼珥死于约押的阴谋，约押说，这是押尼珥杀死他弟兄亚撒黑所得的惩罚。因在希伯仑争战中，押尼珥杀死了追赶他的亚撒黑。但事实上，约押是怕失去带领军队的权柄，以及他在王面前的尊贵与地位，因押尼珥将在大卫手下居首位。(37)从这些例子，我们可以知道许多邪恶的人会想尽办法取得金钱与权势。为要得到这些，会使用千百种的恶谋。当他们怕失去这些时，就会用更恶的手段去巩固他们所有的，(38)好像没有比失去高位更难受的了。他们拥有权位时愈是无比甜美，失去权位时就会愈加难过，所以他们会不惜使用各种恶谋想要得回失去的一切，这是我对这主题的一些感慨。

6. (39)大卫听到押尼珥被杀的事非常痛苦，他叫所有的人作证，伸出他的手向神说，他在杀死押尼珥的事上没有份，押尼珥的死不是出于他的吩咐。他希望最重的咒诅临到杀死他的人及其全家，并使那些在这谋杀之事上有份的人受同样的惩罚。(40)大卫为要使人相信他在这杀人的事上无份（因这与他和押尼珥所起的誓相违），便吩咐所有的人为押尼珥哀哭，遵照一切仪式埋葬押尼珥。他撕裂衣服，腰束麻布，照习俗在押尼珥棺前哀哭。(41)之后，大卫自己跟在棺后，其他长老与首领也效法他，为押尼珥哀哭。他流泪，表示他对押尼珥生前的尊敬，他哀伤，表明押尼珥的死并不是他所允许。(42)他将押尼珥葬在希伯仑，极尽哀荣，又站在他墓碑前哀哭，使其他人也和他一起哀哭。他为押尼珥的死如此哀痛，不肯进食，同伴劝他仍是不肯，他起誓说直到日落他不会吃一点东西。(43)大卫所行使他大得人心，诸如：当押尼珥死时对他所表示的尊敬，证明对他的爱心；他所给押尼珥的丧礼，如同他是自己的亲属和朋友，而不是像对待敌人一样草率羞辱地埋葬，由此可看出他信守所立的约。所以全国的人都喜悦王温柔和善的性格，知道王会照样待他的百姓，正如他们所见他如何埋葬押尼珥一样。(44)大卫为要得到好的名声，因此在这事上他小心行事，没有人怀疑他是押尼珥之死的罪魁祸首。

他也对众人说，他对如此一个好人的死深感不安，失去他对希伯来人是一个很大的损害，因他曾是一位能以智慧劝导、以善战来保护他们的人。(45)但是他又说："神知道人一切所行，他必报应这人〔约押〕。然而你们知道我不能对洗鲁雅的儿子约押和亚比筛做什么，因为他们比我更有能力，神的报应将会临在他们头上。"这是押尼珥一生不幸的结果。

第二章
因朋友的背叛，伊施波设被杀，大卫取得整个王国

1. (46)扫罗的儿子伊施波设听到押尼珥的死讯，知道他失去了至亲，也是那将国位给自己的人，感到非常痛苦和不安。然而，伊施波设自己也没有比押尼珥活得更久，因临门众子〔他们的名字是巴拿和利甲〕后来陷害叛国，伊施波设被他们所杀。(47)这些人是便雅悯家族中的首领，他们以为杀了伊施波设，就可以从大卫得到许多奖赏，或被封为将领，或在其他方面受托重任。(48)所以，当他们发现伊施波设独自一人在楼上午睡，没有守卫在那里；看门的女子也因为工作劳累以及天气炎热而在打瞌睡，他们便走进扫罗儿子伊施波设睡觉的房间，将他杀了。(49)他们割下他的首级，走了一夜的路程。次日，他们以为已逃离杀人之地，来到一个视他们所做之事为恩惠，并能给予他们保护的地方。如此，他们来到希伯仑，将伊施波设的首级拿给大卫看，显出他们好像是大卫的吉祥兆头，因被杀之人是他的仇敌和反对者。(50)然而未如他们所料，大卫不喜欢他们所做的，对他们说："你们这些可恨的人，当立刻受到

应得的惩罚。岂不知我是如何报复那个杀死扫罗，并将他的金冠交给我的人吗？他以为杀扫罗是为我报仇，好使我不被敌人抓去。（51）或者，你们以为我改变立场，和从前不同，喜欢恶人，会称赞你们的恶行？你们在一个义人的床上杀害他，而他从未向人行恶，且用善意和尊重对待你们。你们成为杀害主人的谋杀者，还以为是向我有恩？（52）你们当因此受惩罚，因为你们杀死伊施波设，还以为我会因他的死而欣然接受你们。我必报复你们，因你们这样做大大侮辱了我的尊严。"大卫说完这话，就向他们施各样酷刑，再将他们处死。他又按一切传统仪式，将伊施波设的头葬在押尼珥的旁边。

2.（53）事态发展至此，所有希伯来人的众首领就来到希伯仑大卫那里，归顺于他，有千夫长和其他领袖们。这使大卫想起在扫罗生前，他仍是千夫长时，他们向他的善意与从未停止的尊敬。大卫又想起神如何借着先知撒母耳拣选他和他的众子，不但如此，神还宣告如何赐他能力去保卫希伯来人的国土，并打败非利士人。（54）因此，大卫欣然接受他们向他的忠诚，并劝他们继续如此待他，将来必不致后悔。于是，他和他们坐席，善待他们，又差他们去召集所有的人来。（55）于是，犹大支派来了约六千八百持盾牌和枪的士兵，这些人从前跟从扫罗的儿子，在那时，其余犹大支派都拥立大卫为他们的王。（56）另外，西缅支派来了七千一百人，利未支派来了四千七百人，有耶何耶大做他们的领袖。这些事以后，大祭司撒督带来二十二位他本族的军长，便雅悯支派来了四千个带武器的人，但这支派其他的人，仍继续期待扫罗家会兴起某一个人来统治他们。（57）以法莲支派来了二万零八百人，他们是大有能力的勇士。玛拿西半支派来了一万八千名勇士，以萨迦支派来了两百人，是通达时务的人，另有两万持武器的人。(58)西布伦支派来了五万人，他们是唯一完全归顺大卫的支派，他们与迦得支派持有一样的武器。拿弗他利支派的知名之士与首长共有一千人，拿着盾牌和枪，全支派则跟随在后，看起来多不胜数［有三万七千人］。(59)但支派共来了二万七千六百人，亚设支派来了四万人，约旦河外的两支派和其余的玛拿西支派，使用盾牌、枪剑和头盔的有十二万，其他支派的人也使用剑。(60)这些人都来到希伯仑大卫那里，带来许多谷物、酒和其他各样食物，同心拥立大卫为王。他们在希伯仑欢庆了三天，大卫和所有的人就离开那里，来到耶路撒冷。

第三章

大卫怎样围攻耶路撒冷；取得这城之后，
将迦南人赶出，使犹大人住在城中

1. (61)此时，原属迦南人，住在耶路撒冷的耶布斯人，关上他们的城门，又将瞎眼的、瘸腿的和一切残废的人领到城墙上来嘲笑王，说，这些瘸腿的人将足以阻止他进入此城。这是由于他们倚靠坚固的城墙，轻视大卫的能力。大卫非常忿怒，以他最大的努力和敏捷，开始围攻耶路撒冷。(62)他要取得这地，以表明他的能力，使对他心怀恶意的人胆怯。如是，他以武力取得下城，(63)但城的要塞却仍未攻下。大卫王知道，他若给予尊位和奖赏，必会激励士兵更努力作战。王应许说，第一个越过要塞下的壕沟，登上且夺取要塞之人，将得到权柄统率所有的人。(64)因此，他们全都野心勃勃、不怕艰苦，要登上要塞，因他们一心想做元帅。

不过，洗鲁雅的儿子约押拦阻其余的人，当他上了要塞后立刻向王喊叫，取得元帅的地位。

2. （65）大卫将耶布斯人赶出要塞后，便重建耶路撒冷，称之为大卫城，他在位时一直住在那里。他在希伯仑做犹大支派的王，共七年六个月。他选择耶路撒冷为他的京城，国事日渐强盛，因神保守他们振兴扩展。（66）推罗王希兰也差派众使者去到他那里，与他友好结盟帮助他。他又送大卫礼物，有香柏木和善于建筑的工匠，可以帮他在耶路撒冷建一王宫。此时，大卫建了许多建筑物围绕着下城，使要塞与下城合而为一，再以城墙围着，并吩咐约押来管理。（67）大卫是第一位将耶布斯人赶出耶路撒冷的人，并以自己之名命名此城，称大卫城。在我们先祖亚伯拉罕的时候，这城叫撒冷。之后，传说荷马提到它的名字是撒冷[因他称圣殿为"撒冷"，是根据希伯来语，意思是"安全"]。（68）从我们的元帅约书亚攻打迦南地战胜了他们，将地分给希伯来人，直到现在[从未将迦南人赶出耶路撒冷，直到大卫将城攻下]，共经过了五百一十五年。

3. （69）现在，我应提一位耶布斯的财主亚劳拿。在大卫取下耶路撒冷时，他没有被杀，因他善待希伯来人，对王也特别仁慈爱护，为此我应借此机会述说这事。（70）此时，大卫娶了其他的妻子，还有妃嫔，有十一个儿子，他们的名字是暗嫩、亚玛撒、西巴、拿单、所罗门、益辖、以利书亚、尼斐、雅非亚、以利沙玛、以利法列和一个女儿他玛，九个儿子是妻子们所生，最后两个儿子是妃嫔所生，他玛和押沙龙是同一个母亲所生。

第四章

大卫杀败了前来攻打耶路撒冷的非利士人，并将约柜运到耶路撒冷，又定意要建造圣殿

1. (71)非利士人知道大卫做了希伯来人的王，便来攻打耶路撒冷。他们攻占了离城不远的巨人谷，便在那里安营。(72)身为犹太人的王，若没有先知的话和神的带领，绝不能擅自行事，因为他无法决定将要来的时机是否安全。王要大祭司告诉他什么是神的旨意，这战事将会如何。(73)大祭司说，他将得胜并征服他们，于是大卫就率领他的军队抵抗非利士人。在争战中，他亲自从敌军后方发动突袭，杀了一些人，其余的都逃跑了。(74)我们不要以为攻打希伯来人的非利士军队人数很少，不要因为他们突然失败，行动迟缓或未表现出值得记录的英勇行为而做出这样的判断。要知道所有亚兰人、腓尼基人、邻近许多其他国家，以及好战的邦国，都来帮助他们，并参与了这场战争。(75)这也是为什么他们尽管多次战败，损失千万军队，仍然不断派遣更庞大的军队来攻打希伯来人的原因。的确，他们在这些战役中屡次失败，所以他们带了大军，是以前的三倍，来攻打大卫。如同以往，他们安营在同一地方。(76)为此，以色列的王为战事又求问神。大祭司预言说，他应使他的军队驻扎在离敌人营地不远的树林中，那树林被称为"巴哈的丛林"。他们在那里不要动，也不要开始作战，直到丛林中的树在没有风吹拂的情况下摇动起来。(77)神告诉他，当树摇动时，就是时候到了。他就要立刻出去，赢得

那已预备好并有确据的胜利。那时，所有的敌军都无法抵挡他，在他第一次进攻后就撤退。大卫紧紧地追着，一路击杀他们，直到迦萨城〔是敌国的边界〕。大卫掳掠了他们的军营，得了许多的财物，又毁了他们的众神明。

2.（78）这战事就是明证。因此，在与众长老、首领、众千夫长商讨后，大卫认为现在正是时候，派一些国中的少年人、众祭司与利未人去基列耶琳，将约柜带出那城，抬去耶路撒冷，安置在那里。他们可以在约柜前献祭与供奉，这都是过去神所喜悦的事。（79）因他们在扫罗执政时曾这样做，以致从未有任何大的灾难临到。所以，全会众都聚在一起，定意要如此去行。众祭司就从亚比拿达家抬出约柜，放在新车上，又让他们的众弟兄和他们的孩子们，与牛一起来拉那车。当时，王也来到约柜前。（80）王和全会众在约柜前向神唱各式各样他们所熟悉的歌，又用各种乐器作乐，歌唱跳舞、吹号敲钹，将约柜迎进耶路撒冷。（81）当他们来到基顿的禾场，神因发怒击杀乌撒，这是因为当牛车上的约柜摇动时，他伸手去扶约柜。因他不是祭司，却摸了约柜，神击打他致死。（82）王与百姓因乌撒之死愁烦，称他死的地方为毗列斯乌撒，直到今日。大卫因此害怕，如果他将约柜亲自迎进这城，他可能也会遭遇与乌撒相同的事。一旦他伸手扶约柜，他必会像前面所说的那样被击杀。（83）因此，他没有将约柜迎进自己的城，却把它送到一个义人那里，他的名字叫俄别以东，是利未人。大卫将约柜安置在他那里，整整三个月。神使俄别以东家兴旺，大大赐福与那家。（84）当王听到发生在俄别以东家中的事，他如何从贫穷卑微变成大大蒙福，所有那些看见或知道他家的人都羡慕他。所以他受鼓励，想把约柜搬到自己家，希望不会遭到不幸。（85）因此，众祭司将约柜抬来,王命七队歌唱的人,依次排列走在约柜的前面,大卫自己也弹琴加入奏乐的行列。他妻子扫罗[我们的第一个王]的女儿米甲看到大卫如此,便嘲笑他。(86)他们将约柜带来,放在大卫所安置的会幕中,他献了上好的祭物和平安祭,又赐给全会众不论妇女、男人和婴孩一个面包、一个饼、一个锅中烤过的饼和一块祭肉。他和百姓一同欢宴,再差众人散去,就回家去了。

3. (87)扫罗之女,大卫的妻米甲,前来站在他身边,为他祝福:愿他一切所求所想,神都赐给他,也愿他蒙神喜悦。但她却责怪他,身为一位伟大的君王,竟有如此不雅之举,在众仆人和婢女当中跳舞,以致露体。(88)但他回答说,他不以神所悦纳的事为耻,因神喜悦他胜于她父亲和其他一切的人。不管婢女们和她如何想,他仍要常常奏乐跳舞。(89)因此,米甲没有孩子。不过,她曾嫁给父亲扫罗要她嫁的那人,生了五个孩子[但这时,大卫已从那人那里将她夺回,重归自己]。关于这些事,我将在适当的地方说明。

4. (90)当王看他的国事因神的旨意一天比一天昌盛,他想,自己住在香柏木的宫中,如此宏伟、精工建造,却忽略了约柜仍放在会幕,必会得罪神。(91)因此,他渴想为神建殿,正如摩西预言,将有这样一座殿要被兴建。他就与先知拿单讨论这些事,拿单鼓励王,无论他想做什么事,都可以去做,因神与他同在,会在凡事上帮助他。因此,他更急于建殿的事。(92)当晚,神向拿单显现,吩咐他对大卫说,他建殿的心意是好的,因为过去从来没有人想要为神建一个圣殿。然而,神不让他建殿,因他打了许多仗,杀了他的敌人而不洁。(93)然而,在他足享长寿,年老去世后,他的一位儿子将要建殿。他名叫所罗门,要接续他做王。神应许要赐他儿子一个后裔，并要坚定他的国，保守他如同父亲保守儿子。但如果他犯罪，他必以疾病和饥荒惩罚他。(94)大卫从先知明白这事，非常欢喜，知道神要延续他后裔的国权，他的家必将兴盛，且有美名。于是，他来到约柜前，(95)俯伏在地，开始敬拜神。他为神所赐一切福祉感谢神，包括使他从一个卑微的牧人，高升到拥有如此尊荣国权，还应许将这些赐给他的后裔。除此之外，他也为神保守看顾希伯来人，使他们得享自由而感恩。祷告之后，他唱诗赞美神，就出去了。

第五章

大卫怎样与非利士人、摩押人以及琐巴、大马士革、亚兰和以东诸王作战并征服他们；他又与亚马太王结盟；也记念扫罗之子约拿单与他的友谊

1. (96)此后不久，大卫想，他应去攻打非利士人，并且不能允许他治下有任何闲散和懒惰，这样才能印证神的预言——他将歼灭他的仇敌，使他的后裔得享太平之国。(97)因此，他再次召集他的军队，吩咐他们预备打仗。他认为他的军队处于极佳状况，就率领他们离开耶路撒冷，与非利士人作战。(98)他打败他们，切割了他们国家大片领土，连于希伯来人的国境。接着，他转而攻打摩押人，打败他们三分之二的军队，俘虏了剩余的人，要他们每年进贡。(99)然后，他攻打琐巴王利合的儿子哈大底谢，他们在幼发拉底河交战，大卫杀了哈大底谢的步兵两万、骑兵七千，夺取他的马车一千辆，摧毁了大部分，只留下一百辆。

2. (100)大马士革和亚兰的王哈达听见大卫和他的朋友哈大底谢争战,便率大军来相助,希望能救他。他与大卫在幼发拉底河交战失败,在战役中损失了许多军兵。哈达的军队被杀的有二万人,其余的都逃跑了。(101)大马士革的尼古拉在他所写的历史书第四卷中也提到这王,他说:"这些事发生后许久,那国中有一人名叫哈达,渐得权势。除了腓尼基外,他统管大马士革和亚兰的其余部分。他与犹大王大卫争战,想在许多战役中得胜,特别是在幼发拉底河的最后之战,却被打败。他像是他们所有大能勇敢的诸王中最杰出的一位。"(102)不但如此,他还提到他的子孙,"他们一个个以他的名,接续他做王。"他说:"当哈达死后,他的子孙十代继续掌权,每一个继承者,都用他父亲的名字,好像埃及人用托勒密一样。(103)他们当中最强盛的是第三位王,他要报先祖战败之仇,所以远征犹太人,使今日称为撒玛利亚的城变为荒场。"他所说的并无不实,在亚哈做以色列王时,哈达确曾远征撒玛利亚。

3. (104)大卫进攻大马士革和亚兰的其他部分,征服了他们,在那里设立军营,且要他们进贡,之后就回家去了。在耶路撒冷,他向神献上哈达作战时所用的金箭囊和他所穿的全套军装。(105)后来,埃及王示撒与大卫的孙子罗波安争战时,夺取了金箭囊、军装和许多其他的财宝,并将其从耶路撒冷搬走了。这些事将在以后合宜之处再作解释。但现今,希伯来人的王借着神的帮助,连战连胜。他进攻哈大底谢最好的城比他和马干,以武力取得,使之成为荒场。(106)他在那里得了大量的金银,此外还有一种据说比黄金更有价值的黄铜。后来所罗门为神建殿时,就用这些铜来制作铜海和洗濯盆。

4. (107)哈马王听到哈大底谢战败,军队被歼灭,他为此害怕,决定与大卫结盟为友邦，免得被攻打。他差他儿子约兰到大卫那里，为打败他的敌人哈大底谢表示感谢，提出通过彼此互助与建立友谊来与大卫结盟。(108)他又送来许多礼物，有金、银、铜所制作的古董器皿。大卫便与陀以［这是哈马王的名字］结盟，接受了他带来的礼物，以同等尊重对待他的儿子，再差他返回。大卫将这些礼物和他征服城邑中所得的金银都献给神。(109)神不仅使大卫自己领军出战时得胜，连他军队元帅约押的兄弟亚比筛，大卫差他去攻打以东人，他也战胜，杀了以东人一万八千人。于是，以色列的王在以东全地设立防营，向他们每一个首领收取贡品。(110)大卫本性公义，按真理行事。他有约押做他全军的元帅，亚希律的儿子约沙法做史官，又立非尼哈家的撒督和亚比亚他为大祭司，因亚比亚他是他的朋友。他又派西莱雅为书记，使耶何耶大的儿子比拿雅统领他的护卫兵。他较年长的众子，都在他身边做护卫。

5. (111)他又想起他向扫罗之子约拿单所起的誓、所立的约，以及约拿单对他的友爱。除了具备其他美德，大卫更是记得别人向他所施的恩惠。(112)因此，他差人去查寻约拿单是否有任何亲族还活着，他可以恩待他们，回报约拿单过去对他的恩情，因他深感亏欠。一个曾做过扫罗家仆人的人被带来，他知道扫罗家仍有人存活。大卫问他可否告知是否有属约拿单的人现在仍然活着，这人能得到他从约拿单所受恩惠的回报。(113)那人说，约拿单有一个瘸腿的儿子仍活着，名字是米非波设。当他的乳母听到他父亲和祖父战死沙场，就带他逃跑，他从她的肩上掉了下来，腿便瘸了。大卫得知他现住何处，谁将他养大，便差使者到罗底巴城玛吉家里，因约拿单的儿子是在那里长大，要他前往大卫那里。(114)米非波设来到王面前，便俯伏在地叩拜。大卫鼓励他，嘱咐他要欢喜,期待更好的生活。大卫将他父亲的房子和他祖父扫罗所有的产业给他,并请他每天前来与王同席吃饭。(115)因大卫所说的话和所给的礼物,这少年人就向他叩拜。大卫又召来扫罗家的仆人洗巴并告诉他,他已给了少年人他父亲的房子和扫罗所有的产业。他吩咐洗巴耕种田地,把所得的出产带到耶路撒冷。如此,大卫每天与他同席,将洗巴和他十五个儿子,并他二十个仆人,都赐给这少年人。(116)王做了这些安排,洗巴就叩拜他,答应做一切嘱咐他的事,便离开了。约拿单的儿子住在耶路撒冷,与王同席吃饭,像王子一样。他也有一个儿子,名叫米迦。

第六章
如何发动与亚扪人的争战并圆满结束

1. (117)这些就是扫罗和约拿单的后代从大卫那里得到的尊荣。约在此时,亚扪人的王拿辖死了,他是大卫的朋友,他儿子接续父亲做王。大卫差使者去安慰他,劝他不要为他父亲的死难过,他将继续以恩待他,如同待他的父亲一样。(118)但亚扪人的众首领不以大卫的信息为好意而接纳,反以恶心来看待,激动王拒绝这话。他们说,大卫是在伪装的仁慈下,差人来窥探本国的力量。他们劝王要小心,不要理会大卫的话,不要被大卫所欺骗,陷入无法挽回的灾难。(119)因此,拿辖之子亚扪人的王,认为这些首领所说的比较可信,就以非常严厉的态度羞辱那些使者。他将他们的胡须剃去一半,衣服割断一半,不以言语,却以行动表示他的答复。(120)以色列王看到这事非常忿怒,他明确表示,绝不轻看这样的伤害和无礼的对待，必要与亚扪人争战，来报复他们如此恶待王的众使者。（121）亚扪王的密友和将领们知道他们破坏了盟约，会受惩罚，便准备打仗。他们送了一千他连得给美索不达米亚的亚兰王，恳请他和琐巴前来帮助他们，这些王共有两万步兵。他们又雇了玛迦国的第四个君王，名叫亦施陀伯，他有一万两千士兵。

2.（122）但是大卫不怕这联盟，也不怕亚扪人的大军，他只信靠神。因他遭受了不公的对待，如今是为公理而战。他立刻差他军队的元帅约押，率领精兵前去应战，（123）在亚扪的城拉巴安营。当敌军列阵出现时，约押他们并不是所有人聚在一处，而是分成两路。辅助的军队摆阵在平原，亚扪军队则在众城门对抗希伯来人。（124）约押看见了，就使用不同的战略。他选最精锐的军兵去对抗亚兰王与和他在一起的众王，将其他的军兵交给他的兄弟亚比筛，要他对抗亚扪人。他对他说："如果看到亚兰联军逼得太紧，你当命令你的军队转过来帮助我，如果我自己看见亚扪的军队逼得太紧，也同样会去帮助你。"（125）他要他的兄弟行在前面，鼓励他要敏捷、英勇地作战，教导他们不要胆怯，以免蒙羞。之后，他差他兄弟去与亚扪人争战，自己则去攻打亚兰人。（126）虽然敌军奋勇对抗了一阵子，但约押杀死了许多人，又迫使其余的人逃走。亚扪人看见了，便惧怕亚比筛和他的军队。他们不再停留，就和那些帮他们的军队一样逃回那城。因此约押战胜了敌人，大大欢喜地回耶路撒冷城，到王那里去。

3.（127）这场败仗并未使亚扪人安静屈服，他们也不认为以色列人比他们强。他们到大河那边亚兰王希兰那里，雇请他们为援军。他有将军朔法，带了八万步兵和一万骑兵来。（128）希伯来人的王知道亚扪人又聚集了如此的大军前来争战,他决定亲自出征,不再单靠他的将军们。他率领全军渡过约旦河,和他的将军们的军队会合一处,一起争战,打败了他们,杀了四万步兵和七千骑兵。他还打伤希兰王军队的将军朔法,致使他因受伤而死亡。(129)美索不达米亚的百姓因这战役的结果,向大卫投降,并送他礼物,王就在冬天时回到耶路撒冷。次年春天,王又差他的元帅约押去攻打亚扪人,占领他们所有的村庄,使之成为荒野,又把他们赶入拉巴城,将他们围困在其中。

第七章
大卫如何爱上拔示巴,并杀了她的丈夫乌利亚;
以及先知拿单为此责备他

1. (130)尽管大卫本性上是一个正直敬虔的人,并且谨遵我们先祖的律法,但他如今却陷入一桩极其严重的罪行。一日黄昏,他一如往常在王宫顶上游行,看见一个妇人在家中沐浴,她的容貌甚美,超越所有其他的女子,她的名字是拔示巴。他为她的美貌所降服,无法控制他的欲念,便差人去叫她来,与她同寝。(131)后来,她怀孕了,便差人去告诉王,要王设法遮盖她的罪〔根据先祖的律法,她已经犯了奸淫罪,必须处死〕。因此王差人到约押那里,叫这妇人的丈夫,持兵器的乌利亚,从战场回来。当他回来时,王就问他有关军队和围攻的事。(132)他回答说,一切都如他们所希望的那样顺利。王从自己的晚餐中拿了一份食物送给他,要他回家与妻子同寝。乌利亚没有这样做,却与其他拿兵器的一同睡在王宫附近。(133)当王知道这事,便问他为何不回家到他妻子那里去。当人离家很久从远方回来,都想尽快回到家中,此乃人之常情。他回答说,当他的同僚和将军都身在敌国,睡在军营的地上,只有他自己回到妻子身边休息,这是不对的。(134)当他如此回答时,王便命令他当晚留在那里,这样,便可以打发他次日回到将军那里。王邀请乌利亚同席吃晚餐,且狡猾地使他喝醉了,直到他神志昏乱。但他仍然睡在宫门外,没有任何意愿要回到妻子身边。(135)为此王非常忿怒,便写信给约押,命令他处罚乌利亚,因他触犯他。又建议他处罚的方法,使人无法发现他所受的惩罚,是出于王的主意。(136)他吩咐约押差他到前线最危险的地方,使他孤立无援。在他可能被杀时,就命令其他士兵从战场撤退。他将信写好,用王印盖上,便交给乌利亚带给约押。(137)约押收到信后,明白王的意思,便差乌利亚到最危险的地方,给他一些军中最英勇的士兵同去,并说自己会派全军来帮助他们。如果可能,他们要攻破部分城墙,攻进城去。(138)他希望乌利亚能为这次表现自己的机会而欢喜,而不是感到不悦,因为他是王和百姓所知道的勇士。乌利亚欣然接受所交给他的任务。约押私下又命令那些和他同去的人说,当他们看见敌人出击时就后退,离开乌利亚。(139)于是,希伯来人攻打这城。亚扪人担心敌人会胜过他们,上来进入城中,此处正是乌利亚受命攻城之地。因此,他们将最好的士兵安置在前线,突然打开他们的城门,非常激烈地攻击敌人,凶猛地冲向他们。(140)那些与乌利亚在一起的人看见这情形,都向后撤退,正如约押先前所指示的。但是,乌利亚却认为逃离职守是可耻的。他努力抵挡敌人,受到他们猛烈的攻击。虽然他杀了他们许多人,但却被敌人包围杀死了,有些他的同僚也和他一起被杀。

2. （141）这事之后，约押差人去见王，要他们告诉王说，他尽其所能要快快攻下这城，但当他们攻打城墙时，被迫撤军，损失很大。他也嘱咐他们，如果看到王因此而忿怒，要补充说，乌利亚也被杀了。（142）王听了使者的话，很忿怒地说，他们攻打城墙是错误的，应当挖掘地道或用其他的战术，努力取得这城。特别是他们有基甸儿子亚比米勒的前例为鉴，当他以武力攻取提比斯城楼时，被一个老妇人用大石头打死。虽然他是一个大能的勇士，却因用危险的方式进攻，如此可耻地死了。（143）他们应该记得这件事，不要靠近敌人的城墙，因为战胜最好的方法，便是记取以前战争失败的经验。在类似的危险情况下，好的先例可以效法，不好的要避免再犯。（144）王发怒时，使者就告诉他，乌利亚也被杀了。王便平静下来，嘱咐使者回到约押那里告诉他，这不幸的事乃人之常情。战争中这样的意外时有发生，敌人有时会胜，有时会败。（145）但王吩咐他要小心攻城，以后不要再有意外的事发生。他们应该建立防御，使用器械去围攻这城。当他们取得这城，就要将它的根基完全毁坏，消灭城内一切的人。因此，使者立刻将王的话告诉约押。（146）乌利亚的妻子拔示巴知道她的丈夫死了，便为他哀哭多日。当她为乌利亚哀哭的日子过了，王便娶她为妻，她给他生了一个儿子。

3. （147）神不喜悦这婚姻，便向大卫发怒。神在先知拿单的梦中向他显现，对他说王的过犯。拿单是一个正直谨慎的人，知道王是盛怒之下感情用事，不顾正义。他决定隐藏从神而来的威吓，温和地与王讨论。（148）他请求王对下面的情况发表意见，他说："有两个人住在同一个城，其中一个富有，另一个贫穷。那富人有许多牛群、羊群和母牛，但那穷人只有一只母羊羔。（149）他将这母羊羔与他的孩子们一起养大，让它与他们一起进食，爱它如同自己的女儿一样。这时，富人家有一客人到访，他舍不得杀自己羊群中任何一只来宴请他的朋友，却到穷人家里取他的母羊羔，用它来宴请他的客人。"(150)这番话使王非常恼怒，他对拿单说："这人是一个可恶的人，竟然敢做这样的事，他应偿还四倍的羊，并应为他所行的被处死。"拿单立刻说，王自己就是那人，应当受到这些惩罚，这是他自己说的刑罚，因他犯了重罪。(151)先知随即向他表明神的忿怒将要临到他，因神使他做希伯来人的王，威凌诸国，许多大国附庸于他，又把他从扫罗手中拯救出来，赐他许多的妻子。如今他却藐视神，触犯了神的圣洁，抢了别人的妻子，并设计使她的丈夫陷入险境，以致被敌人所杀。(152)神将因他所行如此邪恶的事惩罚他，他的妻子们将被他一个儿子抢夺，这儿子也将反叛而取代他。他虽在暗中行恶，却要公开受罚。先知又说："此外，她所生的儿子，必很快死亡。"(153)王因这话心中懊悔，非常惶恐，哀恸流泪说，他犯罪了〔除了乌利亚这事以外，他是一个敬虔的人，一生没有犯过罪〕。神向他施怜悯与他和好，并应许要保存他的性命与国家，因神见他为所做的事懊悔，就不再不喜悦他。拿单对王说完了这些预言，便回家去了。

4. (154)然而，神使大卫由乌利亚之妻所生的儿子得了重病。王为此苦恼，七天没有吃任何食物，虽然他的仆人们一直在劝他吃东西。他自己穿上黑袍，披上麻衣，俯伏在地，恳求神使孩子复原，因他深爱这孩子的母亲。(155)第七日孩子死了，王的仆人们不敢告诉他，怕他知道了更不肯进食，会因儿子之死悲伤过度而不顾惜自己。因在儿子生病时，他已是如此悲伤。(156)当王看到仆人们不知所措，好像在隐瞒什么，就知道孩子已死。他叫了一个仆人来，得知实情后，便站起身来，洗净自己,穿上白袍,来到神的会幕。(157)他吩咐仆人们摆上晚餐,这使家人和仆人们非常意外,因孩子生病时他没做这事,如今孩子死了,他却如此行。他们问他这样做的原因,他说,他们真是不明事理的人。(158)他又告诉他们,当孩子活着时,他希望孩子能好起来,他那样行是合理的。因他想借着向神恳求,神会向他施慈悲。但当孩子死了,哀伤就不再有意义。当他说完这些话,他们都称赞王的智慧和明智。之后,他与拔示巴同房,她又怀孕生了一个儿子,照先知拿单的话,起名叫所罗门。

5. (159)约押围困亚扪人时,使他们大大受苦。他切断他们的水源,夺走他们的食物,致使他们极度缺乏肉和水,因他们只有一口很小的水井,不敢随便取水,恐怕水源枯竭。(160)约押就写信给王,要王自己来夺取这城,使他可得胜利的荣耀。王收到约押的信,接受他的美意和忠贞,便率领他的军队前来,毁坏了拉巴。当他以武力取得这城时,就将此城交付军兵,肆意掠夺。(161)他自己夺了亚扪王的皇冠,其上的金子重一他连得,在中央有一颗极贵重的红玛瑙宝石。此后,大卫便将这冠戴在他自己头上。他又在城中发现许多器皿,既华美又贵重。对于城内的人,他折磨他们后,再杀死他们。他以武力攻取其他亚扪人的城邑后,都以同样的方式对待他们。

第八章

押沙龙怎样杀死了暗嫩,因他强行羞辱了他的亲妹子;以及押沙龙如何被赶出去,后来又被大卫召回

1. (162)当王回到耶路撒冷,一件不幸的事发生在他家中。事情是

这样的：他有一个女儿，还是个处女，有着闭月羞花的美貌。她名叫他玛，和押沙龙是同一个母亲所生。（163）大卫的长子暗嫩爱上她，却无法得到她，因她仍是处女，并在人严密看管之下。他因此日渐消瘦，面色苍白。（164）他的一位亲友约拿达是个非常聪明的人，又有精明的心思，他察觉此事和他的感情。他见暗嫩每天早晨神不守舍，便来看他，希望暗嫩告诉他为什么会如此。不过，他也说他猜是因恋情所致。（165）暗嫩承认他的感情，他的确爱上了他同父的妹子。约拿达向他提了一个建议，可以使他如愿。他劝他假装生病，当他父亲来看他时，便求他让他的妹子来服侍他，如此可使他的病快些复原。（166）所以暗嫩躺在床上假装生病，正如约拿达所建议的。当他父亲来看望他时，他求父亲差他的妹子来，王便吩咐将他玛带到他那里。当他玛来到，暗嫩请她为他做饼，在锅上烤。（167）他要求她亲自做这事，因她做得比任何人都好。所以她在他哥哥面前抟面，为他做饼，放在锅中烤熟，送到他那里去。但他不肯吃，却吩咐所有的仆人离开他的房间，因他想休息，不受搅扰。（168）当仆人们照他的吩咐离开，他便请他的妹子将他的晚餐拿进卧室，少女照他要求去做。他拉住她，努力说服她与他同寝，少女喊叫说："不可以，哥哥，不要强迫我，也不要作恶以致干犯律法，使自己懊悔。你要抑制你的不义与不洁的情欲，否则将会带给我们家族责难和羞耻。"（169）她也劝他对父亲说明这件事，父亲会允许他娶她。她如此说是想避免他哥哥此时暴力性的情欲。但他不肯听她，因激动的爱和强烈的情欲遮蔽了他的眼睛，他强暴了他的妹子。（170）暗嫩满足了他的欲望后，却立即恨恶她、责骂她，叫她起来出去。她说，他如此行比先前对她的伤害更大，因他已强暴她，却不让她留到晚上，而要她在白天离开。因在白天她会被人看到，见证她的羞耻。他却命仆人将她赶出他的家。（171）她因所受的伤害和暴力非常痛苦，便撕裂外袍〔在古时处女都披上直到脚跟的外袍，使内袍不被看见〕，把灰尘撒在头上，走到城中痛哭，为所受的暴力伤恸。（172）她哥哥押沙龙刚好遇见她，便问她是什么悲伤的事临到，使她这么痛苦。她告诉他自己所受的伤害，他便安慰她，要她安静忍耐，不要因她哥哥的伤害而看自己是污秽败坏。她听了他的劝告，不再哭泣，并对众人说出她所受的羞辱。她在她哥哥押沙龙家住了许久，好像寡妇一样。

2. （173）他的父亲大卫知道这事，就为暗嫩的行为悲痛。但他没有处罚他，因他特别爱他，他是他的长子。但押沙龙却寻找机会来报复他的恶行，因为他痛恨他。（174）在他妹子遭遇这恶事后的第二年，押沙龙要往以法莲地的一个城巴力夏琐去为他的羊剪毛，他求他父亲和众兄弟来与他坐席。（175）但大卫不愿使儿子负担沉重，便推辞不去。押沙龙就要求让他的兄弟们去，大卫便差他们去了。押沙龙吩咐他的仆人们，看到暗嫩喝醉时，他会给他们一个信号，他们不用惧怕任何人，要杀了他。

3. （176）仆人们照着所指示的做了这事，其他的兄弟们非常惊骇和慌乱，生怕也会被杀，他们就立刻骑上马，逃往他们父亲那里。但有人拦阻他们，而去告诉他们的父亲，他们全都被押沙龙杀死了。（177）大卫因此哀痛欲绝，因为他的众子在顷刻间都死了，且是被他们的兄弟所杀，他为他们非常哀伤。他既不问是什么缘故导致这场杀戮，也没有留下听听其他的事，这是人在面临如此不幸时很合理的表现。他撕裂他的衣服俯伏在地，为失去他所有的儿子而悲恸，为那些被杀的众子，也为那杀他们的儿子。(178)但大卫哥哥示米亚的儿子约拿达劝他不要如此悲伤,因他不相信王所有的儿子都被杀。他说可能只有暗嫩死了,因押沙龙可能借此报复他向他玛所行的事。(179)此时,极大的马匹响声和一些人来到的喧扰引起他们的注意,原来是王的众子刚从宴席中逃回来。他们都非常悲伤,他们的父亲前往迎接他们,与他们一同悲伤。但王能够再看到他的那些众子,这已比先前所想的好多了,因不久前才听到他们都已被杀。(180)他们为被杀的弟兄悲痛,王也为被杀的儿子悲痛。押沙龙逃到基述他外祖父那里,住了三年,他外祖父是那地的王。

4. (181)大卫有意差人叫押沙龙回来,不是要他回来受罚,乃是想他与自己在一起。经过如此长久的时间,他的怒气已经消了,这是他军队元帅约押劝他如此做的。(182)约押说服一个普通的老妇人,穿着丧服去见王,对他说,她的两个儿子因彼此不和而争吵,一个杀死了另外一个。(183)她希望王仲裁这案子,帮她救她儿子。因她的亲属要她把这杀了他兄弟的儿子交出来,将他处死,以致让他照顾她晚年的盼望也都落空。如果王能阻止那些想要杀她儿子的人,便帮了她一个大忙。除了王以外,没有任何人能拦阻他们做这事,因她的亲属敬畏王。(184)正当王答应了妇人向他的请求,她以此话回答他:“我感谢你,在我年老时怜悯我,使我不致失去唯一仅存的孩子。为了让我信任你的恩慈,请你先和你的儿子和好,止息对他的怒气。(185)若你仍继续恨自己的儿子,叫我如何能相信你真赐给我这样的恩惠呢?一个儿子被杀,再加上另一个儿子也受死,的确是一件愚拙的事。”(186)现在王才明白,这是约押指使老妇人所编的故事,是他的计划。在询问这老妇人后,王得知真是如此。

于是,他召约押来告诉他,他所求的已蒙应允。王差他去带押沙龙回来,因他现在没有不高兴,早已不再生他的气。(187)于是,约押因王的仁慈向王下拜,就立刻去基述将押沙龙带回耶路撒冷。

5. (188)然而,在押沙龙回来前,王事先捎了一个信息给他儿子。他吩咐押沙龙回自己的家,因王现在的心情尚不适合见他。由于父亲的吩咐,他没去见王,只借着他家人去向他致意。(189)押沙龙的俊美并不因忧伤或未曾得到王子所当有的照顾而减少,因他身材高大,面貌俊美,即使那些食用最具营养饮食的人也无法与他相比。他的头发如此浓密,每八天需要修剪一次;他的头发重二百舍客勒,也就是五磅。(190)他住在耶路撒冷两年,生了三个儿子和一个非常美丽的女儿。后来,所罗门儿子罗波安娶了这女儿为妻,生了一个儿子,名叫亚比雅。(191)押沙龙差人去见约押,希望他去和自己的父亲讲和,恳求父亲让自己见他,和他说话。但是约押却不理睬他,他便差他几个仆人在靠近约押的田地放火。约押知道了,就来见押沙龙,指责他为什么如此行。(192)押沙龙回答说,我用这计谋使我们见面,因你不理会我的请求,使我与父亲和好。借这方法,我诚恳地请求你,现在去向我父亲讲和,因我父亲仍向我生气,不得见我父亲比被放逐更痛苦。(193)于是约押被说服,并同情押沙龙的痛苦,为他向王求情。在约押与王谈话之后,王便止息向押沙龙的怒气,差人去叫他来。押沙龙跪在地上请求王原谅他所行的,王叫他起来,答应原谅他过去所做的事。

第九章

有关押沙龙背叛大卫；以及亚希多弗和户筛，洗巴和示每的事；并亚希多弗如何自己吊死

1. （194）与王和好后，押沙龙在很短时间内为自己预备了许多马和马车，还有五十个持兵器的人跟随他。（195）他每天清晨来到王宫前，对那些前来求审而败诉的人说，他们的事非常有理。好像王真需要有更好的谋士，又可能是因法官的错误，以致有不公的判决。如此，他赢得众民的好感。他说，他们若授权给他，他一定会公平判决这些事。（196）他使自己深受众人喜爱，他想，他已拥有美名，足以稳固他的地位。在与父亲和好四年后，他来到王前，请求让他去希伯仑向神献祭，因在他逃亡时曾如此许过愿。大卫答应了他的请求，他去到那里，还有许多人和他一起去，因他吩咐他们同行。

2. （197）在他们当中，有大卫的谋士基罗人亚希多弗和二百个耶路撒冷人，也是去献祭，并不知道他的企图。但押沙龙用诡计，使他们立他为王。（198）大卫得知这消息，因押沙龙的不孝和强横而害怕，他没想到儿子会如此做，稀奇他已忘记父亲不久前才饶恕他所行之恶事，竟然去做更卑鄙的事。首先，他夺取神赐给大卫的国权，其次，又想夺取他父亲的性命。于是，他决定逃往约旦河外。（199）他召集了最亲密的朋友，告诉他们他所听到他儿子的疯狂行为。他将自己交托给神，求神在中间判断他们一切所行的。他将王宫留给十位妃嫔看守，与其余自愿跟随他的

百姓匆匆离开耶路撒冷，特别是那六百个带着武器的人，他们从他逃避扫罗的日子起就跟随他，直到如今。（200）但他说服要与王一起逃走的亚比亚他、大祭司撒督，以及抬约柜的所有利未人，要他们留下。即使不带走约柜，神也必拯救他。（201）他要他们秘密报信，让他知道事情的经过。他吩咐撒督的儿子希玛斯和亚比亚他的儿子约拿单留下，忠心管理所有的事务。但是迦特人以太一定要与大卫同去，不论大卫让不让他去。因他与大卫甚好，就说服大卫允许他同行。（202）当大卫赤足上橄榄山时，所有跟随他的人都流泪哭泣，有人告诉他亚希多弗已投向押沙龙那边去了。这消息使他更加悲痛，他迫切恳求神使押沙龙疏远亚希多弗，恐怕他会听从亚希多弗的诡计，因亚希多弗是一个慎思明辨的人，能非常敏锐地看出何种情况最为有利。（203）当大卫到了山顶，俯瞰山下的城，他泪流满面地向神祈求，仿佛他已失去他的国位。在那里，他遇见他忠诚的朋友户筛。（204）大卫看见他衣服撕裂、头蒙灰尘，为事情巨大的转变而哀痛。大卫安慰他，要他不必如此悲伤。之后，大卫请求他回到押沙龙那里，表面上是与他同党，实际上在用心找出他最隐秘的计谋，并破坏亚希多弗的计谋。如此，他留在押沙龙身边，就比留在大卫这里更有用。他听从了大卫，便离开他去了耶路撒冷，不久押沙龙也来了。

3.（205）大卫往前走了不久，遇见米非波设的仆人洗巴（就是那被差去管理扫罗和他儿子约拿单产业的），带着两匹驴子，驮着一些食物，希望大卫和跟随他的人依他们所需要的尽量取用。（206）王问他，米非波设在哪里。他说，他留在耶路撒冷，想趁这混乱之际，让众人想起扫罗给过他们的好处而立他为王。王因此非常忿怒，将先前给米非波设的产业给了洗巴，因他认为洗巴更配得这些东西，为此洗巴非常高兴。

4. （207）大卫来到巴户琳，遇见扫罗的亲戚示每向他丢石头，又用话辱骂他。王的朋友在旁保护他，示每却更加用厉言骂他，称他是一个流人血的人，做了许多恶事。（208）他想要他像一个不洁、卑鄙的人一样，被赶出国境。他为王失去国位感谢神，又咒诅王，因他向他主人扫罗所加的伤害，要借着他亲生儿子受罚。跟随王的人都非常忿怒，尤其是亚比筛，想要杀死示每，但大卫制止了他的怒气。（209）他说："我们不要再带给自己更多灾害，我一点也不在乎这狗向我所发的狂言。我将我自己交托给神，因为神允许这人用这样野蛮的态度对我。虽然我不当受这人对我的侮辱，但连我自己的儿子也如此待我。也许，神会因此怜悯我们，依他的旨意使我们可以胜过他们。"（210）因此他继续往前行，不理会示每。示每在山的另一边，一面跑一面以污辱的言语叫骂。大卫到了约旦河，就让跟随他的人休息，因为他们都疲倦了。

5. （211）押沙龙和他的谋士亚希多弗和所有跟随的人来到耶路撒冷，大卫的朋友户筛也来见他们。他向押沙龙跪拜，并祝福他的国得以延续长久。押沙龙对他说："为何我父亲最亲密忠实的朋友不和他在一起，却到我这里来呢？"户筛回答得很有智慧，（212）他说："此时，我们必须跟随神和众百姓。因此，我的主人在这里，我跟随他是恰当的，因为你是从神那里得到这王国。如果你信任我，将我当作你的朋友，我将以忠诚和仁慈待你，像我对你父亲一样。对于国事现状，我没有任何理由不满意，因为国位并没有转到其他人的手中，仍是在同一家族，是儿子接续父亲做王。"（213）押沙龙原本怀疑他，但这段话说服了他。他召亚希多弗来，一起商量他应如何做。亚希多弗劝他应与他父亲的妃嫔同寝，他说："你如此行，就会使人相信你和你父亲是无法和好了，他们便会更有力地对抗你父亲,因为直到如今,他们仍害怕公开反对他,以为你和你父亲会再次和好。"(214)押沙龙听了他的话,就吩咐他的仆人为他在宫殿顶上搭帐篷。他在众人面前,与他父亲的妃嫔同寝。这事情的发生,正如先知拿单指着大卫的预言,他的儿子将会兴起背叛他。

6. (215)押沙龙照着亚希多弗的话去行之后,又再次想听听他的建议,应如何与他的父亲作战。亚希多弗要求给他一万精兵,他保证必会杀了他父亲,并带着士兵平安回来。他说,只要大卫一死,他的国位就稳固了(否则就不得稳固)。(216)押沙龙喜悦这建议,他又召大卫的朋友户筛来(因为他很看重他),告诉他亚希多弗的计谋,又问他对这件事的看法如何。户筛察觉到,若听从亚希多弗的计谋,大卫将很危险,会被捉拿并被杀。所以,他试着提出相反的意见。他说:(217)"王啊,你不是不知道你父亲和那些同他在一起之人的勇力,他们身经百战,总是得胜。虽然他现在住在营中,却是非常熟悉战略,可以预知敌人的诡计。(218)他会在晚间离开自己的军兵,独自藏在某个山谷中,或埋伏在某个磐石处。当我们的军队与他作战时,他的军队可能暂时会撤退,但因王在附近,又会激励他们再次向我们猛然进攻。当他们在危险中时,你父亲将突然在战场上出现,鼓舞他们的士气,我们就会惊怕退却。(219)因这理由,你要考虑我的计谋,如果你认为好,就拒绝亚希多弗的建议。你要召集希伯来全国的军队,命他们与你父亲作战,你自己要做元帅,不要信任其他人。(220)当你公开追击你父亲和他的少数随从时,你就会轻易胜过他,因为你拥有数万人,他们都渴望殷勤而又敏捷地向你效忠。如果你父亲躲在哪座城里,紧闭城门,进行防守,我们会用战争器械或通过挖地道攻破那城。"(221)户筛说完这番话,重点就是反对亚希多弗的计谋,而押沙龙也喜悦他的建议胜过其他人。无论如何，唯有神才能使户筛的计谋在押沙龙心中被视为是最好的。

7. (222)户筛立刻去见大祭司撒督和亚比亚他，告诉他们亚希多弗和他自己的计谋，结果是他的计谋被采用。他嘱咐他们赶快去见大卫，告诉他这事与将行之计，并要大卫尽快过约旦河，以免他儿子改变主意，在他到达安全之地前追赶捉拿他。(223)这时，大祭司已将他们的众子藏在城外一个安全的地方，好让他们把这消息带给大卫，就是所发生事情的结果。于是，大祭司差了一个可信任的使女，把押沙龙的计谋带给他们的众子，要他们快快告知大卫。(224)他们没有推脱或耽延，就遵从他们父亲的命令立刻前往，因尽快去是表示对大卫忠心。(225)但有一些马兵在离城不远[约四百公尺]处看见他们，便去告诉押沙龙，他立刻差一些人去抓他们。大祭司的众子知道了，便离开大道而逃到一个村庄[名叫巴户琳]，请求一个妇人把他们藏起来。(226)她便将这些年轻人用绳子缒下一个井里，以羊毛盖在他们上面。追赶的人到她那里，问她是否看见他们，她承认曾见过他们，因他们只在她那里待了一会儿就走了。她又说，如果他们跟着去追，就会抓到他们。他们追了很久仍未抓到人，便回去了。(227)妇人看见那些人已回去，这些年轻人不用再怕会被抓走，便用绳子将他们拉上来，叫他们继续赶路。他们非常努力地行完这路程，来到大卫那里，将押沙龙的一切计谋告诉他。大卫吩咐他们和他一起在夜间过约旦河，不要因任何事迟延。

8. (228)亚希多弗因为押沙龙不接纳他的建议，便骑着他的驴回到自己的家乡基罗，将全家召集在一起，清楚地告诉他们他给押沙龙的建议，但未被采纳。他说，他不久一定会灭亡，因为大卫一定会战胜，重得他的国位。(229)他说与其被大卫惩治,不如此时自由地、有尊严地自杀,因他为了押沙龙而背叛了大卫。他对他们说完这话,便进入他家的内屋,自己上吊死了。所以亚希多弗的死是自定己罪,他的家人将他取下埋葬了。(230)大卫过了约旦河来到玛哈念,这是一个很坚固的城,城中的众首领都很欢喜地接待他,一方面为他被迫逃离耶路撒冷而惋惜,另一方面因他过去的强盛而尊敬他。他们是基列人巴西莱、亚们人的首领朔比和基列的首领玛吉。(231)他们给他和跟随他的人带来许多东西,如被褥、饼和酒,并许多牲口供他们宰杀,还有点心以及其他许多食物和需用品,供他们在疲惫时使用。

第十章
记载押沙龙被打败,他的头发如何
被树枝挂住,并且被杀

1. (232)这曾是大卫的国和人民,但押沙龙聚集了大队的希伯来军兵去对抗他的父亲。他过了约旦河,在基列地玛哈念不远处安营。他立亚玛撒为元帅,代替约押。亚玛撒的父亲是以特拉,母亲是亚比该,她和约押的母亲洗鲁雅都是大卫的姐妹。(233)大卫数算跟随他的人,数目约有四千。他决定不等到押沙龙来攻打他,先设立千夫长、百夫长管理他们;再把大军分成三队,一队给约押,一队给约押的兄弟亚比筛,第三队给大卫的友伴迦特人以太。(234)大卫要与他们一同作战,但他的朋友们不让他与他们同去。他们拒绝的理由很明智,他们说:"如果我们和你一同作战失败，我们就失去一切复国的希望。但若只有一队被打败，其余两队可以回到你那里，准备更强的军力。很自然地，敌人会以为你有另一支军队。"（235）大卫喜悦他们的建议，决定在玛哈念等待。他差他的朋友们去作战，要他们英勇并忠诚，不要忘记他们曾从他蒙受恩惠，虽不是非常大，但却相当多。他求他们不要伤害那少年人押沙龙，预祝他们胜利，便差他们去了。

2.（236）约押和他的军队在大平原向着敌人摆阵，在他后面是一个树林。押沙龙也带了他的军队与他对抗。争战时，双方的军事行动都显出他们各自的勇猛。大卫的军队不顾危险，英勇作战，希望大卫可以得回他的国位。对方也不逊色，希望押沙龙能保住国位，不致因背叛他父亲而受到惩罚。（237）人数众多的一方关切的是，他们不会被约押和其他将领所带人数较少的军队所打败，因那将会带给他们极大的羞耻。而大卫的战士们却努力奋战，打败了数万的敌人。现在大卫的军队是胜利者，因他们都是强壮又善战的人。（238）敌人逃到树林和山谷中，大卫的战士们紧紧追赶他们，俘虏了一些人，且杀了许多人。他们逃跑的比作战的人还多，那天死的人约有两万。大卫的人全力追击押沙龙，因他俊美高大，容易被人认出。（239）押沙龙自己也怕被敌人捉拿，便骑上王的骡子逃跑。骡子奋力喊叫奔跑，在它一个大动作下，押沙龙身体失重，他的头发被一棵大树展开的密枝挂住，他所骑的骡子却快速向前跑远，好像主人仍然在它背上一样。他被树枝挂在空中，且被敌人捉拿。（240）一个大卫的士兵看见了，就通知约押。约押对他说，如果他以枪刺杀押沙龙，他将得到五十舍客勒。他回答说："即使你给我一千舍客勒，我也不会杀我主人的儿子。我们都听到这话，他希望保留这年轻人的性命。"

(241)约押要他带自己去押沙龙被挂之地,然后用枪刺入押沙龙的心脏,亲手杀了他。替约押拿兵器的人围绕那棵树站着,他们取下押沙龙的身体,(242)丢在一个大的深坑中。他们在上面堆了许多石头,直到坑被填满为止,无论外观和大小,看起来都像个坟墓。于是,约押吹角召回他的军队,不再追赶敌军,以存留他们同胞的性命。

3. (243)在离耶路撒冷约四百公尺的王谷,押沙龙曾为自己立了一根大理石柱,称之为押沙龙纪念柱。他说,如果他的孩子们被杀,他将留名在这石柱上。如我们前面所说,他有三个儿子和一个女儿他玛。(244)他玛嫁给大卫的孙子罗波安,生了一个儿子叫亚比雅,接续他父亲做王。但这些事,等我们到这部分历史时再提会更合宜。押沙龙死后,他们都各自回到自己的家。

4. (245)大祭司撒督的儿子亚希玛斯去见约押,求他让他去见大卫,告诉他有关这胜利的消息,就是神已帮助并保佑他。(246)然而约押不准,对他说:"你向来是报好消息的,如今你要去告诉王他儿子死了吗?"约押不让他去,反差一个古实人,把这任务交付他,吩咐他告诉王他所见到的事。(247)但亚希玛斯再次请求让他做这报信者,并保证他只报告有关胜利的消息,不说有关押沙龙之死,约押便让他去了。他走一条只有他自己知道的捷径,赶在那古实人之前。(248)大卫坐在两门间,等待有人从战场回来报告战情如何。一个守望的人看见有人跑来,但无法辨认出那是亚希玛斯,他只是告诉大卫,有人来报好消息了。(249)过了一会儿,他告诉王,另有一报信者跟在他后面。王说,他也是报好消息的人。当亚希玛斯已经很近时,守望的人认出他来,告诉王说,跑来的是大祭司撒督的儿子。大卫很高兴地说,他是报好消息的,是他想听的消息。

5. (250)王正说这话时,亚希玛斯来到了,他向王下拜。当王问他有关战争的事,他带给王胜利的好消息。王又问到关于他儿子的事,他说他在打败敌人后,立刻赶来报信,但他听到喧哗的声音,是追赶押沙龙的,其他情况就不知道了,因为约押催他来告诉王胜利的消息。(251)那古实人到了,他向王下拜,告诉他胜利的事。王问他有关他儿子的事,他回答说:"愿王的仇敌所遭遇的不幸与押沙龙一样。"(252)虽然这是一个大好的消息,却无法使王和他的战士们为胜利而高兴。大卫到了城的最高处为他儿子恸哭,捶胸、披头散发,用各种方法折磨自己。他哭着说:"哦!我的儿子,我但愿和你同死。"因他是一个慈善又重感情的人,特别爱怜这儿子。(253)约押的军队听见王为他儿子哀哭,都羞于进城,不像胜利者进城的样子。他们都悲哀、垂头、流泪,好像打了败仗似的。(254)王蒙着脸为他儿子悲哀,约押到他面前,对他说:"我主我王啊!你不知道你如此做是侮辱你自己吗?因你好像恨那些爱你的人,他们为你历经艰险。你恨自己和你的家人,反而爱那苦待你的敌人,渴望与那本应被杀的人在一起。(255)若押沙龙得胜,坚固了他的王位,我们没有一个人得以存活,从你和你的儿女们起,全都灭亡。我们的敌人不但不为我们哀哭,反会为此欢欣,并惩罚那些同情我们处境的人。但你的亲生儿子,早已显出以恶待你,是让你最痛苦的敌人。你却不以为耻,仍为他哀哭。(256)你不应再悲伤,这是不合理的。要出来见你的战士们,为他们努力作战的表现感谢他们。如果你继续如此,今日我就劝服百姓离开你,把王位给另一人,我会使你更悲伤痛苦。"(257)约押说服王不再悲伤,而为国事着想。如此,大卫改变了他的态度,以合宜之举来见众人,坐在城门口。他们都跑到王面前,向他下拜,这是大卫王国的事。

第十一章
记载大卫复得国位,如何与示每、洗巴和好,
如何恩待巴西莱;后来发生暴动,他如何立亚玛撒
为他军队的元帅,去追捕示巴;以及亚玛撒被约押所杀

　　1. (258)现在,那些曾跟随押沙龙的希伯来人已从战场上返回。当他们都回到家,便差使者去每一城,要他们想起大卫曾赐给他们的好处,以及大卫历经百战拯救他们所带给他们的自由。(259)他们说,虽然他们曾把大卫从国中赶走,将国位给了另一掌权者,但他们所立的掌权者已死。他们恳求大卫不要对他们发怒,仍做他们的朋友,像以往一样地照顾他们、处理国事、再掌王权。(260)大卫经常听到这样的话,尽管如此,他差人去见大祭司撒督和亚比亚他,要他们向犹大支派的领袖们说:"在犹大支派以前容许其他众支派选立大卫做他们的王,将是一件令你们蒙羞的事。因你们与大卫是同族,来自同一血源。"(261)他也吩咐向他们军队的元帅亚玛撒说同样的话,因他是大卫姐妹的儿子,却没有说服众人重建大卫的王国;他不仅可与大卫和好,且可做他军队的元帅,就是押沙龙曾赐给他的地位。(262)照着大卫的话,大祭司就与犹大支派的众领袖商谈,将王要他们所说的话告诉他们,并劝服亚玛撒去处理这些事项。于是,亚玛撒说服犹大支派立刻差一位使者去见大卫,求他重回他自己的国。所有以色列人也都如此行,正如亚玛撒一样听命。

2. （263）当众使者去到大卫那里，他便来到耶路撒冷。第一个在约旦河迎见王的就是犹大支派。基拉的儿子示每也来了，带了一千个便雅悯支派的人；扫罗的仆人洗巴、他十五个儿子和二十个仆人也来了。（264）这些人和犹大支派在约旦河上用船搭了一座桥，使王和跟随他的人能容易过河。大卫一来到约旦，犹大支派立刻向他下拜。示每也来到桥上，拉住大卫的脚，求他原谅他之前对大卫的冒犯之处；求他不要苦待他，也不要使他成为在他新权柄下第一个受严厉处罚的例子；要顾念他已悔改，且第一个来见王。（265）他如此恳求王，使他产生怜悯之心。约押的兄弟亚比筛说，这人不该死吗？他曾咒诅神所立要治理我们的君王。但是大卫转向他，说："洗鲁雅的儿子，你不会放开他吗？我求你不在我们中间引起新的麻烦和不安，以前的事都过去了。（266）你不可无知，今日我开始做王，我愿饶恕一切的反对者，不责备任何有罪的人。所以，示每啊！你可以放心，不要怕会被处死。"于是示每向他下拜。

3. （267）扫罗的孙子米非波设也来见大卫，他穿着肮脏的衣服，头发很长，蓬头垢面。自从大卫逃走以来，他因太过悲伤，以致没有剪发，也没有洗衣。他认为在君王更换时，应受这些痛苦。他也曾在王面前，被他仆人洗巴中伤。（268）他向王问安，又向他下拜。王问，在逃亡时，他为什么没有与王一起离开耶路撒冷。他回答说，这不义之事是洗巴造成的。当他叫人预备好一切事要和王离开时，洗巴完全不理会他，待他如同奴仆一样。（269）他说："的确，若是我的脚能走动而且强壮，我绝不会离开你，因我可用双脚逃走。我主！这还不是洗巴对我所做的全部伤害。他中伤我，自己编造谎言欺骗你。但我知道你不会相信这谎言，你是一个行公义、爱真理的人。（270）从这事也可看到，神的旨意必得成就！因为在我祖父之下，你经历了极大的危险，为此，我整个家族几近灭亡。但你却以温和与怜悯待我，忘记一切所受的伤害。你若要记得这一切，必有能力惩罚我们。然而你却以我为朋友，使我每天与你同席，给我如家人所得的尊荣，这都是我从未想过的。"(271)当他说了这话，大卫决定不惩罚米非波设，也不责备那诬告他主人的洗巴。大卫对米非波设说，以前把他所有的产业给了洗巴，是因他没有与大卫一起走。现在他答应原谅他，吩咐将他一半的产业归还给他。米非波设说："不，让洗巴全拿去吧，王能再次得回你的王国，对我就足够了。"

4.（272）基列人巴西莱是个好人，在玛哈念时，他曾是供应大卫许多食物的人之一。现在，他将王一路引领到约旦河。大卫希望他能与自己同住耶路撒冷，应许在他年老时给他所有的尊荣——照顾他、供养他。(273)但巴西莱很想住在家里，请求王准他留下来。他说自己年纪太大，无法享受宫廷之乐，因他已八十岁了，要预备他去世与埋葬之事。他希望王恩准他的请求，让他离去，(274)因他的年纪，对酒肉已没胃口，耳朵也不能听见王所喜爱的宫中管乐和其他乐器之音。当他如此恳求时，王说："我让你离去，但你要留下你的儿子金罕，我要恩待他。"(275)所以巴西莱留下他的儿子，向王下拜，祝他万事顺利，就回家去了。大卫来到吉甲，随从他的有一半以色列家的人和犹大全支派。

5.（276）国中的众首领和许多百姓都来到吉甲见王，埋怨犹大支派暗暗送王前来，因他们应该一同来护送王。但犹大支派的首领们劝他们不要因此而不高兴，他们说："我们是大卫的亲族，应当照顾他、爱他，所以最先来到。而且我们先来，并没有从他得什么赏赐，使后来的人有任何不安。"(277)当犹大支派首领们说完这话，其他支派的众首领并未因此安静下来。他们更进一步说："弟兄们啊，你们称王单单是你们的亲族，实在让我们惊讶。王应是我们所有人的亲族，因他从神领受权柄来管理我们所有的人。你们暗暗把王送回来，这事做得不正，因在王权下的百姓还有十一个支派，你们只是一个支派，而且我们比你们年长。"

6. （278）当这些首领们彼此争论时，有一恶人喜悦看见动乱的事〔他名叫示巴，是便雅悯支派比基利的儿子〕。他在众人当中站起来，喊着说："我们与大卫无关，也不是耶西的子孙。"（279）他说了那些话后，便吹号向王宣战。于是他们都离开大卫去跟随他，只有犹大支派跟随王，送他回耶路撒冷的王宫。那些曾与他的儿子押沙龙亲近过的妃嫔，王将她们送到另一房屋，吩咐人供应她们一切所需的，却再没有与她们亲近。（280）他立亚玛撒为他军队的元帅，给他与约押同样的高位。王吩咐他尽他所能在犹大支派中召集一队大军，三日内来见他。王就可以差他去与比基利的儿子示巴作战。（281）亚玛撒出去，在召集军队的事上有些耽延，还没有返回。到了第三日，王对约押说："我们不应耽延与示巴作战时机，他若召集更多军队、造成更大势力，那他对我们的伤害会比押沙龙更甚。（282）不要再等了，带着你的兄弟亚比筛，用你手中的所有军力和那原有的六百人，去追赶我们的敌人，尽你所能攻击他并得胜。快快去拦阻他，免得他夺取一些坚固城，以致我们要用更大的兵力去制伏他。"

7. （283）约押毫不迟延地带着他的兄弟和那六百人，吩咐留在耶路撒冷的军队跟随他，快速去追赶示巴。当他到了距耶路撒冷约八公里的基遍，亚玛撒带着大军来见约押。约押腰间佩刀，穿着护胸甲。（284）当亚玛撒近前来向他问安，约押故意使他的刀掉下来。约押从地上拿起刀,走近亚玛撒,好像要与他亲嘴。他用另一只手抓住亚玛撒的胡子,趁他没有防备时,用刀刺入他的肚腹杀死了他。约押以这邪恶卑鄙的行为对待一个年轻人,又是他的亲族,一个没有伤害过他的人,只因他嫉妒亚玛撒成为军队的元帅,从王得到与自己同等的地位。(285)为了相同的理由,他曾杀了押尼珥。只是过去那恶行,是为他兄弟亚撒黑报仇,给他一个借口,使所犯的罪可得赦免。但在谋杀亚玛撒这件事上,却是没有借口的。(286)约押杀了这位将军后,继续追赶示巴,留下一人看守尸体。约押吩咐他大声对军队宣告说,亚玛撒的被杀是公正的,他是应当受罚的。他说:"如果你是跟随王的,就要跟随他的将军约押和他兄弟亚比筛。"(287)因那尸体是躺在路上,所有百姓都跑来,好奇地站着观看。对群众来说,这是很自然的事。看守的人便将那尸体移到离路较远的地方,用他的衣服盖在上面,于是百姓都跟随约押去了。(288)当他在以色列国中各处追赶示巴时,有一个人告诉约押说,示巴在一个坚固城里,那城是伯玛迦的亚比拉。约押去到那城,用他的军队包围那城,对城筑垒。他又吩咐他的军兵撞城墙,使它塌陷,因城中的百姓不许他进去,使他非常不悦。

8.(289)这时有一个弱小的妇人,既聪明又有智慧。她见自己的城被围困,便爬上城墙,借着一些持武器的士兵向约押喊叫。当他近前来,她开始对他说:"神所立的君王和他军队的元帅,是要击退希伯来人的敌人,使国太平。但你却努力要来毁灭一个没有犯罪的以色列城。"(290)约押回答说:"愿神继续施恩与我,我定意不杀任何一个百姓,更不愿意毁灭这城。如果他们将比基利的儿子示巴交给我,我便停止围攻这城,让我的军队撤退,因他背叛了王。"(291)妇人听了约押所说的话,就求他暂时停止围攻，她会把他敌人的首级丢给他。她就下来，回到百姓那里，对他们说："你们愿意因一个匪徒，使自己和儿女妻子同灭亡吗？无人认识这人是谁，你们情愿要他做你们的王，去代替那曾给你们许多恩惠的大卫吗？你们要以单单一城去反抗如此强大的军队吗？"（292）他们听了她的话，就割下示巴的首级，丢给约押的军队。他们如此行之后，王的元帅便退兵，放弃攻城。他来到耶路撒冷，再次被立为全军的元帅。（293）王又立比拿雅管理护卫军和那六百人。王也立亚多兰管理所有的贡物，亚希律的儿子约沙法做书记。王使示法做文士，立撒督和亚比亚他做大祭司。

第十二章

关于希伯来人如何从他们杀害基遍人导致的饥荒 惩罚中得救；大卫及其勇士们抗击非利士人的伟大行动

1.（294）在这之后，国中有大饥荒，大卫求神怜悯百姓，并问遭遇饥荒的原因和补救的方法。先知回答说，神要为基遍人申冤，因扫罗王行恶背约，杀害他们，没有遵照元帅约书亚和众长老向他们所起的誓。（295）因此，神说，如果王按基遍人的心意为他们报仇，他必与他们和好，使百姓脱离他们的苦难。（296）当王明白神的心意，就立刻差人去见基遍人，问他们当怎样行。他们要求将扫罗的七个儿子交出来受罚。于是，他将他们交出来，但却存留约拿单儿子米非波设的性命。（297）当基遍人得了这些人，就任凭己意惩罚他们。之后，神开始降雨，复兴地土，如同以往一样生出果子，不再有饥荒，因此这国家再一次兴盛起来。

(298)之后不久，王攻打非利士人，在交战中使他们逃跑。在继续追赶他们时，只剩下王独自一人。(299)当他非常疲累时，被一个敌人看见，他是伟人的儿子，名叫以实比诺。他有一支枪，枪杆重三百舍客勒，并有胸牌和剑。他转回头，非常凶猛地跑来，要杀他们敌人的王（大卫）。此时，王已十分疲惫。突然间，约押的兄弟亚比筛出现，用他的盾牌保护王，杀了敌人。(300)众人看见王险些被杀，感到很不安。所以，官长们要求王起誓，不再和他们一起出去作战，以免他会因他的勇敢而遇害，使百姓蒙受重大损失。王若在他们中间活得长久，他们就必因此享福。

2. (301)当王听到非利士人聚集在基色，就派一支军队去与他们作战。户沙人西比该是大卫最勇敢的勇士之一，他的表现配得大大的赞扬，因他杀了许多自夸是伟人后裔的，使希伯来人大得胜利。(302)此次战败后，非利士人又来挑战。大卫又派军队去与他们对抗。他的亲族伊勒哈难在一次战役中，将非利士人中最强壮的人杀了，使其余的人都逃跑，也有许多人在争战中被杀。(303)这事之后不久，非利士人在离希伯来人国境不远的一个城安营。他们中有一个人身高六肘，手指和脚趾都比正常人多了一个，他也自夸是伟人的儿子。(304)大卫差示米亚的儿子约拿单去应战，在一次战役中将他杀死，扭转了战况，他也因此得了最伟大英勇的美名。经过这次战争后，非利士人便不再攻打以色列人。

3. (305)大卫从此脱离一切战争与危险，得享太平。他作了许多诗歌称颂神，有不同的诗体：有些是三行诗，有些是五行诗。他也制造乐器，教导利未人向神唱诗歌，在安息日和其他的节期赞美神。(306)他所制造的乐器有：十弦琴是有十根弦的乐器，用弓来弹奏；瑟有十二个音符，用手指来弹奏；钹是宽大并用铜做的乐器。关于这些乐器的事，我们就说到这里，使读者不致对这些乐器完全不知道。

4. （307）跟随大卫的人都是勇士，其中有三十八位，因他们所行特别勇敢而大有名声。我只提说其中五位的事迹，因这些已能显出其他勇士的美德，这些人已有足够的大能降服列邦、战胜诸国。（308）首先，是哈革摩尼的儿子雅朔班，他总是冲向敌人的军队，不肯停止作战，直到击杀了九百个敌人。在他之后是朵多的儿子以利亚撒，他与王在巴斯达闵作战。（309）当时以色列人受到非利士人的恐吓都逃跑了，他独自一人冲向敌军，杀了许多敌人，直到他的剑因所杀之人的血黏在他手上。以色列人直等到看见非利士人因他的缘故撤退，才从山上下来追赶他们，得到出人意外的胜利。每当以利亚撒击杀敌人时，以色列众人就跟随在后，践踏他们的死尸。第三个是亚基的儿子沙玛。（310）当希伯来人与非利士人作战时，非利士人安营在利希。希伯来人又因惧怕他们的敌人，全都逃走了。这人却独自站立不动，如同一支军队和一群百姓。他杀了一些敌人，又追赶那些敌挡不住他武力而逃跑的人。（311）这就是他们三人所做的事和他们的争战事迹。有一次王在耶路撒冷，非利士人的军队来攻打他。大卫上了山寨最高的地方，正如我们先前所言，去求问神这战事如何。（312）当时敌人安营在延伸至伯利恒城的山谷，离耶路撒冷约四公里的距离。大卫对跟随的众人说："在我们的城里有最好的水，特别是靠近城门井中的水。"他想，不知是否有人会愿意去为他取一些水来喝；他说，他宁愿有这水，胜过许多的金钱。（313）这三人听到他如此说，便立刻闯过敌人的阵营，跑到伯利恒城去取水。他们又从敌人的阵营经过，回到王那里。他们如此行，使非利士人非常惊讶于他们的勇敢和忠诚。非利士人都很安静，没有攻击他们，像是看不起他们的人这么少。(314)当他们带着水回到王那里，王却不肯喝，说，这是用人的血和危险换来的，我不能喝它。他把水倒在神面前，感谢他救了他们的性命。(315)在他们之后是约押的兄弟亚比筛，因他在一天之内杀了六百个敌人。第五个是比拿雅，是个祭司，一次在摩押地被两个敌人挑战，他勇敢地胜了他们。另外还有一个身材高大的埃及人向他挑战，当时他没有武器，却以武力制伏他，夺了那人向他掷过来的枪，将那人杀死在他自己的兵器下。(316)除了前面所说有关这人的事，再加上一件，就是他非常敏捷，和其余的人非常相似。当神降雪在地上，有一只狮子滑倒，掉进一个坑里。因为这坑的口很窄，狮子被雪盖住，必定会死。狮子看到自己没法出来而获救，它便吼叫。(317)比拿雅听到这野兽的叫声，就跟着它的叫声向它走去，下到坑口击打它。当它挣扎时，他用在那里的一根棍子，立刻将它打死。其他三十三人也是如此英勇。

第十三章
大卫数点人数，使百姓受罚；
以及神如何施怜悯止住这惩罚

1. (318)大卫极想知道百姓究竟有多少万人，却忘了摩西的命令。摩西曾告诉他们，若数点百姓人数，他们要为每一人头献半舍客勒给神。依前所述，王吩咐他军队的元帅约押去数点全国人民。(319)但约押说，没有必要数点人数。王没有听约押的话，反命他不可迟延，立刻数点希伯来人。所以约押带了众支派的首领和文士们，走遍以色列国各地，数点记录人数。九个月二十天后，他们回到耶路撒冷王那里，将百姓的数目上报给王，但不包括便雅悯支派，因他尚未数点这个支派。(320)他也没有数点利未支派，因王已经为他得罪神的罪悔改了。其余以色列人，能拿武器去打仗的，数目是九十万，单是犹大支派就有四十万人。

2. (321)先知向大卫表示，神向他发怒。大卫恳求神怜悯他，赦免他的罪。但神差先知拿单去到大卫那里，要他从三样灾难中，选择一样他认为最好的：国中有七年的饥荒，或因一场战争而被敌人辖制三个月，或是神在希伯来人中降下三天瘟疫。(322)他面临这重大的抉择，感到非常不安与困惑。先知说他必须要作出决定，尽快答复，使他可以把他的决定回报给神。王自己思量，如果选择饥荒，明显是针对其他的人，对他自己并没有危险，因他有许多存粮，受伤害的是百姓。(323)如果他选择被敌人制伏三个月，显然他是选择战争。他有许多勇士和坚固的城墙，因此不必惧怕什么。所以他选择第三样灾难，这是王和他的臣民共有的苦难，这灾害所带来的恐惧对所有人都是相同的。他说，落在神的手中，强如落在敌人的手中。

3. (324)先知听完后，便去回复神，于是神降瘟疫在希伯来人中。病死的人并不是以同一种方式死去，也很难辨认出是什么病。那可怕的病症其实是一种，但它通过无数种方式夺走人们的生命，染病者根本无法理解是怎么回事。(325)一人死在另一人身上，这可怕的疾病在他们毫无察觉之时突然临到，很快就夺走他们的生命。有人在巨大的痛苦和悲哀中瞬间断气，有人则被这瘟疫折磨得虚弱不堪，几乎没有留下可以埋葬的遗体。(326)有人感到窒息，为他们的病况大大哀哭，如同被忽然临到的黑暗所打击。有人在埋葬亲人时倒下死亡，以致无法完成丧礼。这情况从早晨开始一直持续到晚饭时，因这疾病死亡的人有七万。(327)当天使向耶路撒冷伸手，正施行这可怕审判时，大卫已披上麻衣俯伏在地恳求神，求他使这瘟疫停止，并因那些已死的人而止息忿怒。王向天上望去，看见天使持着剑进入耶路撒冷。(328)他对神说，他是他们的牧者，理当受罚，但羊应被保守，因他们并没有犯罪。他求神降罚给他和他的家庭，赦免这些百姓。

4. (329)神垂听他的呼求，使瘟疫止住，并差先知迦得去见大卫，吩咐他立刻到耶布斯人亚劳拿的禾场，在那里为神建一座坛献祭。大卫没有轻忽这命令，立刻去到指定的地方。(330)亚劳拿此时正在打麦，看见王和他的臣仆来到他那里，就跑向他，向他下拜。他是耶布斯人，是大卫的好朋友。当大卫攻下此城时，没有伤害他，正如我们在前面向读者提到的。(331)亚劳拿问说，我主为什么来到仆人这里？大卫回答说，要买他的禾场，使他可以为神建一座坛，向神献祭。他回答说，他愿意送给王这禾场并犁和牛作为祭物献祭，求神接纳他的祭物。(332)但王回答说，他很感谢他的慷慨和仁慈，也愿意接受他的好意，但要付钱给他，因用白白得来之物去献祭是不义的。亚劳拿说，就依他喜悦的去行吧！王就以五十舍克勒买下他的禾场，(333)筑了一座坛，献上燔祭和平安祭。因着这些祭物，神的怒气平息下来，又再次施恩给他们。正如前面所提到的，就是在这里，亚伯拉罕将他的儿子以撒献为祭物。当这少年人准备牺牲时，一只羊突然出现，站在祭坛旁，亚伯拉罕便以它代替他儿子献上为祭。(334)大卫王见神听了他的祷告，仁慈地接受了他的祭物，就决定称这全地为"所有百姓的祭坛"，要在那里建一座殿献给神。可是后来神差先知拿单告诉他，应由他儿子为他建一座殿，那儿子将在他以后继承国权。

第十四章
大卫为神的殿做充分预备；以及亚多尼雅
企图夺取王权时，大卫立所罗门为王

1. （335）在这预言宣告之后，王吩咐数点外邦人的数目，共有十八万。他派八万做采石工人，其余的人扛石头。在他们中间，他设立三千五百名监工。他也为建殿之工预备了大量的铁、铜和许多的香柏木，是推罗和西顿人运来给他的，因他请他们供应这些香柏木。（336）他告诉他的朋友们，这些东西现在都预备好了，他会留下准备好的材料给他儿子建殿。他儿子将在王以后继承国位，因他非常年轻，在这些事上没有经验。大卫把这些东西都预备好放在他儿子身边，他便不用再去找，就能更有准备完成这工。

2. （337）于是，大卫召他儿子所罗门来并嘱咐他，当他得到国权时，要为神建殿。他说："我自己甚愿为神建殿，但神禁止我，因我被血和战争所玷污。但他预言我最年幼的儿子所罗门，将为他建殿，称为他的殿。神应许要看顾他，如同父亲看顾儿子一样。神也必使希伯来人的国在他的治理下蒙福，不仅有尊荣，并享太平，没有战争和内乱，这是最大的祝福。"（338）他又说："在你未出生之前神已立你为王，你当更加努力，使你配得他的保佑。你要更加敬虔、公义和勇敢，遵守他借摩西给我们的命令和律法，不让其他人触犯律法。(339)你要热心委身于神的殿，就是神拣选你为他建造的殿。你不要因工程巨大而害怕，也不要胆怯，因我没有去世之前，将会预备好一切材料。(340)现在我已收集了一万他连得金子，十万他连得银子。我也预备了无数的铜和铁，木料和石头，还有数万的石匠和木匠。你若还需要任何东西，可以自己加添。你如此去行，神必悦纳这事而看顾你。"(341)大卫接着嘱咐百姓的众首领，要在建殿与侍奉神的事上，帮助他的儿子，不幸的事将不再发生。他们将因此享受太平与福乐，因神要赐福给敬虔和公义的人。(342)他还颁布命令，圣殿一旦建成，他们当把约柜和圣洁的器皿放入圣殿。他让他们确信，若不是他们先祖轻忽神的命令，他们早该有一座圣殿。因神早已吩咐，当他们取得这地，就应为他建殿。这就是大卫对众首领和他儿子所说的话。

3. (343)大卫年纪老迈，常常觉得身体寒冷，麻木没有知觉，即便盖许多床被子，也不得暖身。他的医生们聚在一起，都同意这建议，就是从国中选一美丽的处女，睡在王的身边，将她的体温传递给王，这是医治他麻木的一个药方。(344)他们在城中找到一女子，她的美丽超越其他所有的女子[她的名字是亚比煞]。她与王同睡，只是为他暖身，因他年纪甚大，没有与她亲近。这女子我们在后面会再谈起。

4. (345)大卫的第四子是一个俊美高大的年轻人，他是哈及所生，名叫亚多尼雅。他的性情与押沙龙相似，自高自大，想要做王。他告诉他的众友人，政权必落在他身上。他也预备了许多马车、马匹和五十个人，奔行在他前面。(346)他父亲看到这事，并没有责骂他，也没有禁止他，或问他为什么这样做。现在，亚多尼雅有军队的元帅约押和大祭司亚比亚他做他的助手。反对他的人只有大祭司撒督、先知拿单、护卫兵的领袖比拿雅、大卫的朋友示每，和其他的勇士们。（347）亚多尼雅在城外靠近御花园水泉处预备筵席，邀请了除所罗门之外他所有的兄弟，还有军队的元帅约押和大祭司亚比亚他，并犹大支派的众首领。但他没有邀请大祭司撒督、先知拿单，以及护卫兵的领袖比拿雅前来赴这筵席，他也没有邀请那些反对他的人。（348）先知拿单将这事告诉所罗门的母亲拔示巴说，亚多尼雅做王了，大卫却一无所知。他劝她为救她自己和她儿子所罗门，要亲自去见大卫，对他说，他曾起誓要让所罗门接续他做王，但现在亚多尼雅已夺了王国。（349）先知又说，他自己也会在她之后进去，证实她向王所说的话。因此，拔示巴答应了拿单。她进去见王，向他下拜，留下和王说话。（350）她便照拿单所建议的，将所有的事都告诉了王。她又说，亚多尼雅预备了筵席，邀请了大祭司亚比亚他、元帅约押和大卫的众子，只有所罗门和他亲密的朋友们未被邀请。她还说，所有百姓的眼睛都放在王身上，要知道他将拣选谁继承王位。她希望他考虑，在他离世之后，如果亚多尼雅做王，将会杀害她和她的儿子所罗门。

5.（351）拔示巴正说话的时候，王的守卫告诉王拿单想要见他。王吩咐让他进来，他便问王说，他是否已立亚多尼雅为王，将国权交给他；（352）因他已预备宴席，邀请他的众子，除了所罗门以外，又请了他军队的元帅约押［和大祭司亚比亚他］。他们都拥护他，并用各样乐器歌唱，祝贺他的国度存到永远。但亚多尼雅没有邀请我、大祭司撒督，和护卫兵的领袖比拿雅。我们想知道，这事是否出于你。（353）拿单说完这话，王便吩咐他们叫拔示巴来，因她在先知进来时已离房出去了。当拔示巴进来后，大卫说："我指着全能的神起誓，我的儿子所罗门必做王，正如我从前所起的誓，他今日要坐在我的宝座上。"(354)于是拔示巴向他下拜，祝他长寿。王差人召大祭司撒督、护卫兵的领袖比拿雅，他们都来到王那里。他令他们带着先知拿单和王宫中一切持武器的，(355)使所罗门骑在王的骡子上，带他到城外基训泉，用圣油膏他，使他为王。他嘱咐大祭司撒督和先知拿单去行这事，(356)又吩咐他们随着所罗门在城中游行，吹响号角大声说，所罗门王要永远坐在宝座上。如此，所有的百姓就会知道，他是他父亲所立的王。他也吩咐所罗门要以敬虔公义来治理全希伯来人的国，特别是犹大支派。(357)比拿雅也向神祈祷，求他恩待所罗门。他们一点没有迟延，便让所罗门骑在那骡子上，带他出了城，到了那泉，以油膏他为王，又再次将他带进城，祝贺他的国度持续长久。(358)他们带他进入王宫，使他坐上宝座。所有的人都欢喜快乐，吹笛跳舞庆祝这节日，直到大地与上空都回荡着欢乐的气氛，应和着多种乐器的佳音。

　　6. (359)亚多尼雅和他的众宾客听到这声音就感到不安。元帅约押说，他不喜欢这些响声与这些号角的声音。晚宴摆在他们前面，却没人想吃，他们都想知道发生了什么事。这时，大祭司亚比亚他的儿子约拿单向他们跑来。(360)亚多尼雅看见这年轻人，欢喜地说，他是报好信息的人。他却告诉他们有关所罗门的所有事情，以及大卫王所做的决定。亚多尼雅和他的众宾客都赶快从筵席中起身，逃回自己的家。(361)亚多尼雅为他所做的事而惧怕王，他恳求神，又抓住祭坛的角，因这些角是凸出来的，非常显著。有人告诉所罗门，亚多尼雅这样做，是希望从他得到保证，不会纪念他所做的事，也不会因此严厉惩罚他。(362)所罗门很温和地回答说，他饶恕他所做的事，但又说，如果再发现他企图做恶事，他将会自取惩罚。所罗门差人到他那里，在他求饶恕的地方扶他起身。他来到王面前，向他敬拜。王要他回自己家去，不要怀疑会有任何伤害，希望他好好做人，因这是对他有益的。

7. （363）大卫希望立他儿子为所有百姓的王，便召集了耶路撒冷的众首领、祭司和利未人来。他数点从三十岁至五十岁的利未人，共有三万八千人。（364）其中，他立了二万三千人负责建造圣殿的事，六千人为百姓的士师和文士，四千人为圣殿的守门人，并许多歌唱者，他们用大卫所预备的乐器一同歌唱。（365）他也将他们分班次：他把众祭司分别出来，在这些祭司中设立二十四班，十六班是属以利亚撒家，八班是属以他玛家。他吩咐他们每班次要侍奉神八天，从安息日到安息日。（366）他们在大卫、大祭司撒督、亚比亚他和众首领面前掣签，按掣签的先后写下第一班、第二班，如此照样做，直到第二十四班。这分派方法一直沿用至今。（367）他也将利未支派分为二十四班，用掣签方式轮班，为期八天。他尊重摩西的后裔，使他们看守王所献给神的宝物。他又吩咐所有利未支派与众祭司要日夜侍奉神，正如摩西所吩咐他们的。

8. （368）之后，大卫将全军分为十二队，各有他们的官长[和百夫长]以及首领，每队有二万四千人。王吩咐他们和千夫长、百夫长一同服侍所罗门，每次三十天，从第一天到最后一天。（369）王又在每队设立首领管理他们，都是他所认识的良善公正的人。他另外又设立管理产业、乡村、田野和动物的首领，我想不需要在此提说他们的名字。（370）照上面所说的，大卫将所有的事吩咐好之后，便召集希伯来人的首领、各支派的领袖和每个被分派作工的人前来。他站在高台上，对众人说：（371）"我的弟兄和同胞们，我要你们知道，我想为神建殿。我预备了许多金子和十万他连得银子，但神借着先知拿单禁止我，因我曾为你们作战，我的右手因杀了许多我们的敌人而被玷污。神吩咐我，让我的儿子为他建殿，他将在这国中继承我的王位。(372)你们都知道，我们先祖雅各十二个儿子中，犹大被立为王。而我被神拣选取得国权，也是超越我的六个兄弟，然而他们当中没有一个觉得不妥。所以我希望我的众子，也不要互相背叛。如今所罗门得了国位，你们应当欢喜接受他为王，要知道是神拣选了他。(373)如果是神的旨意，即使是一个外邦人做王，顺服他也不是羞耻的事。如今，一位兄弟得此尊荣，你们理当为之欢喜，因你们也与他同享光荣。(374)我祈求神的应许得以成就，他应许要赐福给所罗门，遍及全国、延续万代。哦，我儿！若你能做一个敬虔正义的人，这些应许必保守你直到末了。但你若不顺服，必将遭受灾祸。"

9. (375)王说完这话就不再说了；但在众人面前，他将建殿的说明和样式全交给所罗门，就是关于根基与内室的建造：应是多大、多高、多宽，并定下金、银器皿的重量。(376)然后，王恳切激励他们要以最敏捷的速度做工。王又劝勉首领们，尤其是利未支派的人，要帮助所罗门，不但因他年轻，更因神已拣选他负责建殿与治国。(377)他还告诉他们，这工程很容易，他们不会很辛苦，因他已预备了许多他连得的金子和更多的银子、木材，无数的木匠和石匠，还有许多翡翠和各种宝石。(378)他说，他甚至从自己财产中拿出两百他连得的财宝与三百他连得纯金，为至圣所与神的车（就是遮盖约柜的基路伯）所用。大卫如此说了之后，众首领、祭司们和利未人都欢喜地为殿奉献，也答应将来还会有更多的奉献。(379)他们献上五千他连得金子、一万德拉克马、一万他连得银子，和好几万他连得铁。若有人带来一颗宝石，就与圣殿的宝物放在一起，由摩西的后代耶歇掌管。

10.（380）所有百姓都为这日子欢喜，特别是大卫。大卫看见众首领、祭司们和其他的人都如此热诚，就开始大声赞美神，称他是全地人的父、万物的创造者。神必使所罗门得尊荣，因他是希伯来民的保护者，又是他们的福乐，神将这国赐给他儿子。（381）除此之外，他为所有百姓祷告，让他们蒙福，求神赐他儿子所罗门一颗正直公义的心和各样的美德。然后，他吩咐百姓要赞美神。他们听了这话，都俯伏在地敬拜神。他们也感谢大卫，自他治国以来带给他们的福乐。（382）次日，大卫献祭给神，把一千只公牛和许多的羊献为燔祭，又献平安祭，杀了上万的祭牲。王与百姓整日吃喝，他们再次用油膏立所罗门为王，并立撒督做众人的大祭司。他们带所罗门进入王宫，使他坐在他父亲的王位上。从那日起，他们都听从他的话。

第十五章
记载大卫临终时交代他儿子所罗门当做的事，
以及他为建圣殿所留给他的材料有多少

1.（383）之后不久，大卫因年老病重，知道他快要离世，便叫他儿子所罗门来，对他如此说："哦，我儿！我现在正走向我的坟墓，到我列祖那里去，这也是所有人将来必须要行的路。一旦走上这路，就不可能再回头，也不会再知道这世上的事。（384）虽然我将要离世，趁现在仍活着，我劝你，正如先前对你所说的，要以公义待百姓，要对神敬虔，因他将这国赐给你。你当遵守神借着摩西赐给我们的律法，侍奉他不可出于偏好或谄媚，不可让私欲或感情迷惑你。(385)你若违背他的律法，将失去神的喜悦，以及他所赐的一切福气。你若行神所吩咐你的一切事，正如我所劝你的，他必保守我们家治理我们的国，直到世世代代，没有其他家族能治理希伯来人。(386)你也要记得元帅约押所犯的罪，他因嫉妒杀了两位将军，都是公义良善之人，就是尼珥的儿子押尼珥和益帖的儿子亚玛撒。你若看为好，就当为他们之死报仇。因约押逼我甚紧，比我更有能力，所以迄今得以逃脱当受的惩罚。(387)我也将基列人巴西莱的儿子交给你，你应给他大尊荣，善待他，因我们先前未曾善待他，仅仅偿还了欠他父亲的债，就是在我逃难时，他所给我的帮助。你这样行，就能使我的心畅快。(388)还有便雅悯支派基拉的儿子示每，在我逃难时，他辱骂我。之后，我去玛哈念时，他在约旦河口迎见我，我答应他必不会使他受苦。现在，你要找一个适当的时机惩罚他。"

2. (389)大卫给了他儿子这些教训，就是有关国事、他的朋友，以及那些他知道应当受罚之人，之后便去世了，享年七十岁。他在希伯仑做王七年六个月，治理犹大支派；在耶路撒冷做王三十三年，治理全国。(390)这人有优秀的品格，具备一个君王所需要的所有美德，所以他能让这么多的支派拥戴他。他有超人的勇气，总是预备好成为所有人中第一个冲入危险的人。他不是专制地命令百姓，而是为他们争战，因他的勇猛，也激励战士们一同效力。(391)他也深明事理，在处理任何事情时，他能看到现在和将来的情况。他谨慎有节制，以恩慈对待苦难中的人。他公义且仁慈，这些品德都与君王的身份相当。他虽有很大的权柄，却不滥用而犯罪，除了乌利亚妻子的事。他身后留下极多财富，胜过任其他的王，不论是希伯来人或其他国家的王，都比不上他。

3. （392）他儿子所罗门以最庄严的君王礼仪，将他埋葬在耶路撒冷，并用无数极珍贵的宝物陪葬。从我下面要说的事上，很容易推断出其财富之巨大。（393）一千三百年后，大祭司希尔克努被德米特里的儿子安提阿古[称为"敬虔人"]围困时，想给他钱财，使他不再围困自己，撤回他的军队。他没有其他方法筹得钱财，便打开大卫坟墓的一个房间，拿出三千他连得，将一部分给安提阿古，因此得以解围，这事我们会在别处向读者提到。（394）在他之后，又过了许多年，希律王打开了另一个房间，拿走了许多钱财。但他们都还没有去到诸王棺木的所在，因他们的尸体都被非常小心地埋在地底下。即使那些人进到他们的石碑处，也看不到他们的棺木。关于这些事，我所提说的应已足够了。

第八卷

从大卫去世到亚哈去世(涵盖一百六十三年)

第一章

所罗门如何在登基后除灭仇敌

1. （1）在上一卷中，我们记述了大卫的品德和他如何善待百姓，以及他赢得各项战役，直到他寿终正寝。（2）大卫生前做王时，按照神的旨意宣告所罗门是王位的继承人。所以当他儿子所罗门年少登基时，就与所有新王权开始时无异：他坐在王的宝座上接受百姓的欢呼与朝拜，他们祝贺他政务兴盛，得享高寿，并在其他一切事上平顺安乐。

2. （3）但是亚多尼雅在他父亲还活着时就企图夺取王位，所罗门登基后，亚多尼雅来到所罗门的母亲拔示巴面前，非常谦恭殷勤地向她致敬。拔示巴问他是否是来寻求她的帮助，如果是这样，她就吩咐亚多尼雅将他的请求说出来，（4）她非常乐意助他一臂之力。于是他说，虽然将王位传给她儿子所罗门是神的旨意，但她应知道这王位本是属他，因他年纪较长，也得百姓爱戴。他说，在所罗门之下做臣仆，他感到相当知足，对于目前的王位继承也觉得满意，（5）但他希望能借着拔示巴向他兄弟求得一个好处，就是希望她能说服所罗门，将亚比煞许配给他。虽然亚比煞曾与他父亲同寝，但因大卫年纪老迈没有亲近亚比煞，所以亚比煞仍是处女。(6)于是，拔示巴十分热切答应要帮他，也相信必能促成这段姻缘。她想，所罗门王会愿意在这件事上答应亚多尼雅，因她会积极在旁敦促王。故此，亚多尼雅离去，满心希望这婚事能成就。于是，所罗门的母亲亲自去见她儿子，要照着亚多尼雅向她的恳求，告诉所罗门她刚才所做的承诺。(7)所罗门看见母亲前来，就上前欢迎她，与她拥抱，并带她进入王座所在的房间。他坐上宝座后，就命人在他的右边为他母亲摆设一个座位。拔示巴坐下后，就说："我儿啊！允准我向你提一个请求，希望你不要推辞。"(8)于是所罗门吩咐他母亲说出她的请求，因他理当允准母亲所求的任何事。所罗门抱怨说，她开口时并不太指望她的恳请会蒙准允，而是怀疑可能会被拒绝。于是拔示巴说出了她的请求，希望他能让他哥哥亚多尼雅和亚比煞结婚。

3. (9)所罗门王对这些话大为震怒，将母亲遣走，并说，亚多尼雅所要的，其实是更大的东西。他甚至怀疑母亲并不希望将王位给他，而是给他哥哥，因她竟然让亚多尼雅娶亚比煞。亚多尼雅有些有权势的朋友，像元帅约押和大祭司亚比亚他。于是所罗门召见了侍卫长比拿雅，命令他前去处死他哥哥亚多尼雅。(10)他又召见祭司亚比亚他，对他说："我不会将你处死，因你曾和我父亲同甘共苦，并与他一起抬过约柜。但我仍要罚你，因你跟随亚多尼雅，又是他的同党。你不要留在这里，也不要让我再看到你。你可以回乡，耕种自己的田地，终此一生。因为你曾大大冒犯我，若继续保有你的尊荣，是不合理的。"(11)正因前述原由，以他玛家族不再有此圣职和尊荣，就如神预先向亚比亚他的先祖以利所说的一样，此一圣职和尊荣，由非尼哈家族的撒督所取代。(12)当大祭司职位传递到以他玛家族时[以利是该家族中的第一位大祭司]，非尼哈家族还是平民。非尼哈家族记在下面：大祭司亚比书之子布基、布基之子乌西、乌西之子米拉约、米拉约之子亚玛利雅、亚玛利雅之子亚希突，以及亚希突之子撒督。当大卫统治时，撒督是他们家族中的第一位大祭司。

4.（13）元帅约押得知亚多尼雅被杀后，心中十分害怕，因为他与亚多尼雅的友谊远超过他与所罗门的友谊。约押与亚多尼雅的亲密关系，使他有理由怀疑自己身处险境，于是约押逃到圣殿祭坛那里。他想，因王对神的敬畏与忠诚，或许可以让他在那里得保安全。（14）有人将他的意图告诉王，王就派遣比拿雅，命令他将约押从祭坛那里带到审判官前，借此给他一个机会申辩。但约押说他不离开祭坛，宁可死在那里，也不愿意死在其他任何地方。（15）当比拿雅把这讯息报告给王后，所罗门就命令他将约押在那里斩首，以此作为惩罚，因约押曾邪恶地杀害两个元帅。王又命人埋葬约押，使他的罪永不离开他家，所罗门和其父也不在约押之死这事上担罪。（16）比拿雅完成他的任务后，就被擢升为全军的元帅；王也将撒督任命为唯一的大祭司，让他取代被革职的亚比亚他。

5.（17）至于示每，所罗门吩咐他为自己造一个房子，留在耶路撒冷服侍王，不可越过汲沦溪，他若违反这项命令就会被处死。所罗门又大大恐吓他，迫使他起誓遵行这命令。（18）因此，示每说，他有理由感谢所罗门给他这指令，也宣誓会遵守所罗门的命令。于是示每离开了自己的故乡，定居于耶路撒冷。三年后的某一天，示每得知有三个仆人逃离他前往迦特，就立即前去追赶他们。（19）当他把他们带回后，王得知了这事，就因示每违反命令十分不悦，再加上一些与这誓言无关的原因，王将示每召来，责问他说：“你不是发过誓永远不离开我，也不离开这城吗？

(20)你将无法逃避背誓的惩罚。我要罚你这邪恶无耻之徒，因你不但背了誓约，而且在我父逃亡时，你也羞辱他。我要你知道，恶人在行恶时，虽没有立即受罚，但终将一无所得。在未尝苦果前，他以为可以高枕无忧，但将来的惩罚会越来越重，至终必得比当初行恶时更重的惩罚。"于是所罗门吩咐比拿雅把他杀了。

第二章

所罗门的妻子，他的智慧与财富；
以及在建殿上他从希兰所得的帮助

1. (21)当时，所罗门征服了他所有的敌人，王位稳固，并与埃及王法老的女儿成婚。他将耶路撒冷的城墙加宽加厚，使其较以前更为稳固。他以平和的手法处理公众事务，在执法、裁决或执行其父遗愿上，并没有因年幼而无法秉公处理，他的行为举止完全像一位谨慎的长者。(22)那时，所罗门定意去希伯仑，在摩西所建的铜祭坛上向神献祭。在那里，他向神献上一千祭牲为燔祭。完成这事后，他想，他已向神表明至高的尊崇。当晚，在他熟睡后，神向他显现，吩咐他可向神求他所想要的礼物，因他的敬虔，神已为他预备了奖赏。(23)于是，所罗门向神求了最好、最有价值的礼物，不但神乐意赐他，也最能使人得益。他并没有像一般的成年人或少年人那样，向往金银与财富，虽然多数人都崇拜这些东西，并看为从神所得的最佳礼物。所罗门祈求说："我的主啊！求你赐给我健全的心智与上好的智慧，使我能以真理与公义来教训和判断百姓的事。"(24)神对这祈求深感喜悦,他不但应允赐给所罗门前人[不论是君王或平民]所没有的知识与智慧,还加上那些他没有求的,包括财富、荣耀以及得胜仇敌的能力。神并且许诺,只要他一直行公义、顺服神、效法他父亲行那些卓越之事,神必保守其国权长久,直到他的后裔。(25)所罗门得了神的应许,立刻从床上起来向神敬拜;等他回到耶路撒冷,就在会幕前向神献上许多祭物,并与他家人共享盛筵。

2. (26)当时有件十分棘手的案件要他裁决,极难定案。我认为必须将这事的来龙去脉解释一下,希望我的文字能显出所罗门面临的是个多难判断的案件,同时也让王的智慧成为一个榜样,作为需要处理类似案件之人的借鉴。(27)有两个妓女来到王面前,其中那像是受害的妇人先说话,她说:"王啊! 我与这女人同居一室,我们在同一天同一时辰各生了一个儿子。(28)产后第三天,那女人将她自己的儿子压死了,却趁我熟睡时将我的儿子从我怀里抱走,并将她已死的婴儿放到我的臂弯里。(29)次日早晨醒来,我想给儿子喂奶,却找不到他,反倒发现那女人的死婴躺在我身旁。我所陈述的一切都是事实。于是我向那女人要回我儿子,她却不肯将儿子还我,我只有来向我主请求帮助。当时只有我们两人在场,并没有第三者可以指证她的罪,但她却坚决否认她的罪行。"(30)这妇人叙述了事件的经过,王就问另一位妇人,有没有什么话答辩。这妇人完全否认对她的指控,并说那活着的婴儿是她的孩子,死去的乃是对方的孩子。法庭中所有的人都为此感到困惑,无人能正确判断来解开这谜,然而王却想出了下述的方法,找出事情的真相:(31)他吩咐人将活婴和死婴都带到他的面前,命令一贴身卫士拔出佩剑,将那两个婴孩都劈为两半。这样,两个妇人都可得到半个死婴与半个活婴。

(32)法庭里的人都在窃笑王做了如此幼稚的判决。只有那活婴真正的母亲大声哭叫说,王啊! 千万不可如此做,她宁可将孩子给那妇人,为她所有。只要那孩子存活,让她能看到,她就满足了。但另一个妇人却想看到孩子被分为两半,好让先前那位妇人伤心难过。(33)所罗门明白她们两人的话都是从内心发出的,于是他判定孩子是属于前面那位哭喊着说要存留孩子性命的妇人,因她才是孩子真正的母亲。他也谴责另外那位妇人的恶毒,她不但杀了自己的孩子,还千方百计想要毁灭她朋友的孩子。(34)众百姓都认为这项裁决显出王的聪明与智慧,从那日起,他们看所罗门如同有神的灵在他身上。

3. (35)所罗门的众军长和管理全国的官吏记在下面:户珥治理以法莲;底甲管理伯示麦;娶了所罗门之女的亚比拿达管辖多珥和海岸地带;(36)亚希律的儿子巴拿治理大平区与全地,直到约旦河;基别管理基列、高拉尼提斯和六十座有城墙的大城[属于巴珊王噩之地];亚希拿达管理所有属加利利的政务,直到西顿,他娶了所罗门的女儿巴实抹为妻;(37)巴拿管理亚柯附近的海岸地带;约沙法管理他泊山、迦密、加利利南部到约旦河之地;所罗门指定一人管理所有这地;示每管理便雅悯之地;基别管理约旦河外之地;所罗门也在他们之上立了一位行政长官。(38)于是,希伯来人的百姓,特别是犹大支派,当他们专于农事耕作,就得丰盛的收成:他们得享平安,不因战事纷扰而分心;除了享受丰富的出产和渴慕的自由外,人人都忙于加增他们田地的出产,使这些田地的价值比以前更高。

4. (39)王也派遣其他众首领治理亚兰人和非利士人之地,从幼发拉底河直到埃及,这些人为他收集这区的贡赋。(40)王每日所用的食物有三十柯珥细面、六十柯珥粗面、肥牛十只、草场上的牛二十只和肥羊一百只，这些还是在所猎杀的鹿、水牛及外邦国每日送王的家禽和鱼类之外的。(41)所罗门的战车极多，单是用来畜养战车马匹的马厩就有四万间。此外，他有一万两千马兵，其中半数在耶路撒冷服侍王，其余的分散在外，住在王的村庄。那位供应王一切需用的官员，将食物运到王当时的居住地，他也供应马匹的食粮。

5. (42)神赐给所罗门极大的聪明与智慧，是前人所未曾有的，他的睿智和当时以卓越知识著称的埃及人相比毫不逊色。事实上，那些人比起王的睿智还差得太远。(43)所罗门的智慧也远超当时希伯来人中最机智的名人，我指的是以探、希幔、甲各和达大，他们都是玛曷的儿子。(44)所罗门写了一千零五首诗和歌，三千句箴言和比喻。他可以用比喻描述从牛膝草到香柏树的每一种植物，也能用同样方式描述所有的走兽和生物，无论是地面上的、海里的或是天空中的。他熟悉一切动植物的本性，不清楚的地方，他会仔细询问。他像专家一样描述所有的动植物，对其特性也知之甚详。(45)神也使他有能力学习赶鬼的技巧：这是一种医术，有助于人身体的健康。所罗门编写了一些驱邪咒语，可以使人减轻痛苦，并将驱魔方法流传下来，使邪灵不再回来。(46)这种治疗方式至今仍具有极大的影响力。我就见过一位我本国的人，名叫以利亚撒，他在韦斯巴芗及其众子、众军长以及所有士兵面前，使那些被鬼附身的人得到释放。他治疗的方式是这样：(47)以利亚撒将所罗门留传下来有驱邪作用的一个环，套在被鬼附者的鼻孔上，然后经由这人的鼻孔把鬼拉出来。这人立刻倒在地上，以利亚撒念诵所罗门的名字以及他所写的驱邪语，禁止鬼回到这人身上。(48)以利亚撒为了让旁观者相信他有这能力，就在不远处摆设一满杯或一满盆的水。当鬼被赶出来时，他就命令鬼打翻这容器，好让旁观者相信鬼已经离开了这人。(49)他这样做，大大彰显了所罗门的巧妙与智慧。因此，所有人都知道所罗门的大能，以及神是何等喜悦他。普天之下，无人不知神赋予这王各样非凡的美德。就是因这缘故，我才用如此长的篇幅叙述这些事情。

6. (50)推罗王希兰听说所罗门承袭了父亲的王位，为此非常欢喜，因为希兰是大卫的友人。于是他派遣使者去向所罗门致意，也为所罗门现今的兴盛向他道贺。此时，所罗门写了一封信给希兰，内容如下："所罗门致希兰王：(51)你知道我父亲想要为神建殿，但却被不断的战事和征讨所延阻。他一直没有停止征服敌人，直到所有人都向他称臣纳贡。(52)我为如今所享的太平感谢神，也因眼前的平安，得以筹划为神建殿。神事先已告诉我父亲，圣殿将由我来完成。我希望你派遣一些你的子民，和我的子民一同去黎巴嫩山伐木，因为西顿人伐木的技巧比我的子民精良。我会按你所定的银价，付给伐木工人工钱。"

7. (53)希兰读了这信非常欣喜，就这样回信给所罗门："希兰致所罗门王：神是应当颂赞的！他将你父的政权托付你，你不但才智过人，也满有各样恩赐。我为你目前的景况感到欣慰，也愿按你信上所说的一切来帮助你。(54)我的子民曾为我砍伐许多巨大的香柏木和松木，我会将这些木料运到海边，吩咐我的子民在那里扎筏子，将木料从海上运到你国中指定的地方。他们会把木料留在那里，你的子民就可以将木料运往耶路撒冷。请你以谷物回报我们的木料，由于我们住在岛上，十分需要谷物的供应。"

8. (55)这些信件的抄本保存至今，不仅保留在我们的书中，也保存在推罗人那里。若有人想确认它们的存在，可以请管理推罗官方文件的人拿给他看，就可以发现那里所记载的和我们所说的完全相符。(56)我说了这么多，就是希望读者们明白我们所说的都是实情，并不是从一些似是而非的传闻里编造历史，因为编造的历史虽然取悦人却也同时欺骗人。我们不想避免查证，也不指望人立刻相信我们，我们更不会随心所欲地篡改事实，这样才是一个无可指摘、值得赞赏的史学家。除非有明确有力的证据，证明它的真实性，否则我们绝不容许记述这事。

9. (57)所罗门王收到推罗王这信，赞赏他在信中表达的慷慨和善意，并以他所要求的回报他，每年送他两万柯珥的麦子和两万罢特的油，一罢特相当于七十二塞克塔利。此外，所罗门还送给他等量的酒。(58)于是，所罗门和希兰间的友谊越来越巩固，他们还起誓说，要永远保持这样的情谊。王从百姓中挑选三万服苦役的人，慎重地分配工作，使他们可以轻松完成手上的工作。所罗门让一万人到黎巴嫩山上伐木一个月，然后回家休息两个月。在休息期间，另外那两万人也完成了分派给他们的工作。(59)所以，先去的那一万人每第四个月回去作工一次，管理这些工人的是亚多兰。大卫也留下一些外邦人，其中七万人扛抬石头和其他的建材，八万人凿石头，其中有三千三百位督工，管理其余的人。(60)王命令他们凿出大石作为圣殿的根基，他们在山上要将石头测量并组合好，然后再运到城里。我们自己的工匠和希兰派来的工匠共同完成了这些工作。

第三章
建殿的过程

1.（61）所罗门即位第四年的二月［马其顿人称之为亚达米西乌月，希伯来人称之为以珥月］开始建殿，那是出埃及后第五百九十二年，是亚伯拉罕出美索不达米亚、进迦南地后第一千零二十年，也是大洪水后第一千四百四十年。（62）从第一个被造的人亚当算起，直到所罗门建殿时，一共是三千一百零二年。开始建殿的那年是希兰王在位的第十一年，若从建造推罗的那一年算到开始建殿，这期间已过了两百四十年。

2.（63）王将殿的根基铺在地下极深之处，用的材料是坚硬的石块，得以耐久。这地基与土地连结得异常坚固，足以支撑竖立其上的建筑结构。地基设计得非常坚固，能轻易支持那些大建筑物和其上的珍贵装饰。地基本身的重量也不亚于王所设计的那些高大雄伟的豪华建筑。（64）他们用白色的石头建起殿身，直达屋顶，高六十肘，长和高一样，宽二十肘；上面还有同样尺寸的一层，所以整个殿的高度是一百二十肘，殿面朝东。（65）殿前的廊子长二十肘，与殿的宽窄一样，宽十二肘，高一百二十肘。所罗门建了三十个小房间围绕着圣殿，一间接一间，数目多且方向朝外，几乎可将整个圣殿包围起来。所罗门在房与房之间建了通道，这样就可以从一间到另一间。（66）每一间房长宽各五肘，高二十肘。这些房间的上面有其他的房间，再上面还有其他的房间，这些房间的数目和尺寸都与下层的一样，但顶层之上就没有其他建筑物了。（67）殿顶是用香柏木建的，每一间房都有各自的屋顶，与别间房的屋顶并不相连，但有一共同的穹顶遮盖所有的房间，是用很长的梁木建的，贯穿所有的房间与全殿，使中间的墙因这些梁木而更加稳固。(68)那些位于梁木下的屋顶，是用同样建材造的，全都处理得非常平滑，上有适于屋顶的装饰，还贴上了金子。殿里面用香柏木板贴墙，又包上雕刻的精金，使全殿闪闪发光。从四周精金发出来的光辉，让每一个进入圣殿的人都眼花缭乱。(69)整个圣殿的建筑都是以精工凿光的石头造成，平稳协调地排置在一起，一点也看不出锤打或使用工具的痕迹，好像这一切都是不经雕琢自然成型，每一部分和其他部分的安排整合，都像是天然不借外力建造起来的。(70)王也精心设计了往圣殿上方那房间的阶梯，台阶厚如墙壁，因朝东没有大的门，不像下层的殿，所以只能从旁边非常小的门进入。王也在圣殿里里外外铺满了香柏木板，用粗链子让它们紧密相连，这设计自然就能支撑并坚固这殿。

3. (71)王将圣殿分为两部分，内殿的长宽高都是二十肘，就是至圣所，圣所长四十肘。他从墙壁切割一处作为安门的地方，并用香柏木在其中做门，门上包着带有雕刻的金子。(72)他又放了蓝色、紫色、朱红色的幔子，和最明亮柔软的麻织幔子，上面织了各式奇特花卉，安置在门前。所罗门在长宽各二十肘的至圣所里放了两个纯金打造的基路伯，基路伯的高度是五肘，各有两只长达五肘的翅膀。(73)基路伯之间距离不远，其中一个的翅膀碰到至圣所的南端，另一个的翅膀碰到至圣所的北端，另外两只翅膀彼此相接，遮住了放在两基路伯中间的约柜。没有人能描述或臆测这两个基路伯的形象。(74)所罗门将圣殿的地面铺上金板，并在进口处安装了门，与墙一样高，宽二十肘，他也贴了金板在门上。

(75)用一句话来说，圣殿的每一个部分，不分内外，都被所罗门用金子包了起来。他还用帘子覆盖在门上，如同至圣所里的幔子一样，但圣殿的廊子就没有这类东西。

4. (76)所罗门从推罗找来一位叫户兰的巧匠，属拿弗他利支派[因母亲是那支派的人]，父亲是以色列人乌利。这人巧于制造各样物品，尤其擅用金、银、铜等材料。他按所罗门的指示，做所有神殿的工。(77)此外，户兰还造了两根[中空的]柱子，外表是铜做的，有四指的厚度，高十八肘，圆周十二肘，柱顶上有百合花雕刻的柱头，高五肘。有交织着小棕榈的网子，都是铜制的，覆盖在柱头的百合花上。(78)其上挂了两百颗石榴，共有两行。他将其中一根柱子放在前廊的右边，称为雅斤，另一根放在左边，称为波阿斯。

5. (79)所罗门又造了半球形的铜海，这铜器因巨大而被称为海，直径有十肘，厚度像手掌一样，中央置于一矮柱上，柱旁围有十个螺旋形的装饰，柱子的直径是十肘。(80)柱旁站着十二只牛，面朝四方，每一方向各有三只牛，它们的后半身压低，好让半球形的器皿安在其上，铜海本身也是向内弯成圆的，容量是三千罢特。

6. (81)他又造了十个铜座，安放许多四角形的盆子。铜座长五肘，宽四肘，高六肘。这器皿的制作，部分是这样：有四根小的四角形柱子，分别安在各角，角底座的四边和小柱子的尺寸都配得合适。铜座分成三部分，(82)每部分的间隔处都有一边，刚好可以支撑铜盆，其上有雕刻，一处是狮子，另一处是牛，还有一处是鹰。这些小柱子上也刻着动物，和边上所刻的动物相同。(83)这整个铜座是以四个轮子抬高，这些轮子也是铸造出来的，有轮轴和轮辋，直径是一英尺半。凡见过这些轮子的人，都看到它们转动精确，和底座周边紧密联合，并和轮辋配合恰当，令人不禁啧啧称奇。它们的结构是这样的：(84)有些撑子从中心向外延伸，撑住上面的边缘，上面放置了一根小型螺旋状的柱子，柱子支撑着铜盆的凹陷处，这一切都安置在鹰和狮子的前半部，它们完全按照柱子和铜海的形状铸造，使那些观看的人都认为这所有的结构是一体的。铜海之间刻有棕榈树。(85)他还用铜造了十个大圆盆，每盆可容四十罢特，盆高四肘，盆径也是四肘，每个盆子都有盆座。(86)他将五个盆子放在圣殿左边，也就是朝北的，另外五个放在圣殿右边，是朝南的，但它们都向着东面。他也将铜海放在东面。(87)他规定铜海是给祭司们进入圣殿上到祭坛时洗手洗脚用的，铜盆则是用来清洗祭牲的内脏，也可以用来洗脚。

7. (88)他又为了献燔祭而制造一座铜坛，长宽各二十肘，高十肘。此外他也用铜制造了所有的器皿，有碗、铲、盆，还有蜡剪和钳子，圣殿使用的一切器皿都是用铜造的，所用的铜极为华美，如同金子一样。(89)王也奉献了许多桌子，其中一张大桌是用金子制造的，他们在这桌上放置献给神的陈设饼。他又造了一千张和这些桌子相仿的桌子，但是它们的目的不同，是用来放瓶和杯的，这些器皿有两万件是用金造的，四万件是用银造的。(90)他依据摩西的命令造了一万个烛台，其中一个献给圣殿，他们可以按照律法的规定白天在上面点灯。他在圣殿的北边放置了一张陈设饼的桌子，与这烛台相对，他将烛台放在南边，二者之间放置了金坛。所有器皿都放在圣殿里的这个区域，此区域的长度是四十肘，在安放约柜的至圣所幔子前。

8. (91)王也制造了倒酒的容器，共八万个；还有十万金瓶，二十万银瓶；又有盛放细面献在坛上的金盘，共八万个，银盘的数目是金盘的两倍；还有用来混合细面和油的大盆，金制的有六万个，银制的有十二万个。(92)像那些量器，摩西称作"欣"以及"十分之一"，共有两万个是金制的，四万个是银制的。他们用来把香带到祭坛上的金香炉有两万个，其他在圣殿中用来将火从大祭坛引到小祭坛的香炉有五万个。(93)大祭司穿的圣服，就是镶有宝石的外衣和长袍，一共是一万套。但是摩西在上面写着神的名的冠冕只有一顶，这冠冕一直留存到今天。他还用细麻布为所有祭司做了一万件配上紫色束腰带的圣服。(94)他又照摩西吩咐造了二十万支号角，二十万件给唱诗的和利未人穿的细麻衣。也做了乐器，是为唱诗而发明的，称为丝弦乐器和竖琴，是用琥珀金[上好的铜]铸成的，共有四万件。

9. (95)所罗门为尊荣神做了所有这些物件，样式极多，也极其华美。他不计花费、尽其所能地装饰圣殿，将一切都献在神的银库中。他安置一隔板围绕圣殿，我们称为吉森，希腊人称为特格斯。他将它们筑高到三肘，为防止众人进入圣殿，表明那里只有祭司可以自由出入。(96)他在院外又建了一座四角形的殿，有宽大的回廊，要从非常高的闸门才能进入这里，闸门面向四方，靠一些金制的门来开关。所有进入这殿的人，他们与其他人最大的不同，就是洁净且遵守律法。(97)所罗门将超越这殿之外的那殿也建造得极其华美，所有言辞难以描述，就算亲眼见到，也令人难以置信。因为那里地势幽深，你若弯身向下看，除非很努力，否则看不见谷底。他用土壤填满了低谷，将地加高了四百肘，和圣殿所在的山头一样高。如此，即使只有圣殿独自耸立在空中，也显得极其雄伟。(98)所罗门又建了双层的回廊围绕这殿，回廊坐落在天然的石柱上。廊顶是用香柏木造的，香柏木都磨得光亮，安在这么高的房顶，十分相宜。这殿所有的门，都是用银子打造的。

第四章

所罗门将约柜运到圣殿；

他向神祈祷许愿，并与众民一同献祭给神

1.（99）所罗门王完成了这些壮大华美的建筑之后，就将他所奉献的珍藏在殿中，所有这一切共花了七年时间，这也展现出他的财富和效率。任何见过圣殿的人都会认为它的完成必然需要相当长的时间，也一定会对这么大的工程只用了如此短的时间感到讶异。我之所以说它短，是相对于这项工程的浩大。所罗门王写信给希伯来人的首领和长老们，吩咐所有百姓都要聚集在耶路撒冷，一方面是要他们看看他所建造的圣殿，同时也要将神的约柜移入殿中。（100）等到这个邀请全民到耶路撒冷聚集的消息传达到各地后，又过了七个月，所有的人才聚集起来，我们国人称这个月为提斯利月，马其顿人称之为亥坡伯勒托斯月；住棚节刚好也在那时到来，希伯来人将此视为一个最神圣且最重要的节期。（101）于是，他们将约柜和摩西所立的会幕以及一切用来向神献祭的圣器皿都带来，放入圣殿。王和所有百姓以及利未人先进去，地上因所奉献的祭品、奠祭以及众多祭牲的血而被浸湿，他们也烧了许多馨香之祭，（102）这些气味充满其间，飘香各处，连在远处的人都能闻到这宜人的香气。这象征着神的同在，从人的眼光来看，神就住在这刚刚为他建好的

处所，与人们在一起。他们一点也不因唱诗或跳舞而感到疲倦，就这样一路来到圣殿。(103)他们也以同样的方式抬着约柜，要进入至圣所时，众百姓就离去，由指定的那些祭司将约柜放到二基路伯中间，基路伯以他们的翅膀遮掩约柜[工匠们这样设计基路伯]，就像一个帐篷或圆顶盖着约柜。(104)约柜里只有两块刻着十诫的石版，是神在西奈山对摩西说话时刻上的。他们把灯台、桌子和金坛放在圣殿里的至圣所前，所安放的位置和在会幕里一样。然后，他们就献上每日的祭物。(105)所罗门将铜祭坛放到殿前，对着殿门，当门打开时，它就展现在眼前，庄严肃穆，众多祭牲一览无遗。他们又收集了所有剩下的器皿，放入殿内。

2. (106)正当祭司们将约柜与所有事物安排妥当走出来时，有一层厚云从天而降停留在那里，慢慢散开，进入殿内。这云不像是我们在冬季所见那种带来大雨的厚重云层，它慢慢扩散开来，使这地黑暗，甚至一个祭司都认不出另一个祭司。但这云却足以使所有的人心中有一个清楚的形象，就是神荣耀的显现降临在这殿，正如他喜悦住在所立的会幕内。(107)当这些人正这样想时，所罗门站了起来[他原先是坐着的]，用他认为适合自己身份且适于对圣神说话的词语，说："神啊！你有一永恒的居所，是你以自己的工为自己所造的。我们知道，就是天、空气、大地和沧海，你遍及这一切，但却不受它们的限制。(108)我为你和你的名建了这殿，从现在起，每当我们献祭和行圣礼时，我们的祷告可以上达空中。我们也深信你的同在，因你不会远离属你的百姓。你察看万事、垂听万事，若你喜悦，你就住在这里。无论是黑夜或是白昼，你并没有远离不看顾众人，反而与他们亲密同在，尤其是向那些求告你的人。"(109)他庄重地向神说完后，就转向百姓们说话，讲述神的能力和保守：神如何向

他父亲大卫显明所有的事,许多事已经成就,其他的在日后也必会应验;
(110)神如何赐他名字,在他还未出母腹前就已告诉大卫,又预言说在他
父亲去世后他要做王,也要为神建殿,百姓们也亲眼见到这预言应验。
他要他们赞美神,因他所成就的事相信他,对他所应允他们将得的祝福
永不失去盼望,也不要怀疑这应允是否会实现。

3. (111)王对百姓说了这些话后,再次举目望着圣殿。他朝百姓举
起右手,说:"人再怎么做都不可能回报神对人所施的恩典,神并不需要
什么,他也远在这些感谢之上。但是,神啊!你创造我们超越其他万物,
我们要颂赞你的权能,也要因你赐给我家和希伯来民族的一切献上感
谢。(112)当你向我们发怒时,还有什么方法比我们的声音更能取悦你?
或更能留住你对我们的恩惠?我们让歌声在空中响起,上达于你。首先
我要为我的父亲向你谢恩,你将他从卑微中提升,并大得喜乐。(113)然
后,我要为自己感谢你,因你亲口应许、亲手成就,正如今日一样。神啊!
我恳求你,在将来的日子,按你的权能与旨意赐福我们,如同你向我父大
卫在生前或死后的应许,他的后裔也要延续到万代,让我们的国度永存,
代代扩张我们的家室。我的子孙若行你所喜悦的事,求你赐下这些祝
福。(114)此外,我谦卑恳求你,从天降下你灵的一部分住在这殿,好在
地上显明与我们同在。天和其上的一切尚且不足你居住,更何况这微小
的殿。但我求你看顾它如同自己的产业,保护它如同你的居所,永远不
让我们的仇敌毁坏它。(115)倘若百姓作恶,触犯了圣洁的律法,你就将
天灾、饥荒、瘟疫或其他灾祸降在他们身上。但若他们所有的人都来这
殿聚集求告你,求你拯救他们,愿你垂听他们的祷告,怜恤他们,将他们
从灾难中救赎出来,因他们在你殿中!(116)不仅如此,我向你祈求这帮

助，不是单单为遭患难的希伯来人，若有任何人从世界各地来到这殿，只要他们回转离弃罪，求你宽恕，愿你都能垂听他们的祷告，赦免他们！(117)如此，众人便知道你喜悦我们为你所建的居所，我们不是本性孤立，也不与非本族之人为敌，而是乐意宣扬你向世人的帮助，使他们同享你所赐的恩福。"

4. (118)所罗门说了这话之后，就俯伏在地，敬拜许久，就起身将祭牲献在坛上。当所罗门将坛放满了没有瑕疵的祭牲，他很清楚知道神悦纳了他的献祭，因为所有人都看见火从天上迅速猛烈降到坛上，烧尽了所有的祭物。(119)人们相信眼见的神迹，表明神住在殿中且喜悦这殿。于是，众人都俯伏于地敬拜神。王开始称颂神，也劝百姓和他一起颂赞，因为他们已得了神喜悦他们的确据。(120)他们祈祷神时常这样向他们显现，保守他们有公义洁净的心，远离罪恶、虔诚敬拜，继续持守神借着摩西给他们的训诫。唯有如此，希伯来人才得享快乐，成为全人类中最受祝福的民族。(121)所罗门劝勉百姓，谨记他们如何得到现今的福分，要继续持守，就能得享比如今更大的祝福。因敬虔和公义而拥有眼前的祝福还不够，他们还要持守这些祝福直到将来。原来人们得到他们想要的东西并没有多了不起，能持守所得，且不犯罪失去，这才不容易。

5. (122)王对百姓说了这话，并为自己和希伯来人完成了献祭，就让他们散去。他一共献了两万两千只牛和十二万只羊。(123)因为在圣殿最先做的事就是享受这些祭物，所有希伯来人与妻儿在殿中欢宴。王也盛大隆重地守住棚节，与所有百姓一同吃喝庆祝，两次在圣殿前大摆筵席七日。

6. (124)一切神圣敬拜的庆典都已隆重完成,一点没有疏失。之后,王就解散百姓各归各家。他们感谢王对他们的照顾以及为他们所做的一切,并祷告求神使所罗门能长久做他们的王。他们一路上欢喜快乐,唱诗赞美神,喜乐让他们全然忘却了回家旅途的辛劳。(125)他们将约柜安放在圣殿,亲眼见到约柜的荣美,亲身参与圣会并享用许多祭牲,之后才各自回到本城本乡。王在睡眠中得了一梦,得知神已听了他的众多祷告,(126)只要所罗门的后裔和众百姓秉行公义,神不但要保守圣殿,也要永远住在这殿。至于所罗门自己,倘若他继续效法他父亲所行的,神必使他得享至高的尊荣和福祉,他的后裔也要永远做犹大支派的王。(127)但他若忘记或离弃律例典章,转而敬拜别神,神就会将他们连根拔起,不让他的家族存留。神也不再看顾保守以色列民免于苦难,反要让他们在不断的战事和不幸中灭亡,并把他们从所赐给他们先祖的地上赶出,成为寄居外邦的人。(128)他们现在建的殿要被敌人焚毁劫掠,耶路撒冷也要被他们的仇敌完全摧毁,他们的悲惨必成为万民的笑谈。没人会相信他们曾有辉煌与威荣,(129)直到邻邦听说他们的过去,前来殷殷询问,为什么得到神极大恩宠的希伯来人,会由光荣富裕沦落成神如此恨恶的对象?那些剩余的百姓必承认他们的罪,并且回答说,这是因他们离弃了他们本国的律法。按此所言,这些都记为文字,传给我们,就是神在所罗门睡梦中对他说的话。

第五章

所罗门耗费巨资为自己建了一座华丽的王宫；
以及他如何解答希兰所出的谜语

1.（130）前面提过，所罗门费时七年建殿。然后，他为自己的王宫奠基，过了十三年才将王宫建好，因他不像建殿那样热衷于建造王宫。圣殿的工程虽然浩大，所需的一切也极为惊人，但因是为神所建，神就帮助这工程，使它在前面所提的年日内完工。（131）王宫远不及圣殿壮观，材料没有提早就绪，王也没有热切预备建造，因所建是王的居所而不是神的，所以拖了较长的时间才完工。（132）不过王宫也建得相当华丽，与希伯来人君王身份和他们所蒙的福相称。我在此必须描述这王宫的完整结构和部分设置，使本书的读者可以借此推测，遥想它的规模。

2.（133）这宫殿大且精致，有许多梁柱支撑，是所罗门所建，为要容纳许多百姓，听他们的诉求并审理案件。它要大到能容纳一群人在此聚集，判决诉讼。宫殿长一百肘，宽五十肘，高三十肘，由香柏木所做的四棱柱支撑，屋顶是按照科林斯柱式，并有折叠式的门，与门相连的柱子也是大小相同，各门有三个圆形的凹槽；这宫殿既坚固又非常华丽。（134）另有一宫也是这样排列，它的整体布置整齐：是四方形的，边宽三十肘，上有一殿，立在一些大柱之上。殿里有一华丽大房，王坐在其中判案。连着这宫另有一宫，是为他的王后所建。另外有一些规模较小的建筑，是在处理政务后用膳和休息的地方，都以香柏木为地板。（135）所罗门用十肘的石块建造部分的建筑，并切割极贵重的宝石镶上，作为墙上的壁板，这些宝石是从地里挖出来的，作为殿的装饰或王宫精巧的美饰，那些出产的矿坑也因此成名。(136)这些宝石上的精巧装饰排成三行，第四行更因其雕刻令人赞赏，有树木、各式各样的植物、树枝下的阴影以及从上面垂下来的叶子。这些树和植物覆盖了下面的宝石，树的叶子雕刻得十分细薄与精致，看起来好像在飘动。(137)另有部分墙壁，是用绣满彩色图画的刺绣覆盖，直达屋顶。此外所罗门还建了一些休闲用的房子，盖了长长的回廊，与宫殿相配。其中最豪华的一间是用来宴饮的餐厅，里面布满了金饰，他为宾客之便摆设最好的家具，所有器皿都用金子做成。(138)我很难详细说明宫内房屋的宏伟和种类，到底有多少大房间，多少比前者小的房间，又有多少隐藏难见的房间。此外还有些房间，是特为让人呼吸新鲜空气的。另外还有景致优美的树林，可以让人在那里遮荫避暑。(139)长话短说，所罗门用白石、香柏木以及金银建造整个宫殿，房顶和墙壁则用镶金的宝石妆饰，这些装饰的宝石与美化圣殿的宝石相似，所采用的排列方式也相同。(140)他还为自己造了一个大型象牙宝座，是审判之座，要走六个台阶才到这宝座，每台阶都有两只狮子，分别立在两边，台阶上面也另有两只狮子站立。在宝座的地方，有手伸出，像是迎接王，当王坐着向后靠时，像是倚在一头牛的半身上，这牛的面是朝向王的背，所有部分都是用金子固定连在一起。

3. (141)所罗门用了二十年完成这些建筑，因推罗王希兰为这些工程贡献了许多金银、香柏木和松木，他就以极贵重的礼物回报希兰。所罗门每年也送给希兰他最需要的谷物、酒和油，因为希兰住在岛上，这事我们前面提过。(142)他还赠送给希兰加利利的二十座城，离推罗不远。

希兰看了这些城,对这礼物并不满意,便派人告诉所罗门他不喜欢这些城。之后,那些城被称为迦步勒,腓尼基人译为"令人不悦的"。(143)此外,推罗王还请所罗门为他解答一些谜语和隐喻,使这些难题不再难明。所罗门极其睿智聪敏,这些问题对他来讲,没有一个是太难的。他借着推理,解开所有难题,让其中隐藏的意义得以解明。(144)将推罗古代书籍从腓尼基方言翻译成希腊文的米南德(Menander)也提过这两位王,他这样说:"阿比巴鲁斯死后,王位传给他的儿子希兰。希兰活了五十三年,统治推罗三十四年。(145)希兰修建了'阔地'的堤坝,将黄金的柱子奉献给宙斯神庙,又去黎巴嫩山,砍下山上的松木用作神庙屋顶的木材。(146)希兰夷平古老的神庙,修建新的圣祠,献给赫拉克利和阿斯塔特。赫拉克利神庙是在佩利求斯月首先建立的。希兰又向乌蒂卡人发动战役,因为他们拒绝缴纳贡金。直到乌蒂卡人投降后,希兰才回到推罗。在希兰统治时期,有一个名叫阿伯德蒙的小伙子,他总能解开耶路撒冷的王所罗门出的难题。"迪乌斯(Dius)也这样提到过他:(147)"阿比巴鲁斯死后,他的儿子希兰继承王位。希兰在城邑东侧修建防水堤岸,提高了地平面,又扩建了市中心,修筑一条堤道,把本来建在岛上的奥林匹亚宙斯神庙和城邑连接起来,并且奉献黄金用来装饰神庙;希兰又来到黎巴嫩山上,吩咐砍下山上的树木,用来修建神庙。"(148)他又说:"据说耶路撒冷的统治者所罗门曾经寄谜语给希兰,又让希兰寄别的谜语给他,提议谁解不开谜语,就要支付一大笔罚金给解开谜语的人。(149)希兰同意了,他无法解开所罗门的谜语,只能掏钱,付了一大笔罚金。后来,有一个叫阿伯德蒙的推罗人,解开了所罗门的谜语,又另外提出新的谜语。所罗门解不开阿伯德蒙的谜语,于是只能向希兰支付罚金,比他从希兰收到的罚金还要多。"这些就是迪乌斯的记载。

第六章
所罗门巩固耶路撒冷，并建筑许多大城；
他征服了一些迦南人，接待埃及和埃塞俄比亚的女王

1. (150)这时王见到耶路撒冷的城墙需要修缮，以此使它更坚固、更牢靠［因他认为耶路撒冷的城墙应当与这城的尊荣同等］。于是，他不但重修城墙，也在其上建了许多高塔，使城墙更为高大。(151)他还建了一些极其坚固的城，像夏琐、米吉多和基色。基色过去原属非利士人，但埃及王法老用兵包围基色，以武力夺取这城。法老杀害城里所有居民，彻底摧毁基色的政权，然后把这城送给他女儿为礼物，这女儿后来嫁给所罗门为妻。(152)这城原是天然险要之地，在战时或偶发政变时可以作为要塞，因此所罗门重建这城。此外，所罗门在那附近又建了两城，一城叫伯和仑，另一城叫巴拉。(153)他为了方便娱乐和享用佳肴又建了其他几城，那里有宜人的气候，盛产应季水果，并有泉水浇灌。所罗门甚至远及上叙利亚的沙漠，占领了那里，在那里建了一座非常大的城，距离上叙利亚有两天的路程，距幼发拉底河有一天的路程，距大巴比伦则有六天的路程。(154)要在亚兰人居住之地兴建这大城的原因是：该区地下没有水源，唯独这地有泉水和水池。所以他在这里建城，以非常坚固的城墙围绕，城名为达莫，亚兰人至今还用这名，但希腊人称这城为帕尔米拉。

2.（155）此时所罗门王热衷于建这些城。若有人问，为什么从曼尼斯以来直到所罗门时代（这段时期超过一千三百年），所有埃及王都叫法老（这是从那段时期后一位法老而来的称谓）。我认为应该要让这些人清楚明白这名称的由来，使他们免于无知。曼尼斯是建造孟菲斯城的王，他比我们的祖先亚伯拉罕还要早许多年。埃及文"法老"的意思是"王"，（156）我想他们小时候有其他名字，但当被立为王时，就改名为他们语言象征权柄的名字。亚历山大城诸王原先也有其他名字，但当得了王权，他们都被称作第一位王的名字托勒密。（157）罗马皇帝也是一样，他们出生时有其他名字，但由于他们帝国和尊位之故而被称为凯撒，不再使用他们父亲为他们取的名字。我想这就是为什么哈利卡那索的希罗多德说，自从曼尼斯以来共有三百三十位埃及王，他没有告诉我们这些王的名字，因为他们都叫法老。（158）他们死后有一位王后执政，希罗多德以她的名字尼可莉称呼她，借此表明国王是男系的，用同样的称号，但女人却不能用同样的称号，所以他记下她的名字，因她不能自然而然地使用这称号。（159）从我们的典籍中，我发现从所罗门王的岳父法老之后，埃及王不再使用这称号，是前面所提埃及和埃塞俄比亚女王来见所罗门之后的事，我们很快就要告诉读者有关她的事。我在这里提到这些事，是要证明我们的记载和埃及人的记载在许多事上都是一致的。

3.（160）所罗门王征服了那些原先没有臣服他的迦南人余民，我指的是那些住在黎巴嫩山到哈马城的人。他命令他们纳贡，每年从他们当中挑出为他做苦工、做家务以及操作农事的人。（161）所罗门不使希伯来人做奴仆［这样低贱的工作］，当神将这许多国家臣服在他们的权势下，他们没有理由不使用那些国家的百姓，而让自己的百姓服苦役。所罗门王使所有以色列人成为战士，他们或坐车或骑马，不需过奴仆的生活。（162）他立了五百五十名督工监管那些迦南人仆役，王让他们全权管理，指示仆役做王吩咐的工作或苦役。

4.（163）此外，王在红海的埃及湾名为以旬迦别的地方造了许多船只，那地现在叫作百尼基，离以禄城不远。那地过去是属犹太人的，非常适合船业，是推罗王希兰送给他们之地。（164）希兰派了足够的臣仆到那里做舵手，派去的人对航海很有经验。所罗门吩咐他们如下：他叫他们和他自己的仆人一同前往过去称为俄斐的地方采金，该地现在被称作黄金半岛，属于印度。等他们一共采足四百他连得金子后，才回来见王。

5.（165）那时有位女子，是埃及和埃塞俄比亚的女王，她追求哲学，非常好问，在这方面也受人景仰。女王听到所罗门的德行和智慧，就很想见他；那些天天在海外的传闻，吸引她前来一睹所罗门的风采。（166）她渴望有自己的经历，不仅是风闻所罗门之名〔因为传闻是基于叙述者的可信度，所以常常失真〕，于是她决定亲自前来，尤其是要试试所罗门的智慧，以异常难解的问题询问所罗门，看他能否将它们隐藏的意义解答出来。于是她带着满载黄金、香料和宝石的骆驼，盛大豪华、浩浩荡荡地来到耶路撒冷。（167）王亲切地接待她，让她有宾至如归的喜悦，王的心中也能轻易理解她所提出的那些疑难问题的含义，没有人能料到他这么快就解答了所有的问题。（168）女王对所罗门的智慧十分惊讶，觉得自己亲身体验的比以前听闻的更为优异。她尤其为所罗门宫殿的精致与壮观感到讶异，其他那些整齐的殿宇也毫不逊色，王就是在其中展现出超卓的智慧。（169）但是最让女王惊叹的是一座名为黎巴嫩林宫的殿宇，以及所罗门日用餐桌的豪华、席上的珍馐美味、侍立仆人穿着的衣饰和他们在服侍上的熟练和高雅。其他让女王印象深刻的还有所罗门每日向神所献的祭物，以及祭司和利未人在献祭时的慎重严谨。(170)她看到他们天天都是如此，就对此感到十分敬佩，无法掩饰自己的惊讶，于是她公然承认所受到的美好影响，并在折服于前述这些事情的心境下前去与王谈论。她说：(171)"王啊！原来我们并不全然相信那些传闻，然而你所拥有的美善，就是你的智慧和明辨，以及你从王国中得到的福分，实在没有丝毫虚假。那些传闻非但没有造假，甚至还远不及我亲眼见到你所享有的福祉。(172)传闻只不过想要说服我们相信所听闻的话语，却无法表达置身其中体验到的尊荣和庄严。我本来并不相信那些传闻，因为传闻将我想得知的那些事情说得太壮观了，等到我亲自来到这里，所见到的比传说中的更多。(173)我深深感到希伯来民族和他们的仆人及友人都是幸福的，他们每日都有你的同在，也可以听到你睿智的话语，故此人们要赞美神，他如此爱这个国家，以及所有住在这地的人，让你成为治理他们的王。"

6. (174)女王用言语如此表达了她受到王深刻的影响，而那些在场的人也能感受到她的心态，因为她送给王二十他连得金子，还有为数庞大的香料和宝石〔据说我们国家所有的香膏树树根，就是来自这女王的礼物〕。(175)所罗门王也回赠了许多礼品，最主要的是让女王自己选择她想要的东西，只要是女王希望得到的，所罗门都没有拒绝。所罗门本来就慷慨大方、个性豪爽，所以才能够赐给女王她想从他那里得到的一切。当这位埃塞俄比亚女王获得了很多馈赠，又再度告诉王她带来了哪些礼品之后，就返回了自己的国家。

第七章

所罗门日益强盛，却沉迷女色；神对此感到忿怒，
兴起哈达和耶罗波安与他为敌。以及所罗门之死

1. (176)这时黄金半岛也馈送给王许多宝石和香柏木，王使用这些木料来作为圣殿和王宫的支柱，并用它们制造其他的乐器、竖琴和弦乐器，这样利未人就可以在向神唱诗时使用它们。这次送来的香柏木料比过去的都更巨大，品质也更好。(177)你们不要以为这里所说的香柏木和如今所称的香柏木是相同的，现在的香柏木之所以得到这个名称，是因为采购的商人如此称呼它们，好让购买者对它们产生爱慕。如今被称作香柏木的看起来像是无花果树，比较白，也比较光滑。(178)我们之所以做了这样多的说明，是要叫人明白这些木材的不同，也知道真正香柏木的本质，我们认为提到这事是合宜并让人感到亲切的，而描述王如何使用这些木材以及说明它们的不同也是如此。

2. (179)所罗门得到的金子是六百六十他连得，这还不包括商人们带来的，或是总督和阿拉伯王送给他的礼物。他又造了两百面金挡牌，每面六百舍克勒，(180)另外再造了三百面盾牌，各用了金子三弥拿，他将它们放在那称为黎巴嫩林宫的地方。所罗门也用金子和宝石制作杯子，供他的宾客享用，每个杯子都是用人工精雕细琢做成，他且尽可能用精金打造所有的家具和器皿。(181)那时银子算不得什么，因为王在他施海上有许多船只，每年都在王的指令下运送各式各样的商品到远处的

国家，卖出这些商品之后，这些船再满载金、银、象牙、埃塞俄比亚人和猿猴回来见王，这样来回一趟费时三年。

3.（182）所罗门的品德和智慧传遍邻近的国家，他的声望极高，普天下的王都想来见他，因为他们不相信那些不可思议的传闻，从他们送给所罗门的礼物可以看出他们对他的尊重：（183）这些礼物包括金银的器皿，多件紫袍，各式香料、马匹、战车，以及能令王喜悦的众多驮物的骡马，这些骡马都是强壮美丽的。这些新送来的礼物更增加了所罗门王原先拥有的一切，使他的战车在原有的一千辆之外，加添了四百余辆，马匹在原有的两万匹之外加添了两千匹。（184）这些马都十分强健，外貌俊美，跑起来非常迅捷，一眼看去就知道它们是马中最美丽的，也没有其他的马可以超越它们的速度。（185）这些马的骑士更增添了它们的妆饰，首先这些骑士们个个都年轻俊美、身材魁梧，比一般的人高大许多；他们也都蓄有从头顶垂下的长发，并穿着推罗的紫衣；他们的头发每日洒上细致的金粉，这些金粉使他们的头在日光照耀下闪烁发光。（186）王也坐在战车上奔驰在他们中间，这些人都身着盔甲并佩带弓箭。王披着白色的外袍，惯常在清晨到城外巡回。距耶路撒冷城十公里处有一个叫作伊坦的地方，那里有美丽的花园和许多川流的小溪，王常在早晨高高地坐在他的战车上前往那里。

4.（187）所罗门在各样事情上都有从神而来的智慧，他也努力并谨慎地完成所有的事工。他没有疏忽道路的建设，以黑色的石头在通往王室所在的耶路撒冷的道路旁铺了一条人行道，不但带给旅人便利，也展现出他财富和政权的盛大。（188）他也有规律地分配他的战车，每个城都要有一定数目的战车，并留下一些在他身旁，他称呼那些城为"他的战车之城"。王使耶路撒冷城的银子和街上用的石块一样多,香柏树也盛产在犹大地的平原上,这地过去是不产香柏树的,如今香柏树就如同常见的小无花果树一样多。(189)所罗门还命令那些为他带货的埃及商人卖给他一辆战车和两匹马,代价是六百德拉克马银子,他还把商人们差到亚兰王和幼发拉底河外诸王那里。

5.(190)虽然所罗门成为最荣耀的王,也是神最爱的,他的智慧和财富都超过希伯来人过去所有的统治者,但他并没有至死持守这样的幸福。他舍弃了他父亲遵守的律法,最后的景况完全无法与他的过去相比:(191)他变得沉迷女色,对自己的欲望丝毫不加以节制,他不以本国的女子为满足,另外又娶了许多外邦女子为妻,包括西顿人、推罗人、亚扪人和以东人;他犯了摩西的律法,因摩西律法禁止犹太人娶任何本族以外的女子为妻。(192)由于所罗门宠爱他的妻子们,就开始拜外邦的神,借此来取悦她们。为我们制定律法者早已料到这样的事,所以事先就告诫我们不应娶外邦女子为妻,恐怕我们被外邦习俗缠绕,放弃我们自己的传统,不再敬拜我们的神,反而去拜他们的神。(193)所罗门完全陷入放纵的欲望,不理会律法的诫命,除了埃及王的女儿之外,他又娶了七百个妃,她们都是国君或显要之士的女儿,另外还有三百个嫔。他很快就被她们左右,并仿效她们的习俗;为要表示对她们的亲切和情感,他就按照她们国家的习俗生活。(194)所罗门年老的时候,他的理性也随着年岁日渐衰微,让他想不起自己国家的传统,也更加责怪自己的神,继续敬拜他婚姻所引进的假神。(195)不过在这之前,他已经犯了不遵行律法的罪,他造了支撑铜海的铜牛,又在自己的宝座旁做了狮子的形象,这些都是不敬虔的行为。(196)虽然他父亲的品德是国中最好的模范,并因对神的敬虔而留下荣耀的声誉，但神两次在梦中向他显现，劝他效法他父亲大卫，他都没有听从神的劝诫，因此他的死是不荣耀的。(197)有一位先知受神的差遣去见所罗门，告诉他说他的恶行没有逃过神的眼目；这先知又吓阻所罗门说，所罗门不会因他所做的而长久欢乐，虽然他在世时王国不会被夺去，因为神应允他的父亲大卫说所罗门会是大卫的继承者，(198)但等到他过世之后，这事会发生在他儿子身上；他不会让他失去所有百姓，但会将十支派给他的一个仆人，并因大卫的缘故而留下两支派给大卫的孙子，因为大卫是爱神的人，这也是为了耶路撒冷城里圣殿的缘故。

6. (199)所罗门听了这话，非常难过，就从备受赞赏的幸福掉入悲戚的景况，并对此感到一片茫然。就在先知预言即将来临的事后不久，神兴起了他的一个仇敌，这人名叫哈达，他是在下述情形下和所罗门敌对的：(200)哈达是以东王室的后裔，大卫的元帅约押攻击以东，以六个月的时间毁坏该地，杀死了以东所有能作战的男丁。那时哈达还是个孩子，他就逃去投奔埃及王法老。(201)法老亲切地接待他，为他安排了一处房子居住，又指定了供应他食物的地区，当他长大成人之后，法老非常喜欢他，甚至将自己妻子的妹妹许配给他为妻，这女子的名字是答比匿，他们生了一个儿子，这孩子和法老的子女们一起成长。(202)哈达在埃及听说大卫和约押都死了，就去见法老，要求法老让他回到自己的故乡。法老问他究竟想要得到什么还是遇到了什么难处，令他这么想要离开法老。虽然哈达常常以此来烦扰法老，请求法老让他离去，法老那时并没有答应他。(203)但是当所罗门的国势渐渐衰微，这是因为我们前面所提他的叛逆以及神对他的忿怒，哈达就在法老的准许下回到以东。然而因为有许多驻军的辖管，他无法让人们弃绝所罗门，也无法安全地进行改革，哈达只好离开那里前往亚兰。（204）他在亚兰巧遇一个叫利逊的人，这人是从他主人琐巴王哈大底谢那里逃出来的，他在那地沦为盗匪，并聚集了一群匪徒在身边。哈达和利逊建立了友谊。于是哈达占据了亚兰境内的那个地区，并在那里称王，他还不时入侵以色列的领土进行抢夺，对以色列造成不小的伤害，这些都是所罗门在世时所发生的事。希伯来人因为哈达的缘故而遭到这样的灾害。

7.（205）还有一个所罗门自己的国人也企图反叛他，这人是尼八的儿子耶罗波安。由于很久以前的一个预言，耶罗波安对晋升高位抱有极大的期望。他小时候就失去了父亲，由他的母亲抚养长大。所罗门见他既矫健又大胆，就让他管理修建耶路撒冷四围的城墙。（206）耶罗波安非常尽责，他的行为得到王的肯定，王就以监管约瑟支派的一切工程作为他的报酬。那时，有一次耶罗波安出了耶路撒冷城，示罗城的先知亚希雅遇见他并向他问安。先知将他拉到路旁一个没有人的地方，（207）然后把身上的外衣撕成十二片，吩咐耶罗波安拿取其中的十片，并对他预言道："这是神的旨意，他会将所罗门的领土分割，把其中一个支派和另一个与它紧邻的支派给所罗门的儿子，这是他对大卫后嗣的应许；然后把另外十个支派给你，因为所罗门得罪了神，降服于众女子以及她们的神。（208）你既然知道神为什么改变心意不喜悦所罗门，就应该秉行公义遵守律法，因他为你的敬虔提供了最大的报酬，你也要给神应得的尊崇，如同你所知的大卫那样尊崇他。"

8.（209）由于耶罗波安年轻气盛，又有极大的野心，无法安于现状，在先知亚希雅说他会掌握大权的话语鼓舞之下，他就企图说服民众舍弃所罗门并制造动乱，好将政权夺到自己的手中。(210)所罗门得知他意图背叛，便到处搜寻他，打算把他杀死，但是耶罗波安事先得到消息，就逃去投奔埃及王示撒，耶罗波安一直住在埃及，直到所罗门去世。他住在埃及有两大益处，第一，他不会受到所罗门的伤害，再者，他也可以留存性命接掌王权。(211)所罗门到年老时才去世，享年九十四岁，统治王国八十年。人们将他安葬在耶路撒冷，他是所有王中最安逸、富贵，也是最有智慧的王，可惜他在年老时为女色所迷惑，触犯了我们的律法。我会在适当的地方谈到关于他触犯律法给希伯来民族带来的不幸。

第八章
所罗门死后百姓离弃他的儿子罗波安，
另立耶罗波安做十支派的王

1. (212)所罗门死后，他的儿子罗波安接续他做王〔罗波安的母亲是亚扪人，名叫拿玛〕。百姓的首领们立刻前往埃及将耶罗波安召回来，耶罗波安来到示剑，罗波安也到了那里，打算在大家聚集的时候宣布自己是以色列人的王。(213)首领们和耶罗波安一同去见他，请他对他们放松一点，因他父亲使他们做苦工、负重轭，如此他们就会对他心生好感，也满足于他温和的统治，更会是因为爱戴而不是出于惧怕尽心服侍他。(214)但是罗波安叫他们三天之后再来听他对这项请求的回答，他的耽延以及没有立即做出有利于他们的答复令大家产生怀疑，因他们本来以为他会马上给他们一个仁慈的答复，尤其他还只不过是个少年人。

然而他们又想,他可能要和人商议,便没有直接拒绝他们,让他们还抱着成功的指望。

2.(215)罗波安招集他父亲的友人,询问他们的意见,看他应该如何回答百姓。他们劝他和这些百姓以及那些了解这些百姓的人建立友好关系,还建议他以平易近人的语调说话,不要摆出王者的威风,借此使他们心怀善意地顺服他,百姓们最喜悦他们的王以平等的态度对待他们。(216)但是罗波安拒绝了这既好又有利于己的建议[至少对他即将接续王位而言],我想可能是神让这最有益的建议遭到他的谴责。罗波安找了那些和他一起长大的年轻人来,将长者们的建议告诉他们,又吩咐他们将心中希望他应该如何回答的话说出来。(217)这些年轻人要他如此回复百姓[不论是他们的年龄或是神自己都不容许他们领悟到最好的答案]:他的一根小指头都比他父亲的腰强壮,若是百姓们认为他父亲苦待了他们,他们会从他那里得到更严厉的对待;若他父亲是用鞭子责打他们,他更会使用蝎子鞭责打他们。(218)王喜欢这些年轻人的建议,认为这样的答案才能符合他高贵的政权。三天后百姓们满怀希望地聚集在一起等候他的答案,他们非常热切地想听到王的回答,以为会得到一个友善的答复,但是王没有听从他父亲的友人,而是按照年轻人的建议回答百姓。这是按照神的旨意成就,好让亚希雅的预言得到应验。

3.(219)他的话语像铁锤般地击打百姓,他们心中充满悲伤,好像已经感受到这些话语的效力。他们对王非常不满,所有人都大声喊着说:"从今起我们和大卫以及大卫的后裔不再有任何关系。"他们又说:"我们只要将罗波安的父亲所建的圣殿留给他。"然后他们就威胁说要离弃他。(220)百姓的内心十分苦毒,这样的怒气持续了许久,于是罗波安派掌管贡赋的亚多兰去安抚他们，使他们平静下来，说他如果因为少不更事，话语太过鲁莽，令他们难以忍受，请他们原谅他。但是他们不听亚多兰的话，反而用石头将他打死。(221)罗波安看到这情形，觉得那些用来打死他仆人的石头好像也对准了他，恐怕最后百姓也真的会让自己遭到同样的惩罚，就立刻上车逃回耶路撒冷，犹大和便雅悯支派在耶路撒冷立他为王，其他的百姓自那时起就离弃了大卫的子孙，另立耶罗波安为首领，管理众人之事。(222)所罗门的儿子罗波安看到这情况，就召集了降服在他以下二支派的百姓，打算从军队中挑选十八万人去攻打耶罗波安和那些归附他的人，借着战事迫使他们向他称臣。(223)但是神人示玛雅阻止他发动战争，因为兄弟之间相互争战是不合情理的。示玛雅又说，这些百姓的背叛是出于神的旨意。于是罗波安就没有进行这次征讨。(224)现在，我要先谈以色列王耶罗波安的事迹，接着再谈一些有关之事，还有另二支派的王罗波安的事迹，如此，我们可以保存这段历史的完整次序。

4. (225)耶罗波安在示剑建了一座宫殿给自己居住，另外又在毗努伊勒建了另一座宫殿。这时住棚节即将来临，耶罗波安心想倘若他让百姓们到耶路撒冷敬拜神并在那里守节，他们或许会受到圣殿以及在该地敬拜的影响而后悔所做的事，因此离弃他，回转归向原先的王，如此他就可能会失去性命，于是耶罗波安构思了一项计谋。(226)他铸造了两只金牛犊，且为它们造了两座小庙，一座庙建在伯特利，另一座建在但，后者的所在地是小约旦河的源头，他把这两只牛犊放在前述城中的庙里，然后召集了统治下的十支派，对他们说了下面这番话：(227)"我的百姓啊，我相信你们知道神是无所不在的，他并没有一个固定的居所，也可以听见并看到任何地方敬拜他的人，因此我认为要你们长途跋涉到敌人占有的耶路撒冷去敬拜神是不合宜的。（228）圣殿是人手所造的，我也造了两只金牛犊献给同一位神，其中一个供奉在伯特利，另一个在但，住在这两个城邑附近的人可以到那里去敬拜神。我会为你们按立祭司和利未人，这样你们就不需要利未支派或是亚伦的子孙，你们中间有想要做祭司的人可以将一只阉牛和一头公羊献给神，据说第一位祭司亚伦也是这样做的。"（229）耶罗波安的话迷惑了百姓，使他们背离先祖的敬拜，且违背了律法。这是希伯来民族苦难的开端，也是他们和外邦人争战时被击败、沦为外邦人俘虏的原因。我们在后面适合的章节会提到这些事。

5.（230）到了住棚节，耶罗波安想要在伯特利守节，如同另外二支派在耶路撒冷守节一样，于是他在牛犊前建了一座祭坛，自己担任大祭司的职务。他带着自己的祭司们上到祭坛前，（231）正当他打算在众人面前献上燔祭主持祭典的时候，神从耶路撒冷差派了一位名叫雅顿的先知来到这里的百姓当中。先知听到王的话，就来到祭坛前这样说："（232）神预言说大卫家中必生出一位叫约西亚的人，他必要杀死当时在你上面烧香的假祭司们，也要将那些蒙蔽百姓者、欺骗者以及可憎之人的骨头烧在你上面。为了让你们相信这话必然应验，我要先给你们一个预兆：这坛必立刻破成碎片，坛上祭牲的脂油必要倾倒在地上。"（233）耶罗波安对先知的话感到极为不满，他伸出手来要大家捉住他，但是他所伸出的手突然变得软弱无力，无法再收回来，因为这只手已经枯干下垂，好像死人的手一样；这时祭坛也裂为碎片，上面的一切都倾倒出来，正如先知的预言一一应验。（234）于是王知道这人的话是真确的，他带着属天预知的能力。王恳求他向神祈祷，使王的右手能够复原。先知就祷告求神应允他的请求，王的手也回复到原先的样子。王对此非常欢喜，也邀请先知与他一同回去吃饭。(235)但是雅顿说，我不能进入你的宫殿，也不能在这城里吃喝，因为神不允许我这样做，我也不可由原来的路返回，雅顿说他会从另外一条路回去。王对他所说的不吃喝感到惊讶，同时也感到害怕，从先知对他说的这番话中怀疑自己的政权会每况愈下。

第九章
雅顿被另一位假先知说服，回到了伯特利，
后来被一头狮子咬死；一位邪恶的先知
用言语来说服王，使王的心远离神

1. (236)这城里有一位恶人，是个假先知，耶罗波安非常尊敬他，但也因他谄媚的话语受到蒙蔽。这人因为年老体衰而躺在床上，他的儿子们将有关这位从耶路撒冷来的先知及其所行的神迹告诉他，(237)他们还对他叙述耶罗波安的右手枯干，但在这位先知祷告后就恢复原状的经过。这人听了之后，恐怕这位外来的先知会比自己更得到王的尊敬，并从王那里取得更大的荣耀，于是吩咐儿子们为他备驴，做好出门的预备。(238)他的儿子们立刻按照他的话去做，他就骑上驴在后面追赶先知。他追上的时候，先知正坐在一棵大橡树底下休息，他先向先知致敬，接着就抱怨先知没有到他家中接受招待。(239)先知说神禁止他接受这城中任何一人供应的吃喝，这人就回答道："我和你都是先知，我们用同样的方式敬拜神，神必然不会不让你吃喝我为你预备的食物；神差遣我来，就

是要我领你到我家中做我的宾客。"(240)雅顿相信了假先知的话,就和他一起回到伯特利。正当他们欢宴的时候,神向雅顿显现,说他必然会因为不遵行他的旨意而受到惩罚,神也告诉他是怎样的惩罚:他在回程路上会遇到一头狮子,这狮子会将他撕碎,他也不得被埋在他列祖的坟墓里。(241)我认为这些事情的发生是出于神的旨意,好叫耶罗波安不相信雅顿的话,以为雅顿是个说谎的人。就在雅顿再度走上返回耶路撒冷的路途时,有一头狮子前来攻击他,将他从坐骑上拖下来咬死。但是狮子完全没有伤害驴子,也没有吃雅顿的尸身,只是站在他们的旁边。直到一些旅人经过看见,就来到假先知所住的城邑述说这事。(242)这位假先知派遣他的儿子们将先知的尸体带到城中,并盛大地为他举行葬礼,又吩咐他的儿子们在他死后将他和先知葬在一起。他还说先知所说的有关这城、邱坛、祭司们以及假先知的预言都要应验,倘若他和先知葬在一起,他死后就不会遭到报应,因为他们的骨头会混在一起无法辨识。(243)当他埋葬了先知并嘱咐了他的儿子之后,出于他的邪恶和不敬虔,他就前去对耶罗波安说:"你为什么因为这个愚昧人的话而感到不安呢?"王就对他提起发生在邱坛和他手上的事情,又以神人和优秀的先知称呼雅顿。假先知竭尽所能地使用恶毒的方式削弱耶罗波安的想法,以诡辩的言词叙述所发生的事,借此破坏事情的真相。(244)他企图说服耶罗波安说,软弱的手是因为托举祭物耗费太多的力气,等到休息之后就会自然恢复过来;至于祭坛的破碎,则是因为祭坛是新的,上面又焚烧了许多祭牲,还包括那些体积庞大的祭物,所以祭坛才会碎裂,又因为上面负荷的重量而倾倒。他也将预言这些事情的那位先知之死告诉耶罗波安,还描述了先知是如何死去的,从这些事上他做了一个总结:这人根本就不是先知，所说的话也不像是先知说的话。（245）他借着这样的说辞说服王，使王的心全然远离神，也不再行任何公义或圣洁的事，他还鼓励王继续那些不敬虔的行为，于是耶罗波安极其悖逆神，他的罪恶重大，每天都在寻找新的方式触犯神的律法，并比他以往的傲慢无礼更加可憎。关于耶罗波安的叙述应该已经足够了。

第十章
关于罗波安以及神如何因为他的不敬虔
而借着埃及王示撒来惩罚他

1.（246）我们前面提到过所罗门之子罗波安是二支派的王，他修筑了多个又大又坚固的城邑，有伯利恒、伊坦、提哥亚、伯夙、梭哥、亚杜兰、迦特、玛利沙、西弗、亚多莱音、拉吉、亚西加、琐拉、亚雅仑和希伯仑。（247）他最先是在犹大支派的地方修建。他也在便雅悯支派所在地修筑其他的大城，并以城墙环绕它们，还在其中设置驻军处，安置军长，又预备了大量的谷物、酒和油。罗波安在这每一个城邑配置了丰盛的补给，让它们都得到必要的供应，此外他还在其中预备盾牌和枪矛，足供好几万人使用。（248）以色列各地公义和正直的祭司与利未人都来归向罗波安，他们离开自己的城邑，好在耶路撒冷敬拜神，因为他们不愿被迫去拜耶罗波安铸造的金牛犊，这样他们就使罗波安的王国强盛了三年。（249）罗波安先娶了本族的一个女子，这女子为他生了三个孩子，他又娶了押沙龙的女儿玛迦，他们生了一个叫作亚比央（又名亚比雅）的儿子。

罗波安还与许多其他的妻子生了众多子女,这些妻子中他最疼爱的是玛迦。(250)他一共娶了十八位妻子,另有三十个妾,共生了二十八个儿子和六十个女儿。罗波安立玛迦的儿子亚比央继承他的王国,并将财富和最强大的城邑交给他管理。

2. (251)在这里我不得不认为,一个国家的兴盛和趋于繁荣常常导致人心的败坏。当罗波安看到他的王国如此壮大时,就离弃了真道,转向不公义、不敬虔的行为,他藐视对神的敬拜,导致百姓都起来仿效他的恶行。(252)事情通常都是这样发生的:一国子民的行为会受到治理者的影响与败坏,于是百姓们好像是为了谴责统治者的荒诞行径,自己就不再秉持原有的庄重,反倒跟随他们邪恶的脚踪,将恶行当作美德。他们如果不与他们的王有相同的行为,就不可能显示出他们对王者的认同。(253)罗波安的子民也是这样,当罗波安成为一个不敬虔又违背律法的人时,他们并没有表现出任何持守公义、违背罗波安的企图。由于他们对神所行的不义,神就派遣了埃及王示撒来惩罚他们。希罗多德所提到关于示撒的事情有误,他将示撒的事迹误认为是赛索垂斯做的。(254)这个示撒在罗波安掌权的第五年率领了数十万兵马进攻犹大地,有一千两百辆战车、六万马兵以及四十万步兵跟随着他,他们多半是利比亚人和埃塞俄比亚人。(255)他在进攻希伯来人的领土时,不战就攻克了罗波安王国中最强盛的城邑,他在那些城邑里安置了驻军处,最后就来到了耶路撒冷。

3. 罗波安和随从他的百姓们被示撒的军队围困在耶路撒冷城里,他们求告神为他们带来胜利和拯救,但是神不听他们的恳求。(256)先知示玛雅对他们说,因为他们离弃了对神的敬拜,所以神也要离弃他们。

他们一听到这话就感到害怕，感到别无拯救之途，于是他们都恳切地向神认罪，说神对他们的击打是公义的，因为他们对神不敬虔又不遵守律法的行为得罪了神。(257)神看到他们的态度及承认自己的罪恶，就让先知告诉他们说他不会毁灭他们，但要使他成为埃及人的奴仆，如此他们就可以知道服侍人是否会比服侍神少受苦楚。(258)罗波安的恐惧让他开门迎接示撒入城，于是示撒不经过争战就取得了耶路撒冷。然而示撒没有遵守原先的承诺，他仍旧劫掠了圣殿，并夺取了圣殿和王的银库，带走了数以万计的金银财宝，没有留下一分一毫。(259)他也带走了所罗门王制造的金盾牌以及大卫从琐巴王那里取得并献给神的金箭筒。示撒做了这些事之后，就回到自己的国家。(260)哈利卡那索的希罗多德提到过这次出征，只是在记载王的名字时有误，说他和许多国家争战，并使亚兰和巴勒斯坦臣服，没有经过战争就使那地的人成为囚犯。(261)希罗多德显然是要陈述我们民族被示撒降服，因为他提到示撒在不战而降者的那块土地上留下了柱石，石上还刻有女子的私处。而我们的王罗波安正是不经过争战就献出了我们的城邑。(262)他还提到埃塞俄比亚人从埃及人那里学到行割礼，他又加上一句话说，居住在巴勒斯坦的腓尼基人和叙利亚人承认他们是从埃及人那里学到的。然而除了我们以外，没有其他住在巴勒斯坦的叙利亚人行割礼。不过还是让每个人决定他们自己对这件事情的看法。

4. (263)示撒离去之后，罗波安王制造铜盾牌代替金盾牌，并以同等数目的铜盾牌交给看管王宫的侍卫。他没有从争战和公开的攻击行动上得到荣耀，只是安安静静地统治他的王国，他也无法避免政敌耶罗波安带给他的恐惧。(264)罗波安活了五十七年就死了，他执政了十七年。他是个骄傲又愚昧的人，因为不听从他父亲友人的话而失去了部分的领土。人们将他葬在耶路撒冷的皇陵里，他的儿子亚比央接续他做王，那时是耶罗波安统治十支派的第十八年。（265）此乃这些事件的总结。我们现在要提到的是耶罗波安的事迹和他离世的经过，他从没有停止亵渎神，每天都在高山上建邱坛并从百姓中立祭司。

第十一章

耶罗波安一个儿子的离世以及他被亚比央打败的经过；亚比央不久后就去世了，他的儿子亚撒继承王国。耶罗波安死后，巴沙杀了他的儿子拿答并灭绝了耶罗波安的全家

1.（266）神立刻就报应了耶罗波安的恶行，并带给他们应得的惩罚，不但杀了他，也灭了他的全族。那时他有一个名叫亚比雅的儿子卧病在床，他吩咐他的妻子脱下袍子穿上平民的外衣去见先知亚希雅。（267）他说这人的预言很灵验，他曾经告诉我说我会成为王。他吩咐她装作一个陌生人去询问先知有关这孩子的事，看这孩子能否痊愈。于是耶罗波安的妻子按照丈夫的吩咐改变了服饰，前往亚希雅所住的城邑示罗。（268）先知因年纪老迈看不清楚，就在她要进入先知的房屋时，神向先知显现，并告诉他两件事：神说耶罗波安的妻子会来见他，神也告诉他应该如何回答这个女人。（269）于是当这女人装作是一个陌生的百姓进入屋子时，他大声喊着说："耶罗波安的妻子进来吧！你为什么要掩饰自己呢？你是无法逃过神的眼目的，他已经向我显现，将你要前来的事情

告诉我，并吩咐我要如何对你说话。"亚希雅要她回到她丈夫那里对他这样说：(270)"我从民中将你高举，并从大卫的家中将国家夺来赐给你，你竟然不顾念这些恩惠，不但离弃对我的敬拜，还为自己铸造并敬拜那些会朽坏的神。所以我也要同样把你降为卑贱，除尽你的家族，让他们成为狗和鸟的食物。(271)另外会有一王兴起管理这些百姓，他也不会让耶罗波安的家留下任何活口。百姓们也要受到同样的责罚，他们会从这块美地上被逐出，分散在幼发拉底河那边，因为他们随从他们王的恶行，拜那些偶像，放弃给我献祭。(272)你这女子啊！快快回到你丈夫的身边，将这讯息带给他。你会发现你的儿子已经死去，就在你踏进城门之时他就会死，但是百姓们要为他的葬礼哀哭，他也会在哀悼中得到尊敬，因为他是耶罗波安家中唯一善良的人。"(273)先知说完之后，这个女子就惶恐不安地迅速离去，并为前面提到的这孩子的死感到十分哀痛。她一路上悲悲凄凄，不断地哀悼她儿子即将面临的死亡。她的处境也实在是悲惨，因为她无法避免这孩子的死。她这样急急赶路对她儿子而言也是件不幸的事，因为她走得越快，就越快见到儿子的死，但是她为了丈夫的缘故又不得不加紧脚步。当她回去后，正如同先知所言，发现她的儿子已经死去，她也将一切事情告诉王。

2. (274)然而耶罗波安并没有将这些话放在心上，他招集大军去进攻继承罗波安王位管理二支派的罗波安之子亚比央，因为耶罗波安轻看亚比央年幼。然而亚比央听说耶罗波安来袭时并不惧怕，反倒表现出超乎他年龄也出乎他敌人预期的勇敢气质。他从二支派中挑选军队，在洗玛脸山与耶罗波安交战，将军营扎在离敌军不远之处，并做好一切作战的预备。(275)他有四十万的军队，但是耶罗波安的军队是他的两倍。

就在两军对峙预备交锋时，亚比央站在一块高地上挥动他的手，要百姓们和耶罗波安静下来听他说话。（276）当他们安静下来时，亚比央就说道："你们并非不知道神应允大卫的后裔长久统治这地，我不得不质问你们为什么离弃我的父亲去加入他的仆人耶罗波安，现在还在此地攻击神已定立的统治者，并要从他们手中剥夺他们保留的领土，耶罗波安原本就不应该得到他所拥有的大片土地。（277）然而我不认为他能再享受太久，等到他为了过去的行为得到神所加给他的惩罚以后，他就要停止悖逆律法的罪行以及对神的不义，这些都是他不断在做，而且还说服你们随从他去做的事。我父亲听从恶者的建议说了那些让你们忿怒的话，虽然他不再对你们有不义的行为，你们却在怒气中离弃他。你们看来是离弃他，但事实上却是离弃神和神的律法。（278）你们本当因为他的年轻和没有治国经验而原谅他，他只是说了一些不悦耳的话语，就算他的年轻和不懂政务导致不当的行为，你们也当看在他父亲所罗门对你们施恩的份上原谅他，人应当为了父母的恩惠而原谅子孙的罪行。（279）然而你们那时完全没有想到这些，如今也是一样，竟然率领这样的大军来攻打我们，你们要倚靠什么得胜呢？是要靠那些山岗上的金牛犊和邱坛吗？它们只不过显示出你们的不敬虔，而不是宗教上的敬拜。或者你们因为军队人数众多而让你们充满胜利的希望？（280）在一场不公义的战事中，数十万的大军也不能产生一点力量，我们应当将克敌制胜的希望全然放在公义和对神的敬虔上。而我们也有这样的确据，因为我们从起初就持守律法，敬拜我们自己的神，这不是人手用会朽坏之物铸造出来的，也不是一个邪恶的王用来欺瞒百姓的，他是自有永有，也是从起初直到末了的神。（281）在这个时刻我要劝你们悔改，采纳更好的建议，停止战争的屠杀。你们当纪念你们国家的律法，回想一下你们过去的幸福，而不是你们如今的景况。"

3.（282）这就是亚比央对百姓所说的话，在他说话之时，耶罗波安暗地里派遣一些士兵从军营中没人防守的一些地方去包围亚比央。由于亚比央被敌人围住，他的军队大为震惊，失去了作战的勇气。但是亚比央鼓励他们，劝他们将信心放在神的身上，因为神并没有在仇敌的包围下。（283）于是他们立刻恳求神的帮助，祭司们吹起号角，他们也呐喊着上前攻打敌人，（284）神使敌人丧失勇气，让亚比央的军队胜过敌人，并将他们击败，因为神愿意赐予他们一场奇迹般且广为人知的胜利。耶罗波安的军队遭遇了史无前例的惨败，无论是希腊人还是蛮族的战争中，都未曾有过如此惊人的杀戮记录，因为他们击溃并杀死了五十万敌人，并攻下了敌人最坚固的城，将这些城劫掠一空。此外他们也攻取了伯特利及其周边城镇，以及耶沙拿及其周边城镇。（285）这次战败后，耶罗波安在亚比央活着时再也没有恢复元气。但是亚比央并没有再活多久，因为他只统治了三年，亚比央被埋葬在耶路撒冷列祖的坟中。他身后留下了二十二个儿子，十六个女儿，这些儿女是他和十四位妻子所生的。（286）他的儿子亚撒继位，亚撒是他和玛迦所生的儿子。在亚撒的治理下，以色列人享受了十年的太平。

4.（287）这些是流传下来关于亚比央的历史，亚比央是罗波安的儿子，罗波安是所罗门的儿子。至于十支派的王耶罗波安，他一共统治了二十二年，耶罗波安死后他的儿子拿答继位，那时是亚撒做王的第二年。耶罗波安的儿子执政两年，仿效他的父亲行不敬虔与邪恶之事。（288）在这两年当中，他去攻打非利士人的城邑基比顿，想要包围夺取那城，但他的友人在基比顿背叛他,将他杀死在基比顿,那人是亚希雅的儿子巴沙。巴沙在拿答死后取得了王位,并除灭了耶罗波安的家。(289)这是神预言的应验,神说耶罗波安的一些亲人要死于城中,他们的尸体会被狗撕碎并吃掉,还有一些会死于田野,他们的尸体会被鸟撕碎并吃掉。耶罗波安的不敬虔与恶行使他全家受到公义的惩罚。

第十二章

埃塞俄比亚王谢拉被亚撒击败,而亚撒在巴沙来攻打他时邀请大马士革王来帮助他;当巴沙的家被除尽时,心利得到了王位,后来他的儿子亚哈接续他做王

1. (290)在耶路撒冷做王的亚撒是个品格卓越的王,他敬畏神,并竭尽所能地遵守神的律法,从来不曾做出违反律法的事。他改革自己的王国,除去了其中的邪恶,并洁净了一切的污秽。(291)亚撒有一队挑选出来的军队,都配备了盾牌和枪矛,他从犹大支派中选出三十万人,从便雅悯支派中选出二十五万人,个个都能手持盾牌拉弓射箭。(292)他执政第十年时,埃塞俄比亚王谢拉出兵攻击他,谢拉率领了九十万步兵、十万马兵以及三百辆战车,已经打到了犹大支派的玛利沙城。当谢拉和他的军队深入到这里,亚撒就出来迎战,(293)亚撒和他的军队在玛利沙城附近的洗法谷与谢拉对阵,他看到埃塞俄比亚军队人多势众,就大声呼求神,恳求神为他带来胜利,让他能杀敌无数。他说:"除了你的帮助以外我别无倚靠,你能帮助少数战胜多数,也能帮助软弱的胜过强盛的,因

此我才敢单单仰赖你来对抗谢拉。"

2.（294）亚撒说了这些话后，神就给了他一个胜利的预兆，由于神的预言，令他欢喜上前与谢拉交锋，他也杀了许多埃塞俄比亚人。当那些埃塞俄比亚人四散逃逸时，亚撒和他的军队在后面追赶，直到基拉耳。后来他们停止杀戮，开始大肆劫掠那城和敌人的军营［他们已经夺取了基拉耳］，他们带走了许多金子、银子和其他的战利品，另外还有骆驼、牲畜以及成群的羊。（295）当亚撒和他的军队从神那里得到了这场胜利和大量的财物后，他们就启程返回耶路撒冷。正当他们接近耶路撒冷时，一位名叫亚撒利雅的先知在路上迎接他们，先知吩咐他们暂停他们的旅程，开始对他们说：神让他们获得这场胜利是因为他们的公义和敬虔，他们做的一切都是按照神的心意而行。（296）先知说，如果他们能够坚持下去，神会一直让他们胜过仇敌，过着快乐的日子；但他们若是停止敬拜，所有的结果都会和前面所说的相反，日子将到，那时百姓中不会有真先知，也不再有将神真正的话语传递给他们的祭司，（297）他们的城邑会倾倒，国人也会分散到世界各地，过着外邦人一样的流浪生活。所以亚撒利雅告诫他们，在他们还有机会时要行为正直，不要失去了神对他们的爱护。王和他的军队非常喜悦先知的话，他们每一个人都特别留意自己行事公义，王也派人到全国各地叫大家遵守律法。

3.（298）这就是两个支派的王亚撒的情况。我现在要回到以色列王巴沙，就是那杀了耶罗波安之子拿答夺取政权的人。（299）巴沙在得撒登基，一共统治了二十四年，他比耶罗波安或他的儿子更加邪恶与不敬虔，对百姓做了许多恶事，也不断做出亵渎神的事情。于是神派遣先知耶户告诉他说，他的全家必然会被毁灭，他和耶罗波安一样，为自己的家族带来同样的不幸,(300)因为巴沙被立为王时,并没有以公义敬虔来治理百姓,而公义敬虔不但可以让他们过快乐的生活,也可以让他们得到神的喜悦。他却仿效最邪恶的耶罗波安王,虽然这人的灵魂已经灭亡,但他表现出和这人同样的恶。他说,因他一生所行的罪孽,所以他遭遇和耶罗波安王同样的不幸是罪有应得。(301)反观这个巴沙,他虽然事先就听说因为他和他的全家偏行己路,所以不幸将要降临到他们,但他却不停止行恶,直到死时都不断增加他的恶行,他既不为所做的恶事后悔,也不为此请求神的原谅,(302)反而像是一些努力工作求取奖赏之人,为了要能赢得奖赏而努力不懈。巴沙就是这样,当先知将未来要应验的事预先告诉他时,他却变本加厉,好像先知预警他家族的灭亡是件可喜的事[他的家族实在是最为邪恶的]。巴沙如同一位作恶的斗士,每天费力寻找新的恶行去做。(303)最后他带着他的军队去侵犯重要的城拉玛,那城距离耶路撒冷有八公里远,他攻下这城后就修筑它,并决定要在里面设置一个驻军处,以便可以从那里出击,危害亚撒的王国。

4.(304)亚撒想到留在拉玛的军队对他的国土可能带来的危害,就对敌人的企图感到害怕,于是他派遣使者带着金银去见大马士革王,希望得到他的帮助,并提醒大马士革王他们从先祖那时就已建立的友好关系。(305)大马士革王欣喜地接受了使者送来的钱财,和亚撒结为盟邦,并断绝与巴沙之间的友谊,他还派遣自己军队的将领进犯巴沙的领土,命令他们在那里制造扰乱。他的军队就听命焚烧了巴沙的一些城邑,又劫掠了另外的地方,包括以云、但、亚伯玛音以及许多其他城邑。(306)以色列王听了这件事后,就停工不再修筑加固拉玛,立刻返回受挫的地区帮助自己的同胞。亚撒将巴沙用来修建拉玛的材料在同一个地方建了两座坚固的城，一座叫迦巴，另一座叫米斯巴。(307)经过此事，巴沙不再有机会进攻亚撒，因为他过世了，被葬在得撒，他的儿子以拉继承王位，以拉做王两年就被心利谋杀了，心利是以拉一半军队的军长。(308)当以拉在他的家宰亚杂家里时，心利说服了手下的一些马兵去突击以拉，趁着以拉身边没有士兵和军队长官时将他杀了，因为那些人都正忙于包围非利士人的基比顿城。

5. (309)军长心利杀了以拉之后就自立为王，正如耶户的预言，他灭绝了巴沙的全家，就像我们前面提到过耶罗波安全家的毁灭一样，巴沙全家灭亡也是因为他的不敬虔。(310)那些包围基比顿的军队听说心利背叛，杀害王之后夺取了王位，他们就立元帅暗利做王，暗利率领众人从基比顿前往王宫所在之地得撒，以武力攻占了那城。(311)心利见到城中无人防卫，就逃到宫中最里面的地方放火自焚而死，他仅仅统治了七天的时间。于是以色列人立刻分裂，一部分人拥戴提比尼为王，另一部分人拥戴暗利，不过随从暗利的民众胜过提比尼，暗利就统治了所有的百姓。(312)亚撒在位的第三十年正是暗利统治第十二年，暗利在得撒做王六年，另外六年在撒玛利昂，暗利称它为撒玛利亚，这是因为一个叫撒玛的人将这座山卖给他，他便在山上建了这城。(313)暗利和前面统治的诸王并没有区别，甚至比他们更加败坏，他们尽其所能以每日的恶行让百姓远离神，因此神使他们一个被另一个杀戮，他们家族中没有一人可以存留下来。暗利死于撒玛利亚，他的儿子亚哈继承王位。

6. (314)从这些事件里我们可以看出神对人的心意，他喜爱公义的人，恨恶邪恶的人，并将他们的根枝全都铲除。许多以色列王和他们的家族都因为他们的悖逆和邪恶而惨遭毁灭，在短时间内一个被另一个除去。但是在耶路撒冷两个支派的王亚撒，因为他的敬虔和公义，使他在神的保守下活到令人称羡的高寿，他一共统治了四十一年才寿终正寝。

(315)亚撒去世后他的儿子约沙法继位，约沙法的母亲是亚撒的妻子阿苏巴。所有人都认为约沙法不论是在勇气或敬虔上，都效法先祖大卫的行为，不过我们在此暂且不叙述约沙法王的事迹。

第十三章
亚哈娶耶洗别为妻后，比以往的王更加邪恶；
先知以利亚的事迹及拿伯的遭遇

1. (316)以色列王亚哈住在撒玛利亚，做王二十二年，他并没有改变不行先王所做的，反倒变本加厉，成为最为邪恶的王。他仿效先王的恶行和他们对神的败坏行径，尤其是效法耶罗波安的悖逆，(317)敬拜他所造的牛犊，并在这些牛犊之外发明创造其他荒谬的偶像来敬拜。此外他还娶了推罗西顿王谒巴力的女儿耶洗别为妻，从她那里学到侍奉敬拜外邦的神。(318)这个女人活跃大胆，深陷在不洁和邪恶当中，她建造推罗神巴力的庙，种植各样的树，并为巴力立祭司和假先知。王自己也做了许多类似的事，在疯狂和邪恶上远超过所有在他之前的王。

2. (319)这时在基列地的提斯比有一位全能神的先知，他来见亚哈并对他说，神预言这些年必不降下雨露在这块土地上，除非他再度出现。他起誓确定了这些话之后就离开，前往南部地区，住在一条溪边，他从这溪中饮水解渴，又有乌鸦叼给他日用的食物。(320)后来这条溪因缺乏雨水而干涸，他就按照神的命令前往距离西顿和推罗不远的撒勒法城，撒勒法在西顿和推罗之间，神说他在那里会见到一个妇人，那妇人是个寡妇，会供应他一切的需用。（321）在离那城不远的地方，先知看到一位妇人在那里捡柴，神对他说就是这位妇人要供养他，他就前往那里向妇人请安，并请妇人给他一些饮用的水，正当妇人要去取水时，他又呼叫妇人带给他一些饼。（322）妇人起誓说她的家中什么都没有，只剩下一把面和一点油，她原本打算捡一些柴为自己和儿子做饼；妇人接着说，吃了这些饼之后他们就会因饥荒而死，因为他们不再有任何东西可以吃了。这时先知说道："不要惧怕，照着你的话去做，期待更好的事会发生。先为我做一小块饼，将饼带来给我。我预先告诉你，这坛内的面和瓶里的油必不短缺，直到神使雨降在地上。"（323）先知说完这些话，妇人就来到他面前为他做饼，她分一份饼给自己，其余分给她的儿子和先知，面和油果然没有缺少，直到旱灾平息为止。（324）米南德在他的《推罗王谒巴力纪事》（Acts of Ethbaal）中提到这旱灾说："在他做王时，从亥坡伯勒托斯月到次年亥坡伯勒托斯月都没有降雨，但当他祈求时，天上就雷声大作。这位谒巴力在腓尼基建造了柏翠斯城，并在利比亚建造了奥萨城。"他的记载指出亚哈在位时缺乏雨水，因为这位谒巴力统治推罗时也是亚哈在位的时期，这正是米南德告诉我们的。

3.（325）我们提到的这位供养先知的妇人，她的儿子生病死了，她来到先知面前哭诉，并捶胸顿足，她强烈的情绪控制了她的全人。她对先知抱怨说，先知是为了她的罪来到这里责备她，以至于让她的儿子死去。（326）但是先知吩咐她振作起来，把儿子交给他，他要将妇人的儿子再度活生生地交还给她。于是妇人把她的儿子带给先知，先知将孩子抱到楼上他居住的房间，把他放在床上，然后先知向神哭求，说神并没有好好报答这妇人接待他、供养他的恩惠，反倒使她的儿子死去；先知祈求神让这孩子的灵魂回到他的躯体里，使这孩子再次活过来。（327）于是神怜悯这位母亲，并愿意满足先知的祈求，使先知不至于被视为带来灾祸的人，这孩子就出人意外地复活了。这位母亲向先知谢恩，并说她现在真知道神和先知之间的确有谈话与沟通。

4.（328）不久，以利亚遵照神的旨意去见亚哈，告诉他雨水即将来临。这时全国都遭遇饥荒，生活必需品非常缺乏，不仅人们缺乏粮食的供应，土地也没有足够的出产供应马和其他的牲畜，因为那地的干旱甚大。（329）于是王派遣了为他管理牛群的家宰俄巴底前往水泉处和溪水旁，只要他能找到任何供应牲畜的青草，就要将它们割下来留给牲畜们食用。王也派人到全国各地搜寻先知以利亚，当那些人毫无所获时，王就要俄巴底和他一起去找以利亚，他们决定分头去找，希望这样能够增加找到先知的机会。（330）于是俄巴底走一条路，王走另外一条路。这时刚好也是王后耶洗别屠杀先知的时期，这位俄巴底将一百位先知隐藏起来，并以饼和水供养他们。（331）当王不在俄巴底身边时，先知以利亚来见独自一人的俄巴底，俄巴底问他是谁，在得到先知的答复后就俯伏拜他。以利亚吩咐俄巴底去见王并告诉他，以利亚会在这里等候王。（332）但是俄巴底回答说："我对你犯下了什么罪，你竟然打发我去传话给那个在遍地寻找你并要杀你的人呢？难道你不知道王派人到每一个地方搜寻你，倘若有人把你带回来，他就要立刻将你处死吗？"（333）俄巴底又说他恐怕神会再向先知显现，吩咐先知到另一个地方去，如此一来，要是王命令他来找寻先知，他却无法在全地找到他，王就必会因此将他处死。(334)因此俄巴底希望以利亚好好珍惜性命；俄巴底又说自己如何努力留存那些和以利亚同为先知者的性命，说他拯救了一百位先知，将这一百位先知藏起来供养，其余的先知都被耶洗别杀害了。但是以利亚叫他去见王，不要心存惧怕，并对俄巴底起誓说自己必定会在那日出现在亚哈面前。

5. (335)于是俄巴底就将以利亚的所在告诉王，亚哈就去见以利亚，他忿怒地质问以利亚是否就是那个将灾难带给希伯来人、让大家遭遇干旱的人？但是以利亚对他毫不奉承，他直截了当地说亚哈才是那个人，是亚哈和他的全家将这样不幸的惩罚带给百姓的，因为他们把外邦神带到国人当中，离弃自己唯一的真神去敬拜外邦的神明，丝毫不尊重自己的神。(336)以利亚吩咐亚哈去将所有的百姓聚集到迦密山，连同他和他妻子的先知们，以利亚将这些先知的人数告诉了王，另外还要招聚树丛内拜偶像的先知，大约有四百人。(337)当亚哈招聚的人都来到前述的山上，以利亚就站到他们当中对他们说："你们这样心持二意要到几时呢？"以利亚又训诫他们说，若是他们尊崇自己国家的神是唯一的真神，就应当跟随他并听从他的诫命；但是他们如果离弃他，反倒去敬拜外邦神明，以利亚就建议他们去随从那些外邦众神。(338)百姓对他的话一言不答。以利亚对他们说，让我们来试试看外邦神明和他们本国的神到底能力如何，而以利亚是神的唯一的先知，但是他们却有四百个先知；他们可以各杀一只牛犊作为祭牲，并将祭牲放在柴上，不要点火。双方做了同样的事之后，就可以各自求告自己的神降火到柴上，这样就可以知道谁信奉的才是真神。(339)百姓都喜欢他的提议，于是以利亚让那些先知们先挑选一只牛犊，将它杀了之后求告他们的神，但是那些先知们的呼求并没有对祭牲产生任何效果。以利亚就嘲笑他们说，他们的神或是在赶路或是睡着了。(340)这些先知们从清早到正午不断这样做，又按照他们的规矩用刀枪刺伤自己。这时以利亚也预备献上他的祭牲，吩咐先知们退下，要百姓们近前来仔细审查他所做的，免得他们以为以利亚偷偷在柴里藏了火苗。(341)百姓靠近之后以利亚就取了十二块石头，每一块代表希伯来人的一个支派，他用这十二块石头筑了一座坛，并在四周挖了一条深渠。以利亚将柴放到坛上，又将切成块状的牛犊放在柴上，他吩咐众人用四个桶盛满泉水，再将水倒在祭坛上，直到水从坛上流下来，并注满了四围的沟渠。(342)然后以利亚就开始向神祈祷，求神向这些长久以来陷入过错中的百姓彰显他的能力。就在此时突然从天降下火来，所有的百姓都亲眼看见，那火降到坛上烧尽了燔祭，直到每一滴水被火烧干，整个祭坛都完全烧毁为止。

6. (343)以色列人看到这一幕就都俯伏在地敬拜这位独一的神，他们称他为伟大且唯一的真神；他们对其他的神明则直呼其名，因为那些都是人们邪恶和疯狂的想法虚构出来的。于是他们在以利亚的命令下将那些先知都抓来杀死，以利亚也对王说他可以放心地去用饭，因为神很快就会将雨水带给他们。(344)亚哈就照着以利亚的话去吃饭，但是以利亚却上到迦密山的山顶坐在那里，将头伏在两膝之中，又吩咐他的仆人到一块高地上朝着海的方向观看，若是看到有云升起，就要来通知他，那时天空还是晴朗无云的。(345)仆人上去后一连数次都说什么也没看到，到第七次时他说看到天上有一小片黑色的东西，还不如人的脚掌大。以利亚听了之后就派人去见亚哈，请亚哈趁雨还未降下之前先回城去。(346)于是亚哈前往耶斯列城。没过多久天就完全暗下来，乌云密布，一阵狂风刮起，带来了倾盆大雨，神的灵降在先知身上，他就跟随王的战车一路奔跑，直到以萨迦地的耶斯列城。

7. （347）当亚哈的妻子耶洗别得知以利亚所行的神迹，以及他如何杀害了她的众先知，她非常忿怒，就派遣信使去见以利亚并威胁说，她会像以利亚杀害她的先知一样杀死以利亚。（348）以利亚听了之后非常害怕，就逃往别是巴，这城是位于犹大支派领土的边界靠近以东的地方。他将仆人留在那里，自行走向旷野，在那里祷告求死，说他不胜于他的列祖，（349）列祖死后他也没有强烈求生的渴望。以利亚在一棵树下躺着睡着了，后来有人将他叫醒，他就起身，看到身旁放着食物和水。等吃饱喝足恢复了体力后，他便前往西奈山，据说这是神将律法赐给摩西的地方，（350）以利亚在那里找到一个洞穴，他就进入洞穴中居住。后来有一个声音临到他，他并不知道这声音的来源，这声音问他为什么离开城邑住在这里。他说因为他杀戮了外邦神的先知，又说服百姓相信他们自始敬拜的那一位才是唯一的神，所以王的妻子四处寻找他，要为他做的这些事惩罚他。（351）他又听到另外一个声音对他说话，要他第二天离开洞穴到外面去，他将会知道应该怎么做。次日他就按照这话离开洞穴，那时他听见地震的声音，也看到耀眼的火光，（352）经过一阵寂静，神的声音告诫他不要受眼前景况的搅扰，因为他的敌人中没有一人有能力胜过他。这声音命令他回家，并膏宁示的儿子耶户为治理百姓的王，又要膏大马士革的哈薛为亚兰王，还要膏亚伯城的以利沙为接续他的先知。那些不敬虔的百姓当中，将有一部分死于哈薛的刀下，其他的会死在耶户的手里。（353）以利亚听从这使命，回到了希伯来人的土地上。他遇见沙法的儿子以利沙和一些人在耕地，前头有十二对牛，以利亚就上前将自己的外衣搭在以利沙的身上，(354)以利沙立刻开始说预言，并丢下他的牛跟随以利亚。以利沙希望能向他的父母问安，以利亚准许他这样做，等到以利沙离开父母返回后就起身跟随以利亚，成为以利亚的门徒和服侍他的仆人。

8. (355)耶斯列城有一个名叫拿伯的人，他有一块毗连着王土的产业，王想要说服他按着想要的价钱将土地卖给王，因为这块土地连着王的土地，如此王就可以将它们合并成一座庄园，倘若拿伯不愿意要钱，他也可以任意选择王其他的土地作为交换。但是拿伯说他不能遵命，因为这是他父亲留下来的产业，所以他必须要保留这块土地。(356)王就如同受伤似的，闷闷不乐地回到宫里，因为得不到别人的产业而不洗澡、不进食。耶洗别问他为什么忧愁，既不洗澡也不吃饭，王就将拿伯的固执告诉耶洗别，他说他对拿伯用尽了温和的言语，已经是低于王者的身份，但却受到侮辱，也没有得到他想要得到的东西。(357)耶洗别劝他不要为这件事忧愁，放下他的悲哀好好照顾身体，因为她会使拿伯受到处罚。(358)耶洗别立刻以亚哈的名义写信给以色列人［耶斯列人］的领袖，命令他们禁食，又要他们集合在一处，叫拿伯坐在高位上，因为他的家世显赫，然后预备好三个匪徒作见证，指控拿伯犯了亵渎神和王的罪，最后再用石头将他打死。耶洗别就设计用这种方式杀害拿伯。(359)于是领袖们按照王后的指示，说拿伯亵渎神和亚哈王。拿伯就在这样的情况下受到假见证的指控，并被杀害。耶洗别也使亚哈不费分文就占有了拿伯的葡萄园。(360)亚哈对发生的事情感到欢喜，立刻从床上起身去看拿伯的葡萄园，但是神为此大为震怒，他派遣先知以利亚到拿伯的田里对亚哈说话，说亚哈以不义的方式杀害了这块田地真正的主人。(361)以利亚来到王的面前，王说他可以任凭以利亚处置[因为他认为在罪恶中当场被先知捉到是件可耻的事]。以利亚说亚哈和他妻子的血必定要洒在狗吃了拿伯尸体的地方，亚哈的全家将被灭尽，这是因为他的邪行妄为，违背国家律法，以不义的方式杀害了一个国民。（362）亚哈听见这话就为所做的事感到懊悔，他穿上麻衣，脱下鞋子，不吃任何食物，又承认自己的罪恶，想尽可能平息神的怒气。神对先知说，由于亚哈为他犯下的罪行感到懊悔，当亚哈在世时，他会延缓对亚哈家族的惩罚，但是到他儿子的时候，神仍然会在他家降下这场灾祸。先知就将这信息告诉王。

第十四章
大马士革和亚兰王便哈达两次出兵攻打亚哈，被亚哈击败

1.（363）当时亚哈的景况如下：那时，亚兰和大马士革王哈达的儿子[便哈达]在他全国境内召集了军队，又联合了幼发拉底河外的三十二个王前来襄助，出兵攻打亚哈。（364）亚哈的军队和便哈达的军队不同，亚哈并没有列出作战的队形，只是将全国最坚固的城邑都关闭起来，自己留在撒玛利亚，因为撒玛利亚有最坚固的城墙，其他地方看起来也不容易被攻破。亚兰王带着他的军队来到撒玛利亚，将这城团团包围。（365）便哈达派了一个使者去见亚哈，希望亚哈能接见他派去的使节们，并可借着使节们得知他的心意。于是在以色列王应允下，那些使节们到达了撒玛利亚，奉亚兰王的命令对亚哈说：亚哈的金银和妻子儿女都是便哈达的，假使亚哈与他达成协议，让便哈达随心所欲拿走他想要的东

西,这样便哈达就会退兵,停止这场包围战。(366)亚哈吩咐使节们回去告诉他们的王说,亚哈自己和他所有的一切都是属于便哈达的。(367)使节们如此回复便哈达后,便哈达又派使节去见亚哈说,你既然承认一切都是我的,就应该接见我明天派去的臣仆,并让他们搜查亚哈的王宫和他亲友们的住所,凡是他们所能找到的任何美好的物品,都要让他们带走。(368)亚兰王的使节第二次带来的命令让亚哈大为震惊,他招聚了以色列的百姓对他们说,他本人已经准备要把所拥有的一切和自己的妻子儿女交给敌人,以换取百姓的安全与和平,因为这是亚兰王第一次遣使来的要求。(369)但是他又想要派遣他的臣仆来搜查他们的家室,并要带走其中一切美好的物品,像是在找借口攻击亚哈,他说:"你们知道我可以为你们牺牲我所拥有的一切,但是他这关乎你们且令人厌恶的条件,就像是要开启对我们的战事。我会照着你们的决定去做。"(370)百姓们劝他不要听从便哈达的提议,也不要理会他,只要做好作战的准备。于是亚哈这样回复来使说,亚哈为了百姓的安全,仍旧愿意答应他第一次提出的条件,但不能同意他第二次提出的条件。说完后他就遣走了来使。

2. (371)听到使节们的回话后,便哈达异常忿怒,他三度遣使去见亚哈,威胁说他的军队会筑起一道比城墙还高的堤防,因为亚哈就是对坚固的城墙充满信心才敢藐视他,然而他只需要让军中的每一个人抓一把土就可以筑起这道堤防。便哈达故意要显示他军队的强大,借此吓阻亚哈。(372)亚哈回答说,便哈达应在战场上克敌之后再吹嘘,而不是仅仅穿上了盔甲就开始自夸。使节们回去时看到便哈达正在和另外三十二位王宴饮,他们就将亚哈的答复告诉他,便哈达立刻下达了这样的命令：列队在撒玛利亚城的四周，筑起一道壁垒，然后从四面八方将撒玛利亚包围。(373)看到敌人这样做，亚哈和身边的人就非常烦恼。一位先知前来见他，这位先知说，神应允要将几万敌军交在他手里，亚哈才鼓起了勇气不再惧怕。(374)亚哈问先知说，要借着谁得到这场胜利呢？先知回答道："借着省长的儿子们，但是你要做他们的领袖指挥他们，因为他们在战事上缺乏经验。"于是亚哈召集了省长的儿子们，共有两百三十二人。那时亚哈得知亚兰王正在吃喝休息，就打开城门让省长的儿子们出城。(375)便哈达的哨兵将这件事报告便哈达，便哈达就派人迎向他们，他这样吩咐派去的人，倘若这些出城的人是要来打仗，就要将他们绑起来带到他面前；他们若是来讲和，也同样要将他们捆绑带来见他。(376)亚哈在城墙里面预备了一支军队，省长的儿子们突击外面的守卫，杀死了不少的卫士，并将他们追赶到军营所在之地。以色列王看到他们占了上风，就派了其他所有的军队跟随他们。(377)这些人突然攻击亚兰人并将他们击败，因为亚兰人没有料到他们会出城来。他们在亚兰人没有武装且醉酒的情况下进行突袭。当亚兰人逃出军营时，所有的武器和盔甲都没有带走，亚兰王也骑在马背上仓皇逃生。(378)亚哈在后面追赶了一段距离，然后再回来劫掠了他们的军营，营中有许多财物和大量的金银，亚哈在夺取了便哈达的战车和马匹后才回到城里。但是先知告诉亚哈要将军队预备好，因为亚兰王明年会再一次对他用兵，于是亚哈就忙着准备一切的军需用品。

3. (379)便哈达自己从死里逃生，也尽可能从战场上救出他的军队，然后就和他的友人们讨论如何再度征讨以色列人。这些人劝他不要在山上和以色列人作战，因为以色列人的神在山上大有能力，而且最近他们就是在山上被以色列人击败；这些人说若是在平原上攻打以色列人，就可以得到胜利。(380)他们更进一步建议便哈达说，让那些前来襄助的王回去，只要留下他们的军队，在他们上面设置军长代替那些王，然后再招兵买马填补上次战事中折损的军兵、战车和马匹。便哈达认为他们的建议不错，于是就按照他们的话重新整军。

4.(381)次年春天，便哈达率领军队前去攻击希伯来人，他来到一个叫亚弗的城邑，就在那里的大平原上安营。亚哈也带着军队在那里迎战来袭的亚兰人，并在他们对面扎营，和敌人的数目相比，亚哈的军队实在是微不足道。(382)但是先知又来见亚哈，告诉他神会赐给他胜利，如此就可以表明神的能力不局限于山上，在平原上他也一样是有能力的，这与亚兰人的看法正好相反。于是他们在营中安静地待了七天，到了第七天，敌人从军营中出来，摆出作战的队形，亚哈也让他的军队出来迎敌。(383)两军交锋后他们英勇作战，将敌人攻击得四散逃逸，亚哈的军队在后追击，他们追杀了不少的敌军，有些敌人被自己的战车毁灭，也有些互相残杀，只有少数的人逃回了他们自己的亚弗城。(384)然而那些逃回来的人也被倾倒下来的城墙压死，共两万七千人。此外，还有十万人在这场战争中被杀，但是亚兰王便哈达和一些最忠于他的人一起逃走，便哈达躲在一个地窖里。(385)那些和他在一起的人对他说，以色列的王都是仁慈的，如果便哈达允许，他们可以按照惯常的方式去恳求亚哈，说不定亚哈会将他们释放。便哈达允许他们这样做，于是他们身穿麻衣、头套绳索[这是亚兰人古时的恳求方式]去见亚哈，对亚哈说，便哈达求亚哈留存他的性命，他会因这恩惠永远做亚哈的仆人。(386)亚哈说，他很高兴便哈达仍然活着，没有在战争里受到伤害，亚哈也更进一步允诺要以对待兄弟的尊荣和慈爱对待便哈达。于是他们从亚哈那里得到了立下誓言的保证：倘若便哈达来见亚哈，亚哈绝对不会伤害他。他们就将便哈达从藏匿之处带出来，去到亚哈面前，亚哈正坐在他的战车上，便哈达上前向他问安。(387)亚哈就向便哈达伸出手，请他上车并与他亲嘴，劝他要高兴起来，又说自己不会做出任何危害他的事。于是便哈达向亚哈道谢，声言在他有生之年一定会谨记亚哈的恩惠，并许诺要将先王从以色列人手中夺得的城归还给他；便哈达还给予亚哈在大马士革往来的自由，如同他的祖先在撒玛利亚一样。(388)他们彼此起誓确认这项盟约，然后亚哈又送给他许多礼物，让他回到自己的国家。这就是便哈达对亚哈和以色列人作战的结局。

5. (389)有一位名叫米该雅的先知去见一个以色列人，要求那人打他的头，因为这是讨神喜悦的。但那人不肯，于是先知就预言说，你既不听神的命令就会遇见一头狮子，且要被这狮子咬死。这件不幸的事果然发生在那人身上。先知又再对另一个人发出相同的指令，(390)于是这人就打他，并打伤了他的头。然后先知蒙上头去见王并对王说，他是王的一个士兵，负责看守一个长官交给他的囚犯，但是他却让那个囚犯逃脱了，他恐怕会有失去生命的危险，因为那位长官威胁说，若是犯人逃脱就会要他抵命。(391)亚哈说你这样死是应当的，于是先知取下了蒙头的布。王认出他是那位名叫米该雅的先知，先知借着这巧计作为以下这些话的引言。(392)先知说，因为亚哈容让像便哈达这样一个亵渎神的人逃避惩罚，所以神要处罚他。神会如此行，就是让亚哈死于其他的方式，亚哈的子民也要被他人的军队击打。亚哈听了这话就十分恼怒先知，下令将先知关入监狱，自己则因米该雅的话而感到困扰不安，闷闷不乐地回到他的宫里。

第十五章

关于耶路撒冷王约沙法;亚哈在约沙法帮助下
对亚兰人用兵,他在战事中失利并死于这场战争

1. (393)这就是亚哈所处的景况。现在我要回到耶路撒冷王约沙法,他扩张自己的王国,在他子民所在地区的城里安置驻军处,也在耶罗波安统治十个支派时,在他祖父亚比央从以法莲支派那里夺过来的城里安置同样多的驻军处。(394)约沙法的公义和敬虔得到神的喜爱和帮助,他每日寻求神,行神喜悦的事。约沙法四围的列国诸王都送他礼物表达对他的尊重,后来约沙法的资财和尊荣都达到鼎盛。

2. (395)约沙法在位第三年,他召集了国中的首领和祭司,吩咐他们前往全国各地,将摩西律法一城一城地教导百姓,并要百姓们遵守,还要他们殷勤敬拜神。全国人民都喜悦这事,也都热衷于遵行律法,遵行律法远超过其他事情对他们的影响。(396)犹大的四邻也喜爱约沙法,并与他和平相处,非利士人向他纳贡,阿拉伯人每年送给他三百六十只绵羊和同样数目的羊羔。约沙法在各个大城建筑要塞,这些城邑的数目甚多,也产生极大的影响力。他还预备了御敌的大军和武器,(397)佩带武器的士兵分别是以押拿为首的犹大支派的三十万人,以约哈难为首的二十万名士兵,他也是便雅悯支派的领袖,在他下面有二十万名弓箭手;

另外还有一位名叫约萨拔的领袖，他带领了十八万的武装士兵。他们都是预备好随时待命的勇士，王在最好的驻防城里所安置的军队还没有包括在内。

3.（398）约沙法为他儿子约兰娶了妻，就是另十个支派的王亚哈的女儿亚他利雅。不久，约沙法前往撒玛利亚，受到亚哈殷勤款待，亚哈也隆重招待跟随他来的军队，供应他们大量的谷物和酒，并宰杀许多牛羊款待他们。亚哈希望约沙法能在他和亚兰王的争战中帮助他，好让他收复基列的拉末城，（399）这城是亚兰王的父亲从亚哈父亲手中夺去的；约沙法就答应要帮助亚哈［他的军队实在不亚于亚哈的军队］。约沙法从耶路撒冷派兵来到撒玛利亚，这两个王一同出城，各自坐在王位上对自己的军队发号施令。（400）约沙法吩咐他们招集那里的先知，如果找到的话，就要询问他们有关征讨亚兰王的事，看他们是否建议此时进攻亚兰，因为当时亚哈和亚兰王之间平安无事。从亚哈俘虏亚兰王开始直到那日，他们之间的和平已经维持了三年之久。

4.（401）于是亚哈召集了他的先知，大约是四百位，他吩咐他们求问神是否在他征讨便哈达时赐给他胜利，让他攻下拉末，他就是为了拉末才发动这场战争的。（402）这些先知的意见是要他开战，他们说他可以打败亚兰王，让亚兰王像以前一样向他称臣。但是约沙法从他们的话语中知道他们是假先知，他就问亚哈还有没有其他属于真神的先知，好让我们得知未来真的会发生的事。（403）亚哈回答说是有这么一个人，但是亚哈恼怒他，因为他的预言不吉，又说亚哈会被亚兰王击败并杀害，因此亚哈已经将他关在监狱里，那个人就是音拉的儿子米该雅。在约沙法的要求下，亚哈派了一个太监将米该雅带来见他。（404）派去的太监告诉米该雅说其他的先知都预言王会得胜，但是米该雅说，他对神说谎是不可以的，他必须将神所说的有关王的话说出来，不论是吉是凶。米该雅到了亚哈面前，亚哈恳请他立誓说实话，他说神让他看到以色列人奔逃，亚兰人在后面追赶，并将他们追逼得四散在山上，如同牧羊人被杀，羊群四散奔逃一样。（405）米该雅进一步说，神又让他看到这些以色列人要平安回到自己的家，只有亚哈会死于这场战事。米该雅说完之后，亚哈就对约沙法说："我先前就告诉过你这个人对我的态度，他总是对我说不吉的话。"（406）米该雅回答说，他应当要听神所预言的一切，不论内容是什么；更何况那些鼓励他发动战争、期盼胜利的都是假先知，他会在那战事中被杀。于是王的心开始犹豫，但假先知中的西底家上前来劝王不要听信米该雅，因为米该雅说的不是实话。（407）西底家为了要证实他说的话，就举出以利亚曾经说的话，以利亚比米该雅更能预知未来，以利亚曾说狗会在耶斯列拿伯的田中舔亚哈的血，如同它们舔拿伯的血一样，拿伯是因为亚哈的缘故在那里被百姓用石头打死的。（408）因此，这个米该雅显然是个骗子，他说的话和一位比他更伟大的先知所说的不符，竟然说亚哈会在距离耶斯列三天距离的地方被杀，他说："你很快就会知道他是不是一个真正的先知，有没有属灵的能力，因为我要击打他，让他伤害我的手，就像耶罗波安王伸手抓雅顿时，雅顿使他的手枯干一样。我相信你听说过这事件。"（409）当西底家伸手击打米该雅时，西底家并没有受伤，于是亚哈就鼓起勇气迅速带兵去攻击亚兰王。我觉得亚哈的命运太过艰难，命运让他相信假先知的话过于真先知的话，而假先知的话会将他带到生命的终点。这时西底家用铁做成号角对亚哈说，神以这些号角为记，使亚哈可以借着它们征服亚兰全地。（410）

米该雅说,再过几天西底家就会从一密室进入另一密室躲藏,好避免他因说谎受到的惩罚。王下令将米该雅带去交给邑宰亚们,只给他饼和水吃。

5. (411)接着亚哈和耶路撒冷王约沙法带着他们的军队前往基列的拉末城,亚兰王听到他们来攻城,就带着自己的军队出来对抗,将军营驻扎在离拉末城不远的地方。(412)亚哈和约沙法商议,让亚哈脱下皇袍,约沙法穿上亚哈平日的服装站在军队前面,借着这样的计谋来反驳米该雅的预言。但是亚哈并未因为不穿皇袍而改变自己的命运,(413)因为亚兰王便哈达经由指挥官命令他的军队,除了以色列王以外不可杀害任何人。于是当亚兰人和以色列人交战时,他们看到约沙法站在大军前面,就误以为他是亚哈,并对他展开猛烈的攻击,(414)将他包围起来,等他们靠近约沙法后发现他不是亚哈,就都退了回去。这场战事从清晨一直持续到黑夜,亚兰人占了上风,但他们按照亚兰王的吩咐没有杀人,他们只想要杀亚哈却遍寻不着。那时有一个属于便哈达王的年轻贵胄,名字叫作乃缦,他开弓朝着敌人射了一箭,那箭就穿透王的腹甲射伤了王的肺部。(415)亚哈决定不让他的军队知道他受伤了,免得他们逃跑;他就吩咐赶车的人将他的战车拉出战场,因为他的伤势甚重。亚哈坐在战车上强忍着伤痛直到日落,然后就晕倒死去了。

6. (416)到了晚上,亚兰人的军队退回到他们的军营,当军营里的传令官通知大家亚哈已经阵亡时,士兵们就都回家去了。以色列人带着亚哈的尸体回到撒玛利亚,并将他埋葬在那里,(417)他们用耶斯列的泉水冲洗亚哈的战车,战车上都是王流的血,他们这才知道先知以利亚的话是真实的,因为狗舔他的血,妓女们以后也继续在这泉水里洗澡,但是亚哈还是死于拉末，正如米该雅所预言的。(418)看到这两位先知对亚哈发出的预言都已应验，我们就该为此高举神，随时尊崇敬拜他，不要一听到好听悦耳的话就相信，反而不理会事实；我们也要将先知的恩赐视为对我们最为有益的，因为先知的恩赐可以预见未来发生的事，神就借着这预示告诉我们应当避免的事。(419)我们或许会揣测发生在这王身上的事，并有理由思想命运的力量，就算我们事先知道，好像也没有办法避免。它慢慢侵入人的心灵，以悦人的思想触动人心，直到将人带到一个难以挽回的地步。(420)亚哈就是这样被它欺骗而死，他不相信那个说他会被击败的预言，只听信悦耳的预言。亚哈死后，他的儿子亚哈谢继承王位。

第九卷

从亚哈去世至十个支派被掳(涵盖一百五十七年)

第一章

再次记述有关约沙法的事，以及他设立审判官，
并借着神的帮助战胜仇敌

1. （1）约沙法王在帮助以色列王亚哈攻打亚兰王便哈达后回到耶路撒冷，先知耶户来见他，责备他帮助了邪恶且不敬虔的亚哈。先知告诉他神不喜悦他这样做，但是因为他本身的行为正直良善，所以虽然他在这件事上犯了罪，神仍然将他从仇敌手中拯救出来。（2）于是王立刻向神感恩与献祭，然后他遍行全国各地，将神借着摩西留下来的律法，以及应有的宗教敬拜教导百姓。（3）他在每一个城设立审判官，吩咐他们要将秉公行义，将为百姓裁决视为首要之事，不可因贿赂或人的财富与显贵出身而偏待人，必定要以公义对待所有人，要知道神鉴察他们一切或明或暗的行为。（4）约沙法去到两个支派的所有城亲自指示了他们之后，就回到耶路撒冷。他也在耶路撒冷设立了祭司、利未人和百姓里的要人为审判官，并谆谆告诫他们要谨慎且公义地审理一切。（5）若是有国人在重大案情上有歧见，这类案件就要送交到耶路撒冷的审判官这里，让他们做出公正的裁定。因为这城是圣殿所在地，也是王的居所，所

以在裁决这类案件时要更加审慎且绝对公义。(6)约沙法立了犹大支派的祭司亚玛利雅和西巴第雅管理他们。这就是王安排这些事情的方式。

2. (7)约在此时，摩押人和亚扪人率领大批阿拉伯人来进攻约沙法，他们在沥青湖旁的隐基底城扎营，那里距离耶路撒冷约有六十公里远，当地出产品种最好的棕榈树和香料树。(8)约沙法听说敌人已过湖侵入自己的国土后感到非常害怕，他召集了耶路撒冷的百姓来到圣殿，在那里求告神加添他们力量，好惩处那些来攻击他们的敌人。(9)那些建圣殿的人曾祷告求神保护这城，并报复那些胆敢前来侵犯此地的人，因为他们所抢夺的是神赐给我们的土地。约沙法这样声泪俱下地祷告时，所有百姓连同他们的妻子儿女都同声恳求。(10)这时有个名叫雅哈悉的先知来到会众当中，大声对王和百姓说道，神已听到他们的呼求，并应允要和他们一同对抗入侵的敌人。他也吩咐王在次日率军出征，(11)他们会发现敌军正在耶路撒冷和隐基底之间称为"高地"的地方，王只要静静等候不要出兵，看看神如何攻击他们。先知说完之后，王和百姓都俯伏在地敬拜感谢神，利未人也弹奏乐器对神唱赞美诗。

3. (12)次日清晨，王到达提哥亚城下方的旷野，对百姓说："你们应该相信先知的话，不要排列作战的队伍，(13)而是要让祭司们带着号角，利未人带着唱诗的，一同称谢神，因为神已经将我们从仇敌手中拯救出来了。"王的话令大家都很欢喜，他们就按照王的吩咐而行。于是神使亚扪人混乱惊恐，以为彼此是仇敌，他们互相残杀，整个大军里没有一人得以脱逃。(14)当约沙法观看敌人扎营的谷地时，发现里面全都是死人，他就因为神如此令人惊喜的作为而欢欣；因为神不需要他们的一兵一卒，完全用自己的大能就让他们得胜。约沙法让自己的军队到敌人的营中劫掠,并夺取死人身上的财物,(15)因为死去的人甚多,士兵们一共劫掠了三天,直到他们都疲累不堪为止。到了第四天,所有人聚集在谷地中的一处为了神的全能和帮助感谢他。从那时起,那地就被称为"称颂谷"[或称比拉迦谷]。

4. (16)王带着军队回到耶路撒冷后,举行许多庆祝活动并献祭,一共持续了好多天。他们仇敌的毁灭让所有听说此事的外邦人大为战兢,认为神此后都会公然为约沙法作战。所以约沙法自此得享昌盛与尊荣,这都是出于他的正直和对神敬虔的缘故。(17)约沙法和以色列王亚哈的儿子是朋友,并和他一起建造船只,想要经由海路前往本都和色雷斯等贸易城邑,但是因为船身过于庞大而毁坏,他也无利可图,于是他就不再考虑海上的事业。这就是有关耶路撒冷王约沙法的历史。

第二章
记述有关以色列王亚哈谢和先知以利亚的事迹

1. (18)亚哈的儿子亚哈谢做以色列王,他居住在撒玛利亚。这人非常邪恶,各方面的表现都如同他的父母和耶罗波安。耶罗波安是第一个蒙蔽百姓,让百姓陷入罪恶中的人。(19)亚哈谢做王的第二年,摩押王背叛他,不再像过去对他父亲亚哈一样地进贡。有一次亚哈谢下楼时从楼顶摔下来,他在病重时派人去询问以革伦的神他是否能痊愈,"苍蝇"是那神的名字。(20)然而希伯来人的神向先知以利亚显现,命令他去见那些被亚哈谢派出来的使者,问他们难道以色列人没有自己的神吗，为什么王要问外邦人的神他是否能痊愈呢？然后要他吩咐他们回去告诉王说他这病不会痊愈。(21)以利亚按照神的话告诉使者，使者们就立刻回去见王，王很惊讶他们这么快回来，就问是什么缘故；他们回答说有一个人阻止他们继续前行，要他们回来告诉王说，按照以色列神的命令，这病会有一个不好的结果。(22)王要他们描述说这话的人的长相，他们说他是一个毛发浓密的人，并以毛皮束腰。王知道他们所说的这个人就是以利亚，于是他派遣一个五十夫长带领五十个士兵去捉拿以利亚。(23)这个五十夫长在一个山顶上找到了坐在那里的以利亚，他命令以利亚下来见王，因为这是王的吩咐，若以利亚不听从，他就要以武力强迫他就范。以利亚对他说，我要祷告天上降火下来烧死你和五十个士兵，让你看看我是不是真先知。于是以利亚就祈祷，然后一阵带着火的旋风从天上降下，烧死了五十夫长和那些跟随他的人。(24)王听说这些人都被毁灭就非常恼怒，他又派遣了另一个五十夫长带着与上次同样数目的武装士兵前去。这个五十夫长也同样威胁先知说，要是先知不自动从山上下来，他就会把先知抓下来带走。在先知祷告攻击他时，天上降下烈火，烧死了五十夫长和其他的人。(25)王询问后得知发生在第二个五十夫长身上的事，就派了第三个五十夫长去。这个五十夫长既有智慧，又个性温和，他到了以利亚所在的地方谦恭地对先知说，先知一定知道他不是自己愿意来的，只是为了服从王的命令，那些先前来的人也同样不是出于自愿，他希望先知怜恤那些和他同来的武装士兵们，愿意自己下来跟他一起去见王。(26)于是以利亚接受了他谨慎有礼的言辞，从山上下来跟随他去见王。以利亚见到王后就对他发出预言："神说，你既然藐视他，不将他视为神，认为他不能预知你的病情，却打发人去见以革伦的神,问他这病的结果如何,所以你当知道,你必定会死。"

2. (27)正如以利亚所言,王不久就去世了。由于他没有子嗣,他的兄弟约兰接续他的王位。约兰和他父亲亚哈一样邪恶,一共掌权十二年。他做尽了各样恶事,对神也极不敬虔,不但不敬拜神,还去膜拜外邦人的假神。然而从其他方面来看,他算是个积极进取的人。(28)这时以利亚从人世间消失了,直到今日也没有人知道他是否死了,他留下了门徒以利沙,这是我们曾经提到过的。至于以利亚,他和洪水前的以诺一样消失不见了,正如圣书所记载的,没有人知道他们是如何离世的。

第三章

记述约兰和约沙法出兵摩押；
以利沙的神迹；以及约沙法之死

1. (29)约兰登基后决定攻打摩押王米沙,我们曾提过米沙背叛约兰的兄弟[亚哈谢],米沙过去向他父亲亚哈进贡二十万只羊以及它们所产的羊毛。(30)约兰集合了自己的军队,又派人去请约沙法,因为约沙法是他父亲的老友,他希望约沙法能在他进攻背叛的摩押人时助他一臂之力,结果约沙法不但自己同意来帮助他,也命令他管辖下的以东王出兵摩押。(31)约兰得到约沙法协助的保证后就带着军队来到耶路撒冷,受到耶路撒冷王隆重的接待,他们决定经由以东的旷野进攻敌人。(32)他们在向导错误的带领下绕了七天的路程,牲畜和士兵们都急需水的供应,每个人都非常痛苦,尤以约兰为甚。他们在这样的不幸中向神哭求,希望知道他们做错了什么，令神在尚未交战的情形下就将三王交在摩押王的手里。（33）但是正直的约沙法鼓励约兰，并吩咐他派人看看军营里有没有神的先知同行，好借着他得知神的心意；有一个仆人回报说他见到了沙法的儿子以利沙，就是以利亚的门徒。三王在约沙法的恳求下去见以利沙，（34）他们来到先知在营外的帐篷，问他军队的结局如何，其中以约兰最为迫切。以利沙要约兰不要来打扰他，说约兰应该去问他父母的先知，因为他们显然才是真先知。但是约兰仍然请以利沙用预言来拯救他们。（35）以利沙说，要不是为了敬虔且正直的约沙法，他早已对神发誓不告诉他。于是在以利沙的要求下，他们带来了一个弹奏丝弦乐器的人，在音乐声中圣灵降在以利沙身上，他吩咐他们在谷中挖掘许多沟渠，（36）并说："虽然现在好像没有云没有风也没有暴雨，但是你将会看到河中充满了水，你的军队与牲畜也要因为饮用这水而得救。神的恩典不止于此，你们还要征服你们的敌人，夺取摩押人最好最强的城邑，砍下他们的果树，让他们的国土成为荒地，并填塞住那地的泉水和河川。"

2.（37）先知说了这番话后，次日清晨太阳尚未升起，一阵倾盆大雨从天而降，神让丰沛的雨量降在离以东三天距离的地方，军队和牲畜就得到了充足的饮水。（38）当摩押人听说三王经由旷野来攻打他们，摩押王立刻集合军队，命令他们到山顶扎营，这样就可以发现企图进入国土的敌人。（39）初升的太阳照耀在大雨留下来的水面上，那里离摩押并不太远，阳光使那些水看起来特别红，好像是血的颜色，这让他们对敌人目前的情况做出了错误的判断，以为敌人因为干渴而互相砍杀，以至于血流成河。（40）这样的假想令他们去求摩押王应允他们出去劫掠敌人，他们以为敌人早已灭亡，就在利欲熏心下迅速地赶到敌人的军营。然而他们被自己的期望蒙蔽了,在敌人的团团包围下,他们当中有的被砍成数段,有的则逃回自己的国家。(41)三王攻陷了摩押领土中的城邑,并用河川中的石头铺满了他们的田地,让田地不能再耕种;他们还砍伐了最好的树木,填塞了当地的水源,并将城墙夷为平地。(42)摩押王在逃亡中被包围,他眼看该城即将被攻破,就率领七百名马兵,想要从敌人阵营中看起来防卫最松懈的地方突围出去。然而这个尝试并没有让他如愿,因他所选择的地方是看守严密之处,他只有退回到城里,在极度痛苦的情况下做了一件事,显示出他已然绝望。(43)他把那个将要继承他王位的长子高举在城墙上,让所有敌人看见,他预备将这儿子献给神为燔祭。三王见到这景象就怜悯他的苦境,基于人道和同情,他们就解除围城各自回国了。(44)约沙法回到耶路撒冷平安度日,这场战事过后不久他就去世了,享年六十岁,掌权二十五年。约沙法一生效法大卫,死后葬于耶路撒冷,他的葬礼极尽哀荣。

第四章

约兰接续约沙法为王;与他同名的以色列王约兰
与亚兰人作战;先知以利沙又行了何等神迹

1. (45)约沙法有许多子嗣,但他指定了长子约兰继承他的王位;约兰和他的舅父同名,他的舅父是以色列王亚哈的儿子。(46)以色列王带着先知以利沙从摩押回到撒玛利亚,我打算特别描述以利沙的事迹,因为它们极为辉煌,值得我们记录下来,我们的圣书里也记载了他的事迹。

2. (47)据说亚哈的家宰俄巴底的遗孀来见以利沙，她说以利沙非常清楚她的丈夫在亚哈的妻子耶洗别要杀先知时救了他们，俄巴底曾将一百位先知藏起来，并到处借钱养活他们，如今她的丈夫死了，债主们要把她和她的孩子们带去为奴，她希望以利沙为了她丈夫所做的事而怜悯并帮助她。(48)以利沙就问她家中还有些什么，她回答道："只有瓶里的一点油，其他什么都没有了。"于是先知吩咐她去向邻居借许多空器皿，然后关上房门，将油倒在所有的器皿里，神会让它们都装满油。(49)妇人照着先知的话，吩咐她的孩子们把每一个器皿拿来，所有的器皿都满了，没有一个是空的，于是她就去见先知，告诉他所有器皿都装满了油，(50)先知就叫她去卖油还债，剩下的可以作为她和孩子们的生活费用。这就是以利沙帮助妇人偿还债务的经过，使她免受债主刁难。

3. (51)以利沙也派人赶紧送消息给约兰，告诫他要注意所在之地，因为有一些亚兰人在那里埋伏预备杀害他，王听从先知的劝告，就避免出去打猎。(52)便哈达的预谋失败后就迁怒于他的仆人，认为他们背叛他，将埋伏的地点告诉约兰。他把他们召来，说他们显然是秘密计划的叛徒，因为这个秘密只有他们知道，如今敌人竟然得知这个计划，所以他威胁要将他们处死。(53)在场的一个仆人对他说他不应该错怪他们，也不应怀疑他们将他派人暗杀约兰的事告诉敌人，要知道是先知以利沙将他的埋伏和一切的密谋说出来的。于是便哈达派人去调查以利沙居住在哪一个城邑，(54)派去的人回复他说以利沙住在多坍，便哈达就差派大队士兵、马匹和战车前往那城去抓以利沙，他们在夜间包围了多坍，让以利沙无法逃脱。次日早晨，先知的仆人发现以利沙的敌人要来捉拿他，就慌乱地大声叫喊，把这件事告诉以利沙。(55)以利沙安慰他，叫他不要惧怕，应当信靠神的帮助，切勿把敌人放在心上，以利沙自己也不害怕，他恳求神尽可能地将他的同在和全能向他的仆人显现，借此激励这仆人的希望和勇气。神垂听了先知的祷告，就让这仆人看到数目众多的战车和马匹围绕着以利沙，直到他因见到这前来帮助他们的景象而重振勇气不再害怕为止。(56)之后以利沙又求神使敌人的眼目昏迷，在他们前面笼罩迷雾，让他们认不出他来；然后他走到敌人当中，问他们要找的是谁，他们回答说："是先知以利沙。"以利沙应允说若是他们跟随他到城里，他就会把他们要找的人交在他们手里。(57)神使他们的眼目和心思都昏暗不明，他们就紧紧地跟随以利沙。以利沙把他们带到撒玛利亚，吩咐约兰王关上城门，用自己的军队包围他们；然后他再祷告求神开敌人的眼目，除去他们眼前的迷雾。他们的障碍除去后，发现自己在敌人的环绕中，(58)可想而知，这些亚兰人对这超自然且令人惊讶的作为感到非常震惊。约兰王问先知他是否可以将敌人杀死，以利沙阻止了他，先知说："在战场上杀敌是公平的行为，但是这些人没有对你的王国造成伤害，他们是因为神的大能才在不自知的情况下来到这里的。"(59)先知建议用王宴殷勤款待他们，然后再毫发无伤地将他们送回去。约兰听从先知的话，以丰盛的宴席隆重地招待他们之后，就让他们回到他们的王便哈达那里去了。

4. (60)这些人回去后告诉便哈达发生在他们身上的奇妙事件，以及他们经历到以色列神的大能显现，便哈达就感到极为惊奇，也对神如此明显地和这位先知同在惊讶不已。出于对以利沙的畏惧，便哈达决定不再试着偷袭以色列王，改为与以色列人公开作战，他认为自己的军队强盛，足以让敌人无法招架。(61)于是便哈达率领大军进攻约兰，约兰自知不敌,就将自己闭关在撒玛利亚,想要靠撒玛利亚的坚固城墙御敌。便哈达觉得可以用作战的武器攻下撒玛利亚,要不然就是让城里的人缺乏必需品而死于饥荒,于是他派兵围住撒玛利亚。(62)城里原先充分的物资不断减少,一个驴头要卖到八十块银子,希伯来人也用五块银子买磨光的鸽粪来代替盐。(63)约兰害怕有人会因为饥荒而弃城投靠敌人,就派了侍卫整日看守城墙,使这样的人无法藏匿。在严密的防守下,没有人敢计划逃跑,或者就算想也不可能成功。(64)这时有一个妇人喊道:"神啊! 怜悯我吧!"约兰以为她想要一些食物,就求神降祸在她身上,并说自己既没有面粉又没有葡萄汁来供应满足她的请求。(65)妇人说她并没有要面粉或葡萄汁,也不是为了食物来打扰他,只不过希望约兰能在她和另一位妇人当中主持公道。约兰就叫她说下去。这妇人说她和另一位邻居暨友人的妇人说好,要把各自的一个孩子杀了来吃,因为饥荒让大家无法忍受。她继续说道:"我们杀了孩子可以维持两天,第一天杀这个孩子,第二天杀另一个孩子。(66)于是我在头一天杀了我的儿子,这是我们昨天的食物,但是第二天这个妇人不肯履行承诺,反而将她的儿子藏了起来。"(67)这件事让约兰非常痛心,他撕裂外袍大声叫喊,把怒气发在先知以利沙身上,想要立刻杀了以利沙,因为以利沙没有为他们眼前的不幸求神为他们开一条出路,于是他派一个人去割下以利沙的头颅,(68)这个人就急忙赶去杀害先知。以利沙不是不知道王对他的忿怒,他和他的门徒坐在家中,对他们说凶手的儿子约兰派人来取我的头颅。(69)他接着说:"等到他来的时候,你们不要让他进来,将他关在门外阻挡他,因为王改变了心意,随后就会来见我。"于是等派来杀害以利沙的人到门口时,门徒们就按照先知的话去做。约兰后悔对先知发怒,(70)恐怕派去的人已经杀了先知,于是他匆匆忙忙地赶去阻止这件事,好拯救先知的性命。王一见到先知就指控他没有为了救赎他们脱离不幸而向神祈祷,反倒眼睁睁地看着他们灭亡。(71)以利沙当场对他说,明日此时他们必有充足的食物,一舍客勒就可以买到二细亚大麦,一细亚细面也只卖一舍客勒。(72)以利沙的预言让约兰和在场的人非常欢喜,他们对先知没有丝毫的怀疑,因为先知过去的预言都应验了。对充足食物的期待使他们当天伴随饥饿而来的痛苦显得微不足道。(73)这时,搀扶王的第三军团军长,也是王的友人说道:"先知啊!你所说的令人难以相信,神不可能从天上降下大量的大麦或细面,所以你的话绝对不会应验。"先知是这样回答他的:"你必亲眼看见这事,但却无法吃到这些食物。"

　　5. (74)以利沙的预言在下述情况下成就了:撒玛利亚有一条律法,那些长大麻风的人在还没有洁净以前不可以进到城里。那时在城门附近有四个长大麻风的人,由于饥荒甚大,没有人给他们食物。(75)律法规定他们不可以进城,他们就想即便可以进城,也必死于饥荒,不走的话一样会饿死,于是他们决定向敌人投降,若敌人宽恕他们,他们就可以活命,倘若被杀,死得也比较痛快。(76)做了这个决定后,他们就趁夜间来到敌人的营地。然而神搅扰亚兰人,让他们听到战车和武器的声音,好像大军来袭,以至他们怀疑敌军越来越接近他们。(77)长话短说,他们对这支军队惧怕到立刻抛弃他们的营帐,和便哈达一起逃走。他们说以色列王约兰雇用了埃及王和沿海地区王的佣兵,并率领所有军队同来攻打他们,因为他们听到了这些人进攻的声音。(78)便哈达相信他们的话[他们听到的声音同样传入他的耳朵],于是他们走得极为仓促,连军营里的马匹、牲畜和财物都弃之不顾，就急急忙忙逃跑了。（79）我们先前提到这些麻风病人离开撒玛利亚来到亚兰人的营区，他们什么人都没看到，里面也无声无息。于是他们走进营区，迅速查看了其中一个帐篷，帐篷中一个人也没有，他们就在里面尽情地吃喝，并从那里拿走了衣物和大量的金子，将这些物品藏在营区外面。（80）然后他们又进入另一个营帐，像前一个一样拿走了里面的财物，他们这样做了许多次也没有人来打扰他们，他们猜测敌人已经离去了，这时他们也埋怨自己没有及早通知约兰和城里的人。（81）于是他们来到撒玛利亚的城墙下，大声呼叫守卫的人，并将敌人现在的状况告诉守卫，守卫们再传达给王的侍卫，约兰因此得知外面的情况。约兰对招集来的友人和臣仆说，（82）他怀疑亚兰王的离去是个埋伏的陷阱，他说："你们因为饥荒而感到绝望，就猜想敌人已经逃走了，这样你们才可以出城掠夺他们的军营。但是他们可能会突然攻击你们，不但杀死你们，还可以不费一兵一卒就占领我们的城邑。所以我劝你们小心守望，千万不要因为轻敌而出城，以为他们真的离去了。"（83）有一个人说，王的顾虑非常好也很有智慧，不过他还是劝王派遣一两个马兵到外面搜索，直到约旦河为止，他说："如果他们被敌人的伏兵抓到，他们就可以作为你大军的保障，这样你的军队就不会毫无怀疑地出城，也不会遭到不测；若那些马兵被敌人杀害，就当他们是死于饥荒好了。"（84）王对他的建议非常满意，就派人出去探察虚实。那些人一路上都没有见到敌军，只看到充裕的补给品和敌人丢弃的武器，敌人为了轻便迅速地逃离，就把他们的武器都留在营里。王知道状况后就让百姓们出城掠夺敌人的军营，（85）他们获利甚丰，得到了许多银子和各样的牲畜。他们也取得很多的大麦小麦，是他们想都想不到的。于是他们不但从原来的困境中得到拯救，还获得了充裕的食物，正如先知以利沙所言，二细亚大麦卖一舍客勒，一细亚细面也卖一舍客勒。(86)只有第三军团军长没有在这充足的食物上得到任何好处，因为王指派他管理城门，以免百姓太多互相践踏而死，他就是这样被踩死的。他的死正如以利沙的预言，因为所有人中只有他不相信先知说他们即将得到大量供应的话。

6.(87)亚兰王便哈达逃到大马士革，这时他已得知是神令他的军队陷入恐惧和慌乱，并不真是出于敌人的袭击。便哈达感到非常沮丧，因为他的敌人有如此大能的神在保护，他就因此而病倒了。(88)这时以利沙刚好离开本国前往大马士革，便哈达得到这个消息，就派遣他最忠心的仆人哈薛带着许多礼物去见以利沙，并吩咐哈薛询问以利沙有关他的病情，看他是否能免于死亡。(89)于是哈薛带了四十只骆驼、大马士革出产的名贵珍果以及宫廷送的礼物前来见以利沙，谦恭地向他问安，然后说便哈达王派自己带着礼物来求见先知，希望知道王的疾病是否能痊愈。(90)先知吩咐他告诉王这病会好，但是王还是要死。王的仆人对先知的话甚感困惑，以利沙也哭了，这是因为他预见到自己的同胞在便哈达死后将要遭受的苦难。(91)哈薛问他什么事令他如此伤心，以利沙回答说，我知道你必苦害以色列人，所以才会因为怜悯他们而哭泣；又说："你用刀杀死他们的壮丁，烧毁他们的城池，把婴孩摔死在石头上，又剖开他们的孕妇。"(92)哈薛回答道："我怎么可能有权力做这样的事呢？"先知说，神说你必做亚兰王。哈薛回去见便哈达，告诉他有关他疾病的好消息，但是第二天哈薛就用一块湿布，像网子一样盖住便哈达，便哈达就死了，哈薛也夺取了便哈达的领土。(93)便哈达是位积极的王,亚兰人和大马士革的百姓都非常爱戴他,直到今日,那些百姓都因为便哈达和接续他为王的哈薛的恩惠而敬奉他们为神明,他们在大马士革为这两位王建筑庙宇纪念他们,(94)每天也以盛大的祭祀敬拜他们,并因为年代久远而更加尊敬他们。他们不知道这两位王其实距离他们还不到一千一百年,并没有他们想象的那么久远。以色列王约兰听到了便哈达的死讯,就从原先的恐惧和害怕里恢复过来,得以平安喜乐地过日子。

第五章
耶路撒冷王约兰的恶行,以及他被击败和去世

1. (95)我们前面提过耶路撒冷王和以色列王同名,都叫约兰,他一即位就屠杀他的兄弟和他父亲的友人,他们都是他下面的行政长官,这就是他恶行的起点和表现。他在违背希伯来人和国家的律法以及悖逆神的事上,一点也不亚于其他以色列诸王,(96)他娶了亚哈王的女儿亚他利雅为妻,亚他利雅教他行恶和敬拜外邦诸神。神出于对大卫的应许,没有剪除大卫的家,但是约兰却继续不断地将各样不敬虔的习俗引入自己的国家,破坏本国固有的传统。(97)大约在那个时候,以东人背叛约兰,他们杀了原来那位臣服约兰父亲的王,自行选择了另一位王,于是约兰在夜间带着马兵和战车去攻打以东地,剿灭了驻扎在他国土附近的人,但是他并没有继续进攻。(98)这次的征战对他毫无益处,所有人都起来反抗他,包括那些居住在立拿的人。约兰对此感到非常忿怒,就

强迫百姓到各山岗的高处去膜拜外邦诸神。

2. (99)这样的行为显示出他心中完全没有自己国家的律法，以致先知以利亚给他写了一封信，宣称神会严厉地审判他，因他随从以色列王行恶，没有效法自己的先祖，又强迫犹大支派和耶路撒冷的百姓离弃对神的敬拜，转而去拜偶像，就像亚哈所行的一样；(100)加上他还杀害了他的兄弟和其他正直敬虔的人。先知在信中也让他知道这些罪恶所带来的惩罚：他的百姓会被毁灭，妻儿要死亡；(101)他本人也将死于肠疾，这病会折磨他很久，他的肠子也会因为内部严重腐烂而掉出来，他虽然看到自己的不幸却无法自救，且要因这疾病而死。这是以利亚在信中宣告的话。

3. (102)过了不久，一队由非利士人和住在埃塞俄比亚附近的阿拉伯人组成的军队前来攻击约兰的国家，劫掠他的领土和王室，并杀了他的妻儿，只有一个叫作亚哈谢的儿子因为不在他身边而逃过敌人之手。(103)这场灾难之后，他就得了先知预言的疾病，这病持续了很久〔由于神对他的忿怒，令他受到这种折磨〕，他看到自己的肠子掉出来。他死得非常凄惨，百姓也凌辱他的尸体。(104)（我认为他们觉得死亡临到他是出于神对他的忿怒，所以不值得以王者之礼安葬他。）他们没有把他葬在祖坟，也没有给予他任何尊荣，只是像埋葬平民般地掩埋他的尸体。约兰得年四十岁，一共执政八年。耶路撒冷的百姓把政权交给他的儿子亚哈谢。

第六章

耶户被膏为王，杀了约兰和亚哈谢；以及耶户对恶者的惩罚

1.（105）以色列王约兰在便哈达死后希望能从亚兰人手中夺取基列的拉末城，于是他率领大军出兵拉末。当他围困这城时，一个亚兰人的箭射中了他，伤势不太严重，他就自行回到耶斯列养伤，把军队留在拉末，并以宁示之子耶户为军事将领，那时他已用武力占领了这城。（106）约兰建议在他伤口复原之后对亚兰人用兵，但是先知以利沙派遣一个门徒带着膏油前往拉末膏耶户，并对耶户说神已拣选他为王。以利沙又吩咐门徒对耶户说一些其他的话，说完之后就要逃跑，不要让人察觉。（107）门徒到了拉末，正如以利沙事先告诉他的那样，看见耶户坐在众军长当中，于是门徒上前对耶户说，我有一些事要告诉你。（108）耶户就起身跟随门徒到一间内室，然后这少年人将油倒在他头上对他说，神膏你做王，要你毁灭亚哈全家，好为耶洗别残杀的众先知所流的血报仇；（109）他们全家要被剪除，好像作恶的尼八之子耶罗波安以及巴沙的家灭绝一样，亚哈的家不可留下一个后裔。门徒说完后就急忙逃出那个房间，尽可能不让军队里的任何人看见。

2.（110）耶户出来以后回到了原先和众军长同坐的地方，他们问他这年轻人来是为了什么，又说这人看起来像是疯了，耶户回答说："你们猜对了，他说出来的话正像是一个疯子说的。"（111）军长们都很想知道到底是怎么回事，他就告诉他们说，神说他拣选了耶户作为百姓的王。

他们听了之后，就急忙脱下外衣铺在耶户的身下，然后吹角说耶户做王了。(112)耶户将军队集合起来，预备立刻对耶斯列城的约兰出兵。我们前面提过约兰在围攻拉末时受伤，正在耶斯列疗养。我们前面也提到过耶路撒冷王亚哈谢的母亲是约兰的姐妹，由于他们是亲戚，亚哈谢就来这里探望约兰的伤势。(113)耶户想要出其不意地攻击约兰和他身边的人，不希望有任何士兵逃出去将发生的事情报告约兰，这样才能证明他们拥戴他，真心希望他做王。

3. (114)士兵们对耶户做的事感到满意，他们就守住所有道路，不让人偷偷去告诉耶斯列的人。耶户带着拣选的马兵坐在战车上向耶斯列出发，快接近耶斯列时，约兰派遣的守望者看到耶户前来，就向约兰报告说有一队马兵正朝着耶斯列前进。(115)约兰立刻打发一个马兵去迎接他们，要知道那来的人是谁。于是马兵来到耶户那里，问他军兵的情况。耶户对他说，这不干你的事，你跟随我吧。(116)那守望者看到这情形，就告诉约兰说派去的马兵加入了他们，和他们一起行进。王再打发第二个使者前去，耶户还是像吩咐前一个使者般地吩咐这人。(117)守望者也将这情形告诉约兰，约兰听了之后立刻和耶路撒冷王亚哈谢上了战车——我们前面说过亚哈谢和约兰是亲戚，约兰受伤后他来到耶斯列探望约兰。约兰出去迎接耶户，耶户的队伍整齐地向前缓慢行进。(118)约兰在拿伯的田里见到耶户，他问耶户军营里一切平安与否，但是耶户恶狠狠地责备他，并放胆说他的母亲是个淫荡且行邪术的人。王一听到这话就对耶户的意图感到害怕，怀疑耶户来意不善，他立刻掉转战车并对亚哈谢说："我们被骗，遭到谋反者的攻击了。"耶户拿出弓箭射他，那箭射穿了他的心脏，(119)于是约兰双膝跪下仆倒而死。耶户命令军队第三军团的军长毕甲说,把约兰的尸体抛在拿伯的田间,并提醒毕甲在约兰的父亲亚哈杀害拿伯时,先知以利亚对亚哈所说的预言:亚哈和他的家人都要在拿伯的田里灭亡。(120)当时耶户和毕甲坐车跟随着亚哈的战车,他们听到了先知的话,如今事情按着先知的预言应验了。亚哈谢看到约兰倒下,生怕自己的命也不保,就驱车走另一条路,希望耶户没有看到他。(121)但是耶户在后面追他,到一个斜坡的地方赶上他,耶户用弓箭将他射伤,亚哈谢就弃车上马,逃到米吉多,虽然他在米吉多得到照顾,但不久之后仍旧死于这伤。人们将他的尸体运到耶路撒冷埋葬,他执政一年,所行之事比他的父亲还要邪恶。

4. (122)耶户到了耶斯列,耶洗别就装饰打扮,站在楼台上说,耶户真是个好仆人,杀害了自己的主人!耶户抬头看她,就问这是什么人,并命令她下来见他。最后耶户吩咐太监们将耶洗别从楼台上扔下来,(123)耶洗别的血溅在墙上,她也被马践踏而死。事后耶户和他的友人们前往王宫,在那里吃饭休息。他吩咐仆人们将耶洗别埋藏,因为她是王室之后,有尊贵的血统。(124)但是仆人们只找到她尸体的部分残肢,因为其余的部分已经被狗吃掉了。耶户听到这事,就惊叹以利亚的预言,以利亚早已预知耶洗别会以这样的方式死在耶斯列。

5. (125)亚哈有七十个儿子在撒玛利亚成长,耶户送去两封信,一封是给教养他们的家庭,另一封是给撒玛利亚的官长们,内容是说他们应该拥戴亚哈众子里最英勇的一位做王,因为他们的战车、马匹、武器和军队都甚多,城邑也极为坚固,这样做就可以为亚哈之死复仇。(126)耶户这样写是要试探撒玛利亚人的意图。那些官长们和教养亚哈众子的家庭读了这信就感到惧怕,自觉不可能与耶户对立,因为耶户已经征服了两个强大的王,他们就这样回复他:他们视耶户为主,会按照他吩咐的话去做。(127)于是耶户回信要他们遵照命令,将亚哈众子的首级割下送到耶户这里。官长们就派人去叫那些教养亚哈众子的家庭将他们杀了,再把首级割下来给耶户。这些人完全遵照耶户的吩咐,一点也不敢疏失,他们将割下的首级装在筐子里送往耶斯列。(128)亚哈众子的首级到达之时,耶户正在和友人们用晚膳,他叫人将他们的首级堆作两堆,两座城的城门口各有一堆。(129)次日清晨,耶户出来查看,他对在场的百姓说他征讨并杀了他的主人约兰,但这些人却不是他杀的,他要大家留意,所有关于亚哈家族的事果然都应验了,正如先知以利亚所预言的,亚哈的家族灭亡了。(130)耶户杀尽了亚哈在耶斯列的一切亲族,然后就起身前往撒玛利亚,他在路上遇到耶路撒冷王亚哈谢的亲戚,耶户问他们要到哪里去? (131)他们回答说要去问约兰和他们的王亚哈谢的安,他们不知道耶户已经杀了这两个人。于是耶户吩咐将他们逮捕杀害,一共是四十二个人。

6. (132)这些事情过后,有一个正直公义的人来见耶户,他是耶户的老友,名叫约拿达。约拿达问耶户安,并赞扬他遵照神的旨意斩除亚哈的家族。(133)耶户希望约拿达坐上他的战车,与他一同进入撒玛利亚。耶户告诉约拿达说,他不会放过任何一个恶人,那些蒙蔽百姓,叫他们敬拜外邦神离弃全能神的人,以及所有的假先知和假祭司,都要受到惩罚;一个公义正直的人亲眼看到恶者受到惩处,一定会感到欣喜万分。(134)约拿达被耶户的话打动,就上了他的战车,与他一同前往撒玛利亚。耶户搜寻亚哈的族人,并将他们全都灭尽。为了不放过任何一个假先知和亚哈神的祭司,耶户使用了下面这个欺骗的计谋捉拿他们:(135)

他招聚众民对他们说，他敬拜的神比亚哈敬拜的神多一倍，希望亚哈的祭司、先知和仆人能在场，因为他要向亚哈的神巴力献上丰富盛大的祭物，不到场的祭司都要被处死。(136)于是耶户定好了献祭的日子，然后派遣使者到以色列人所居之地，要他们将巴力的祭司带来见他。他吩咐人将礼服发给每一位祭司，祭司们拿到礼服后，耶户和他的友人约拿达就进入巴力的庙，他下令搜查在场的人，不让任何不同宗教的人混入他们的神圣祭典。(137)搜查的人回报说没有外人混在里面，他们就预备开始献祭，耶户安排了八十个对他最忠心的士兵在庙外，命令他们杀死所有的先知，好维护长久以来被人蔑视的民族律法；他也威胁他们说要是有人逃脱，就要他们自己抵命。(138)于是士兵们用剑杀了这些人，并烧毁了巴力的庙，清除了撒玛利亚膜拜偶像的外邦习俗。巴力是推罗人的神，亚哈为了讨好他的岳父推罗和西顿王谒巴力，就在撒玛利亚为巴力建了一座庙，并安排先知和各样的敬拜。(139)耶户虽然摧毁了这个偶像，却允许以色列人拜金牛犊。不过由于他做了这件事，也惩处了作恶的人，神就借着他的先知对他说预言，神说他的儿子要治理以色列，一共有四代。这就是耶户当时的景况。

第七章

亚他利雅统治耶路撒冷五年，大祭司耶何耶大
杀了她，另立亚哈谢的儿子约阿施为王

1. (140)当亚哈的女儿亚他利雅听说她兄弟约兰、她儿子亚哈谢以

及王室的人都死去的时候，她就定意不让大卫留下任何后裔，要使大卫的整个家族灭绝，也不会再有王出于大卫的家。(141)她按照这样的想法去做，但是亚哈谢的一个儿子在下述情况下留存了性命：亚哈谢有一个同父的妹妹，名字叫作约示巴，约示巴的丈夫是大祭司耶何耶大。(142)约示巴到王宫里，在被杀害的人中找到这个孩子，孩子名叫约阿施，当时还不超过一岁，是和他的乳母一同藏起来的。于是约示巴将他藏到一间隐秘的卧房里，并和她的丈夫耶何耶大在圣殿里暗地抚养了他六年，这期间耶路撒冷和两个支派就落在亚他利雅的手中。

2. (143)到了第七年，耶何耶大将这件事告诉五位百夫长，又说服他们帮助他对付亚他利雅，并支持这个孩子继承王国。耶何耶大和他们互相起誓保守秘密，免得被人发现。他很有信心能够废除亚他利雅的王位。(144)耶何耶大找的这些伙伴们前往全国各地，聚集了祭司、利未人以及各支派的首领们，他们将这些人带到耶路撒冷的大祭司面前。(145)耶何耶大命令他们说，无论他告诉他们什么事情，他们不但要保守秘密，也要帮助他，等到他们都立下誓言，耶何耶大就可以放心地说话。于是耶何耶大将他抚养的孩子带出来，这孩子是大卫的后裔，他对他们说："这就是你们的王，他是从神所预定要统治你们的家族而出的，(146)所以我劝你们，以三分之一的人在圣殿守护他，四分之一的人把守圣殿的门，另一部分人看守通往王宫的门，可以让没有武装的百姓进入殿中。除了祭司以外，不要让任何携带武器的人进入。"(147)此外他又吩咐他们："一部分祭司和利未人要留在王的身边守卫，他们要将剑拔出来，若是有人胆敢武装进入圣殿，就要立刻杀死这人。不要惧怕任何人，只要好好地保护王。"(148)这些人听从大祭司的话，用实际行动表现出他们的决心。

耶和耶大打开了大卫安置在圣殿里的军械库，将里面所有的长矛、箭袋以及其他武器都分给百夫长、祭司和利未人，让他们全副武装，手拉手环绕着圣殿，防止不该进入的人进到殿里。(149)他们把孩子围在当中，又让他戴上王冠。耶和耶大用油膏他，立他为王。民众欢呼雀跃，高呼："神拯救我王！"

3. (150)亚他利雅突然听到喧嚷和欢呼声，心里非常不安，她立刻带着自己的军队从王宫出发。当她到达圣殿时，祭司们上前接待她，但是那些在大祭司命令下防守圣殿的人拦阻了跟随亚他利雅的武装士兵，不让他们进入殿中。(151)亚他利雅看到那孩子站在台柱上，头上戴着冠冕，她就撕裂衣服大声叫喊，并命令她的侍卫杀死这个设下陷阱害她，想要夺取政权的人。但是耶和耶大将百夫长召来，吩咐他们把亚他利雅带到汲沦溪杀死她，(152)因为他不愿因惩处这个恶毒女人而污秽了圣殿，他又下令处决任何前来帮助亚他利雅的人。于是那些受命处置亚他利雅的人抓住她，将她杀死在王宫的马门。

4. (153)耶和耶大以这方式迅速地惩处了亚他利雅，就在圣殿里召集了百姓和武装群众，要他们宣誓服从王，并保护王和政局的安稳，然后他也要王发誓敬拜神，不触犯摩西的律法。(154)接着他们就跑到亚他利雅和她丈夫约兰为羞辱他们列祖的神，荣耀亚哈所建造的巴力庙，他们捣毁了那庙，并杀了巴力的祭司玛坦。(155)耶和耶大按照大卫的分派，以祭司和利未人管理圣殿，吩咐他们按照律法每日献两次燔祭和馨香之祭，他也授命一些利未人和守门者看守圣殿，禁止不洁净的人进入。

5. (156)耶和耶大将这些事情处置妥当后，就和百夫长、官长们以及所有百姓簇拥着约阿施从圣殿前往王宫。他让约阿施坐上王座，百姓们都同声欢呼，他们一连庆祝欢宴了多日。不过亚他利雅之死却没有惊动城里的人。(157)约阿施七岁时登基，他的母亲叫作西比亚，是别是巴人。耶和耶大在世时约阿施都谨守律法并敬拜神，(158)及至约阿施到了适婚年龄，耶和耶大为他娶了两个妻子，并且生儿养女。有关约阿施逃避亚他利雅的阴谋以及得到政权的过程，应该讲得足够充分了。

第八章
哈薛攻打以色列人和耶路撒冷的百姓；耶户死后，约哈斯接掌政权；耶路撒冷王约阿施起初敬奉神，但后来变得不敬虔，并命令人用石头打死撒迦利亚。犹大王约阿施死后，亚玛谢继承王位

1. (159)亚兰王哈薛攻打以色列人和他们的王耶户，将约旦河外的东部地区劫掠一空，那里属于流便人、迦得人以及玛拿西半支派。他也攻击基列和巴珊，凡是他袭击的地方，都遭到极大的破坏。(160)当国家遭遇这样的苦难时，耶户并没有被指责，而他已成了一个在宗教上藐视敬虔和律法的罪人。耶户统治以色列人二十七年后去世，他被葬在撒玛利亚，他的儿子约哈斯接续他做王。

2. (161)耶路撒冷王约阿施有意修缮神的殿，他召来耶何耶大，吩咐他派遣利未人和众祭司到全国各地向每一个人收取半舍客勒银子，作为重建和重修圣殿之用，因这殿被约兰、亚他利雅和她儿子们糟蹋得残破不堪。(162)但是大祭司认为没有人会愿意交这笔钱，所以他就没有

这样做；到了约阿施执政的第二十三年，王召集了耶何耶大和利未人，抱怨他们没有遵照他嘱咐的话去做，王仍旧要他们重修圣殿，于是耶何耶大用下述方式收取银钱，百姓也都乐意献上。（163）耶何耶大做了一个密封的木柜，并在柜子上钻了一个窟窿，他将柜子放到圣殿的祭坛旁，要各人随己意把修殿的钱从窟窿丢入柜里。人们喜悦这个办法，一个个争相奉献，木柜里积聚了许多金银。（164）管理银库的书记和大祭司把柜里的钱取出来，在王面前数点之后，再将柜子放到原来的地方，他们每天都这样做。等到百姓奉献了足够的钱，大祭司耶何耶大和约阿施王就派人去雇石匠和木匠，并购买大块木料以及各样精细的建材。（165）他们修建了圣殿之后，就用所余为数不少的钱来制造碗、盆、杯等器皿，又每日献上丰盛的燔祭，使坛上满了脂油。耶何耶大在世时，这类的事都打理得很妥当。

3.（166）耶何耶大一死〔他活了一百三十年，一生正直，各方面也都良善，人们将他葬在耶路撒冷列王的坟墓里，因为他恢复了大卫家族的王国〕，约阿施王就违背了耶何耶大尊重神的期望。（167）百姓的首领也和约阿施一起败坏，背弃他们的职责，触犯那些对他们最有益处的律法。神不喜悦王和百姓的改变，就派遣先知去斥责他们的行为，引导他们离弃恶行。（168）然而他们极为热衷作恶，无论是过去那些触犯律法者和他们家族受到的严刑，或是如今先知的预言，都无法令他们因害怕而悔改，从悖逆的道路上回转到原先的敬虔。王还下令在圣殿里将大祭司耶何耶大的儿子撒迦利亚用石头打死，毫不纪念他从撒迦利亚之父那里得到的恩典，（169）因为神指派撒迦利亚说预言，他就站在百姓当中劝诫王和百姓，训勉他们秉行公义，并预言说若他们不听从先知的告诫，就会受到严厉的惩罚。撒迦利亚临死的时候说，愿神鉴察他在忠告他们后所受的折磨，以及他父亲施恩给约阿施，却让他死于如此残酷的暴行下。

4. (170)没过多久，王就因悖逆受到责罚，亚兰王哈薛闯入他的领土。哈薛在劫掠了迦特之后出兵耶路撒冷，约阿施对此感到十分害怕，于是把圣殿和王宫府库里的财物以及分别为圣的物品都送给亚兰王，(171)借着这许多钱财使亚兰王不来包围耶路撒冷，或对他的国家造成太大的威胁，哈薛在大量金钱的诱惑下就没有带兵上耶路撒冷。然而约阿施还是生了重病，他的友人背叛他，要为耶何耶大之子撒迦利亚报仇，他们设下陷阱将他杀了。(172)他虽然被葬在耶路撒冷，但因为他不敬虔，所以没有葬在列祖的皇陵里。约阿施得年四十七岁，他的儿子亚玛谢继承了他的王国。

5. (173)约阿施即位第二十一年时，耶户之子约哈斯在撒玛利亚登基做以色列王十七年，他没有仿效他的父亲，反而犯下了与那些最初藐视神之人一样的罪恶。(174)亚兰王攻打他使他衰败，大大削弱他的势力，约哈斯只剩下不到一万武装士兵和五十马兵，亚兰王也从他那里夺取了许多大城，并消灭了他的军队。(175)这就是照着以利沙预言发生在以色列人身上的苦难，那时他预言哈薛会弑主并统治亚兰人和大马士革人。约哈斯在此无法避免的不幸下靠着祷告恳求神将他从哈薛的手中拯救出来，不要不顾念他，把他交在哈薛手里。(176)神不是因为他的德行，而是因为他的悔改接受了他的祷告，就救他免于战事和危险，因为神的心意是要警诫那些可能悔改的人，而不是定意要将他们毁灭。于是约哈斯的国家恢复了和平，再度繁盛如初。

6. (177)约哈斯死后，他的儿子约阿施继承王国，那时是犹大王约阿施在位第三十七年。约阿施在撒玛利亚做以色列王，他和犹大王同名，共执政十六年。(178)他行为正直，不像他的父亲。这时先知以利沙已经年老又身患疾病，以色列王前来探视他。(179)当王看到以利沙即将离世，就在他面前哭了起来，并悲痛地称以利沙为他的父和他的武器，因为借着以利沙使他不需要用武器对抗仇敌，单单信靠先知的预言就会不战而胜。如今以利沙即将离世，留下他来面对武装的亚兰人和其他亚兰人所统治的他的敌人。(180)他说他与其没有平安地活下去，还不如早点结束生命，和以利沙一同死去更好。以利沙在王为自己悲叹时安慰他，要他将带来的弓箭拉起，等到王拉好了弓箭，以利沙就按手在王的手上，吩咐他将箭射出。(181)王射了三箭后停了下来，以利沙说："你若是射出更多箭，就可以灭绝亚兰国，但是你射出三箭就感到满足，所以你只能击败亚兰人三次，你也要收复你父亲在位时割让给他们的土地。"王听了这番话后就离去了，(182)没过多久先知去世了。人们纪念先知的公义，他也是神极为喜悦的人，许多奇妙且令人讶异的神迹都如同他所预言的成就了，这一切都光荣地印在希伯来人的脑海里。他的葬礼极尽哀荣，是神所爱的人配得的荣耀。(183)那时有些盗匪杀害了一个人，他们将那人的尸体丢在以利沙的坟墓里，那死尸一靠近以利沙的尸体就复活了。我们对以利沙的事迹就记录到此，包括他生前的作为和他死后的超凡能力。

7. (184)亚兰王哈薛死后，他的儿子便哈达继位为王，以色列王约阿施和他作战，击败他三次，收回他父亲哈薛从以色列国夺取的土地、城邑和村庄，(185)这是按照以利沙的预言应验的。约阿施死后葬在撒玛利亚，他的政权传给他的儿子耶罗波安。

第九章

亚玛谢攻打以东人和亚玛力人并将他们征服；
然而后来他在与约阿施作战时失利，
不久后被杀；乌西雅继承他为王

1. (186)以色列王约阿施在位第二年，亚玛谢在耶路撒冷统治犹大支派，亚玛谢的母亲是耶路撒冷人约耶但。亚玛谢年少时谨行公义，等到他开始治国理政时就决定先为他父亲约阿施复仇，惩处那些加害约阿施的友人们；(187)于是他把那些人都抓起来杀了，但却没有治死他们的孩子，这是按照摩西律法书上所记，不可因父的罪杀子。(188)然后他从犹大和便雅悯支派中选出了一批年约二十岁的青少年作为他的军队，他集结了三十万士兵，并立了百夫长管理他们；他又从以色列王那里以一百他连得银子雇用了十万名士兵，因为他打算对亚玛力人、以东人和迦巴勒人的国用兵。(189)正当他为出征做预备时，有一个神人告诫他要解散以色列人的士兵，因为他们是作恶的人，并且神已预言：他如果用以色列人帮助他作战必定会被打败；只要他能合神心意，即便没有多少士兵，也必能胜过敌人。(190)王对于已经付了雇兵钱感到不甘心，但神人劝他遵守神的话语，说神必定会丰丰富富地赏赐他。于是亚玛谢将以色列的士兵解散，仍旧付了他们钱，然后就率领自己的军队去攻打前面提到的那些国家。(191)他打胜了这场战事，杀死一万仇敌，又俘虏了一万人，他把那些人带到阿拉伯的大磐石处，将他们头朝下丢下去。亚玛谢还从那些国家夺取了许多战利品和大量的财物,(192)但是他在这场战事里雇用又解散的那些以色列人认为遭到解散是一种羞辱[觉得亚玛谢就是为了要侮辱他们才将他们解散的],于是他们前来攻打他的王国,劫掠他的土地直到伯和仑,带走许多牲畜,并杀死了三千人。

2. (193)亚玛谢大获全胜后,就开始骄傲地轻忽那赐给他胜利的神,他还更进一步地敬拜那些从亚玛力人国家带回来的众神祇,(194)所以有一位先知来见他,说自己很困惑他何以尊这些东西为神,它们对那些拜它们的人没有益处,也没有救他们脱离亚玛谢的手,让许多人丧生,它们自己也受到被掳之灾,被带到耶路撒冷,就像是一般人将活捉的敌人带走一样。(195)先知的责备激怒了王,他命令先知住口,又说如果先知再管他的事就会受到惩罚;先知回答说自己会闭口不言,但是神已预言绝不会对这事袖手旁观。(196)亚玛谢冒犯神,也不以神所赐的繁盛为满足,他刻意写了一封傲慢的信给以色列王约阿施,要他们对他俯首称臣,就像他们过去服从他的祖先大卫和所罗门一样;他又说如果约阿施很不明智地违背他的命令,就必须要为自己的政权作战。(197)约阿施的回信是这样说的:"约阿施王致亚玛谢王:黎巴嫩山有一株高大的香柏树,也有一丛蒺藜。蒺藜去见香柏树,要香柏树将女儿给蒺藜的儿子为妻,正当蒺藜说这话时,一只野兽经过,把蒺藜践踏在地上。(198)这可以作为你的鉴戒,不要心高气傲,你要小心,恐怕你因对亚玛力人作战的成功就矜夸骄傲,以致为自己和犹大国惹来灾祸。"

3. (199)亚玛谢读了这信反倒更加渴望征讨以色列,我想这是神激动他,好让他触犯神的罪得到报应。当亚玛谢率兵攻击约阿施时,约阿施前来迎战,突然亚玛谢的军队里起了一阵恐惧和惊惶,神不喜悦他,在双方尚未交战前就先让他们受挫。（200）他们惊吓得四散逃逸,只剩下亚玛谢一人,他就被敌人擒获了。约阿施威胁亚玛谢说,倘若他不说服耶路撒冷的百姓开城门迎接约阿施和他的军队,他就会被杀死。（201）亚玛谢在急难中担心自己的安危,就让他的敌人进入耶路撒冷。约阿施拆毁部分的城墙,共有四百肘长,他带着俘虏亚玛谢驾着战车从这破口进入耶路撒冷。（202）约阿施用这方式控制耶路撒冷,他夺取了神的财物和王宫里的所有金银,然后将亚玛谢释放,自行回到撒玛利亚。（203）耶路撒冷的百姓在亚玛谢掌权的第十四年遭遇这些事情,后来亚玛谢的友人背叛他,他就逃往拉吉城,叛党派人到拉吉将他杀害,把他的尸首运回耶路撒冷,并以王室之礼埋葬他。（204）亚玛谢藐视神,在宗教上犯罪,如此结束了他的一生。他活了五十四岁,在位二十九年,他的儿子乌西雅继承他为王。

第十章

关于以色列王耶罗波安和先知约拿;
耶罗波安死后,他的儿子撒迦利雅接续他做王。
乌西雅王征服他的四邻;以及他向神烧香时所发生的事

1.（205）亚玛谢做王第十五年,约阿施的儿子耶罗波安在撒玛利亚做以色列王四十年,他犯了亵渎神的罪,做尽拜偶像和其他外邦人虚妄的恶事,他也是以色列人遭遇万般不幸的原因。（206）先知约拿预言他要和亚兰人作战，统辖他们的军队，并向北方扩展他的疆土，直到沥青湖的南边，(207)那是迦南人原来的疆界，是他们的将领约书亚定立的。于是耶罗波安攻击亚兰人，侵略他们的国土，正如约拿所预言的。

2. (208)我应允要确实地描述有关我们的事件，所以我必须要记述这位先知的作为，这是我在希伯来书籍中找到的。神命令约拿前往尼尼微，在那里公开宣告它将会失去它的领土，但是约拿害怕，就逃往约帕躲避神，他在那里找到一条船，就上了船往基利家的他施去。(209)他们遇上极为可怕的风暴，那风暴大到船险些沉没，水手们、船长和舵手都为了能逃过海难而祷告发誓；然而约拿不像其他人那样，而是躺卧在船内不动。(210)海浪越来越大，风也将海刮得更为凶猛，他们就像一般在这情况下的人那样发出疑问，认为同船中有个人是引起风暴的原因，他们决定掣签看看这人是谁。(211)他们掣签时掣到这个先知，就问他从哪里来，又做了些什么事？约拿回答说他是希伯来人，是全能神的先知。约拿劝说他们将他丢到海里，好避过当前的危险，因为他是他们遇上这次风暴的原因。(212)他们起先不肯这样做，认为将一个把性命交在他们手里的陌生人丢入显而易见的毁灭里是件邪恶的事。最后他们的苦难压迫他们，因船几乎要沉没了，于是他们在先知的鼓动以及为自身安危的忧虑下，把先知抛入海中，(213)海浪立刻平息了。书上记载约拿被一条大鱼吞下去，在鱼腹中待了三天三夜，然后大鱼将他毫发无伤地吐到黑海。(214)他在那里求告神，他的罪也得到赦免。于是他前往尼尼微，在那里站着宣告，好让大家都可以听见。他说再过不久他们就会失去亚细亚的领土，说完他就回去了。我在我们的书籍上看到这件关于约拿的事，就将它记在此处。

3. (215)耶罗波安王安享一生,统治了四十年后才过世,被葬在撒玛利亚。他的儿子撒迦利雅承袭了王国。(216)亚玛谢的儿子乌西雅也在同样的情况下开始在耶路撒冷治理两个支派,那时是耶罗波安在位的第十四年。乌西雅的母亲是耶路撒冷人耶可利雅。他秉性正直宽大,是个良善的人,也非常勤政。(217)他对非利士人用兵,将他们击败,也攻占了迦特和雅比尼城,并拆毁它们的城墙。这次出征后,他又去进攻毗邻埃及的阿拉伯。乌西雅在红海旁建了一座城,并在里面设了一个防营。(218)之后他打败亚扪人,命令他们向他进贡。他还征服了远到埃及边界的所有国家,之后他再为日后的生活好好修建耶路撒冷。他重新修复了年久失修或是先王疏失的地方,并重建了当以色列王带着为囚的乌西雅王之父亚玛谢进入耶路撒冷时所破坏的城墙。(219)除此之外,他也建筑了许多高达一百五十肘的塔楼,在旷野上筑起有墙的小城,里面设防营,并挖掘多个水道运送用水。乌西雅饲养极多劳动用的兽类,和无以数计的牛群,因为他的土地非常适于畜牧。(220)乌西雅喜悦农事,顾及耕种,田里种植了各式植物并播下各样种子。他身旁有三十七万精兵,由将领和千夫长们管理,这些管理者都是大能的勇士,共有两千人。(221)他将军队分团,每个士兵都配备了刀、铜制的盾牌和护胸甲、弓以及甩石的机弦,此外他为他们制作多种战争时用来围城的机器,像是附有把手的投石掷标器械,还有其他这类武器。

4. (222)乌西雅处于这样的盛况,而且在为将来做预备,这期间他的心就被骄傲自大蒙蔽了,因为他虽然拥有大量会朽坏的东西,却轻看永恒的能力[这能力在于对神的敬虔和遵守神的律法]。(223)于是他在强盛的国势下失足,陷入他父亲所犯的罪恶里。这是他享有的繁盛和彪炳的功绩造成的，因为他在功成名就中无法好好掌控自己。在一个重要日子临近，人们预备庆祝节期时，他穿上那件圣袍进入圣殿，要在金祭坛上献香祭给神，(224)大祭司亚撒利雅带着八十位祭司来阻止他，亚撒利雅对他说他献祭是不合律法的，又说："唯有亚伦的子孙可以做这事。"他们大声叫他从圣殿出去，不可干犯律法，他就对他们发怒，威胁说如果他们再不住口就要把他们杀死。(225)这时突然地大震动，圣殿裂了一条缝，灿烂的阳光透过裂缝照到王的脸上，他立刻长了大麻风。城外一个叫作伊罗结的地方，半座山断裂与西边的部分分开，自行翻滚了八百米远，形成矗立在东边的山，这个障碍破坏了那里的道路和王的花园。(226)祭司一看到王的脸上长出大麻风，就把这不幸的事告诉他，并吩咐他出城，因为他是不洁净的人。乌西雅因为这令人悲哀的疾病感到惶恐，也知道自己不能违背祭司的话，就遵照他们的吩咐去做。乌西雅对神不敬虔，妄想着人不该有的意图，因而受到这痛苦且严厉的惩罚，这就是此处记载的含意。(227)于是乌西雅住在城外一段日子，过着平民的生活，他的儿子约坦执掌政权。乌西雅的遭遇让他带着不安和悲痛离世，享年六十八岁，做王五十二年，他被埋葬在自己的园里。

第十一章
撒迦利雅、沙龙、米拿现、比加辖和比加做以色列王；
普勒和提革拉毗列色攻打以色列人。乌西雅的儿子
约坦统治犹大支派；以及那鸿预言亚述人将遭遇的苦难

1. (228)耶罗波安的儿子撒迦利雅统治以色列六个月时，就被他的

一个友人谋害,那人名叫沙龙,是雅比的儿子。沙龙篡位后不超过三十天,(229)他的军事将领米拿现在得撒城听说了撒迦利雅的遭遇,就从得撒率领所有士兵到撒玛利亚攻打沙龙。米拿现杀了沙龙后自立为王,再从撒玛利亚前往提斐萨。(230)但是提斐萨的百姓把城门闩上不让王进城,米拿现为了报复他们,就包围提斐萨,以武力夺下那城,并焚毁它的四境。(231)由于他痛恨该城的百姓,就杀害了城里所有的人,连婴孩也不放过,他的所作所为极为残酷野蛮,像对付那些被征服且不可原谅的外邦人般地对付自己的国人。(232)米拿现用这样残暴野蛮的方式继续执政达十年之久,当亚述王普勒对他用兵时,他不想和亚述人交战,于是他说服亚述王接受一千他连得银子(这笔钱是米拿现从每一位百姓那里收取五十舍客勒聚敛来的)之后离去,借此平息了一场战事。(233)后来他过世了,被葬在撒玛利亚,他的儿子比加辖继位为王。比加辖像他父亲一样残暴,仅仅执政了两年,(234)就和友人一起被他的将军谋害,那将军是利玛利的儿子比加,比加设下陷阱杀死了比加辖。比加掌权二十二年,是个邪恶悖逆的王。(235)但是亚述王提革拉毗列色征讨以色列人,毁坏了基列全地、约旦河外之地以及邻近国土,就是加利利、基低斯和夏琐,他将住在那里的人掳为囚犯,带回自己的国家。这些对亚述王的描述应该已经足够了。

2. (236)乌西雅的儿子约坦在耶路撒冷做王统治犹大支派,他因为其母的出身所以是耶路撒冷人,他的母亲叫作耶路沙。这王品德高尚,对神敬虔,对人公义,又勤于市政〔任何需要修缮装饰之处都会得到王妥善的照管〕。(237)王顾及圣殿回廊的基石,修建倒塌的城墙,筑起几近牢不可破的高塔;他也竭尽所能管好国内任何疏失的地方。(238)约坦出征讨伐亚扪人,在战场上击败他们,命令他们每年进贡银一百他连得,小麦一万柯珥,以及大麦一万柯珥。他的国家日渐强盛,使敌人不敢轻视他,他的百姓也过着幸福的日子。

3. (239)那时有一个名叫那鸿的先知,对亚述和尼尼微的倾覆发出如下的预言:"尼尼微要成为一个动荡的聚水池,它的百姓都必惊惶,被水翻腾,四处奔逃。他们互相喊着说:站住! 站住! 你们去抢夺他们的金银,(240)因为无人祝福他们,他们宁可为保存生命而放弃财富。他们彼此激烈争辩,人心消化,四肢发颤,脸色变青。(241)有公狮母狮和小狮的坑洞! 尼尼微啊,神对你说,它们要抓伤你的颜面,不再有狮子从你而出,制定万邦的律法。"(242)除此之外,这位先知还说了其他许多关于尼尼微的预言,我想就略过无需重复,以免困扰读者。所有说到尼尼微的事情都在一百一十五年以后应验了。这些记载已经足以说明这段历史了。

第十二章
约坦死后亚哈斯即位,亚兰王利汛和以色列王比加来攻打亚哈斯;亚述王提革拉毗列色帮助亚哈斯,使亚兰成为荒地,他将大马士革人迁移到玛代,又把其他民族移入他们的地方

1. (243)约坦死时年四十一岁,做王十六年,与他的列祖葬在一起,他的儿子亚哈斯承袭王国。亚哈斯对神极不敬虔,触犯自己国家的律

法。他行以色列诸王的道，在耶路撒冷筑邱坛，并在上面为偶像献祭；亚哈斯还仿效迦南人的习俗，将自己的儿子献为燔祭；他的其他行为也是类似这样的。(244)亚哈斯继续他的疯狂行径，于是亚兰和大马士革王利汛以及与利汛友好的以色列王比加，联合起来对亚哈斯作战，把亚哈斯驱赶到耶路撒冷城中，然后进行长期的围城之战，但是由于城墙坚固，他们没有多大的进展。(245)后来亚兰王攻下红海旁的以拉他城，把城里的百姓杀死，再将亚兰人迁入以拉他。当他杀了其他驻军处里的人和附近的犹太人，并掠夺了大量的战利品后，就率领自己的军队返回大马士革。(246)耶路撒冷王得知亚兰人已离去，他自认可以对付以色列王，就带着军队与以色列王交战，却被击败，这是因为神对他既多且大的罪行深感忿怒。(247)那天，他的军队共有十二万人被以色列人所杀，以色列的将领亚玛西亚在和亚哈斯冲突时，杀了王的儿子撒迦利亚和行政长官押斯利甘，亚玛西亚又俘虏了犹大支派的军事将领以利加拿。他们还掳走了便雅悯支派的妇人和孩子，直到他们掠夺了大批的战利品后，才返回撒玛利亚。

2. (248)那时撒玛利亚有一位名叫俄德的先知，他在墙外迎接大军，高声对他们说，这个胜利不是出于他们的力量，而是因为神对亚哈斯王的忿怒。(249)俄德埋怨他们不满足于对亚哈斯的大胜，竟敢俘虏自己的族人，就是犹大和便雅悯支派的人。他建议他们让这批人毫发无伤地回家，若是他们在这件事上不听从神，就会受到惩罚。(250)于是以色列人聚集在一起商讨这事，有一个名叫比利家的政要站了起来，有三个人在他身旁，他说："我们不能让这些俘虏入城使得百姓受害，恐怕神会将我们毁灭，正如先知所言，我们得罪神之处甚多，所以我们不应再引入新的罪行。"(251)士兵们听了这话就让他们按自认为最好的方式处理这事。于是前面提到的那些人就让俘虏们离去，并照顾他们，为他们预备各项需用，没有伤害他们，送他们返回自己的国家。这四人将他们送到离耶路撒冷不远的耶利哥，然后才转回撒玛利亚。

3. (252)亚哈斯王被以色列人打得一败涂地，就派人去见亚述王提革拉毗列色，请求亚述王在他和以色列人、亚兰人以及大马士革人作战时帮助他；他应允给亚述王大量金钱，同时也送他许多礼物。(253)亚述王接见这些使臣后就去帮助亚哈斯，他攻打亚兰人，并破坏他们的土地，以武力夺取大马士革，又杀死他们的王利汛，他把大马士革的百姓迁到玛代之地，再将亚述一个殖民地的人迁到大马士革。(254)亚述王也侵略以色列人的土地，从那里掳走许多人。当亚述王对付亚兰人时，亚哈斯王根据他的承诺，拿出了银库里的金银和圣殿里的奇珍异宝，将它们带到大马士革给亚述王，因亚述王为他所做的一切向亚述王致谢，然后就返回耶路撒冷。(255)亚哈斯王太过愚昧，他不仔细思想什么是对自己有益处的，在他被亚兰人击败时仍不放弃敬拜亚兰人的神祇，还是继续膜拜它们，好像它们能够为他赢得胜利。(256)当他再度被打败时，就开始敬拜亚述人的神祇，他似乎更愿意尊崇其他神明过于尊崇自己列祖的真神，他的挫败正是真神对他的恼怒导致的。(257)他仍旧藐视侮辱对神的敬拜，将圣殿完全关闭，不让人到殿里献祭，又把献给神的礼物拿走。他如此羞辱神之后就过世了，得年三十六岁，做王十六年。他将王国留给他的儿子希西家。

第十三章

何细亚叛变谋弑比加，之后撒缦以色击败何细亚；

希西家接续亚哈斯做王，以及希西家所行敬虔和公义之事

1. (258)约在此时，以色列王比加被他的友人谋害而死，那人叫作何细亚。何细亚做以色列王九年，他是个邪恶且轻蔑神圣敬拜的人。(259)亚述王撒缦以色攻击何细亚并将他击败〔这一定是因为神不喜悦他，所以不帮助他〕，让他称臣，向亚述进贡。（260）何细亚在位第四年，亚哈斯的儿子希西家在耶路撒冷做王。希西家的母亲是耶路撒冷人亚比雅。希西家秉性良善公义，又相当敬虔，一即位就将敬拜神视为对自己和百姓最首要、必需及有益之事。他召集了百姓、祭司和利未人，对他们说：(261)"你们不是不知道，我父亲没有将神应得的荣耀归给神，他犯的罪使你们经历许多重大的苦难，让你们的心思败坏，被引诱去拜那些他所认定的神祇。(262)所以我劝诫你们，从痛苦的经验中认识到不敬虔是件多么危险的事，你们要立刻将它赶出脑海，洁净过去的污秽，打开圣殿，让聚集在这里的祭司和利未人以惯常的献祭洁净圣殿，恢复我们列祖对它的一切尊崇。我们这样做才可以得到神的喜悦，平息他对我们的怒气。"

2. (263)王说完之后祭司们就打开圣殿，将器皿按照次序排好，丢弃一切污秽之物，然后在祭坛上献祭。王也派人到全国各地招集百姓到

耶路撒冷来守除酵节，由于前面提到那些王的邪恶，他们已经有很长一段时间没有守除酵节了。(264)他也派人去见以色列人，劝他们离弃现在的恶习，回转到他们从前对神的敬拜，他允许他们来到耶路撒冷，与当地百姓合为一体守除酵节。他说这仅仅是一个邀请，是为了他们的好处，并非要他们遵行他的话语，因这会使他们感到喜乐。(265)当使臣们来到以色列人那里向他们陈述王所交代之事时，他们不但不听从使臣的话，还轻视他们，嘲笑他们是愚人。那些以相同的话劝导以色列人的先知们也被羞辱，先知们预言说若是以色列人不回转敬拜神就必定要受苦，然而那些以色列人最后甚至将先知们抓起来杀害了。(266)他们不以这样的罪孽为满足，还使出比上述众罪更邪恶的伎俩，所以他们在神面前无法免去因不敬虔受到的惩罚，被交在敌人手里。我们会在后面做更多的说明。(267)不过那里有许多玛拿西、西布伦和以萨迦支派的人，他们顺从先知的劝谏回转敬拜神，前往耶路撒冷希西家所在的地方，好在那里敬拜神。

3. (268)他们来了之后，希西家王就带着官长们和百姓来到圣殿，献上七只公牛、七只公羊、七只羊羔和七只小山羊为祭，王和官长们将手按在祭牲的头上，让祭司们为他们完成这项神圣的祭礼。(269)他们宰杀祭牲并献上燔祭，利未人就站在他们旁边拿着乐器向神唱诗，他们按着过去大卫的教导鼓瑟弹琴，其他的祭司们以音乐相和，并吹奏手中的号。献祭完毕，王和百姓都俯伏在地敬拜神。(270)他又献上七十只公牛、一百只公羊和两百只羊羔；此外他还赐给百姓祭牲献祭，共有六百只公牛和三千只其他牲畜，祭司们完全按照律法来献祭。王对这事感到喜乐，就和百姓一同欢宴感谢神。(271)除酵节到了，他们已经献过逾越节的祭,之后又献祭七日,除了百姓自洁用的祭牲外,王另外赐给他们两千只公牛和七千只其他牲畜;官长们也做同样的事,赐给百姓一千只公牛和一千零四十只其他牲畜。(272)从所罗门王以来百姓就没有这样敬虔地守过除酵节,这是自那时起第一次以如此盛大庄严的方式守节,节期过后他们就洁净全国各地,(273)将城邑里被偶像污秽之处都拆毁净尽。王下令从自己的产业中拿出钱来,按照律法每日献祭,也规定百姓要将初熟果实的十分之一送给祭司和利未人,这样他们就无须离开对神的敬拜,可以专注于圣工。(274)于是百姓带着各式各样的供物给祭司和利未人,王为这些供物建造谷仓和贮藏所,并将供物分配给每位祭司、利未人和他们的妻子儿女,他们就这样恢复了旧有的神圣敬拜。(275)王以上述方式安排了这些事宜后就对非利士人用兵,击败他们,夺取了从迦萨到迦特的所有城邑。但是亚述王派人来威胁他,要他像他父亲以前一样向亚述王进贡,否则就要推翻他的政权。(276)希西家王并不因此而惊慌,只是敬虔地倚靠神和先知以赛亚,他询问先知,也确切知道所有将要发生的事。这就是有关当时希西家王的描述。

第十四章
撒缦以色以武力夺取撒玛利亚,将十支派迁往玛代,再把古他人移入他们的土地代替以色列人

1. (277)有人告诉亚述王撒缦以色,说以色列王何细亚私下派人去见埃及王梭,希望埃及王能帮助他,撒缦以色对此非常生气,就出兵攻打

撒玛利亚，那是何细亚执政的第七年。（278）王不让撒缦以色进城，撒缦以色就包围撒玛利亚长达三年之久。何细亚在位的第九年，就是耶路撒冷王希西家掌权的第七年，撒缦以色以武力夺下撒玛利亚，瓦解了以色列人的政权，把所有人迁到玛代和波斯，他也生擒了何细亚。（279）他将这些人从自己的家园迁出后，就把古他那里其他种族的人迁入撒玛利亚和以色列人的土地［波斯境内至今仍有一条名叫古他的河］。（280）如此以色列的十支派就从犹大地被掳走，是他们祖先出埃及得到这块地后的第九百四十七年，也是约书亚做他们领袖之后的第八百年，我留意到这年是他们背叛大卫的孙子罗波安，将王国交给耶罗波安后的第二百四十年七个月又七天。（281）这是以色列人的结局，他们不遵守律法，也不听从先知的话。先知对他们预言说，如果他们不离弃自己的恶行，就会遭遇这场灾难。（282）他们恶行的开端，是从他们背叛大卫的孙子罗波安，另立罗波安的臣仆耶罗波安为王肇始的。耶罗波安带领他们仿效自己的恶行，陷百姓于悖逆神的罪中，让神成为他们的仇敌，耶罗波安也得到了他应得的惩罚。

2.（283）亚述王入侵亚兰和腓尼基全地，这王的名字也记录在推罗的档案里，因为他在以禄利做王时攻打推罗，米南德写的历代志证实了这件事，他也将推罗的档案翻译成希腊文，从中我们看到下面这段历史：（284）"以禄利执政三十六年，这王在基提人背叛时从海路前往他们那里，再度让他们臣服下来。那时亚述王派兵入侵腓尼基全境，但他很快就和他们言和返回亚述去了；（285）但是西顿、亚柯和推罗起来暴动。另外还有其他许多城邑投降亚述王，当推罗人不肯降服亚述王时，王就回来攻打他们，腓尼基人供应了亚述王六十艘船和八百名划船手。（286）

当他们的船分散在海上时,推罗人以十二艘船袭击他们,俘虏了五百人,推罗人民的声誉因而大振。(287)但是亚述王派人看守他们的河川和水道,阻碍他们取水,如此长达五年之久。不过推罗人仍然撑了下来,他们从自己挖的井里取水饮用。"这些就是记录在推罗人档案里关于亚述王撒缦以色的事迹。

3. (288)古他人迁入撒玛利亚后〔他们至今仍然被称为古他人,因为他们是从古他来的,古他是波斯的一个地方,波斯有一条与它同名的河〕,随从各自的族裔将他们自己的神祇带到撒玛利亚。他们共有五个族裔,各自按照他们的习俗拜自己的神祇,引致全能神不喜悦他们并对他们发怒,(289)借着瘟疫毁灭他们。他们发现自己的苦难别无拯救,就从预言中得知必须以敬拜全能神作为他们的救赎。于是他们派遣使者去见亚述王,希望他能从被掳的以色列人中送一些祭司回到撒玛利亚。(290)借着亚述王送回来的祭司,他们学习到律法和圣洁的敬拜,庄严地崇拜神,瘟疫立刻就止息了。直到如今,他们还是继续持守这个传统,希伯来文称之为古他人,希腊文称之为撒玛利亚人。(291)他们看到犹太人极为兴盛之时,就假装自己已然改变,与犹太人结盟,称犹太人为同族,好像他们是约瑟的后代,原本就是与犹太人一体的;但当他们见犹太人权势衰败时,就说自己和犹太人毫无关联,犹太人别想从他们那里得到恩慈或亲人般的对待,他们还宣称自己不过是外来的寄居者。我们以后会在适当的地方谈到这些事。

第十卷

从十个支派被掳至居鲁士元年（涵盖一百八十二年半）

第一章

西拿基立攻打希西家；当西拿基立进攻埃及时，拉伯沙基对希西家的恐吓；先知以赛亚对希西家的鼓励；西拿基立在埃及失利回到耶路撒冷后，发现他全军覆没，就返回自己国家；以及西拿基立后来的遭遇

1. (1)两支派的王希西家在位第十四年，亚述王西拿基立率领大军攻打希西家，以武力夺取了犹大和便雅悯支派的所有城邑。(2)正当他打算进攻耶路撒冷时，希西家事先派遣使臣来见他，应允要向他投降，并按照他所指定的进贡。西拿基立听了使臣们的话，就决定接受他们的提议不再继续这场战事，说只要他能得到三百他连得银子和三十他连得黄金，就同意和平退兵；西拿基立还对使臣们发誓确保希西家的平安，绝对不会伤害他，当希西家来的时候他就离去。(3)于是希西家投降了，他将国库所有的钱送去，认为这样做可以救自己脱离敌人的手，也可以使国土不再受到侵扰。(4)亚述王收下了这笔钱，却没有遵守原先的誓约，他自行前去攻打埃及人和埃塞俄比亚人，留下了一队大军给他的将领拉伯沙基和另外两位指挥官，让他们摧毁耶路撒冷。那两个指挥官的名字是

他珥探和拉伯撒利。

2. (5)他们率军到达城外，并在城墙前扎营后，就立刻派遣信使去见希西家，想要和他面谈，然而希西家出于恐惧没有亲自出来，只是派了三个亲密的友人来见这些信使，这三人分别是掌管国务的以利亚敬、舍伯那，以及史官约亚，(6)他们出来站在亚述军队指挥官的面前。拉伯沙基吩咐他们传话给希西家说，亚述大王西拿基立想要知道希西家所倚靠仰赖的究竟是谁，竟然使他背叛他的主人，不听从主人的话，也不让主人的军队进入这城？难道是倚靠埃及人，希望亚述大王的军队被他们击败吗？(7)他要希西家知道，如果希西家真的这样打算，他就是个愚笨的人，好像是一个靠在被压伤的芦苇上的人，这样的人不仅会跌倒，手还会被芦苇刺伤。希西家应该知道，是神的旨意让亚述大王来攻打他，是神应允亚述大王推翻以色列王国，并以同样的方式毁灭希西家的子民。(8)拉伯沙基精通希伯来文，他是用希伯来文说的这番话。以利亚敬恐怕民众听了之后惊慌失措，就要求他使用亚兰语。然而将领拉伯沙基知道他的心意和恐惧，就用希伯来文以更洪亮的声音回答说："他们都已经听到亚述大王的话，出于顾及自身的利益可以投降我们，(9)因为你和你的王很明显是用虚空的指望欺哄民众不要投降、起来反抗。倘若你们勇敢地想要驱散我们的军队，我可以立刻送给你们两千匹马，看你们有没有足够的人骑在这些马背上，展现出你们的实力，但是你们连这样也做不到。(10)既然如此，你们为什么迟迟不肯降服于一个比你们更强大的国家？因它的武力强大到可以不经过你们的同意就轻易地将你们征服。主动投降对你们而言更为安全，免得我们用武力强行征服，会让你们更加危险，也会带来更多灾难。"

3. (11)百姓和使臣们就将亚述指挥官的话转告给希西家,希西家立刻脱下王服披上麻布,这是犹太人哀悼时的穿着。希西家俯伏于地求告神,恳求神在他们失去得救的盼望时帮助他们。(12)希西家也派遣了一些友人和祭司去见先知以赛亚,希望以赛亚能向神祈祷,为了所有人的救赎献祭,恳求神怜悯他的子民,并因为他们仇敌的狂傲而发怒。(13)先知按照王的吩咐做了祷告之后,神的话临到以赛亚,他就鼓励王和王身边的友人们,预言他们的敌人会不战而败,且屈辱地离去,不再显示出如今的傲慢,(14)因为神会毁灭他们。他也预言亚述王西拿基立攻打埃及会失败,并在回国之后死于刀剑之下。

4. (15)约在此时亚述王写了一封信给希西家,说希西家是个愚昧的人,竟然以为自己可以免于做亚述王的臣仆,亚述王已经征服了许多更大的国家;他又威胁希西家说,倘若他现在不开门迎接大军进入耶路撒冷,以后抓到他时,就要将他杀了。(16)出于对神的信心,希西家读了这封信后并没有把它放在心上,不过他把这信卷起,带到圣殿中将它展开。当希西家更进一步地为耶路撒冷和全民的性命向神祷告时,先知以赛亚说道,神已经听了他的祷告,亚述王这次不会包围他,他日后也不会受到亚述王的侵扰,百姓可以平安无惧地回去,继续他们的农耕和其他日常事务。(17)不久之后,亚述王用来对付埃及人的阴谋失败,就在下述情况下回到自己的国土:他耗费了许多时日围困佩卢西姆,当他建的攻城堤到达一定的高度时,他就预备要立刻攻城,但是他听说埃塞俄比亚王特哈加率领大军来帮助埃及,并决定经由沙漠直接攻打亚述人。(18)西拿基立王对此深感不安,就从佩卢西姆走了,无功而返,这是我先前提到过的。希罗多德在他的第二本历史书中提到过这位西拿基立："这王前来攻打埃及王，埃及王是伏尔甘神的祭司，当这王包围佩卢西姆时，埃及王就在下述情况下突破围城：这位埃及祭司向神祈祷，神应允了他的祷告，让阿拉伯王面临审判。"（19）但是希罗多德在这里犯了一个错误，他没有称这王为亚述王，反而称他为阿拉伯王。他说："一天晚上有一大群老鼠将亚述人的弓和其他武器都咬成碎片，因此那王在没有弓箭可用的情况下就从佩卢西姆退兵了。"（20）希罗多德的确记载了这件事；此外贝罗索斯在记录迦勒底事宜时也提到了西拿基立王，说他是亚述人的统治者，并提到他对亚细亚全地和埃及用兵。他是这样记载的：

5.（21）"当西拿基立从他对埃及的战事回到耶路撒冷时，发现他的将领拉伯沙基所率领的军队陷入危险中［因为瘟疫的缘故］，神将瘟疫降到他的军队里，他们包围耶路撒冷的第一个晚上就有十八万五千士兵连同他们的将领和长官被毁灭。（22）王因为这场灾难而非常烦恼害怕，担心整个军队会覆灭，就带领剩下的士兵逃回自己国家的尼尼微城。（23）他在那里住了一阵子之后就被他的儿子亚得米勒和沙利色谋杀在阿拉斯克神庙。他这两个儿子因为弑父之故被尼尼微的市民赶到亚美尼亚，以撒哈顿取得了西拿基立的王国。"这便是亚述远征耶路撒冷民众的结局。

第二章

希西家病危,几乎死去,神借着日影倒退十度,
应许加增他十五年的寿数(神也成就了这个应许)

1.(24)希西家就是因这奇妙的方式从恐惧中得到了拯救,他带领所有百姓向神献上感恩祭,靠着神的帮助,他的一部分敌人被毁灭,其他人因为害怕遭遇同样的命运而离开了耶路撒冷。(25)虽然希西家迫切且诚心地敬拜神,但是不久之后他就得了重病,医生们对他的病都不抱任何希望,他的友人们也认为他不会痊愈。除了疾病以外,王还为另一个让人悲哀的情形忧伤,因他膝下无子又面临死亡,没有自己的骨肉来继承他的家业和政权。(26)只要一想到眼前的景况他就哀叹不已,于是他向神求寿命能稍加延长,好让他得到子嗣,不要让他还没做父亲就离开这个世界。(27)神怜恤希西家,应允了他的恳求,因为死亡带给希西家的不安并不是他即将失去王国的享受,他也没有为了这个缘故祈求更长的寿命,他只是为了要得到子嗣,好继承他的政权。于是神派遣先知以赛亚去告诉希西家,说他的病三日之内就会痊愈,他也会再活十五年,并得到子嗣。(28)当先知按照神的吩咐说了这番话后,希西家根本不敢相信,因为他的病情十分严重,加上先知的话又如此神奇,于是他希望以赛亚能给他一个兆头或奇迹,这样他就可以知道以赛亚是神派来的,也可以相信他所说的话。因为当人遇到超过所想所求的事情时,都会要借着这类的事才能相信。(29)以赛亚问他想要看到什么样的神迹,他说希

501

望他能将家中他先前倒退十度的日影再归回原位，让它像原来一样。于是先知祈祷，求神显现王要看的神迹，希西家就见到他所求的景象，他的病也痊愈了。希西家前往圣殿敬拜神并许愿。

2. (30)这时玛代人推翻了亚述的政权，我会在其他地方叙述这些事情。巴比伦王巴拉但派遣使者带着礼物来见希西家，希望希西家能与他结盟，成为他的友邦。(31)于是希西家欢喜地接待来使，设宴款待他们，并将自己国库的财富、兵器以及所有的财宝，像是珍宝和黄金，都展示给他们看；他也让他们带着许多礼物回去给巴拉但。(32)先知以赛亚为了这件事来见希西家，问他这些使臣是从哪里来的，希西家回答说他们是巴比伦王派来的，希西家还说他把所有的一切都展示给他们看，这样他们可以从这些财富和武器上猜出他的富足，并将这情况汇报给王。(33)但是先知却回答说："你要知道，过不了多久，你所有的财富都会被掳到巴比伦。你的子孙会在那地做太监，失去他们的男子气概，成为巴比伦王的奴仆。神预言这些事情都必成就。"(34)希西家听了这些话后感到十分不安，他说自己实在不愿意看到国人遭遇如此的苦难，然而他无法改变神的决定，只有祈祷在他有生之年得享平安。贝罗索斯也提到过这位巴比伦王巴拉但。(35)说到先知以赛亚，大家都承认他是神圣完美并传扬真理的人；为了要证明他的话语从不落空，他将他所预言的一切都记录成书流传下来，当预言成就的时候，后世子孙就可以根据所发生的事件做出判断。以赛亚并不是唯一这样做的先知，还有其他十二位先知也做了同样的事。在我们身上发生的一切，无论是好事或是坏事，都按照他们的预言应验了。我们会在后面叙述上述每一位先知。

第三章

玛拿西接续希西家为王，他在被掳时回转向神，
重新获得了王权，后来他将王国留给[他的儿子]亚们

1. (36)希西家王又平安地存活十五年之后就离世了，享年五十四岁，共统治了二十九年。(37)他的儿子玛拿西接续他为王，玛拿西的母亲名叫协西巴，是耶路撒冷人。玛拿西不行他父亲所行的事，他的生活与他父亲的完全相反，在各方面都显出他的邪恶，他做尽一切不敬虔的事，并仿效以色列人的悖逆，做神眼中看为恶的事，以色列人因此被毁灭。然而玛拿西竟然硬着颈项污秽圣殿、圣城和整个国家，(38)他藐视神，以野蛮的行为杀戮希伯来人当中的一切公义之士，甚至连先知也不放过，他每天都要杀害一些先知，直到耶路撒冷血流成河。(39)神恼怒他的行为，就派遣先知去见王和百姓，神借着先知警告他们，由于他们像其兄弟以色列人一样得罪神，神也会将以色列人如今遭受的苦难降给他们。但是这些人不相信先知们的话，倘若他们相信，或许可以得到神的恩惠免去这一切灾难。他们实在应该学习到先知们对他们说的话是真实的。

2. (40)当他们这样继续作恶下去时，神兴起了巴比伦和迦勒底王对他们宣战，他派兵来攻打犹大地，令全地成为一片荒凉，也借着阴谋抓到了玛拿西王。他吩咐人将玛拿西带来见他，玛拿西就成为他的阶下囚，任凭他随意处置。(41)玛拿西面对如今的苦境，知道自己是这一切

的罪魁祸首，就恳求神怜悯他，使他的敌人不以残暴待他。神听了他的祷告并应允了他所求的，于是玛拿西被巴比伦王释放，逃脱了眼前的危险。(42)他回到耶路撒冷后努力将自己过去对神所犯的罪从记忆中抹去，他为了那些罪懊悔，定意要过圣洁的生活。他洁净了圣殿和圣城，并在他的余年致力于向神感恩，因为神拯救他，使他的一生都满有神的恩惠和慈爱。(43)他也吩咐百姓照样去行，因为悖逆神的行为让他们几乎陷入与他一样的灾难。他又重建祭坛，按照摩西的律法献祭，(44)等恢复了应有的敬拜之后，就着手于加强耶路撒冷的防御：他不仅慎重地重修了老旧的城墙，还在原有的城墙之外另加了一道墙；他也建造了巍峨的高塔，并在他所巩固的城前设置资源充分的防营。(45)玛拿西改变往日的行径，此后一直过着敬虔的生活，大家都公认他是一个蒙福的人，也是人们效法的对象。(46)他活到六十七岁才去世，共统治了五十五年，人们将他葬在他的园子里，他的儿子亚们接续他执掌王权，亚们的母亲是约提巴城的米舒利密。

第四章

亚们接续玛拿西为王；亚们之后是公义
且敬虔的约西亚执政；关于女先知户勒大的事

1. (47)亚们仿效他父亲年轻时傲慢狂妄的行为，所以他的仆人就设计了一个阴谋将他杀害，他死于自己的家中，得年二十四岁，他一共做了两年的王。(48)百姓惩罚那些杀害亚们的人，将亚们和他的父亲葬在一起，并拥戴他的儿子约西亚为王，那时约西亚只有八岁。约西亚的母亲是波斯加城的人，名叫耶底大。(49)约西亚秉性正直，一生行事为人都遵循大卫王的方式与准则，(50)在十二岁时就展现出敬虔与公义，将百姓导向严谨的生活，告诫他们远离偶像，敬拜自己的真神，因为偶像不是神。他慎重地按照先祖的行为指正百姓的错误，就像是一位长者，也像是一位大有能力明辨合宜行止的人，当他看到他们行为完善之处，就会要求全国一起效法。(51)约西亚就是这样按照天生的睿智和聪颖，并依循长老们的建议和指示而行。由于他遵循律法，整个国家秩序井然，且有敬虔的崇拜，以前诸王触犯律法的行为荡然无存。(52)约西亚王在全国各地巡视，将那些献给偶像的树丛砍下，并毁掉他们的祭坛；他捣毁一切先人膜拜偶像用的祭物，使这些偶像蒙羞。(53)约西亚王的做法使全国百姓离弃偶像回转归向神。他按照律法献祭，又在祭坛上献燔祭，并任命审判官和监督，分别治理众人之事，他们始终本着公正处理百姓之事，如同处理自己的事务一样。(54)他也派人到全国各地，鼓励乐意奉献金银的人按照己力为修复圣殿奉献；(55)收到奉献之后，约西亚就任命邑宰玛西雅、书记沙番以及大祭司以利亚敬管理圣殿和百姓的奉献。(56)他们丝毫没有耽延，立刻展开修殿的工作，建筑师和所有修殿的需要都预备妥当，他们也忠心地监督所有的工程。于是圣殿就在这样审慎的过程下修缮完毕，圣殿的修复正可以让众人体会到王的敬虔。

2. (57)约西亚王在位第十八年，他派人去见大祭司以利亚敬，吩咐他将修殿所剩的钱用来铸造圣殿用的杯、盘、盆子，此外圣殿银库中所存的金银也要花费在杯和器皿上。(58)大祭司在取出金子的时候，发现了

放在圣殿里的摩西律法，于是他把律法书拿出来交给书记沙番，沙番看
了书之后去见王，他说王所指示的事情都做好了，并将律法书念给王听。
（59）王听了律法书的内容后便撕裂衣服，让大祭司以利亚敬、书记沙番
以及其他几位尊贵的友人去见女先知户勒大〔户勒大是沙龙的妻子，沙
龙是个有显贵出身的要人〕。约西亚吩咐他们告诉户勒大，说他希望户
勒大能够平息神的忿怒，尽可能地求神对他们施恩，恐怕他们先人触犯
了摩西的律法，会令他们被逐出本国本乡，面临被掳的危险，也恐怕他们
会失去一切，在苦难当中灭亡。（60）户勒大听了王信使的这番话后，就
吩咐他们如此回复王：神已经对他们做了判决，就是要毁灭他们，将他们
逐出他们的国土，让他们失去原有的快乐；无人能够借着他们的祷告让
神收回这判决，因为神差派了多位先知去劝他们悔改，也事先告诉他们
这些不敬虔的行为所带来的惩罚，然而这么长的时间过去了，他们仍然
违背律法不肯悔改，所以这惩处已经判定了；（61）神必定会对他们执行
这惩罚，如此他们才会相信他是神，他派遣先知所做的宣告并没有欺哄
他们；但是因为约西亚是个义人，神会延迟这些不幸，等到约西亚死了以
后，他才会在百姓身上降下所定的苦难。

　　3.（62）于是信使们把女先知的话告诉王，王立刻派人到境内各地，
命令所有祭司和利未人不分老少都要一同前往耶路撒冷，（63）他们来了
之后，王先将律法书念给他们听，然后就站在百姓中间的讲台上，要他们
立下誓约敬拜神、遵守摩西律法。（64）百姓们都乐意立约，并按照王的
建议去做。他们立刻遵行律法向神献祭，祈求神的恩待和怜恤。（65）约
西亚又吩咐大祭司将殿中所有献给偶像或外邦神的器皿丢出去，等到这
许多的器皿堆聚在一起时，就把它们烧成灰撒到外面，约西亚也杀死了

不属于亚伦家族的那些偶像的祭司。

4.（66）在耶路撒冷做完这些事后，约西亚就前往境内各地，把耶罗波安王为尊崇外邦神所建的屋宇全然拆毁，又将假先知们的骸骨焚烧在耶罗波安所筑的坛上。（67）这正是在耶罗波安献祭时来见他的一个先知［雅顿］所预言要成就的事，那时所有人都听见他这样说，大卫的家中会有一个叫作约西亚的人，他会做这件记录在这里的事情。他的预言在三百六十一年后应验了。

5.（68）这些事情发生过后，约西亚去见那些逃离亚述人奴役的以色列人，说服他们离弃不敬虔的行为，不再敬拜假神，转而敬拜他们自己的全能真神，单单信奉他。（69）他还搜索房舍、村庄和市镇，免得有人私下将各样的偶像藏起来，他的确在他的王宫中找出了日车，是以前的人放置的，那些人将日车和旁边的东西当作神来敬拜。（70）约西亚在洁净了全国之后，就招集百姓来到耶路撒冷庆祝除酵节，又称为逾越节。他给百姓三万只羊羔和山羊，三千头公牛，作为逾越节用的祭牲和燔祭。（71）祭司长为了逾越节而供应两千六百只羊给祭司们使用，利未人的首领也分给利未人五千只羊和五百头公牛，（72）这样就有充足的祭物。所有人都按照摩西的律法献祭，每一位献祭的祭司都向百姓解说所使用的律法。从先知撒母耳以来，希伯来人就没有这样庆祝过任何节庆，这次使用的大量祭物，完全遵循律法和先祖习俗。（73）此后约西亚过着平静的生活，他享有财富和声望。然后，他的人生以如下方式告终。

第五章

约西亚如何与埃及王尼哥作战，并在不久后负伤而死；
尼哥将继位为王的约哈斯带到埃及，另立约雅敬为王；
以及关于耶利米和以西结的事

1. （74）这时埃及王尼哥率兵前往幼发拉底河，准备与推翻亚述的玛代人和巴比伦人作战，他的野心是要统治全亚细亚。（75）当他来到约西亚王国的属地米吉多城时，约西亚带领军队想要阻止尼哥经过他的国境去攻打玛代人。尼哥派人来告诉约西亚，说这次出兵不是要对付约西亚，他只希望能尽快赶到幼发拉底河，希望约西亚不要阻扰他前往他的目的地，以免触怒他，让他对约西亚开战。（76）然而约西亚没有接受尼哥的建议，仍旧准备阻挡尼哥通过预定路线。我认为是命运与约西亚作对，将他推往这个方向。（77）正当约西亚乘坐战车在队伍前来回奔波列队备战的时候，一个埃及人的箭射中他，伤口的剧痛令他不再急于战事，于是他下令吹号退兵，回到耶路撒冷，他也因为伤势过重而去世。他的葬礼极尽哀荣，人们将他埋葬在他先祖的坟墓里。约西亚得年三十九岁，共统治了三十一年。（78）所有人对他的死都感到非常伤痛，他们为他举哀多日。先知耶利米写了一篇哀歌来哀悼他，这篇挽歌一直留存到现在。（79）此外这位先知还事先宣告耶路撒冷会面临的悲惨灾祸，他也描述了我们国家的灭亡（这件事最近就发生在我们这个时代）与被掳到巴比伦的情景。他并不是唯一将这预言事先告诉百姓的先知，以西结是第一位记录这事的人,他留下了两部记载这些事件的书。(80)这两位先知都是祭司家庭出身,耶利米从约西亚即位的第十三年起就住在耶路撒冷,直到耶路撒冷和圣殿被毁为止。我们会在适当之处记载这位先知的事迹。

2. (81)前面曾经提过约西亚死后他的儿子约哈斯接续王权,那时约哈斯大约二十三岁。约哈斯在耶路撒冷执政,他的母亲是立拿城的人,名叫哈慕他。约哈斯是个不敬虔的人,一生都在作恶。(82)埃及王战事结束返国之后,就叫约哈斯前往亚兰的哈马城来见他;等约哈斯到了哈马,他就将约哈斯囚禁起来,让他同父的兄弟以利亚敬做王,并将他改名为约雅敬,又让犹大地纳贡一百他连得银子和一他连得金子。(83)约雅敬缴纳了这笔贡赋后,尼哥还是将约哈斯带到埃及,后来约哈斯在埃及去世,共做了三个月又十天的王。约雅敬的母亲是鲁玛城人西布大,约雅敬是个不义的人,随时都在行恶,他对神极不敬虔,对人也心存恶念。

第六章
尼布甲尼撒征服了埃及王以后,就去攻打犹太人, 他杀了约雅敬,另立约雅敬的儿子约雅斤为王

1. (84)约雅敬在位的第四年,尼布甲尼撒取得巴比伦的政权,他率领大军前往幼发拉底河旁的迦基米施城,决心要与当时统治全亚细亚的埃及王尼哥作战。(85)尼哥知道巴比伦王是要来对付自己时并没有轻

视他的野心，立刻带着大队人马到幼发拉底河防卫尼布甲尼撒的进攻。(86)尼哥在战事中失利，数万名士兵阵亡。巴比伦王渡过幼发拉底河，占领了除犹大地以外，全亚兰直到佩卢西姆的地方。(87)等到尼布甲尼撒在位第四年时，那时是约雅敬统治希伯来人的第八年，巴比伦王率领大军攻打犹太人，并要求约雅敬纳贡，他威胁说如果约雅敬拒绝纳贡，就要对他开战。约雅敬出于害怕，只好以金钱换取平安，连续三年向尼布甲尼撒进贡。

2. (88)到了第三年，约雅敬听说巴比伦王出兵埃及，就没有纳贡，但是出乎他的意料之外，埃及这次并没有开战。(89)先知耶利米每天都预言说他们指望埃及是没有用的，这城会被巴比伦王打败，约雅敬王也会被他征服。(90)但是耶利米的话对他们并没有帮助，没有人能够逃避这场灾难，因为无论是百姓还是官长，在听到耶利米的话时都毫不在意，反而对先知的话感到不满，认为他是反对王的占卜者，将他带到法庭上控诉他，要求他们定他的罪并惩罚他。(91)所有人都同意宣布他有罪，只有长老们拒绝定他的罪，他们勇敢地让先知从监狱的法庭上离去，并说服其他人不要伤害耶利米，(92)说耶利米并不是唯一预言这城遭难的人，在他之前的弥迦也做过相同的预示，此外还有其他许多人，当时的王并没有伤害那些人，反而尊他们为神的先知。(93)长老们用这些话安抚百姓，将耶利米从被宣告的惩罚中拯救出来。约雅敬执政的第五年九月，先知将他所有的预言著作成书，那时百姓正聚集在圣殿禁食，耶利米将写成的书朗读出来，里面预言了耶路撒冷、圣殿以及百姓会遭遇到的事。(94)当权者听说了这事，就把他的书拿走，并吩咐他和书记巴录离去，恐怕他们会被人告发。但是这些人却将书拿去给王，王就在他的友人面前命令他的书记诵读这本书。(95)王听了书的内容后大为震怒,他把这书撕掉,并丢到火里烧毁,又命人去捉拿耶利米和书记巴录到他的面前,好对他们加以惩治,但是他们逃避了王的忿怒。

3. (96)过了不久,巴比伦王前来征讨约雅敬,约雅敬害怕先知的预言成真,就迎接巴比伦王进城,他认为自己既没有将城门关上,也没有和巴比伦王作战,应该不会受到任何伤害。(97)但是,巴比伦王进城之后,并没有遵守自己的誓约,他杀了少壮的人以及显贵之士,还把他们的王约雅敬从城上面丢下去,也不准他们埋葬他;他让约雅敬的儿子约雅斤管理国事并治理这城,(98)此外他又带走三千个贵族到巴比伦为俘虏,其中之一是先知以西结,那时以西结还很年轻。这就是约雅敬王的结局,他得年三十六岁,共掌权十一年。约雅斤接续他为王,他的母亲是耶路撒冷人尼护施他。约雅斤执政了三个月又十天。

第七章
巴比伦王后悔立约雅斤为王,将他带到巴比伦,另立西底家为王;西底家不相信耶利米和以西结的预言,与埃及人联盟,后来巴比伦王在犹大地将埃及人击败;以及耶利米的遭遇

1. (99)巴比伦王将王国给了约雅斤后就立刻感到不安,生怕约雅斤因为他杀了自己的父亲而怀恨在心,以至于带领全国背叛他,于是他派兵将约雅斤包围在耶路撒冷城里。(100)由于约雅斤个性温和、行事

公义，不愿耶路撒冷因为自己的缘故而遭遇危险，他就把他的母亲和亲人交给巴比伦王派来的指挥官，也接受了他们的誓言——不论耶路撒冷或是人民都不会受到任何伤害。（101）但是他们不到一年就违背了这个誓约，因为巴比伦王命令他的将领们将城里所有的人都掳走，不论是年轻人或是工匠，并吩咐将这些人捆绑来见他。被掳的共有一万零八百三十二人，约雅斤和他的母亲及友人们也在其中。（102）巴比伦王监禁了这些人，另立了约雅斤的叔父西底家为王，要西底家发誓会好好为巴比伦王治理这个国家，绝对不背叛巴比伦，也不与埃及人结为盟友。

2. （103）西底家掌权时二十一岁，他和约雅敬是同母的兄弟，西底家不负责任、藐视公义，在他周围都是些与他年龄相仿且心地邪恶的人，在这样的情况下百姓也就任意妄为。（104）先知耶利米为了这个缘故常常对他发出严肃的抗议，要他秉公行义，远离不敬虔和触犯律法的行为，也不要听从官长们[因有恶人在他们当中]或是假先知用来欺骗他的话，认为巴比伦王不会再来攻击他，又以为埃及人会征服巴比伦王；要知道官长们和假先知的话都不真实，日后发生的事不会是他们所预期的。（105）西底家本人相信先知所说的话，同意这一切都是正确的，也认为这样做对自己有益处，但是他的友人们误导他，劝他不要听从先知的忠告，反要对他们言听计从。（106）以西结也在巴比伦预言将会临到百姓的灾难，并把这些预言传回耶路撒冷。但是西底家因为下述原因而不相信他们的预言：这两位先知在所有其他的事上都是一致的，像是耶路撒冷被攻破和西底家被掳等等，但是耶利米对他说巴比伦王会将他捆绑带到巴比伦，以西结则不同意，说西底家不会看到巴比伦。（107）由于两位先知在这上面的说法不同，西底家就不相信他们预言中相同的部分，并谴责他们没有说实话，然而他们对他说的预言后来都实现了，我们会在适当的地方说明这事。

3. （108）西底家和巴比伦人之间的互助盟约维持了八年，然后他背叛巴比伦人转而去投靠埃及人，破坏了这个约定，他想要借着埃及人的帮助征服巴比伦人。（109）巴比伦王得知这事后就开始了对西底家的战争，让西底家的国土荒凉，占据了境内的要塞，并将耶路撒冷包围起来。（110）埃及王听说盟友西底家的景况，便率领大军来到犹大地，想要解除耶路撒冷被围的危机，于是巴比伦王离开耶路撒冷去迎战，他在战事中击败了埃及人并追逐那些逃兵，将他们从亚兰境内赶出去。（111）巴比伦王一离开耶路撒冷，假先知就欺哄西底家，说巴比伦王不会再来攻打他和他的百姓，也不会把他们从自己的国土上掳去巴比伦，还会将那些已经在巴比伦的俘虏放回来，并要归还从圣殿中劫掠的一切器皿。（112）但是耶利米在他们当中说出和他们所预期的完全相反的预言。耶利米的预言后来都应验了，也证明这些人的错误迷惑了王。耶利米说埃及人无法成为他们的帮助，巴比伦王会重新攻打耶路撒冷，再度将它包围，让城里的人饿死，剩下的人都会成为俘虏，他还会劫掠一切，夺取圣殿中的财宝；除此之外，巴比伦王也要焚毁圣殿，令耶路撒冷完全倾陷，他们必要服侍巴比伦王和他的后裔七十年；（113）然后波斯人和玛代人起来推翻巴比伦人，终止他们的为奴景况。"我们必得释放回归故土，我们也要重建圣殿和耶路撒冷。"（114）大部分的百姓都相信耶利米的话，但官长们和邪恶的人却藐视他，认为他已经失去了理智。于是耶利米决定到其他地方去，他想要回到自己的家乡亚拿突，那里距离耶路撒冷四公里。有一个官长在路上碰到他，就将他抓起来并诬告他，说他要做叛徒投靠巴比伦。(115)耶利米对他说这是不实的指控，自己只不过要回家乡去，但是这人不相信他，还是把他抓到其他官长们面前指控他。耶利米在那人手下受尽折磨和酷刑，并且被关起来等待惩处。耶利米在这样的情况下过了一段时日，其间不断受到我所描述的这种不公的对待。

4. (116)西底家在位的第九年十月十日，巴比伦王第二次出兵耶路撒冷，在城外待了十八个月，竭尽心力将耶路撒冷包围起来。围城的同时，里面的人也遭遇了饥荒和瘟疫两大灾难，令他们受到极大的伤害。(117)先知耶利米虽然在监狱中，但他并没有停止做工，仍旧大声疾呼，劝百姓打开城门让巴比伦王进来，如果他们这样做，他们和家人就可以留存性命，否则便会面临毁灭。(118)他也预言若是他们留在城里，必然会死于下述某种方式：若不是因饥荒而死，就是被敌人的刀杀死。逃往敌人那里应该可以免于一死。(119)然而身陷危难的官长们在听到这些话时还是不相信他，反而怒气冲冲地前去见王，将耶利米的话告诉王，并且指控他，抱怨这位先知举止疯狂，以大灾难来警告百姓，令大家绝望丧胆，并用威胁的方式要大家投靠敌人，还危言耸听地说这城会被攻破和毁灭，若不是这样，百姓们一定会愿意为王为国牺牲性命的。

5. (120)由于王的个性温和正直，他完全没有对耶利米的言行动怒，只是他不愿意在这时为了反对那些官长们的意图而与他们争论，于是就任凭他们处置这位先知。(121)官长们得到王的应允后，立刻前往监狱中将耶利米带出来，他们用绳索把先知坠入一个满是淤泥的深坑中，想要让他窒息而死。耶利米全身陷在淤泥中，只露出脖子，就这样持续了一段时间。(122)有一位王的仆人，他在血统上是埃塞俄比亚人，这人对耶利米极为敬重,他将耶利米的状况告诉王,并对王说他的友人和官长们恶毒地把先知放在淤泥里,想要借此置耶利米于死地,如此先知要比被关在监狱中痛苦得多。(123)王听到这件事当下就懊悔将先知交在官长们的手中,他吩咐这个埃塞俄比亚人带着三十个王的侍卫和绳索,以及其他任何他们认为可以用来拯救先知的物品,立刻去将先知从淤泥里拉出来。于是这个埃塞俄比亚人遵照命令带着所需的一切把先知拉出来,并让他在监狱中自由行动。

6.(124)王私下召见耶利米,询问在目前的景况下神有没有经由他对王说话,王希望先知能清楚地告诉他。耶利米回答说他是有话要说,他进一步说:他们不信他的话,即使警戒他们,也不听他的话。他说:"你的友人们一心要我死,他们认为我行事邪恶,但是那些欺骗我们说巴比伦王不会再度来攻击我们的人如今在哪里呢? 我恐怕一说实话你就会将我处死。"(125)当王发誓说自己决不会判他死刑,也不会把他交给官长们处置时,耶利米就在王的保证下放胆向王提出建议:(126)王应该拱手将城交在巴比伦人手里,这是神所晓谕的,王一定要这样做才能保住性命,脱离眼前的危险,使耶路撒冷和圣殿都不至于被毁;倘若他不遵守,他就会是所有百姓和他全家遭难的罪魁祸首。(127)王听了之后说,他非常愿意按照先知的话去做,也觉得这宣告对自己有益,然而他恐怕那些已经投靠巴比伦人的百姓会在巴比伦王面前指控自己,使自己受到惩处。(128)但是先知鼓励他说,只要将一切都献给巴比伦人,他绝对不需要害怕任何惩处,也不会遭遇到任何不幸;不论是他本人、他的妻儿们或是圣殿,都不会受到丝毫伤害。(129)耶利米说完之后王就让他离去,但是王命令他不可以将他们的谈话告诉任何百姓或官长,若有人知道王召见他,询问他为什么被召见以及他说了些什么,他要假装说是去恳求王为他松绑并释放他。(130)耶利米真的就这样对他们说,因为他们去问先知对王说了什么关于他们的建议。关于这件事我就写到这里为止。

第八章

巴比伦王攻下耶路撒冷并将圣殿焚毁,将耶路撒冷的百姓和西底家带到巴比伦。以及诸王当政时的大祭司们

1. (131)巴比伦王竭尽所能地包围耶路撒冷:他在地面的高堤上筑塔,从塔上击退城墙上的人;他也在全城四周筑起这类高堤,堤的高度和城墙一样。(132)城里面的人勇敢地面对这围城之战,他们在饥荒和瘟疫的攻击下毫不气馁,虽然城内的灾难对他们造成不小的打击,但是他们仍旧以乐观的心态进行这场战事。他们并未被敌人的计谋或攻城器械吓倒,反而不断发明新的器械来对抗敌人的攻击,(133)巴比伦人看起来和聪敏又有技巧的耶路撒冷民众势均力敌,前者认为他们强大到足以克服对方破坏这城,后者则单单寄望于持续不断发明对抗敌人的器械,借此证明敌人的攻城器械对他们毫无功效。(134)他们顽强抵抗了十八个月之久,直到饥荒和敌人从高塔上射出的箭矢最终打败了他们。

2. (135)耶路撒冷在西底家王执政的第十一年四月九日被攻陷,那时只有巴比伦王的将领负责这场战事——尼布甲尼撒把围城之战交给这些将领们,自己则居住在利比拉城。如果你想要知道谁是征服并破坏耶路撒冷的将领,他们的名字是尼甲沙利薛、三甲尼波、拉撒利、撒西金

以及拉墨。(136)耶路撒冷在午夜时分被攻陷，将领们进入了圣殿。西底家得知此事就带着他的妻儿、军官和友人们逃离这城。他们穿过防御壕沟，逃向沙漠。(137)一些叛逃者将此事通知巴比伦人，他们就在天刚亮时赶去追逐西底家，并在离耶利哥城不远的地方追上他，将他包围起来。那些和西底家一同逃走的友人和军官们看到敌人逼近就离开西底家四散逃命去了，(138)只剩下少数几个人和他的妻儿与他同在，于是敌人活捉了西底家，并带他去见巴比伦王。他到了之后，尼布甲尼撒斥责他是个不遵守约定的卑鄙之徒，他应允要为巴比伦王治理国家，但却背信弃义。(139)尼布甲尼撒也大大责备西底家不知感恩，因为尼布甲尼撒将王国从约雅斤手中夺来交给他，他却利用到手的权柄来对抗赐予他这权柄的人。尼布甲尼撒说道："然而神是至善的，他因痛恨你的行为而将你交在我们手里。"(140)尼布甲尼撒对西底家说了这番话后，就当着他和其他军官的面下令处死他的众子和友人们，然后再把他的眼睛剜出来，并将他捆绑带回巴比伦。(141)发生在西底家身上的事正如同耶利米和以西结的预言，他们说他会被抓到巴比伦王面前，见到巴比伦王，并和他面对面地说话，耶利米的预言只说到这里。但是他的眼睛瞎了，虽然被带到巴比伦却无法亲眼见到那地，这是按照以西结的预言应验的。

3. (142)我们之所以记述了这么多，为的是要充分地展现出神的本性，好让那些不明白神性的人知道，神以各样不同的方式令所有事情井然有序且各按其时地发生，他所预言的事必定会成就。这也足以显示人的无知和多疑使他们无法预见将来的事，并在毫无准备的情况下面对不幸，完全不可能避免苦难的试炼。

4.（143）大卫族裔的王室就这样结束了他们的统治，他们共有二十一位王，统治时间长达五百一十四年六个月又十天，其中只有第一位王扫罗和其他人的支派不同，扫罗一共统治了二十年。

5.（144）巴比伦王派遣他的军事将领尼布撒拉旦前往耶路撒冷劫掠圣殿，也是他下令焚毁圣殿和王宫，将耶路撒冷夷为平地以及俘虏百姓到巴比伦。（145）西底家做王的第十一年，尼布撒拉旦来到耶路撒冷劫掠圣殿，他取走了其中的金银器皿，特别是所罗门献给神的大铜海、铜柱、柱顶、金碑和烛台。（146）尼布撒拉旦掠去这一切之后就放火烧毁了圣殿，那是在西底家执政的第十一年五月一日，也是尼布甲尼撒即位的第十八年；他也焚毁了王宫并倾覆了耶路撒冷。（147）圣殿是在建好后的第四百七十年六个月又十天被烧毁的，也是我们出埃及后的第一千零六十二年六个月又十天；从大洪水到圣殿被毁一共是一千九百五十七年六个月又十天；（148）若是从亚当的世代数算到圣殿遭遇这灾难为止，就有三千五百一十三年六个月又十天。这是多么漫长的一段时间啊，我们也特别记述了这期间的历史。（149）这个巴比伦王的将领如今把耶路撒冷夷为平地，又带走了所有的百姓，还把大祭司西莱雅、副祭司西番亚、三位看守圣殿的护卫长、一位管理兵丁的太监、西底家的七位友人、他的书记以及其他六十位官长都当作囚犯押走，并把这所有人和劫掠来的器皿全都带到巴比伦王所在的亚兰的利比拉城。（150）巴比伦王下令将大祭司和所有官长们在该地斩首，他自己则带着俘虏和西底家回到巴比伦，此外他也捆绑并带走了约萨达。约萨达是大祭司西莱雅的儿子，西莱雅被巴比伦王杀害于亚兰的利比拉城，这是我们刚才提到过的。

6. (151)由于我们已经细数过历任的王，包括他们的名字和在位的年日，我觉得现在也应该将所有大祭司的名字还有他们的先后次序以及他们在哪一位王执政时为大祭司记录下来。(152)所罗门建殿时的第一位大祭司是撒督，继承这尊位的是他的儿子亚希玛斯，亚希玛斯以后是亚撒利雅，亚撒利雅的儿子是约兰，约兰的儿子是伊苏斯，接下来是阿克兰姆，(153)阿克兰姆的儿子是腓底亚，腓底亚的儿子是苏底亚，苏底亚的儿子是犹路，犹路的儿子是约坦，约坦的儿子是乌利亚，乌利亚的儿子是尼利亚，尼利亚的儿子是奥底亚，奥底亚的儿子是沙龙，沙龙的儿子是希勒家，希勒家的儿子是亚撒利雅，亚撒利雅的儿子是西莱雅，西莱雅的儿子是约萨达，约萨达被俘虏到巴比伦。这些人得到大祭司的职位都是出于继承，儿子们接续父亲成为大祭司。

7. (154)王回到巴比伦后就把西底家关在狱中，直到他去世为止。巴比伦王为西底家举行了一个庄严的葬礼。王将那些从耶路撒冷圣殿中掠夺来的器皿献给自己敬拜的诸神，并让俘虏来的百姓散居在巴比伦境内，不过他却释放了大祭司约萨达。

第九章

尼布撒拉旦指派基大利管理留在犹大地的犹太人，
没过多久以实玛利就杀害了基大利；
以实玛利被赶走后，约哈难带领一批人下埃及；
尼布甲尼撒对埃及用兵时，将这些人掳到巴比伦

1. (155)当军事将领尼布撒拉旦掳走犹太人时，他留下了那些贫穷

和逃跑的人，并指派了一个叫作基大利的世家子弟做他们的行政长官。基大利是亚希甘的儿子，也是个正直且温和的人。(156)尼布撒拉旦命令他们耕种土地，并缴纳贡赋给王；他又从监狱中将先知耶利米释放出来，他本来希望能说服耶利米和他一同前往巴比伦，因为王吩咐他供应耶利米想要的一切，如果耶利米不愿意去，也要把决定定居的地方告诉他，好让他回报给王知道。(157)先知不愿意和他同去，也不愿意住到别的地方，虽然如今国土已然荒凉，耶利米却乐意留在残破的家园。尼布撒拉旦了解他的意愿之后，就吩咐留下来的基大利尽可能地关照耶利米，并供应他的一切需要。尼布撒拉旦赐给耶利米丰盛的礼物后就让他离去了。(158)于是耶利米住在国内一个叫米斯巴的城邑，他也要求尼布撒拉旦释放他的门徒巴录，巴录是尼利亚的儿子，出身显贵，且十分精通他的本国语言。

2. (159)尼布撒拉旦做完这些事后就赶回巴比伦去了。那些在耶路撒冷被围时逃出来并散居国内各地的人听说巴比伦人离去时留下了一批余民在耶路撒冷耕作，他们就从各个地方一同前往米斯巴接受基大利的管辖。(160)受命管理他们的官长有加利亚的儿子约哈难、耶撒尼亚、西莱雅以及他们身旁的一些人。那时皇族里有一个叫作以实玛利的人，他心地险恶狡诈，当耶路撒冷被围时他逃去投奔亚扪王巴利斯，在围城期间一直和巴利斯住在一起。(161)基大利劝他们不要惧怕巴比伦人，说服他们回到自己这里。他说只要他们回来重建家园，他可以保证他们不受到任何伤害，基大利就这样对他们起誓，说自己是他们的保护者，只要有人侵犯他们，他会随时随地护卫他们。(162)他也让他们选择个人喜爱的城居住，并请他们差派人手和他自己的仆人一同在旧有的地基上重建房舍定居；基大利还事先劝诫他们在收成时预先收藏玉米、酒和油，好用作冬季的食物。他和他们谈了这番话后就让他们回去了，他们也可以按照个人的喜好定居在境内的任何地区。

3. (163)犹大地的四邻听说基大利友善地对待那些逃走的人，只要他们愿意回来，并且向巴比伦王缴纳贡赋，于是他们都来投奔基大利，在犹大地定居。(164)约哈难和其他官长们留意到国内的情况以及基大利的仁慈，就非常爱戴他；他们也告诉他，亚扪王巴利斯派遣以实玛利在暗地里谋杀他，这样以实玛利就可以因为他的皇族身份而统治以色列人的领土。(165)他们又说只要他允许他们去杀了以实玛利，就可以避免这阴谋，而且也不会有人知道这件事，因为他们怕他遭到杀害之后，以色列人剩余的力量会全然毁灭。(166)然而基大利说他不相信他们的话，因为他们提到要来谋害他的人受到他的热诚款待，而且他也满足了这人所有的要求，这人根本不可能在这样的情况下还会对他的施恩者产生如此恶毒和忘恩负义的念头，若这人在其他人阴谋暗杀他时不施援手已经够可恶了，更不要说是这样迫切渴望亲手将他杀死。(167)基大利又说，如果这消息真的属实，他宁可被对方杀害也不愿意动手对付一个将自身性命交给他并倚靠他保护的人。

4. (168)约哈难和其他官长们见无法说服基大利，就离开了。过了三十天，以实玛利带着十个人再度来到米斯巴见基大利，基大利在家中盛情款待了以实玛利和随同他来的人，又送了许多礼物给他们。基大利非常希望他们都能尽兴，就在杯觥交错下渐渐喝醉了。(169)以实玛利看到基大利醉倒不省人事，就突然和他的十个友人站起来，将基大利以及同席的人杀死。他们趁着夜间出去，把城里所有的犹太人和巴比伦人留下来的士兵们都杀了。(170)第二天有八十个人从国内各地带着礼物前来送给基大利,他们并不知道基大利已经遭难,以实玛利邀请他们进去见基大利,他们进来后以实玛利就关上门将他们都杀害了,然后再把他们的尸体丢在一个非常深的壕沟里,免得被人发现。(171)但是以实玛利放过了这八十个人当中那些乞求他饶命的人,直到他们把放在各地的财富呈献给他,其中也包括了他们的家具、衣饰和谷物。(172)于是以实玛利俘虏了米斯巴的男人以及他们的妻儿,还有巴比伦将领尼布撒拉旦交给基大利的西底家王的女儿们。做了这事之后他就去见亚扪人的王。

5.(173)约哈难和与他在一起的官长们听说以实玛利在米斯巴所做的事以及基大利之死后,都十分震怒,于是他们各人带着自己的武装人员去突袭以实玛利,并在希伯仑的水泉将他击败。(174)那些被以实玛利带走的俘虏看到约哈难和官长们时,都非常高兴地视他们为及时的帮助,就离开以实玛利加入了约哈难的阵营,以实玛利和其他八个人则逃去投奔亚扪人。(175)约哈难带着从以实玛利那里救出来的人、太监们以及他们的妻儿前往马特拉,在那里住了一夜。他们惧怕若是留在国内会遭到巴比伦人的杀害,因为巴比伦人可能会因为他们所立的行政长官基大利被害而动怒,所以他们就决定从那里下到埃及去。

6.(176)当他们慎重地考虑这事时,加利亚的儿子约哈难和他身旁的官长们一同去见先知耶利米,希望他能向神祷告,将神的心意告诉他们,因为他们真的不知道该怎么做,他们发誓会遵照耶利米的话去做。(177)先知说他愿意成为他们和神之间的传话人。果然在十天以后神就对先知显现并向他说话,他要耶利米告诉约哈难、官长们以及众百姓:只要他们继续留在这国中，他必会与他们同在并照顾他们，让他们免受他们所惧怕的巴比伦人的伤害；但他们若要前往埃及，他就必然丢弃他们，也必因恼怒而将他们众弟兄已经承受的惩处同样施加在他们身上。(178)当先知将神预示的话告诉约哈难和百姓时，人们并不相信他所传达神要他们继续留在国中的命令，他们认为先知是为了取悦他的门徒巴录才这样说的，并不真是出于神的吩咐，他说这番话是要说服他们留下来，好让巴比伦人将他们毁灭。(179)于是约哈难和百姓违背了神借着先知对他们的告诫，径自带着耶利米和巴录迁往埃及。

7. (180)他们到达那地之后，神晓谕先知说巴比伦王即将攻打埃及，他命令先知预示众百姓说埃及必被击败，巴比伦王会杀害他们当中的一部分人，并将其他人掳到巴比伦为奴。(181)这些事就这样应验了。在耶路撒冷被毁后的第五年，也就是尼布甲尼撒统治的第二十三年，尼布甲尼撒出征叙利亚平原，占领了该地之后，就与亚扪人和摩押人交战。(182)征服了这些国家之后，尼布甲尼撒就出兵攻打埃及，为要推翻这个政权。他杀了当时的执政者，另外立了一位埃及王，并将该地的犹太人俘虏到巴比伦为奴。(183)这就是我们所知的希伯来民族的结局，他们曾经两次越过幼发拉底河，先是十支派的百姓在何细亚王时被亚述人从撒玛利亚带走；其后是在耶路撒冷被攻陷时，两个支派的百姓被巴比伦和迦勒底王尼布甲尼撒掳去。(184)撒缦以色将以色列人从他们的国家迁出后，就在那地安置了古他人，他们原是住在波斯和玛代内地之人，从那时起他们被称为撒玛利亚人，是以他们迁徙到的地方为名；但是巴比伦王将二支派迁出后，并没有在该地安置任何民族，于是犹大全地、耶路撒冷和圣殿就被荒废了七十年之久。(185)从以色列人被掳到两个支派被掳一共是一百三十年六个月又十天。

第十章
但以理以及他在巴比伦的经历

1.（186）巴比伦王尼布甲尼撒从犹太人中挑选了年少贵胄和西底家王室里的一些人，都是身形样貌非常俊美的年轻人，让他们受教，得以在各方面均有长进，也使其中一部分人成为太监。（187）尼布甲尼撒并以同样的方式对待他从其他国家里挑选出来的少年人，又赐他们自己所用的膳食，让他们接受当地的教育，学习迦勒底的文字言语。如今这些人在他所吩咐的各样知识聪明上都已相当通达完备。（188）他们当中有四个特别优秀的人，是西底家的宗室，分别叫作但以理、哈拿尼雅、米沙利，以及亚撒利雅，巴比伦王为他们改了名字并吩咐他们使用新名。（189）他称但以理为伯提沙撒，哈拿尼雅为沙得拉，米沙利为米煞，亚撒利雅为亚伯尼歌。由于他们品格出众，并在各样的学问智慧上聪颖过人，王特别尊重、喜爱他们。

2.（190）但以理和他的同伴定意只吃简朴的食物，不吃王桌上的膳食和所有活物；于是就去见看管他们的太监亚施毗拿，希望他能将王给他们的膳食拿走，另外给他们除肉类以外的豆类、椰枣和其他东西为食物，因为他们只喜爱这类食物，不喜爱别的食物。（191）亚施毗拿回答说他很愿意按照他们的心意而行，但恐怕王会从他们瘦弱的身体和容颜的改变上发现这件事，因为饮食对人外观的影响是无法避免的，尤其是在其他饮食饱足的少年人丰腴外貌的比较下,更容易让人看出他们的瘦弱来,这样就会为他带来危险,令他遭受处罚。(192)然而他们还是说服了亚略,亚略战战兢兢地供应了十天他们所要求的饮食作为试验,若他们的外貌没有改变,就可以继续这样做,倘若他们看起来比其他人饥瘦,他就必须让他们恢复原先的饮食。(193)他们用了这样的饮食后比其他人更为肥胖俊美,连亚略都认为那些吃王膳食的人外貌还不及他们,但以理和他的同伴看起来好像过着豪华富裕的生活。于是亚略从那时起就按照惯例将王的膳食给其他少年们吃,但却另外供给他们前面描述的那类饮食。(194)从某些方面看来,他们的心智更为敏锐,没有缠累,也更适于学习,他们的身体也比其他人更为强壮,因为他们的身心都没有因各样肉食的压迫而衰弱下来,所以他们能够很快地明了希伯来人和迦勒底人的学问,尤其是但以理,他早已通达各样智慧,并精于解梦,神也向他彰显他自己。

3. (195)埃及被灭两年之后,尼布甲尼撒王做了一个异梦,是神在他睡梦中的作为,但他起床后忘记了梦的内容,于是就召来了迦勒底人、术士们和说预言的人,告诉他们他已经不记得梦中所见到的景象,但他命令他们告诉他这梦究竟是什么,又有什么意义。(196)他们说世上没有人能将王所问的事说出来,但王若是能将梦境告诉他们,他们就可以解析这梦。由于这些人承认他们无法执行他的命令,王就威胁要将他们全部处死,除非他们能说明他的梦。(197)但以理听说王要杀死所有的哲士,包括他和他的三个同伴,他就去见王的侍卫长亚略,(198)想要知道王为什么下令处死所有的哲士、迦勒底人和术士们。于是但以理得知王做了一梦,又忘了梦的内容,当王命令他们解说这梦他们却办不到时,王就被激怒了。但以理请亚略传达他愿意去见王的心意，求王宽限术士们一晚，不要杀害他们，因为他希望借着向神祈祷，神会在那段时间内将梦的奥秘指示他。（199）亚略照着但以理所说的告诉王，王就命令他暂缓对术士们用刑，直到王得知但以理所应许解梦的结果如何。但以理和他的同伴们回到自己房间中，彻夜恳求神显明王的梦，让他能明白王前一天晚上在睡梦中见到却又忘记的景象，好对王讲解他的梦，借此将术士们、迦勒底人以及他们自己的性命从王的烈怒下拯救出来。（200）神怜悯这些身陷危难的人，并纪念但以理的智慧，就为但以理显明这梦及梦的解析，让王能借着但以理明白它的意义。（201）但以理从神那里得到启示后就非常高兴地站起来，去将这事告诉他的兄弟们，他们也因此而感到欣喜，相信他们的性命都可以保存下来；他们原先对此已感到绝望，完全被死亡的阴影所笼罩。（202）于是但以理和他们一起对那位施怜悯的神献上感谢之后，就在当天去见亚略，请亚略领他到王面前，好将王前夜所见的梦境解说给王听。

4.（203）但以理一见到王就先为自己辩解，说自己断言能解释那些迦勒底人和术士们无法解释的梦，并不是因为他比他们更有智慧，因为这能力不是来自他的知识或学问，他说："神怜悯面临死亡的我们，当我为自己及国人的性命向神祈祷时，他就将这梦和梦的意义指教我。（204）我顾念你的名声过于我们这些被你下令处死者的不幸，你要求这些优秀的哲士去完成一件唯有神能成就且超越人类智慧的事，然后又无理地下令将他们处死。（205）你在梦中最期望得知有关世界政权的交替，神也愿意将你身后的统治者显给你看，于是他让你做了如下的梦：（206）你见到一个巨大的像站在你面前，这像的头是精金的，肩膀和手臂是银的，肚腹和大腿是铜的，小腿和脚是铁的。(207)然后你看到山上崩下一块大石，将这像砸得粉碎，没有留下一块完整的部分，这些金、银、铜、铁碎得如同糠秕，被暴风吹散到四处，但是这块石头却不断增大，充满全地。(208)这就是你所看到的梦境，它的解说是这样的：那金头代表了你和那些在你之前的巴比伦诸王；双手和臂膀象征了你的政权必然会被两个王所瓦解；(209)一个以铜为武装从西边来的王将推翻这个政权，另一个像铁一样的政权会结束前面这个政权并统治全世界，因为铁比金、银、铜都要坚固。"(210)但以理也为王解说了那块大石的意义，但是我认为不适合在此记述它，因为我只是描述过去和现在发生的事，并不包括未来的事。若是有人无法放下他的好奇心而急欲知道实情，又不能平抚他想要了解无定未来的意念，他就可以仔细去研读圣书中的《但以理书》。

5. (211)尼布甲尼撒听了这话后回想起他的梦，就对但以理的能力大为折服，他俯伏在地，像敬拜神一样地膜拜但以理，(212)并吩咐人给他奉上祭拜神的供物。不仅如此，尼布甲尼撒还将自己的神的名字伯提沙撒强加在但以理身上，并下令让但以理和他的友人们一同管理他的王国。但以理的友人们就是为了这个缘故而遭到仇敌的嫉妒与陷害，并在下述情况下得罪了王：(213)王造了一个高六十肘、宽六肘的金像，将这像竖立在巴比伦的大平原上，邀请了领土内的所有要人，打算在那里为这像行开光之礼。他首先吩咐他们，一听到号角声响就当俯伏敬拜这像；然后他又威胁说，若是有人不这样做就要被扔到烈火窑中。(214)于是其他所有人在听到号角声时都膜拜这像，但是他们说但以理的友人们不肯触犯他们的律法，所以没有这样做。但以理的友人们因为这事而被判刑，立刻就被扔到火中，然而他们在神的拯救下，以令人诧异的方式逃离了死亡，(215)那火并没有烧到他们。我认为火好像知道他们被丢在其中不是因为他们有罪，所以没有触及他们，于是他们在火窑中都没有受到伤害，这是出于神的大能，神让他们的身体比火更强壮，火就无法吞灭他们。这也向王展现出他们的正直，以及他们是神所爱的人，他们也因此继续得到王极高的尊崇。

6. (216)不久之后王又在梦中见到另一个异象，他失去了他的国土，和野兽们一起吃食，如此在旷野过了七年，又再度得回他的国土。王做了这个梦后就将术士们召来，要他们为他讲解这梦的意思，(217)他们没有人能把梦的意思解释给王听，唯有但以理将梦阐明，且这梦也如同但以理所预言的应验了：尼布甲尼撒在荒野中度过了上述的年日，这七年里并没有人企图夺取他的王国，他就祷告神将他带回自己的国家，并重新得到王国。(218)你们不要责备我记下我在我们古籍中所见到的这类事情，我可以向那些认为我在这上面有误或是抱怨我取材的人保证：在写这段历史之前，我就已经表明我只是要将希伯来文的书籍翻译成希腊文，绝不会擅自增减。

第十一章
尼布甲尼撒和他的继位者，以及他们的政权被波斯人颠覆的经过；但以理在玛代的遭遇，和他在该地所传达的预言

1. (219)尼布甲尼撒统治了四十三年后就离世了，他是个活跃的

人,也比他前面的王更加幸运。贝罗索斯在《迦勒底史》(Chaldaic History)第三卷中记载了尼布甲尼撒的事迹,他说:(220)"当他父亲那波帕拉萨尔听说他派去管理埃及、叙利亚平原和腓尼基等地的行政长官背叛他时,由于他已无力征战,就任命他的儿子尼布甲尼撒带领部分军队出征,那时尼布甲尼撒还只是个少年人。(221)他在和叛军作战时击败他们,将原本脱离控制的地区重新纳入他的王国版图。约在那时,他的父亲那波帕拉萨尔病死于巴比伦城,一共执政了二十一年。(222)尼布甲尼撒很快得知了他父亲那波帕拉萨尔的死讯,在妥善处理了埃及和其他国家的事务,以及被掳的犹太人、腓尼基人、叙利亚人和埃及居民的问题后,他将战俘、军队主力、武器装备和物资的运输事宜交给几位朋友处理,自己则带领少数随行人员,迅速穿越沙漠,赶回巴比伦。(223)他负责管理公众事务并执掌政权,这政权是一位迦勒底的要人保留给他的,于是他得到了他父亲所有的领土,等俘虏们到达巴比伦后,他分派他们到最适当的巴比伦地区殖民,(224)然后他就以战利品大肆装点贝勒斯神庙和其他庙宇。他也在旧城旁加盖重建新城,若是有人要包围这城就无法再经由河道直接攻击:他还用烧过的砖在内城和外城周围各筑了三道城墙。(225)等到尼布甲尼撒妥善地造了城墙并壮观地修饰了城门之后,又在他父亲的宫殿前建造了另一座宫殿,这两座殿是相连的,我无法描述它的高大和富丽堂皇,但它虽然如此雄伟,却只用了十五天就完成了。(226)尼布甲尼撒还用石块筑起了架高的步道,使它看起来像是山峦,又在上面种植了各种树木。他也为他的妻子建造了一座空中花园,因为他妻子想要拥有一些像是她故乡的东西——她是在玛代宫廷里成长的。"(227)麦迦西尼(Megasthenes)也在《印度历史》(Accounts of

India)第四卷中提到过这些事情，借此彰显这个尼布甲尼撒王的坚毅和辉煌功绩超越了赫拉克利；麦迦西尼说尼布甲尼撒征服了利比亚和伊比利亚的绝大部分领土。（228）狄奥克勒斯（Diocles）在《波斯历史》（Accounts of Persia）的第二卷中也提起了这个王，还有斐罗斯特拉图（Philostratus）在他的《印度历史》和《腓尼基历史》（Accounts of Phoenicia）里说这个王包围了推罗长达十三年。这些是我读到有关这位王的所有历史。

2. （229）尼布甲尼撒死后，他的儿子以未梅洛斯达继承了王国，新王立刻让耶哥尼雅得到自由，并视他为最亲密的友人之一。王也赐给耶哥尼雅许多礼物，高抬他的地位，超越了巴比伦的众王，（230）这是因为他父亲没有信守对耶哥尼雅的诺言，说只要他带着妻儿和所有亲戚投降，他的国家就不会在包围战后被占领并摧毁，这件事我们在前面已经提起过。（231）以未梅洛斯达在统治了十八年后过世，他的儿子尼甲沙利薛接掌了四十年的政权，尼甲沙利薛离世后，他的儿子拉波索达古继承王国，拉波索达古仅仅执政了九个月就过世了，然后就是巴比伦人称作拿波安得流的伯沙撒继位。（232）那时波斯王居鲁士和玛代王大流士对他发动战争。当伯沙撒被围困于巴比伦时，出现了一个不可思议的惊人异象：他在一个大厅里和他的友人与嫔妃们晚宴，使用的是皇室专用的银器，（233）他突然决定要将尼布甲尼撒从耶路撒冷掠夺来的神圣器皿拿出来（尼布甲尼撒没有使用过那些器皿，只是把它们安置在自己的庙宇里）。伯沙撒傲慢不逊地在宴饮中使用这些器皿饮酒来亵渎神，这时他看到有一只手从墙上伸出来并在上面写字，（234）他就因为这景象而感到心神不宁。伯沙撒召来了术士们、迦勒底人以及蛮族中能够解释异象和梦境的人，要他们为他解读墙上的字。（235）术士们说他们看不懂也无法说明这些字，王就因为这事而更加惶恐不安，于是他应允赐给能解读这些字的人一条戴在颈上的金链，和迦勒底王一样穿着紫袍以及在王国中位列第三。（236）伯沙撒的宣告让术士们更加努力地想要解读这些字，但是他们还是和以前一样无法断言。（237）王的祖母见王因此而消沉，就鼓励伯沙撒说有一个叫作但以理的犹太人俘虏，是尼布甲尼撒摧毁耶路撒冷时从犹大地带来巴比伦的，这人是个哲士，别人不可能知道的事他都可以用他的聪明睿智来解答，他也知道唯有神才知道的事，他曾为尼布甲尼撒阐明别人都无法解答的疑问。（238）就算神在此要显明的是件不幸的事，她也希望伯沙撒能召见但以理来询问这些字的意义，并惩处那些没有能力解答的人。

3. （239）伯沙撒听了之后就请但以理来，他告诉但以理自己所听说的关于他和他的智慧，以及神的灵如何与他同在，他一个人就能得知别人永远无法想到的答案。伯沙撒希望他能为他说明墙上写的这些字，（240）并说如果他这样做，就可以穿着紫袍、在颈上戴金链以及在王国中位列第三，这些都是他智慧的报酬，让人一见到他就会询问他在什么情况下得到这些尊荣。（241）然而但以理要伯沙撒自己留下这些礼物，因为这些智慧和神的启示不需要任何礼物，无需代价就能赐给那些祈求者，他也会为伯沙撒解说这些字的意义：这字是表明伯沙撒很快就会死，因为他没有从他祖先得罪神所受的惩罚里学习到承认并敬畏神。（242）他完全忘记了尼布甲尼撒因不敬虔而和野兽同居同食，无法重新得到他的地位和王国；后来尼布甲尼撒多次恳求祈祷，才得到了神的怜悯。于是尼布甲尼撒终其一生都颂赞神的全能和他对全人类的照顾。但以理也提醒伯沙撒对神的亵渎，就是他让自己的嫔妃使用神的器皿，（243）神见到后就对他发怒，事先借着墙上的字告诉他这一生的结局。但以理是这样解释的："弥尼（Maneh）这个词在希腊文中的解释是'数字'，就是神已经数算了你和你国的年日，就只剩下一点点了；（244）提客勒是'重量'，意思是'神在天平上量了你的政权，它已经没落了'；毗勒斯一词的希腊文意思是'分裂'，神会将你的王国打散，归给玛代人和波斯人。"

4.（245）但以理对王说明了这些字所代表的事件，伯沙撒就感到非常难过，这是可想而知的，因为这解释对他而言如此沉重。（246）虽然但以理发出的是不幸的预言，但是伯沙撒并没有反悔对但以理的应允，还是把一切都赐给他，因他认为这奖赏是他自己提出的，先知所预言的命运不是出于先知自己，就算预言的是不幸的事件，身为一个正直的人，还是应当信守自己的承诺，（247）于是王就这样决定了。不久以后，攻打他的波斯王居鲁士杀害了他并取得了巴比伦城，巴比伦是在伯沙撒为王时被攻陷的，伯沙撒掌权的年日是十七年。（248）这就是历史告诉我们有关尼布甲尼撒后裔的结局，当大流士取得巴比伦时，他和他的亲戚居鲁士终止了巴比伦人的王朝，那时大流士六十二岁，他的父亲是亚士他基，希腊人对他有另外一个称呼。（249）大流士把先知但以理带到玛代，将他留在身边并极为尊崇他。大流士把王国分作三百六十个省，立了三个总长管理它们，但以理就是其中之一。

5.（250）但以理位高权重，大流士又对他极为宠信，认为他有从神来的能力，便让他负责管理所有事情，但以理因此而遭到其他人的嫉妒。有些人看到别人比自己得到王更多的尊敬就心生嫉妒，（251）这些不满大流士偏爱但以理的人想要找机会对付他，但是但以理没有给他们抓到任何把柄，因为他不受金钱的诱惑，轻视贿赂，认为那是非常可耻的事，甚至连他当得的他也不接受，这样就让那些嫉妒他的人找不到控告他的口实。（252）由于他们无法在王面前以可耻或可憎之事诽谤他，让他失去王的喜爱，他们就只好想其他方式来毁灭但以理。所以当他们看到但以理一日三次向神祈祷时，就认为可以借这机会迫害他。（253）他们去见大流士并对他说："这些总督和行政长官们觉得应该让百姓有三十天的休息，在这期间他们不得对王或众神请愿或祷告，违反这指令的人要被丢入狮子坑处死。"

6.（254）王并不清楚他们的诡计，也没有疑心这是他们对付但以理的计谋，就回答说他很乐意接受他们的建议，应允他们一切的请求；王也颁布了总督们的公告让众百姓遵守。（255）于是人们安静休息，小心翼翼地不去触犯这项禁令；但以理却不理会他们，仍然在他们面前像往日一样向神祈祷。（256）总督们抓到了这个他们渴望用来对付但以理的把柄后立刻去见大流士，指控但以理是唯一触犯禁令的人，其他的人都没有向他们的神祈祷。他们的发现不是因为但以理不敬虔，而是出于他们对但以理的嫉妒，所以处处监视他。（257）他们已料到大流士对但以理的仁慈超过他们所想的，会在但以理藐视禁令这件事上原谅他，就极力要求大流士依法处理，将但以理丢到狮子坑里。（258）大流士寄望于神拯救但以理，使他不会遭到野兽的伤害，嘱咐但以理以愉悦的心情面对这事，等到但以理被丢入坑里之后，大流士便用王玺封住坑前的大石。王离去后忧心但以理的安危而整夜不吃不睡。（259）一到天亮，王立刻起身前往狮子坑，他看到大石的封口完好无损，便撕下封条大声呼叫但以理，要看他是否还活着，但以理听到王的声音就回答说自己毫发无伤，于是王命人将但以理由坑中拉上来。（260）但以理的仇敌得知他没有受到任何伤害，却不认为是神拯救保守他，反而对王说狮子们没有上前来吃但以理是因为它们已经吃饱了。（261）王厌恶他们的恶毒，就命令他们用大量的生肉喂坑里的狮子们，等到狮子们都吃饱了，他再进一步下令将但以理的仇敌们丢到坑里，这样他就会知道狮子们吃饱了之后还会不会来碰他们。（262）对大流士而言，神保守但以理是显而易见的，因为当总督们被丢到这些野兽当中时，狮子们没有放过一人，好像仍然非常饥饿般地将他们撕成碎片。我认为狮子们才刚吃过大量的肉，不可能是因为饥饿来撕碎总督们，而是因为神要借着没有理性的野兽来惩罚这些人的邪恶。

7.（263）于是那些设计谋害但以理的人都被毁灭了，大流士王通告全国，说但以理所敬拜的神是应当称颂的，唯有他是真神，也是全能的神。大流士非常尊敬但以理，让他成为众友人的领袖。（264）由于众人知道但以理是神所爱的，但以理的名望声誉就极为卓著。他在亚马他建了一座高塔，是个非常典雅的建筑，施工完善，至今仍然保存完好，看过这栋建筑的人都以为它是刚盖好的，它显得新颖、华美，仿佛并没有经历岁月的侵蚀。（265）建筑物和人一样，都会因为年日消逝而陈旧，结构和美感也会渐渐衰残。一直到现在，人们还是将玛代、波斯和帕提亚王的尸骨埋在这塔里，管理这塔的是一个犹太人的祭司，直到今日。（266）这里我们也应该描述但以理那些令人赞扬的事迹，他就如同一个最伟大的先知，非常高兴能够得知属天的启示，在他有生之年，也得到了王和百姓的尊敬和称赞。如今他虽已过世，却永远得到后人的纪念，（267）因为我们到现在还诵读他留下来的几本著作,从中我们相信但以理和神有过交流,他不仅像其他先知一样对未来发出预言,还预言这些事情成就的时间。(268)一般的先知都是预言不幸的事件,因此得不到王和百姓的喜爱,但以理却是位预言好事的先知,由于人们喜欢这些预言和它们的应验,让他赢得了所有人的好感和信任,百姓也相信他拥有属天的能力。(269)他留下来的著作证明了他预言的正确性,他说当他在波斯的京都书珊和他的同伴们到郊外时,突然地大震动,他的朋友们都逃走了,只剩下他一个人,他害怕地仆倒在地,那时有一个人来拍他,叫他站起来,并要他看几代之后他国人的遭遇。(270)但以理又写道,他起来时看到一只大公羊,头上长了许多角,最后一角比其他的角都高大。然后他向西观看,看见一只公山羊从西方来,脚不沾尘。这公山羊用力冲向大公羊,用它的角撞了大公羊两次,将大公羊撞倒在地并践踏它。(271)后来他又看到这公山羊的头上长出一个大角,这大角折断后又有四角朝着风的四个方向长出来,从它们当中再生出一小角,这角渐渐强大,神指示他这角会来攻打他的国家,并以武力夺取他们的城,毁坏他们的圣殿,不让他们献祭,长达一千两百九十六天。(272)但以理说他在书珊的平原见到这异象,他也告诉我们神对这个异象的解说:大公羊是玛代和波斯王国,那些角就是治理王国的君主,最后一角是最后一个王,他的财富和荣耀超过了所有的王;(273)公山羊是指从希腊来统治他们的王,他两度和波斯交战,并在战事里将波斯击败,得到了所有的领土;(274)那个后来生出四角的大角指的是第一个王,大角折断后生出了延伸到大地四极的四角,这象征了第一位王死后的继承者,以及王国要分裂到他们手中,那些在地上掌权多年的统治者必不是出于他的子孙或亲族;(275)从掌权的王中会有一位王推翻我们的国家及律法，夺走我们的政权，破坏圣殿，并禁止献祭三年之久。(276)果然，我们民族在安提阿古·伊比芬尼的统治下遭遇了这些事，正如但以理多年前所见并记载下来的。但以理也同样写下关于罗马政权会令我们国土荒芜的记录。(277)这个人将这些事情按照神所显明给他的记载下来，读了他预言又知道它们应验的人必然会因为神如此恩待但以理而惊叹不已，也可以因此看出伊壁鸠鲁学派是错误的，(278)他们把神置于人类的生活之外，不相信神会管理世上的事，也不认为宇宙的规律和存在是不朽之神的祝福。他们说世界是自行运作的，既没有统治者也没有管理者。(279)若世界真如他们想象的没有一位指引者，它就好像没有舵手的船，会在暴风中沉没，或是像无人驾驭的战车自行翻覆；没有神的世界也会崩溃，归于无有。(280)从上面提到的但以理的预言，我认为伊壁鸠鲁学派之神完全不干预人类事务的看法是非常谬误且远离事实的，如果他们的看法属实，世界真的只是机械性地前进，我们就不会看到所有事情正如但以理所预言的一一成就。(281)我看到并阅读了这些事后将它们描述下来，如果有人对这些事有其他看法和不同意见，我也不会责备他。